Adalbert von Hanstein

Die Frauen in der Geschichte des Deutschen Geisteslebens im 18. und 19. Jahrhundert

Aus Fraktur übertragen

D1699417

SEVERUS Verlag

Von Hanstein, Adalbert: Die Frauen in der Geschichte des Deutschen Geisteslebens im 18. und 19. Jahrhundert.
Hamburg, SEVERUS Verlag 2011.

ISBN: 978-3-86347-068-5

Druck: SEVERUS Verlag, Hamburg, 2011
Lektorat: Alena Ney

Der SEVERUS Verlag ist ein Imprint der Diplomica Verlag GmbH.

Bibliografische Information der Deutschen Nationalbibliothek:
Die Deutsche Nationalbibliothek verzeichnet diese Publikation in der
Deutschen Nationalbibliografie; detaillierte bibliografische Daten sind im
Internet über http://dnb.d-nb.de abrufbar.

SEVERUS
Verlag

Vorwort.

Lebendiger denn je steht in unseren Tagen im Vordergrunde des öffentlichen Gespräches die Frage: Was können die Frauen leisten auf geistigem Gebiete? — Was haben sie schon geleistet — so lautet die Gegenfrage, die ich mir in dieser Schrift zu beantworten suche, deren „erstes Buch" ich hiermit der Öffentlichkeit übergebe.

In zahlreichen Sammlungen werden einzelne Gestalten hervorragend begabter Frauen geschildert. Aber, losgelöst aus ihrer Zeit und aus dem Zusammenhange mit ihren Genossinnen und Genossen, erscheinen sie wie schwer verständliche Sonderwesen; und auch wenn in einer Darstellung der Weltentwicklung mitten aus dem Ringen und Streben der Männer jählings als Künstlerin oder als Herrscherin eine Frau ihr Haupt erhebt, so steht sie als eine Ausnahme ihres Geschlechtes da, unweiblich, häufig Bewunderung erregend, häufiger Schrecken verbreitend. Ja — wenn der Blitz der Weltgeschichte einmal im Schatten vermorschter Throne eine Schar verbuhlter Ränkespinnerinnen beleuchtet, dann pflegt man mit dem spottenden Franzosen zu fragen: „Wo ist das Weib?" Aber wenn ein stolzes Geschlecht mannesstark sein Haupt erhebt, wer fragt dann nach den Müttern, die es erzogen, nach den Gattinnen und Freundinnen, die es beraten haben? Da müssen wir dann wieder zurückkehren zu den Biographen, deren verdienstvoller Fleiß, auch wo er sich der Schilderung eines großen Manneslebens zuwendet, es selten vergißt, die Frauen zu nennen und zu zeichnen, die, manchmal bestimmend, oft beratend eingewirkt haben auf ihre Zöglinge, ihre Freunde, ihre vergötterten Helden.

Solche Einzelerscheinungen wieder im Zusammenhange des Ganzen zu zeigen, war meine Absicht. Aber im Gegensatz zu anderen Gesamtdarstellungen der Frauenwelt, die meist ein allgemeines Bild ihrer Sittengeschichte bieten — das oft mehr einer Geschichte der Unsitten zu gleichen pflegt — strebe ich danach, eine Geistesgeschichte der Frauen zu entwerfen. Sie sollen da alle nebeneinander erscheinen: Die Dichterinnen und die Künstlerinnen so gut wie die Forscherinnen, die Schauspielerinnen und Sängerinnen neben den Königinnen und Kaiserinnen, alle aber nur insoweit, als es sich um ihre Beziehungen zum allgemeinen Geistesleben des Volkes handelt. Den Fäden, die von den Händen mancher Fürstin in das Gewebe der Politik hineingesponnen worden sind, soll nicht nachgespürt werden, und auch darum handelt es sich keineswegs, etwa die Namen aller, auch der unbedeutendsten, Frauen herzuzählen, die jemals auf einer Bühne gestanden, oder die jemals Pinsel, Meißel oder Feder geführt haben. Denn nicht ein nüchtern berichtendes Lexikon galt es zu schaffen, sondern eine kritisch beleuchtete Geschichtsdarstellung. Aber diese begnügt sich nicht bloß mit den schaffenden Frauen. Nein, auch viele von denjenigen sollen erscheinen, die nur mittelbar, als Mütter und Schwestern, als Gattinnen oder Freundinnen eingewirkt haben auf das geistige Leben. Denn nur so erfahren wir: — was die eigentliche Frucht dieses Forschens sein soll —: Wie gestaltete sich in der Welt des Geistes das Zusammenwirken von Mann und Weib. Da entstehen denn sogleich auch die weiteren Fragen: „Wie nahmen die Männer die Frauen auf, die mit ihnen wirken wollten? Wie ließ der Gelehrte oder Künstler seine Tochter heranwachsen und ausbilden im Verhältnis zu den Söhnen? Welche Schulen bot man ihnen dar, und nach welchen Mustern wünschte man sie zu erziehen? Ja, wie dachte man sich in den verschiedenen Zeiten das Wesen der Weiblichkeit? Und so wird denn auch eine Schar von erdichteten Frauengestalten schattenhaft durch unsere Darstellung schweben. Denn auch das müssen wir uns ja schließlich noch fragen: Wie erfaßten die Künstler zu verschiedenen Zeiten das Ideal der Frau?

Nach all' diesen verschiedenen Richtungen werden wir also unsere Blicke umherschweifen lassen bei dem Gange durch das achtzehnte und neunzehnte Jahrhundert, denn auf diesen Zeitraum beschränkt sich meine Darstellung. Freilich mußte ein einleitender Rückblick auf die letzten Zeiten des siebzehnten Jahrhunderts gegeben werden, denn aus den kraftvollen Jahrzehnten nach dem Schlusse des dreißigjährigen Völkermordens wuchs ja die neue Zeit hervor, die mit einem so mächtigen Aufschwunge des deutschen Geisteslebens einsetzte.

Da aber in jeder weltgeschichtlichen Darstellung sich ein doppeltes hervortut — die leitenden Zeitgedanken und die großen, ihnen oft dienenden, oft widersprechenden Persönlichkeiten, so sollte auch hier beides zu Tage treten. Das Biographische sollte sich gewissermaßen mit dem geschichtlichen vereinigen. Die führenden weiblichen Geister sollten im Vordergrund stehen, die Schar der nachfolgenden Zeitgenossinnen sich mit einem Plätzchen im Hintergrunde begnügen. Und so hat diese Darstellung dann nur ihren Zweck erreicht, wenn es ihr gelungen ist, ein einheitliches Bild von dem großen Entwicklungsgange zu geben, und doch die einzelnen Hauptgestalten klar und greifbar deutlich daraus hervortreten zu lassen.

Um die fortlaufende Darstellung nicht unnötig zu unterbrechen, habe ich die Quellenangaben und Literaturnachweise in einen Anhang verwiesen. Ferner ist in den zahlreichen Zitaten die Orthographie der Originale nicht beibehalten worden, da sonst der allzumannigfache Wechsel der Schreibweise verwirrend gewirkt haben würde.

Der Bilderschmuck, mit dem die Verlagshandlung in dankenswertem Entgegenkommen meine Arbeit ausgestattet hat, dürfte manche halbvergessene Frauengestalt, auf die die öffentliche Aufmerksamkeit durch meine Darstellung wieder gelenkt werden soll, auch äußerlich den Genossinnen von heute nahe bringen. Die beigelegte Nachbildung eines Diploms zeigt schon beim ersten Blick, daß die in diesem Teile geschilderte erste Hälfte des achtzehnten Jahrhunderts schon eifrig mit der Lösung von Fragen auf dem Gebiete der Frauenbildung beschäftigt war, die unserm Jahrhundert wie etwas ganz neues erscheinen.

Ist es doch überhaupt ein weit verbreiteter Irrtum, als sei erst die zweite Hälfte des neunzehnten Jahrhunderts dem geistigen Streben der Frauen günstig gewesen. So schreibt selbst die fleißige Sophie Pataky in ihrem „Lexikon deutscher Frauen der Feder" das sonst eine Achtung gebietende Arbeit ist, irriger Weise: „Kaum sechzig Jahre sind es, da hat, mit geringen Ausnahmen, der schriftstellerische Drang der Frau in der Abfassung von Koch-, Haushaltungs- und Handarbeitsbüchern seinen sichtbaren Ausdruck und seine Befriedigung gefunden". — Wie sehr das Gegenteil zutrifft, wie gerade in den letzten Jahrzehnten des siebzehnten und in der ersten Hälfte des achtzehnten Jahrhunderts der Bildungsdrang der Frauen und ihr Trieb nach literarischer Betätigung einen seltenen Höhepunkt erreichte, wird auf diesen Blättern gezeigt werden.

Möge meine Darstellung auch den Zweck erreichen, für die öffentliche Besprechung solcher Fragen das geschichtliche Interesse zu wecken.

Schöneberg b./Berlin im November 1898.

Dr. Adalbert von Hanstein.

Inhalt.

Einleitung.

Deutsche Frauenbildung am Anfang des 18. Jahrhunderts.

„Die tüchtige Frau spinnt, schließt sich in ihr Haus ein, schweigt, glaubt und gehorcht; sie streitet nicht wider die Kirche."

Diesen Spruch des weiland weisen Salomo, mit dem sich die wenigsten Frauen unseres Jahrhunderts gutwillig einverstanden erklären werden, rief Fénelon, der Erzieher am Hofe Ludwigs XIV., im Jahre 1689 den Frauen seines Vaterlandes zu. Aber das Buch, in dessen letztem Teile sich dieser Ausspruch findet, beginnt mit einer Auseinandersetzung, die geradezu einer Vorkämpferin der gegenwärtigen Frauenbewegung aus der Feder geflossen sein könnte, obgleich sie vor nun schon zweihundert Jahren von einem katholischen Erzbischof geschrieben ward:

„Die Erziehung der Knaben gilt für eine der hauptsächlichsten Angelegenheiten des öffentlichen Wohles, und obwohl man dabei kaum weniger Fehler macht, als bei derjenigen der Mädchen, so ist man doch wenigstens der Meinung, daß viel Einsicht dazu gehöre, um darin seinen Zweck zu erreichen … Was die Mädchen betrifft, so sagt man, sie brauchen nicht gelehrt zu sein, die Wißbegierde macht sie eitel und geziert; es reicht hin, daß sie einst die Wirtschaft zu führen und ihren Männern zu gehorchen wissen. Man verfehlt nicht, sich auf die Erfahrung zu berufen, die man gemacht hat, und die dahin geht, daß das Wissen viele Frauen lächerlich gemacht hat; darum glaubt man sich im Recht, wenn man die Mädchen blindlings der Führung unwissender und unbedachtsamer Mütter überläßt."

Der Widerspruch aber, der zwischen dem Beginn und dem Ende dieses berühmten Buches „Über die Erziehung der Töchter" aus der Feder des Begründers des höheren Mädchenunterrichts in Frankreich zu liegen scheint, ist nur ein scheinbarer. Fénelon sah sich veranlaßt, sein Büchlein zu schreiben, weil ihn der Zustand der Frauen des damaligen Paris jammerte. Innere Hohlheit, eine bedauernswerte Unkenntnis in den einfachsten Dingen des Lebens und des Wissens, stand in widerlichem Gegensatz zu der Ziererei mit aufgelesenen gelehrten Brocken, zu der Wichtigtuerei mit schöngeistigen Redensarten und zu der Eitelkeit, in sogenannten „Salons" sich als Vorsehung für ruhmgierige Dichter und Künstler aufzuspielen. Dahin war es gekommen, weil man in Frankreich zwar nie Mangel an sehr begabten Frauen gehabt, aber niemals sich ernsthaft Mühe gegeben hatte, diese Begabungen in geregelte Bahnen zu lenken. Seit dem Tode des großen Königs Heinrichs IV. war die heimliche Herrschaft der Frauen gestiegen. Unter der Regierung Marias von Medici war das Günstlingswesen aufgeblüht. Diese Frau auf dem Throne war zu sehr ein Weib im schlechten Sinne des Wortes gewesen. Wie ihr der Sohn das Zepter aus der Hand nahm und als Ludwig XIII. den Thron seiner Väter bestieg, war Frankreich um einen Schattenkönig reicher. Der allmächtige Minister Richelieu aber, der das Land ordnete und die Königsgewalt zu göttlicher Macht erhob, hatte seine Freude an dem Treiben im blauen Saal des „Hotel de Rambouillet". Dort saßen Frauen zu Rate über eine Neubelebung des guten Geschmackes. Mit der steigenden Größe der Königsmacht sollte auch der feine Sinn für das Schöne steigen. Schon zu Heinrichs Zeiten hatte man in diesem Hause den „feinen Ton" gepflegt.

Die alte Marquise, die ihren Namen Katherine geziert in „Arthénice" ummodelte, die Herzogin von Longueville, und endlich die junge Marquise, „veredelten" in zweifellos guter Absicht die Sprache so lange, bis ihr von keiner wahren Einsicht geleitetes, laienhaftes Bemühen in die Ziereien ausklang, die der geistvolle Spötter Molière in seinem Jugendschwank von den „Precieusen" für alle Zeiten zu Tode gelacht hat. Seit man die Zähne als die „Möbel des Mundes", den Briefbogen als den „Herzensdolmetsch" und das Talglicht als den „Sonnenersatz" bezeichnen gelernt hatte, verdienten die „edlen Frauen" dieses Kreises auch wirklich nur noch Hohn. Aber sie wurden nur durch andere, nicht durch bessere ersetzt. Die Dichter des großen Zeitalters waren in solchen „Salons" großgepäppelt worden und mochten sie nicht mehr entbehren. Die Frauen aus den Häusern Conds und Conti, die Nichte Mazarins, Maria Mancini, die Frau von Labisre und zahlreiche andere Herrinnen dieser Geistfabriken mischten das Rauschen und Knistern ihrer Seidenkleider und den Duft ihrer Wohlgerüche mit dem Rasseln der Säbel und dem Blinken der Ordenssterne in den Sälen, wo glatte und schöne Gedichte von glatten und schönen Dichtern glatt und schön gelesen wurden. Das Fräulein von Scudérie hatte die Liebe als eine Landkarte gezeichnet. Da mußte man über den See der Gleichgültigkeit fahren, in den die drei Ströme Achtung, Dankbarkeit und Zuneigung fließen. An jedem war eine Liebesstadt gelegen. Nur die am Zuneigungsflusse aber war die Hauptstadt der Liebe, und der Weg zu ihr führte über das Örtchen „Respekt" zu den Dörfern „Liebesbrief", „Versleid", „Gefälligkeit", „Unterwürfigkeit", „Dienste", „Eifer", „Empfindsamkeit" und mehreren anderen in der Nähe des „gefährlichen Meeres" gelegenen Stätten. Der „galante Merkur" druckte diese Karte ab, und männiglich studierte sie. In Bürgerkreise drang die Lächerlichkeit des Hofes ein. Man hielt es für notwendig, daß ein Mädchen den geliebten Freier ein paar mal zimperlich heimschickte, ehe sie ihm „ja" sagen durfte, und man suchte mit solch albernen Mäntelchen die Seuche der allgemeinen Verkommenheiten zu verdecken. Denn, wie König Ludwig XIV. seine großen Zauberfeste mit versinkenden Meerschlössern im Garten von Versailles scheinbar seiner Gattin zu Ehren gab, in Wirklichkeit aber zur Huldigung für seine unter der Menge versteckte Geliebte, so log man allerwärts Tugend. In seinen älteren Tagen freilich übte der König die Höflichkeit nicht mehr, seine Geliebten zu verstecken. Als das Reich der Frau von Maintenon anbrach, war durch den „großen" König die Einrichtung der Hofdirnen geheiligt und unter seinem Nachfolger und Urenkel, dem XV. seines Namens, wurde diese Einrichtung gar mit einem Glorienschein umgeben. So führte der Weg aus dem blauen Saal der Frau Arthénice Rambouillet schnurstracks in die Staatsgemächer der schrecklichen Pompadour. Daß dies im großen und ganzen die Straße der französischen Frauenentwicklung sein mußte, konnte jeder ahnen, der das tiefe Mißverhältnis zwischen Frauenbegabung und Frauenbildung erkannte und bedauerte. Zu den Wissenden hatte Molière gehört. Er hatte in seinen Komödien alle Arten der Frauentorheiten gegeißelt: die Gezierten in seinem Spottspiel von den Prezieusen; die mit einem Schemwissen Prahlenden in den „gelehrten Frauen", wo er sich nicht gegen das Wissen der Frauen richtet, sondern gegen ihre Unwissenheit, die Keckheit genug hat, sich für ein Wissen auszugeben. In seiner „Frauenschule" endlich zeigt er deutlich, daß es ein törichter Wunsch der Männer sei, die Frauen in absichtlicher Unkenntnis zu erhalten; daß die Frauen den Versuchungen des Lebens unterliegen müssen, wenn sie erzogen werden nach dem Grundsatz des Arnolphe:

„Ich will, die meine soll unaufgeklärt,
Nicht einmal wissen, was ein Vers bedeutet;
Und sagt im Reimspiel man zu ihr, wenn sie
Die Reihe trifft: »Was ist darin?« soll sie
Zur Antwort geben: »Eine Sahnentorte«.
Mit einem Wort, sie soll unwissend sein,
Und, wenn sie beten, nähen, spinnen und
Mich lieben kann, so ists genug für sie."

Freilich finden sich auch in jener Zeit leuchtende Frauencharaktere. Die Marquise von Sévigné bildet nicht die einzige Ausnahme und der Molièrebiograph Lotheißen mag recht haben, wenn er, auf des Dichters liebenswürdige Frauencharaktere hinweisend, meint: „Er brauchte nur mit offenen Augen um sich zu schauen, um Vorbilder für seine Frauencharaktere zu finden." Um so schlimmer also, daß Frankreich der Herd der Frauenverderbnis für ganz Europa wurde.

Fénelon hatte den Grund erkannt. Der mutige Mann, der seine Ansichten immer aussprach, mochten sie ihm auch noch so verderblich sein, leitet alles Üble im weiblichen Charakter aus dem Müßiggang der vornehmen jungen Mädchen her. Die Unwissenheit bezeichnet er mit Recht als den Grund der Langeweile und diese wieder als die Ausbrüterin alles schlechten Zeitvertreibs. „Vornehme Mädchen — so führt er aus — verschmähen sogar die Handarbeit, beschäftigen sich nur zum Schein und reden prahlerisch von der Ehrenhaftigkeit der Arbeit. Langer Schlaf, faules Umherlungern, Verweichlichung und Sinnenreizung sind die notwendigen Folgen. Der ursprüngliche Wissensdurst wandelt sich im kleinliche Neugier um, und die Neigung zur List, zu Schleichwegen und Heuchelkünsten wächst." In der Tat, das ist die Charakteristik der von wahrer Bildung ausgeschlossenen Frau. Und ebenso richtig weist Fénelon darauf hin, daß ein geregelter Unterricht die wild aufstrebende Wißbegier rechtzeitig befriedigen kann, freilich haßt er alle Art von weiblicher Gelehrsamkeit. Er tadelt sogar, daß vornehme Mädchen spanisch und italienisch lernen. Doch verwirft er auch übertriebenes Wissen beim Manne. Jeder soll nach Fénelon Meinung nur wissen, was für seinen Beruf taugt, und den Beruf des Weibes sieht er nur in der Familie. Aber, er verlangt, daß die Frau und Mutter mit Verstand ihren Pflichten obliegen kann. Man soll ihr eine Ahnung von der Kenntnis der Gesetze, vom Wesen des Gerichtsverfahrens, des Erbrechts und der Prozesse beibringen. Man soll sie in Geschichte alter und neuer Zeit unterweisen, man soll sie vor allen Dingen befähigt machen, ihrem Haushalt vorzustehen, indem man ihr den Begriff der Verantwortlichkeit von Jugend auf beibringt, indem man ihr Übung darin verschafft, etwas selbständig zu leiten, über Geldmittel weise zu verfügen, und ähnliches. Sie soll die Hüterin der Religion im Hause sein, deshalb soll man ihr diese von Kindheit auf verständlich machen. Freilich soll man ihr nach Fénelon Meinung auch immer wieder einschärfen, daß sie als Frau kein Recht und keine Macht habe, in die Tiefen des Wissens einzudringen, weder in die des Rechts, noch in die der Gottesgelehrtheit. Diese große Abneigung gegen Frauengelehrsamkeit, die er übrigens mit vielen Zeitgenossen teilt, hat Fénelon wesentlich durch seine berechtigte

Verachtung der oberflächlichen Schöngeisterei begründet. Nichts ist ihm mit Recht mehr zuwider, als die „Vielwisserei", die im Grunde genommen gar nichts weiß; die durch die „ästhetischen Salons" besonders geförderte Geistreicherei, das unüberlegte Urteilen und Absprechen; das Anschwärmen oder Verurteilen aller Dinge, die man gar nicht versteht. Also, mit einem Wort, Fénelon will das Gebiet der Frau nicht erweitern, aber im Haushalt und in der Kinderstube, am Nähtisch und im Kreise der Ihren soll sie dastehen als ein Wesen, das sich selbst Rechenschaft zu geben vermag, das die Welt kennt und ihre Gebiete mit Verstand und Sachkenntnis beherrscht. Es war der erste Versuch die Frau vorwärts zu führen auf der Bahn der wahren Erkenntnis.

Ein sonderbarer Witz der Weltgeschichte war es, daß eine Lustdirne vom Hofe zu Versailles den Plan in die Wirklichkeit übersetzte. Für die Herzogin von Beauvillers, eine erziehungslustige Mutter von acht Töchtern war das Buch bestimmt gewesen — der Frau von Maintenon wurde es zum Sporn für ihr Strebebedürfnis. Die Mutter im Hause hatte Fénelons als die eigentliche Erzieherin hingestellt und sich dagegen ausgesprochen, daß man ohne Not die Mädchen im weltabgeschiedenen Kloster erziehen lasse, wo sie die Gefahren der Welt nicht kennen lernen — im Kloster von Saint Cyr errichtete die Witwe des Dichters Scarron, die Buhlerin und schließlich heimliche Gattin des traurigsten aller „Sonnenkönige" ihre Schule, die später für dreihundert Töchter armer vornehmer Familien Platz bot. Es war bei alledem eine Tat. In der Ursulinerin, Frau von Brinon, fand sie die geeignete Lehrkraft für den Anfang. Als die Zahl der Zöglinge wuchs, brauchte man mehr Erzieherinnen. Die Schule wurde einfach und streng geleitet und die heimliche Königin schrieb die trefflichsten Instruktionen für die Lehrer und Lehrerinnen, denen sie Geduld und freundliches Eingehen empfahl. Oft erschien sie selbst in der Anstalt; seit dem Tode ihres königlichen Halbgatten lebte sie dauernd darin. Die Schule war in vier Klassen geteilt, die recht farbige Namen hatten. Rote Bänder trugen die Mädchen vom siebenten bis zum zwölften Lebensjahr und erhielten Unterricht im Schreiben, Lesen und Rechnen; gleichzeitig taten sie einen Blick in die Grammatik, in die Biblischen Geschichten und in den Katechismus. Dann erhielten sie grüne Bänder und damit bis zum vierzehnten Lebensjahr außer dem genannten Unterricht auch Kenntnis von der Weltgeschichte, der Erdkunde und den Sagen des Altertums. Mit dem gelben Bandschmuck der dritten Klasse bekamen sie Anrecht auf Unterweisung in den Schönheiten der heimischen französischen Sprache und in den Künsten der Musik, des Gesanges und des Tanzes. Dabei wurde die Religion nun sehr ausführlich behandelt und in den Mittelpunkt der

Bestrebungen gerückt. So erreichten die jungen Weiblein das siebzehnte Lebensjahr, und damit das blaue Band. Da stiegen sie aus den Gegenden des hohen Wissens herab in die Welt des Alltags, lernten Kochen und Haushaltung führen, Kranke pflegen, Waschen und den Garten bebauen. Erlangten sie aber gar das schwarze Band, so wurden sie jugendliche Gehilfinnen ihrer Lehrerinnen. Fénelons Traum war also schnell zur Wirklichkeit geworden. Solch eine Schule war geeignet dem Geist der jungen Mädchen Nahrung zu bieten und sie doch schließlich als tüchtige Hausfrauen zu entlassen. Zahlreiche Zeugnisse ehemaliger Schülerinnen von Saint Cyr beweisen, daß man sich dort sehr behaglich befinden konnte. Viele Schreiber der französischen Sittengeschichte billigen der Schule der Frau von Maintenon den Ruhm zu, daß infolge ihres Wirkens die Unsittlichkeit von Paris sich nicht so schnell in die Provinzen verbreiten konnte. Trefflich: Dieselbe Frau also, die das Bild des Weibes am Hofe zu Versailles entstellen geholfen hatte, verhinderte hier, daß ihr eigenes Vorbild weiter drang.

Und die Fénelon'schen Gedanken, die in Saint Cyr so schnell und so glücklich ihre Verwirklichung gefunden hatten, kamen auch nach Deutschland. Freilich hatte man hier sich weit eher der geistig darbenden Mädchen erinnert, als im Gallierlande. Schon Luther, der Reformator der Kirche, hatte auch der Erwecker der weiblichen Geister werden wollen. In seiner berühmten Schrift „An die Ratsherren aller Städte Deutschlands", worin er die Errichtung von guten Schulen dringend empfahl, gedachte er auch der Mädchen neben den Knaben, „daß die Frauen wohl ziehen und halten können, Haus, Kinder und Gesinde". Seiner Anregung war die Gründung vieler Mädchenschulen gefolgt, aber das gräßliche Blutmeer des dreißigjährigen Krieges hatte sie wieder weggeschwemmt vom deutschen Boden. Nun endlich, in der Todesstunde des siebzehnten Jahrhunderts, wachte der deutsche Gedanke wieder auf. Die fromme, auf innerliches Gotterkennen und sittliches Leben gerichtete Geistesströmung, die von Speener in Dresden angeregt worden war, hatte in dessen jüngeren Freunde August Hermann Francke ein organisatorisches Genie ergriffen, das den sogenannten „Pietismus" auf das Gebiet der Erziehung hinübertrug. Francke, der unbemittelte Theologe, der in seiner Studierstube eine Sammelbüchse für seine humanen Zwecke aufstellte, begann, als einmal die Frau des späteren Kommissionsrats Knorr da hinein vier Taler und sechzehn Groschen legte, seine Armenschule mit dieser Hand voll Geld zu gründen, aus der sich dann dank der Tatkraft des unerschütterlichen Mannes und dank fremder Wohltätigkeit nach und nach die Riesengründung aller der Anstalten entwickelte, die unter dem Namen der Franckeschen Stiftung zusammen gefaßt wurden. Da erwuchs zunächst das Waisenhaus, dann die bürgerlichen Schulen und endlich diejenigen für die Sprößlinge höherer Stände, die als Pädagogium, als Lateinschule und als Gynäceum sich stolz benannten. Im Jahre 1698 trat Francke mit dem Entwurf des ungeheueren Planes an die Öffentlichkeit, im selben Jahre gab er seine Übersetzung des Fénelon'schen Schriftchens heraus. Zweifellos hat der fromme Franzose in dem frommen Deutschen den Gedanken angeregt, auch die Mädchen bei seinen höheren Schulen zu berücksichtigen. Freilich wurden ja auch in dem Waisenhaus schon Mädchen erzogen, aber streng und recht nach dem Salomonischen Wort am Anfange dieses Kapitels. Spinnen, Stricken und Nähen nennt Francke geradezu die weiblichen Hauptarbeiten, und da es sich ja bei den Waisenkindern um Mädchen dienender Stände handelte, die wieder Dienstboten werden sollten, so erschien nach damaligen Begriffen nicht viel anderes für ihre Ausbildung nötig. So wurde denn auch in den Bürgerschulen im wesentlichen nur die „vier Spezies" getrieben. Dabei lagerte der ganze strenge Ernst des „Pietismus" über den Kindern beider Geschlechter. Spiel und Tanz war verboten als Gelegenheit zur Sünde, das Gebet und die Bibelerklärung sollten den jungen Gemütern die Erholung ersetzen und wurden ihnen daher im Übermaße geboten. Die Ausgänge, die zwar regelmäßig gehalten wurden, durften sich nie weit ausdehnen; ja die Mädchen durften sich nicht außerhalb der Schulmauer zeigen. Mit den Waisenkindern mußte die „Waisenmutter" zweimal in der Woche in der Garten oder in den „Weinberg" gehen und ihnen erlauben, daselbst ein paar geistliche Lieder zu singen, aber nur in der Sommerszeit, nur bei schönem Wetter und nur wenn kein Obst im Garten war. Die Bürgerkinder, die nicht in der Schule wohnten, wurden noch beim Heimweg beaufsichtigt, selbst in den freien Augenblicken auf dem Hofe wurden sie in Zwang und Zucht gehalten, und, wie es keine freien Nachmittage gab, so gab es auch keine freien Sonntage. Vor⌐ wie Nachmittags mußten die Kinder auch am Festtage in der Schule erscheinen um sich zur Kirche oder zur Betstunde führen zu lassen, und Ferien waren unbekannt. Dagegen ward zur körperlichen Kräftigung für die Mädchen außer Waschen und Handarbeiten auch Wassertragen und Holzsägen eingeführt. Aber laute Äußerungen der Freude: Jauchzen und Lärmen, Springen und Jubeln waren verpönt, denn dergleichen konnte ja von Gott ablenken. So sah es unjugendlich genug aus in der Pietistenschule, wo dafür allerdings Stock und Rute nur auf ein geringes Maß eingeschränkt waren, und nie für Trägheit oder Dummheit, sondern nur für Böswilligkeit gebraucht werden durften: damit nicht die Gewohnheit des Schlagens die Kinder verrohe. Neben solchen wirklich ausgeführten Schulen für einfache Mädchen war nun im Plane auch eine „Anstalt für Herrenstandes, Adeliger und sonst fürnehmer Leute Töchter" vorgesehen. Dazu war bemerkt worden: „Es soll ihnen ein eigenes, bequemes und reinliches Haus eingeräumet werden. Die Wirtschaft soll von einer christlichen und verständigen Pfarrwitwe, die selbst unter Leuten gewesen und wohlerzogen ist, geführet werden: da für den Tisch auf die Person 30 gute Groschen wöchentlich zu rechnen sein wird. Zur Aufsicht, Unterweisung in der französischen Sprache, Aufführung zu guterManier, mit Leuten umzugehen, ist eine französische Demoiselle, die eine bewährte und wohlgeübte Christin ist, und viel bei Hofe gewesen, bestellet. Zur Erlernung allerlei feinen und nützlichen Arbeiten ist gleichfalls eine Demoiselle von letzt erwähnten Qualitäten bestellet. Dieweil sie auch im Lesen, Schreiben, Rechnen und im Grunde des Christentums unterrichtet werden müssen, sollen ihnen dazu verständige Informatores gehalten werden, welche in gewissen Stunden zu ihnen kommen und in Gegenwart der Aufseherinnen die Information verrichten sollen. Dafern denn auch einige verlangen sollten, die hebräische und griechische Sprache, als die Grundsprachen des alten und neuen Testamentes zu lernen, so soll ihnen dazu gar gute Anleitung gegeben werden. Zur Haushaltung und Wirtschaft sollen sie mit allem Fleiß angehalten werden, entweder, daß sie die Hand selbst mit anlegen, oder daß sie doch die Sache verstehen lernen: damit sie solche mit Verstand dermaleinst selbst führen können. So es auch einigen Standespersonen nicht beliebte, daß ihre Kinder zur Haushaltung angeführt werden, sollen sie davon ausgeschlossen bleiben, wie denn solchen auch anheim gegeben wird, ob sie sonst einige Kommodität und Aufwartung für die ihrigen verlangen, welches dann auch mehr Unkosten verursachen würde. Auch soll ihnen einiger Gartenraum eingegeben werden, sowohl, damit sie lernen, einen Garten selbst einrichten, als auch um ihrer Ergötzung und Veränderung willen. Dieweil sich auch manchmal bei dem weiblichen Geschlechte eine ungemeine Fähigkeit findet zu allerhand nützlichen Künsten und Wissenschaften, soll, im Fall sich dieselbe bei einer oder der anderen finden möchte, diesfalls auch an guter und methodischer Anweisung nichts verabsäumet weiden. Insgemein sind die Leute, so dazu ihre Dienste bereits versprochen haben, so beschaffen, daß man nicht zweifeln darf, es werde alles beobachtet werden, was dazu gehören möchte, eine gottesfürchtige, verständige und geschickte Person zu erziehen. Für ein jedes Kind wird zu geben sein jährlich 110 Taler, davon alle Quartal der vierte Teil voraus zu zahlen sein wird. Auch wird einem jeden Kinde mit hierher zu geben sein: 1. ein Federbette, 2. ein Tischtuch, 3. ein halbes Dutzend Servietten, 4. ein zinnerner Teller, 5. ein Trinkgeschirr, 6.

ein silberner Löffel, 7. einige Handtücher. Weil auch leicht unvermeidliche Ausgaben vorfallen können, z. B. wenn an der Kleidung etwas anzuschaffen oder zu verbessern, Leinwand oder andere zu weiblicher Arbeit nötige Dinge zu kaufen, als werden deswegen einer von den Aufseherinnen etliche Taler zuzustellen sein; welche denn über die Einnahmen und Ausgaben, ehe sie mehr empfängt, eine Rechnung zu liefern hat."

Vergleicht man diesen Plan mit den anderen Franckes, so staunt man über die Unentschlossenheit und Ratlosigkeit, die den sonst so zielbewußten, strengen und rücksichtslosen Mann hier angewandelt hat. Er weiß nicht, ob die Töchter „Herrenstandes und fürnehmer Leute" im Haushalt unterrichtet werden sollen oder nicht. Er will ihnen auf Wunsch Wissenschaften und Künste, sogar Griechisch und Hebräisch beibringen oder auch nicht. Sie können die Gartenkunst erlernen oder auch nicht; ja sogar seine sonst so geliebte Religion wird hier doch auffallend nebensächlich behandelt, und eigentlich weiß er nur, daß das französische obenanzustehen hat in Sprache und Lebensweise; ja, er scheint am Schlüsse förmlich aufzuatmen, wie er nur noch die körperlichen Bedürfnisse der verwöhnten Fräuleins zu befriedigen hat. Über Servietten und silberne Löffel weiß er mit ihnen sich auseinanderzusetzen, aber in Hinsicht auf Wissenschaft und Haushaltung? Selbst seine sonst mit nichts zu vergleichende Tatkraft, die ihn aus dem Anfange von vier Talern allmählich einen Riesenbau schaffen ließ, scheint ihm hier zu fehlen, denn trotz wiederholter Ankündigungen dauerte es zehn Jahre, ehe das berühmte „Gynäceum" ins Leben trat, und auch da war es noch nicht sein Werk, sondern das einer Französin. Louise Charbonnet hatte in Halle bereits eine Erziehungsanstalt für Töchter höherer Stände geleitet, und Francke überwies ihr die Fräuleins, die sich an ihn wandten. Sie war eine gelehrte Frau und Verfasserin einer „nouvelle grammaire francaise", die auch in Franckes „Pädagogium", d.h. in der Erziehungsanstalt für die Söhne „fürnehmer Leute" eingeführt war. Im Jahre 1709 wurde die Anstalt der klugen Französin mit der Francke'schen Stiftung vereinigt. Beweis genug dafür, daß der Pietist hier seinen Vorsatz nicht selbständig hatte ausführen können. Schon die Ankündigung der neuen Bundesgenossenschaft klingt wenig begeistert: „Endlich ist auch in diesem Jahre eine neue Anstalt zur Erziehung adeliger und anderer Töchter angefangen, bei welcher die Einrichtung und Führung eines solchen ganzen Werkes von einer christlichen, und in Auferziehung und Anweisung der Kinder wohlgeübten französischen Demoiselle dependieret. Die Unkosten für Kost, Information, Heizung der Stube, Licht und Wäsche kommen jährlich auf achtzig Taler. Die Absicht dieser Anstalt ist, die anvertraute liebe Jugend, so von sieben bis zwölf Jahre aufgenommen wird, in der Furcht Gottes und christlicher Sittlichkeit zu erziehen, wobei auch Gelegenheit sein wird, das Französische, das Schreiben, das Rechnen und die nötigen weiblichen Arbeiten zu erlernen," Das war nicht viel im Vergleich zu dem, was einst der erste Entwurf in seiner schwankenden Vielseitigkeit verheißen hatte. Auch blieb die Charbonnet nur fünf Jahre lang Leiterin dieses „Gynäceums" — der griechische Name war geblieben. Sie zog sich schon im Jahre 1715 zurück, starb aber erst am 31. August 1731. Ein Jahr nach ihrem Tode verschied auch ihre Nachfolgerin in der Leitung, Susanna Munnier, und mit deren Tode ging denn auch das Gynäceum ein. Es war ein mißlungener Versuch gewesen, die Schule von Saint Cyr in Deutschland nachzulassen. Sonderbar, alles andere, was Francke ohne Geld und nur mit seiner Willenskraft und seinem heiligen Gottvertrauen ins Leben rief entwickelte sich segensreich, nur mit der Schmerzensfrage seines Jahrhunderts, mit der geistigen Ausbildung der Frauen, kam auch er nicht zurecht.

So könnte es fast den Anschein haben, als sei der ganze Gedanke einer höheren Mädchenschule aus Frankreich nach Deutschland herübergekommen, ehe hier der Boden für eine solche Saat vorbereitet war. Und doch ist das Gegenteil davon der Fall. Vielmehr wird uns eine flüchtige Betrachtung der deutschen Frauengeschichte im siebzehnten Jahrhundert lehren, daß für diesen Zeitraum das immer weiter gehende Streben des weiblichen Geschlechts nach höherer Bildung geradezu bezeichnend ist. Freilich nicht überall. Die Stände waren damals noch so scharf von einander getrennt, daß das schlichte Bürgerkind nicht wagte, über den Spinnrocken oder den Nährahmen hinweg zu sehen; und mit Lebenslust und Ausgelassenheit zugleich schienen die „Töchter Herrenstandes und fürnehmer Leute" auch die Bildung gepachtet zu haben. In diesen Kreisen aber war schon manch überraschendes weibliches Talent erstanden. In zwiefacher Gestalt weiden uns die begabten Frauen des siebzehnten Jahrhunderts erscheinen. An den Höfen treffen wir sie meist umringt von Oberflächlichkeit und Leichtsinn. Spielend, wie man das ganze Leben dort nahm, erfaßte man auch die Wissenschaft und die Künste und beugte sie samt Jagden, Tanz und Festlichkeiten unter den einen großen Zweck des hastenden Genusses. Ernst und ehrbar dagegen treten uns die Schwestern, die Töchter und die Gattinnen der Gelehrten entgegen, die unter der kameradschaftlichen Anleitung der männlichen Schützer tugendstolz und lernensfreudig sich der Weisheit widmen; oder, wenn sie tändeln, so sind sie vielfach tändelnde Dichterinnen, die von Tugend und Weisheit singen. Ja, so ungeheuer wächst bis zum Ende des siebzehnten Jahrhunderts der Wissenstrieb und der Betätigungsdrang der deutschen Frauen gebildeter

Kreise, daß im Anfange des achtzehnten schon das erste Jahrzehnt eine ganze Reihe von Männern erstehen sieht, die den großen Kampf der Frauen um das Recht auf Studium und Wissenschaft mitkämpfen wollen. Zum rechten Verständnis dieses Zeitpunktes freilich ist es nötig, daß wir erst eine gute Strecke rückwärts wandern in der Frauengeschichte des siebzehnten Säkulums. Zunächst also zu den geistreichen Fürstenhöfen. An diesen waren die Maitressen mitunter geistig hochbegabte Wesen und neben der französischen Sprache, die das Gemeingut der damaligen gebildeten Welt Deutschlands war, fand man oft genug die Kenntnis des Lateinischen auch bei dem weiblichen Geschlecht. Als der große französische Denker Descartes mit seinen physikalischen und philosophischen Schriften zuerst hervortrat, waren es nicht nur französische Damen, wie Frau von Grignan, die Tochter der berühmten Sévigné, bei denen er Verehrung gefunden, sondern auch zwei gekrönte Frauen von teilweise deutscher Abkunft meldeten sich als seine Bewundererinnen und Schülerinnen, nämlich die Königin Christine von Schweden, die Tochter Gustav Adolfs und der brandenburgischen Prinzessin Marie Eleonore, und die Prinzessin Elisabeth, die Tochter des deutschen Pfalzgrafen Friedrich V. und einer englischen Königstochter. Wahrend aber Christine als eine echte Schwedin nicht in den Bereich dieser Darstellung gehört, so bietet uns die mit englischem Blute vermischte Pfälzer Fürstenfamilie eine Reihe der eigenartigsten deutschen Frauengestalten dar. In ununterbrochener Reihe führt uns dieses stolze Geschlecht aus den Zeiten des dreißigjährigen Krieges bis in den Anfang des achtzehnten Jahrhunderts und entrollt uns ein Bild der damaligen Zustände an den Höfen, wo große, geistig hochstehende Frauen ebenso glühende Verehrerinnen erhabener männlicher Geister, wie kleinliche Schürerinnen wunderlicher Hofkabalen sind; ein Bild des Treibens, das die Höfe von Heidelberg, Hannover, Dresden und Berlin durchtost, wo schöne Maitressen dichten und intriguieren, wo ein unaufgeklärter Mord die lärmenden Sinnenfestlichkeiten ebenso flüchtig unterbricht, wie die philosophischen Studien gekrönter Damen; wo man das Wesen Gottes zu ergründen sucht und wo man doch Glaubenswechsel und Heuchelei im Dienst der Politik verlangt; wo kecke Abenteuerinnen den Thron ihrer fürstlichen Buhler besteigen und mitten durch Haß und Eifersucht das Lied des Dichters und das Orakel eines großen Denkers klingt.

Kurfürst Friedrich V. von der Pfalz hat eine wehmütig komische Berühmtheit erlangt als der sogenannte Winterkönig. Seine Gemahlin Elisabeth, die Tochter Jakobs I., die auf dem pfälzischen Throne ganz Engländerin geblieben war, hatte ihren Gatten wesentlich zu dem unseligen Schritt bestimmt, die Krone von Böhmen anzunehmen, und hatte damit

eine thörichte Veranlassung geschaffen, den furchtbaren Weltkrieg entbrennen zu lassen, der dreißig Jahre lang Europa durchwühlte und sein
Staatengebilde zu blutigen Fetzen zerriß. Nur einen kurzen Winter hatte
sie ihren eitlen Königinnentraum verwirklicht gesehen. Die Schlacht am
weißen Berge hatte die thörichte Herrscherin ihres Landes beraubt, und au
der Seite des Gatten, dessen Pfälzer Kurfürstenhut ihr als einer Königstochter einst zu schlecht erschienen war, hatte sie das Los einer landflüch-
tigen Großbettlerin durchkosten müssen; in Holland mußten sie die Gast-
freiheit der gutmütigen Niederländer in Anspruch nehmen. Nach seinem
Tode war sie ganz verlassen und nur der Name einer „Elisabeth von Böhmen" war ihr verblieben. Sie mußte ihre Söhne in die weite Welt entlassen
und ließ doch nicht ab, ihre Töchter für fremde Throne zu erziehen. Mit
kindischer Eitelkeit ließ sie diese im Haag an der kärglich besetzten Tafel
die steifsten Formen der damaligen Hofsitte ausüben, als ob die ganze
Welt Zuschauerin wäre, und sie selbst warf unablässig ihre Blicke umher
nach einer Ausficht, wieder zu Macht und Ansehen zu gelangen. Bei alledem verleugnete sie nicht, daß sie die Tochter eines philosophischen
Grüblerkönigs war, denn auch sie umgab sich gern mit Männern der Wissenschaft, versuchte einen kleinen Hof des Geistes zu erschaffen und
konnte ihre älteste Tochter in sechs Sprachen unterrichten. Diese Tochter
Elisabeth war frei von den Lüsternheiten und Leidenschaften der Mutter,
ging ganz in den Studien auf und schlug sogar die polnische Königskrone
ans, um sich nicht den Wissenschaften entfremden zu müssen. Sie war
eben jene eifrige Leserin des Descartes, die nicht ruhte, bis sie die persönliche Bekanntschaft des Meisters gemacht hatte. Der bescheidene und
weltflüchtige Denker, der den äußeren Ruhm und die zerstreuende Anerkennung der Großen so eifrig floh, daß er aus Furcht vor dem Ruhme
seine besten Werke nicht heraus geben mochte, wurde von einer Botschaft
der Prinzessin endlich doch in seinem holländischen Zufluchtsorte aufge-
funden und, als er nun wirklich die strebsame Königstochter kennen lernte, gab er ihr bald das Zeugnis, daß er „niemals jemanden gefunden, der
seine Schriften so allgemein und so richtig verstanden habe, wie sie …"
So wenigstens schrieb er in der Widmung seines Hauptwerkes, der „Prin-
cipia philosophiae" an Elisabeth. Und dennoch greift auch in das Leben
dieser edlen Frau das Verhängnis der Kabalen ein. Ihr Bruder Philipp tötet
einen Lieblingskavalier der Mutter und auf sie fällt der Verdacht der Mit-
schuld. Sie muß vor dem mütterlichen Zorn fliehen und findet erst als
Äbtissin des Klosters Herford in Westfalen eine ruhige Zuflucht. Auch
ihre jüngere Schwester, Luise Hollandine, war Äbtissin geworden, und
zwar in Frankreich, wo sie gleich einem jüngeren Bruder früh den katholi-

schen Glauben angenommen hatte. Für diese war aber die fromme Stellung nur ein Deckmantel ihrer wilden Sinnengelüste, und sie soll sich selbst ihrer zahlreichen Nachkommenschaft gerühmt haben. Dabei liebte und übte sie aber auch die Künste, beschenkte Kirchen und Klöster mit ihren Gemälden, und da sie erst im Jahre 1709 starb, so ragt sie als eine hochbetagte Greisin in das achtzehnte Jahrhundert hinein, wo Frauen ihresgleichen, Sinnentollheit und hohe Geistesgaben vereinigend, so häufig werden sollten. Der ausgeprägteste Charakter aber von all' den Schwestern unter den dreizehn Kindern der unglücklichen Böhmenkönigin war wohl die vierte in der Reihe der Töchter, das zwölfte Kind dieses an Elend und Unglück so reichen Hauses — Sophie.

Sie hat der Erziehung durch ihre Mutter nur mit geringer Freude gedacht. „Meiner Mutter war der Anblick ihrer Hunde und Affen lieber, als der ihrer Kinder", so äußert sie sich in ihren Lebenserinnerungen, Im elften Jahre kam sie von Leyden zu der Mutter zurück und diese „länderlose Königin" versuchte bald das Töchterchen zu benützen, um ihre Erbansprüche an die englische Krone zu befestigen. Aber der Plan, sie dem Vetter Karl Stuart, dem zweiten seines Namens, anzuverloben mißlang. Dafür bot sich der Prinzessin Sophie ein schützendes Obdach im Hause ihres ältesten Bruders, als dieser — Karl Ludwig — den pfälzischen Thron seines Vaters nach Beendigung des dreißigjährigen Krieges wieder besteigen durfte. Hier gewann der schöne und weltgewandte Herzog Georg Wilhelm von Braunschweig-Lüneburg ihr Herz und das Versprechen ihrer Verlobung. Nichts aber kann bezeichnender für die Verhältnisse der damaligen Höfe sein, als das, was nun geschah. Georg Wilhelm reiste von Heidelberg als frisch Verlobter Bräutigam nach Italien und verlor in Venedig, dem Mekka der damaligen liebesdurstigen Weltfahrer, in wilden Ausschweifungen seine Gesundheit. Unfähig, die Braut in Heidelberg in diesem Zustand heimzuführen, wandte er sich ganz naiv an seinen jüngeren Bruder Ernst Angust und bat ihn, an seiner Stelle die Prinzessin Sophie zu ehelichen. Dieser, ein treuer Bruder und ein klar blickender, ehrgeiziger Mann, der bis dahin als jüngster von Vieren nur eine untergeordnete Rolle gespielt hatte, erhielt für seine Bereitwilligkeit die Anwartschaft der Nachfolge auf des Bruders Thron für sich und seine Erben. Ja, Georg Wilhelm verpflichtete sich sogar förmlich zu dauernder Ehelosigkeit. Und Sophie war so sehr die Tochter ihrer harten, stolzen Mutter, daß sie auf den seltenen Handel ohne Sträuben einging. Das Wort, das ihr der ältere Bruder verpfändet, ließ sie durch den jüngeren einlösen. Und so wurde sie Herzogin. Freilich auch zunächst eine „länderlose". Verwickelt, wie alle die kleinen staatlichen Verhältnisse damaliger Zeit, waren die der ewig geteilten welfischen Lande. Die vier Brüder, deren jüngsten Sophie heiratete, hatten sich einem väterlichen Testament zufolge fein säuberlich in die Erbschaft zu teilen. Christian, der älteste, faß in Lüneburg, Georg Wilhelm, der zweitgeborene, in Kalenberg. Die beiden jüngsten, Johann Friedrich und Ernst August, hatten zu warten, bis ihre Brüder ihnen die Throne räumten. Nun war der Jüngste urplötzlich mit schönen Zukunftsaussichten ausgestattet. Er zog mit seiner jungen Frau ins Kalenbergische und diese lebte in Hannover unter den Augen ihres ersten Bräutigams, der durch tausend Rücksichten mehr und mehr gedrängt wurde, sich in seiner sanftmütigen Schwäche dem tatkräftigen, zielbewußten Bruder unterzuordnen. Doch bald bot sich für diesen ein eigener Thron dar. Das Bistum Osnabrück sollte nach einer törichten Bestimmung des Westfälischen Friedens abwechselnd von einem katholischen und von einem evangelischen Bischof, im letzteren Falle aber immer von einem braunschweigischen Prinzen regiert werden. Es fiel im Jahre 1661 an Ernst August, und als dieser fröhlich nach dem kleinen Iburg zog, um hier einen eigenen Hofstaat einzurichten, folgte ihm bald der ältere Bruder zum Besuch. Hier war es, wo eine neue Frauengestalt verhängnisvoll auftauchte. In Begleitung der Herzogin von Tarent war ein Fräulein Eleonore d'Olbreuse an den Hof des neuen Bischofs gekommen. Und Georg Wilhelm, seines Versprechens der Ehelosigkeit längst überdrüssig, entstammte in Liebe für das liebenswürdige Dämchen. Um so wünschenswerter schien ihm eine weibliche Genossin, als er bald darauf durch den Tod seines älteren Bruders Christian zum Herzog von Lüneburg aufrückte, und, seinem Bruder Johann Friedrich das kleinere Kalenberg überlassend, zu Celle in den Mittelpunkt eines neuen Hofes trat. Indessen, Ernst August und Sophie warm nicht hartherzig. Falls der Bruder Georg Wilhelm nur keine standesgemäße Ehe einging, so mochte man ihm die Freude an einem Weibe immer gönnen. Wenn nur keine thronberechtigten Erben zu befürchten waren! — So brauchte also der bekehrte Junggeselle sich nur zu verpflichten, daß er seine Liebste nie zu seiner rechtmäßigen Gemahlin machen wolle, und gern ließen es dann Bruder und Schwägerin zu, daß er sein einsames Heim mit einer Genossin schmückte. Doch diese Freundin seines Herzens sollte bald trotz alledem auch die Teilhaberin seines Thrones werden. Ob sie sich zu dem Schritt einer so heiklen Verbindung entschloß in dem Bewußtsein, daß sie das Ziel einer wirklichen Ehe erreichen würde, oder ob ihr dergleichen erst später einfiel, genug, sie ging sicher und unbeirrt den Weg zum Throne. Anfangs beanspruchte sie nicht einmal in größeren Gesellschaften bei Tafel zu erscheinen und nahm, was Herzogin Sophie dank ihrer englischen etikettereichen Erziehung ihr besonders hoch anrechnete — niemals das „Lavoir" in Gegenwart der geborenen Königstochter. Als eine „Madame d'Harbourg" erschien sie schmucklos und namenlos, aber mehr und mehr gewann sie Boden am Hofe und als sie gar dem Herzoge Georg ein liebliches Töchterlein, Sophie Dorothea, geboren hatte, da ruhten beide Eltern nicht eher, als bis sie ein legal getrautes Paar waren. Madame d'Harbourg erhielt vom Kaiser Rang und Stand einer Herzogin, nur von der Thronfolge wurden mit immer neuen Sicherheitsmaßregeln die Kinder ausgeschlossen. Das genügte dem ehrgeizigen jüngeren Bruder, der nur zwei Ziele seines Strebens kannte, die Vergrößerung seiner Hausmacht und die Erlangung der Kurwürde für sich und seine Nachkommen. Sichtlich erbost aber zeigte sich Frau Sophie. Die Tochter der Winterkönigin, die Enkelin Jakobs von England konnte es nicht ertragen, eine Emporkömmlingin zu ihrem eigenen Rang erhoben zu sehen. Von Stunde an war sie die geschworene Feindin der neuen Herzogin und der Tochter dieser kühnen Throneroberin. Indessen hatte die neue Herzogin das romantische Interesse der Welt auf ihrer Seite. Es gingen Gerüchte von ihrem ungeheuren Reichtum und von den Verlobungsaussichten der jungen Sophie Dorothea. Inzwischen war Ernst August auch Herr zu Kalenberg geworden nach dem Tode seines Bruders Johann Friedrich, und da ihm zufolge seiner Heirat mit Sophie ja längst das Bruderreich in Celle-Lüneburg zugesichert war, so ergab sich als das sicherste Mittel zur Bekräftigung dieser Erbschafts-Aussicht, daß er selbst die junge Sophie Dorothea mit seinem eigenen Sohne Georg verlobte. Das geschah und nun zog die Tochter der Madame d'Harbourg, die man in der kalenbergschen Residenz Hannover haßte wie nichts auf Erden, als eine ungeliebte, ja fast verabscheute Schwiegertochter daselbst ein. Ihr junger Gatte Georg empfing sie mit unverhehlter Verachtung, die Schwiegermutter Sophie mit glühendem Haß. Man sah in ihr nichts als das notwendige Übel, das man mit der Lüneburgischen Erbschaft mit in Kauf nehmen mußte. Und doch dichtete am Hochzeitstage einer der größten Geister des Jahrhunderts ein begeistertes Lied, der große Philosoph Leibniz.

Ja, mitten in dem ewigen Hasten und Drangen nach Würden und Ländern, das diese kleinen Höfe damaliger Zeit kennzeichnete, stand der größte deutsche Denker des Jahrhunderts, der Mann, mit dem in Deutschland die Geschichte der selbständigen Weltweisheit beginnt, und seine eifrigste Bewundererin, seine gelehrigste Schülerin war dieselbe Herzogin, spätere Kurfürstin Sophie, die in all' den Kabalen der Höfe ihre Hand mit im Spiele hatte. Ihre geistreichen Briefe, oft von gehässigster Klatschsucht über die gehaßte d'Olbreuse entstellt, zeigen andererseits ihre großen Kenntnisse in den Wissenschaften und die Verehrung für Leibniz und seine Weltanschauung. So erbte die philosophische Neigung in der Familie der Böhmenkönigin. Von ihren Töchtern war, wie gesagt, Elisabeth die leidenschaftlichste Bewunderin von Descartes, und Sophie vergötterte nun ihren Leibniz und vererbte diese Vergötterung auf ihre Tochter, Sophie Charlotte. Wir können uns die beiden Gesichter, in denen wir die Kurfürstin Sophie erscheinen sehen, fast gar nicht zu einem Charakterkopfe vereinigt denken. Die oft so kluge, so gütige Wissensfreundin auf der einen Seite, und die mitleidlose Vernichterin ihrer schuldlosen Schwiegertochter auf der anderen. Denn an dem Haß, mit dem sie von der Schwiegermutter empfangen wurde, war Sophie Dorothea sicher schuldlos und höchst wahrscheinlich war sie es auch in der Angelegenheit, aus der man ihr endlich den Strick drehte. In ihrer Jugend hatte Sophie Dorothea am Hofe zu Celle den schönen jungen Philipp von Königsmark kennen gelernt, den jüngeren der beiden Enkel des schwedischen Feldmarschalls, der es bis zum Grafen gebracht hatte und durch den Sturm auf Prag noch kurz vor dem Ende des dreißigjährigen Krieges sich in der Kriegsgeschichte einen bleibenden Platz eroberte. Beide Enkel des berühmten Haudegens waren wandernde Abenteurer nach der Sitte der damaligen Zeit. Während der Ältere im Kriegsdienste Ruhm suchte, verbummelte der Jüngere sein Leben zwecklos. Vom Schloß zu Agathenburg, wo seine Eltern lebten, war er als Knabe an den Hof zu Celle geschickt worden, um unter Georg Wilhelms Aufsicht die feinere Hofsitte zu erlernen. Als landfahrender Abenteurer durchschweifte er dann die Welt, um sich schließlich bei Ernst August in Hannover einen Oberstentitel zu erwirken. Da ihm aber unter diesem zielbewußten Fürsten nicht wohl sein konnte, so ging er bald nach Sachsen hinüber, wo unter dem Zepter August des Starken, den man im Hinblick auf seine Regierung besser den Schwachen nennen würde, ein wilder Tummelplatz der Sinnlichkeit sich auftat. Hier sah sich Philipp von Königsmark an seinem Platze und kam im Jahre 1694 nur noch einmal nach Hannover, um sich von Ernst August zu lösen. Er konnte nicht ahnen, wie verhängnisvoll der Aufenthalt für ihn und für die junge Gattin des dortigen Thronfolgers weiden sollte. Sophie Dorothea nämlich erkannte in ihm freudigst einen Jugendfreund wieder, und da sie sich in Hannover überall gehaßt und gänzlich vereinsamt fühlte, so zeigte sie ihre Freude über die Erneuerung dieser alten Bekanntschaft nur allzu deutlich. Schnell waren ihre Feindinnen bei der Hand, ihr das Netz über den Kopf zu werfen. Die Kurfürstin Sophie, die Freundin des großen Philosophen, verschmähte es nicht, hier eine höchst zweideutige Rolle zu spielen. Eine Hofdame, Gräfin Platen, hatte wohl gleichfalls ihre Hände im Spiel. Als eines Abends der schöne Philipp aus den Gemächern der Thronfolgerin trat, ward er von Gewaffneten aufgehalten und ist wahrscheinlich im Kampfe mit ihnen gefallen. Mit Sicherheit ist sein Ende nicht bekannt, ebenso wenig wie sich über die Schuld oder Unschuld der jungen Sophie Dorothea gewisses sagen läßt; wenn nicht gerade der Umstand für ihre Tugend zeugt, daß man alle Akten des Prozesses vernichtete, als man die Prinzessin, die mit ihrem Manne keine Aussöhnung mehr wollte, nach dem Schlosse zu Ahlden brachte, wo sie ihr Leben einsam vertrauert hat. Es genügt hier, anzudeuten, in welche Umtriebe die geistig so bedeutende Kurfürstin sich einließ, unbeschadet ihrer hohen Kenntnisse und großen Fähigkeiten auf wissenschaftlichem Gebiete. Auch war sie im übrigen nicht so skrupelvoll den unebenbürtigen Fürstenkindern gegenüber. Hatte doch auch ihr Lieblingsbruder, Karl Ludwig von der Pfalz, bei dem sie ihre ledige Jugend zugebracht hatte, eine Art von d'Olbreuse an seinem Hofe groß gezogen. Er war vermählt mit einer Prinzessin von Hessen-Kassel, vor deren stolzem Charakter man ihn vorher gewarnt haben soll. Nach jahrelangem Kampfe mit dem Widerspruchsgeist dieser Frau wandte er sein Herz einem schönen Fräulein von Degenfeld zu, die nachher auch seine angetraute Gemahlin wurde. Ihre Kinder wurden freilich nicht berechtigt zur Thronfolge, sondern erhielten den Titel „Raugrafen" und „Raugräfinnen". Mit ihnen hat die Kurfürstin Sophie einen regen Briefwechsel unterhalten. Den armen Sprößlingen dieser morganatischen Ehe erging es schlecht. Die an Geiz grenzende Sparsamkeit des Vaters hatte diesen nicht dazu kommen lassen, ernsthaft für die Kinder seiner Liebe zu sorgen und so kam es, daß die Nachfolger sie von allen Unterstützungen ausschließen konnten. Die Kurfürstin Sophie war die einzige, die sich ihrer immer wieder warmherzig annahm.

Soviel Intriguen und Liebesverwirrungen die befreundeten Höfe aber erlebten — namentlich als auch der Gatte Sophies in dem Fräulein Platen seine Geliebte gefunden hatte — daß dennoch ein greller Gegensatz zwischen deutschem und französischem Frauenwesen noch bestand, lehrt das Schicksal der rechtmäßig geborenen Tochter des Pfälzer Bruders, der Elisabeth Charlotte. Wie wenig sie durch geistige Begabung glänzte, und wie gering das Maß ihres Wissens gewesen sein mag, in die Geistesgeschichte der deutschen Frauenwelt gehört ihr Charakterkopf doch. Denn die derbe Frau, die das französische Wesen haßte und gerade dazu verurteilt wurde, es mit eigenen Augen aus nächster Nähe anzusehen, hat in ihren deutsch geschriebenen Briefen ein Denkmal der Zeit von bleibendem Wert hinterlassen. Die Kabale an dem Hofe ihres Vaters hatte sie nicht mit anzusehen brauchen, denn der Kurfürst hatte sie in zartem Alter der brüsken Mutter entzogen und der Schwester Sophie zur Pflege gegeben; aber die Politik, und zwar eine recht thörichte Politik — forderte sie bald als Opfer. Der „häßliche kleine Butzen", wie Frau von Trautmannsdorf das unschöne, dralle Kind nannte, wurde an einen Hof verheiratet, an dem gerade Äußerlichkeiten alles galten. Der Bruder Königs Ludwig XIV. nämlich, Herzog Philipp von Orleans, hatte nach dem Ableben seiner ersten Gattin, einer Tochter des Königs Karl I. von England, sein Augenmerk auf die junge Prinzessin von der Pfalz geworfen, um dadurch das schöne Grenzland zwischen Deutschland und Frankreich allmählich an das Königshaus der Bourbonen zu fesseln. Die Schwägerin des pfälzischen Kürfürsten, Pfalzgräfin Anna aus dem Hause Mantua Gonzaga, die schon zur Jugendzeit des Königs Ludwig in der großen Bewegung des Frondekriegs eine bedeutende Rolle gespielt hatte, fädelte auch jetzt mit geschäftigen Fingern die Heiratsintrigue ein. Sie wußte den für die damalige Zeit heikelsten Punkt rücksichtslos zu beseitigen, den der Konfession. Die lutherische Pfälzerin mußte katholisch werden, um die Hand eines französischen Prinzen erlangen zu können; sie war ehrlich und weigerte sich den Glauben zu wechseln aus äußerlichen Gründen. Der Kurfürst hätte allein nicht Rücksichtslosigkeit genug besessen, diesem Widerspruch aus Glaubenstreue ein „Nein" als schnurgraden Befehl entgegenzusetzen, aber die Schwägerin Anna wußte Rat. Sie verleitete den Kurfürsten zu einer Heuchlerrolle. Er mußte sich den Anschein des liebenden Vaters geben, während man in der Stille die Tochter durch katholische Priester bearbeiten ließ. Dann mußte sie mit ihm nach Straßburg reisen und schließlich der Öffentlichkeit gegenüber noch die Verantwortung für den Glaubenswechsel übernehmen, als sei sie von ihrem innersten Herzen dazu getrieben worden, und habe nur mühsam des Vaters Erlaubnis dazu erlangt. Gar sehr zum Unheil seiner Erfinder schlug dieser Heiratsplan aus. Was Karl Ludwig mit seiner sonst recht einsichtsvollen Regierung der Pfalz nach den Leiden des dreißigjährigen Krieges Gutes getan, das vernichtete er durch dies unheilvolle Bündnis. Aber die wackre Lise-Lotte hat ihr Vaterland nicht, vergessen. Sie blieb kerzengerade und verlernte den Geschmack am deutschen Sauerkraut so wenig, wie den Glauben ihrer Kindheit, den sie nur für die Öffentlichkeit abgeschworen hatte. Die lutherischen Lieder aus ihrer frühesten Jugend sagte sie sich in stillen Stunden vor, und dem französischen Unwesen setzte sie den Tugendstolz und das Selbstbewußtsein ihres starken Herzens entgegen.

Während daheim das Französische die Hofsprache wird, während die hannoversche Tante ihre Memoiren und den größten Teil ihrer Briefe französisch schreibt, bleibt gerade die nach Frankreich verschlagene Nichte der deutschen Sprache treu. Sie erscheint, unschön in allem was sie tut, vierschrötig und plump, aber grade und ehrlich an dem Hofe, an dem alles verlogen und innerlich verfault, aber äußerlich poliert und geleckt M S gewinnt mit ihrer Ehrlichkeit das Herz des eitlen Königs, des Herrn der Gtiquette, kann dagegen mit ihrem Manne, dem kleinen, weibischen und albernen Bruder des Herrschers kein Verhältnis finden. Sie lacht hell auf über die Unsitte der Französinnen, die sich den ganzen Tag in ihren Betten herumwälzen und sich erst anziehen, wenn sie zur Galatafel gehen.

Früh auf, gleich in vollem Staat, freudig zu Jagd und körperlicher Übung, läßt sie sich bei ihrer Toilette der Sitte gemäß den Besuch der gestriegelten Schwätzer des Hofes gefallen, mit denen sie kecke Witzworte tauscht, gähnt bei der langweiligen Mittagstafel, ist bei dem allüblichen Kartenspiel eine gleichgültige Zuschauerin, und sucht nach zwölf Uhr, wenn der König den Hof entläßt, ihr Lager auf, während der Schar der erschlafften Gesellschaftsweiber jetzt erst die Stunde für Spiel und geistreichelndes Geschwätz schlägt. Sie muß es erleben, daß der König ihre heißgeliebte Pfalz zerstört, eine furchtbare Folge der unüberlegten Politik, der sie zum Opfer gefallen. Ihr Sohn, für den sie vergeblich um deutsche Erzieher bittet, muß parteiisch verbildet werden. Sie sieht ihn hineinwachsen in den wilden Trubel des entmannten Königshofes und in alle die Laster verfallen, die sie verabscheut; ja, sie muß es erleben, daß er später als Regent den Fluch des ganzen Landes auf sein Haupt lädt. Die herrschsüchtigen Buhlweiber spielen ihr den schwersten Streich, als die Maintenon es durchsetzt, daß der Sohn der deutschen Lise-Lotte die Tochter einer Königsdirne heiraten muß, um dadurch gewissermaßen den Stand der Maitressen zu adeln. Sie sieht mit tiefster Verachtung auf das vertierte Weib herab, daß nun ihre Schwiegertochter heißt, sich den ganzen Tag auf den Kissen umhersielt und die eigenen Töchter, Lise Lottens Enkelinnen, in ein Kloster stecken möchte, nur um sie nicht erziehen zu brauchen; und sie sieht eine ihrer Enkeltöchter an den Duc de Nerry verheiratet werden, der in der Bemutterung der Maintenon und ihrer widerlichen Gehilfinnen herangewachsen ist. Sie sagt sich von der eigenen Kindestochter los, die den ganzen Tag ihren Sinnen fröhnt und später infolge ihrer Ausschweifungen an einer entsetzlichen Krankheit stirbt. Nur ihre an den Herzog von Lothringen verheiratete Tochter befriedigt durch ihr Schicksal das Gemüt der gepeinigten Mutter, die selbst unter den beständigen Anfeindungen der Buhlschwestern zu leiden hat. Aber sie geht hocherhobenen Hauptes durch all' die Wirren hindurch und sagt jedem ihre Meinung, und so die „dicke deutsche Frau" zwar nicht beliebt bei den polierten Herrchen und Dämchen, aber auch nicht gefürchtet; denn sie führt die vergifteten Pfeile nicht in ihrem Köcher, mit denen man dort die Hofscharmützel auskämpft. In ihrem Kämmerlein daheim schreibt sie an die deutschen Verwandten und Freundinnen die endlos langen, so erschreckend aufrichtigen, derben, aber doch in ihrer Gesinnung so keuschen Briefe, in denen die Verderbtheit der Königsstadt an der Seine sich so deutlich malt, wie nirgends anderswo. — Da sie hochbetagt erst am 8. Oktober 1721 zu Saint Cloud starb, so hatte sie die meisten ihrer Verwandten daheim überlebt, auch ihre Pflegeschwester, die Tochter Sophiens von Hannover, Sophie Charlotte, den jüngsten weiblichen Sproß des an begabten Frauen so reichen hannoverschen Fürstenhauses. Ja, man kann sagen, daß sich in dieser jüngsten Erbin die guten Eigenschaften der ganzen Familie verklärten. Als die „philosophische Königin" lebt sie fort in der Geschichte. Am 20. Oktober 1668 zu Iburg geboren, war sie also drei Jahre alt, als Lise-Lotte dem Bruder des Franzosenkönigs die Hand reichte. Aber sie hatte die Muhme bald kennen gelernt. Als sie nämlich ihr elftes Lebensjahr erreicht hatte, machte die Mutter mit dem Töchterlein eine Reise nach Frankreich. Im Kloster zu Maubissont sah man die lebensfreudige und kunstsinnige Tante Äbtissin, die vorhin erwähnte Louise Hollandine. Der Herzog von Orleans und seine Lise-Lotte machten am nächsten Tage ihren Besuch. In Fontaineblau wurde dem König von Frankreich aufgewartet. Die stolze Herzogin Sophie, die überall ihres Geistes wegen bewundert wurde, erregte dadurch Anstoß, daß sie, die Königstochter, den König nicht mit „Sire", sondern nur mit Monsieur anredete; aber die kleine, zierliche Prinzessin mit den blauen Augen und den tiefschwarzen Haaren, mit dem liebenswürdigen Wesen und den reichen Kenntnissen rief überall Entzücken hervor, und Ludwig XIV. faßte schon den unheilvollen Gedanken, auch für dies deutsche Prinzeßchen einen seiner Verwandten auszusuchen. Ein gütiger Stern bewahrte jedoch die kleine Charlotte vor solchem Geschick, aber eine Heirat ohne Liebe mußte auch sie eingehen. Nachdem sich Unterhandlungen mit dem Kurfürsten von Bayern zerschlagen hatten, wurde eine Reise zum Kurfürsten von Brandenburg zur Veranlassung genommen, den dortigen Thronerben zum Eidam zu gewinnen, und dieser Versuch führte bald zum Ziel. Die schöne und geistvolle Prinzessin kam also an den Hof des Großen Kurfürsten. Aber der Sieger von Fehrbellin war damals schon alt und mit seiner zweiten Gemahlin war Unfriede bei ihm eingezogen, der so weit ging, daß selbst Sohn und Vater einander entfremdet wurden. Ja, der gegen die Stiefmutter aufgebrachte Kurprinz hatte zeitweilig Berlin verlassen. An seiner Seite hielt jetzt Sophie Charlotte ihren Einzug an den von Parteiungen zerrissenen Hof. Sie fand sich aber schnell in die neuen Verhältnisse und gewann langsam das Herz der neuen Schwiegermutter, während der Große Kurfürst ihr schnell seine väterliche

Liebe schenkte. Nach dem Tode des alten Helden nahm mit der Thronbesteigung ihres Gatten das Freudenleben des Hofes einen erneuten Aufschwung. War der französische Geist schon unter dem Vater eingedrungen, so ergab sich der Sohn ihm völlig. Sophie Charlotte zeigte sich hier als eine wirkliche Philosophin. Sie ertrug das Unvermeidliche mit Würde und wußte den ihr verhaßten Lärm des hohlen Gepränges durch Kunst zu adeln. Wie sie aus ihrem großen Garten zu Monbijou bedürftigen Berlinern Grund und Boden schenkte, und dadurch ihre Güte bewies, so zeigte sie ihren Geist in ihrem Verhältnis zu Leibniz. Denn von dem lustigen Hofe zu Berlin zu dem lustigen Hofe von Hannover spannen sich jetzt schnell die Fäden, und der altbewährte Hofphilosoph der Braunschweiger wurde jetzt auch der Freund und Berater der jungen Herrin zu Brandenburg. Viel eifriger noch als die geistreiche Mutter, beschäftigte sich die geistreichere Tochter mit den Gedanken des großen Gelehrten. Sophie Charlotte wollte Wahrheit, wirklich Wahrheit. Ihre Rechtgläubigkeit schien ihr bedroht. Das damals Aufsehen erregende Wörterbuch des französischen Freidenkers Bayle erweckte ihr Zweifel, und Leibniz war der Mann, an den sie sich wandte. Sie hat ihn zum Teil angeregt zu seiner berühmten Verteidigung des Gottesbegriffes, seiner „Theodice". Als sie ihr eigenes Heim sich in dem lieblichen Lützenburg bei dem Spreedorf Lützen geschaffen, zogen dort Anmut und Geist ein. Hier haben Theologen sich gegenseitig bekämpft, hier prallten die Vertreter der verschiedenen Glaubensbekenntnisse aufeinander, und die Königin war die freundliche Hörerin, die fünfte Schlichterin solcher Geisteskämpfe oder Klopffechtereien. Der freigeistige Toland durfte hier sprechen und seine „Briefe an Verena" haben seinen Erörterungen mit Sophie Charlotte ein Denkmal gesetzt. Die Aufführungen und Darstellungen, deren musikalischen Teil sie selbst oft vom Klavier aus leitete, mußten den geistigen Gehalt in das Prunkentfalten ihres Gatten hineintragen. Die Zwischenträgerinnen, die sich auch in Berlin eindrängen wollten zwischen Gatten und Gattin, frei nach Versailler Muster, wurden von ihr mit stolzer Verachtung gestraft; die wechselnden Launen ihres Mannes, der sich bald zu ihr wandte, bald von ihr abkehrte, ertrug sie mit philosophischem Gleichmut. Zahlreich sind die Anregungen, die sie zur Hebung des Berliner Geisteslebens gegeben hat. Sie wirkte für den Bau einer Sternwarte, sie unterstützte Leibniz bei der Gründung der Akademie der Wissenschaften, sie spann seine Gedanken fort, die christlichen Bekenntnisse auszugleichen. Freilich nötigte sie der Wille ihres Gatten auch dazu, in anderer Hinsicht zu wirken. Die damaligen kleinen Fürsten träumten nur von Erhöhung ihrer Würden. Kurfürst zu werden, war das Bestreben der Hannoveraner gewesen, und mit Hülfe des neuen Schwiegersohnes hatte Ernst August noch kurz vor seinem Tode dieses Ziel erreicht. Die Königskrone aber war der Traum des Brandenburgers. Mußte Sophie Charlotte sich hierbei mit zur Unterhändlerin benützen lassen, so folgte sie um des lieben Friedens willen, während ihre Mutter den Gedanken mit Entzücken aufgriff. Eine Königin wollte sie zur Tochter haben und selbst auch eine Königin werden. Denn sie verfolgte selbst die Erneuerung der hannoverschen Ansprüche an dm englischen Thron. Die Sehnsucht der weiland Elisabeth von Böhmen nach einer Königskrone war so in ihren Nachkommen erfüllt. Der Kurfürstin wurden die Ansprüche an die englische Herrscherwürde vom Parlament bestätigt. Sophie selber freilich erlebte das Fälligwerden ihres Rechtes nicht mehr. Erst im Jahre 1714 wurde nach dem Tode der Königin Anna Sophiens ältester Sohn Georg König von Großbritannien, und die Prinzessin zu Ahlden in ihrer immerwährenden Gefangenschaft die Ahnfrau eines mächtigen Königshauses. Aber Sophie Charlotte sah sich noch selbst durch die Königskrone geschmückt, denn im Jahre 1701 schon setzte ihr Gatte sich und ihr selbst dies von ihm so heiß begehrte Zeichen höchster Würde auf. Wie wenig aber die philosophische Königin es begehrte, das zeigt sich in der Gleichgültigkeit, mit der sie all die neuen Festlichkeiten über sich hinwegrauschen ließ. Nahm sie doch während des feierlichen Krönungsaktes in Königsberg zum unendlichen Verdruß ihres Gatten eine Prise! Heimgekehrt liebte sie es, nach wie vor, in Lützenburg bei heiterer Geselligkeit munter zu plaudern und zu philosophieren. Aber leider nur in französischer Sprache. Während sie all ihren Landeskindern Liebe zu zeigen sich bemühte, vernachlässigte sie die Landessprache. Vergebens wandten sich Canitz und Besser, die beiden damaligen Dichter Berlins, an sie, um ihr das Deutsche zu empfehlen. Ja, Besser schmeichelte ihr einst durch eine Huldigung seitens der vernachlässigten Sprache selbst, die er also klagen läßt:

Noch hat die deutsche Poesie
Vor Dir, durchlauchtigste Sophie,
Sich nimmer dürfen sehen lassen,

Noch hat ihr Lied sich nicht gewagt,
Was man in allen Sprachen sagt,
Vor Dir in einen Reim zu fassen.

Dies würd' auch heute nicht geschehn,
Allein, nachdem sie wohl gesehn,

Daß das, was ihr scheint zu gebrechen,
Auch andern Sprachen noch gebricht,
So denkt sie, warum soll ich nicht
Auch einmal unvollkommen sprechen.

Die Königin lächelte freundlich zu diesen und den weiteren Versen, wo es heißt, daß keine Sprache genüge, das Lob der hohen Frau auszusprechen, aber sie blieb ihrem Französisch treu. Ihre Briefe, die sie an die nächsten Anverwandten sandte, sind in der fremden Sprache geschrieben, wie es mehr und mehr für feine Sitte galt. Dabei war die Königin selbst, sowie ihre aus Hannover herübergekommenen Hofdamen und Freundinnen, Fräulein von Pöllnitz und Frau von Bülow, Meisterinnen der Unterhaltung. All das kam nun bloß dem Französischen zu gute, worin sie eine staunenswerte Gewandtheit erlangten. Fragte doch ein Franzose einmal, ob die Königin auch deutsch verstünde! Sonderbarer Weise hat sie gerade in ihrem eigenen Sohn den einzigen Fürsten damaliger Zeit herangezogen, der das französische Wesen leidenschaftlich haßte. Der wilde Trotz dieses ihres ältesten Prinzen, seine Abneigung gegen Kunst und schöne Lebensformen, seine einseitige Neigung für den Soldatenberuf erschienen ihr um so rätselhafter, da sie seine Erziehung mit liebevollem Eingehen geleitet hatte. Sie erlebte freilich sein Ausreifen zum Manne nicht mehr. Gelegentlich einer Reise zu ihrer Mutter starb sie an einem Halsgeschwür, dessen rechtzeitige Heilung sie vernachlässigt hatte, um das Wiedersehen mit der geliebten Mutter nicht hinauszuschieben. Mit der Fassung einer echten Weltweisen sah sie dem Tode entgegen. Über ihre letzten Augenblicke, in denen sie mit Ruhe ihre Verfügungen traf, lächelnd die Ihrigen tröstete und ihrem Gemahl einen Abschiedsbrief sandte, gibt es verschiedene Berichte, die sich in Einzelheiten mehr ergänzen als widersprechen. Am großartigsten aber zeigt sie der Ausspruch, den ihr großer Enkel, Friedrich II., von ihr mitteilt. Sie soll kurz vor der Auflösung zu einer ihrer Damen gesagt haben: „Beklagen Sie mich nicht, denn ich gehe jetzt, meine Neugier befriedigen über die Urgründe der Dinge, die mir Leibniz nie hat erklären können, über den Raum, das Unendliche, das Sein und das Nichts; und dem Könige, meinem Gemahl, bereite ich das Schauspiel eines Leichenbegängnisses, welches ihm neue Gelegenheit gibt, seine Pracht darzutun." Heißer Wahrheitsdrang und feine Weltironie noch in der letzten Stunde! Übrigens behielt sie Recht betreffs ihres Gatten. Dieser ließ seinen tiefen Schmerz in rauschenden Leichenfeierlichkeiten verklingen und nannte zum Gedächtnis der philosophischen Königin , Lützenburg, das er zu einer Stadt erhob, Charlottenburg.

Der kunstsinnig lustige Hof der philosophischen Königin, mit seinem französischen Geplauder und seinem großen deutschen Gelehrten, zeigt so recht deutlich, wie der Geist der beiden Nachbarvölker sich in den Fürstenhäusern Germaniens zu vermischen beginnt. Gegenüber der Prunkliebe des Gatten, der das steife „Ceremoniell" von Paris und Versailles nach Berlin übertragen möchte, bietet die Frau auf dem Throne das Gegengewicht durch ihren Hang, Frohsinn mit Weisheit zu vereinigen und Pracht und Glanz durch wirkliche Kunst zu veredeln. Dagegen fehlte es auch schon nicht mehr an deutschen Fürstenhöfen, in denen nur noch die welsche[1] Mode galt. Konnte sich in Berlin eine Gräfin Wartenberg als Maitresse aufspielen, weil einmal eine solche für das höfische Wesen unentbehrlich schien, so begann in Dresden unter dem Zepter des weiberfröhlichen August bereits eine Dirnenwirtschaft, die der französischen nicht mehr viel nachgab. In Venedig hatte der jugendstarke Kurprinz seine Minnestudien getrieben, umschwärmt von einer Schar moderner fahrender Ritter, unter denen damals noch der flotte Philipp von Königsmark geglänzt hatte. Daheim gründete August einen Liebeshof, an dem der beständige Wechsel zum obersten Grundsatz erhoben wurde. Bald sing man in aller Welt an, von dem „galanten" Sachsenhof zu sprechen, er wurde der Anziehungspunkt für alles, was Rausch und Glanz liebte, und eine Welt von Romansagen spann sich um das Haupt des „ritterlichen" Kurfürsten, der inzwischen Land und Leute zu Grunde richtete, in seinem törichten Verlangen nach einer Königskrone sein evangelisches Bekenntnis mit dem katholischen vertauschte, und sein angestammtes Land mit Polen vereinigte, das ihm eine Messe wert schien. Schnell sollte er seinen Meister finden denn er, der sich in aller Welt den Starken nennen ließ, sollte bald Ruhm und Sieg verlieren an einen Königsjüngling, der noch nicht mündig war, als Europa vor ihm zitterte, an den schwedischen Karl XII. — All die weit und breit gefeierten Schönen des sächsischen Hofes mit ihren nun so lange schon vermoderten Reizen gehören nur in die Geschichte der Freudenchronik entarteter Höfe, und ihren oft bis zur tierischen Roheit getriebenen Sinnentollheiten hat es nicht an Beschreibern gefehlt, die alles das mit dem rosigen Glänze verlogener Romantik verklärten, und auch nicht an solchen, die mit der Miene der Entrüstung in den krassesten Naturfarben wahrheitsgemäß wieder zu malen versuchten, was zum Glück längst im Zeitmeer versunken ist. Doch mangelte es auch

---

[1] Anmerkung: „Welsche" bezeichnet eine im Deutschen früher übliche Bezeichnung für romanische (lateinische) oder romanisierte keltische Völker

hier nicht an Geist und Witz. So schwärmten die Frauenverehrer am Anfange des achtzehnten Jahrhunderts von der schönen und geistreichen Gräfin Aurora von Königsmark. Voltaire nannte sie die berühmteste Frau zweier Jahrhunderte, die neuen Minnesänger priesen sie als eine Göttin an Schönheit und Güte, und Sagen spannen sich um ihr Verhältnis zu dem sächsischen Kurfürsten, um die Geburt ihres gleichfalls weit und breit berühmten Sohnes, um ihre Sendung ins Schwedenlager und um ihr „beschauliches klösterliches Ende mit Reue und Gottseligkeit". Längst hat die nüchterne Forschung diesem bezaubernden Fabelwesen die bunten Schleier genommen, aber sie bleibt eine typische Erscheinung für die Jahrhundertswende. Das plötzliche Verschwinden ihres Bruders Philipp in Hannover veranlaßte sie mit ihrer älteren Schwester, der Gattin des schwedischen Grafen Lewenhaupt, nach Dresden zu eilen, und zur Ermittlung seines Schicksals die Hilfe des Kurfürsten August zu erbitten, in dessen Diensten ja Philipp als General gestanden hatte. Aufklärung des Mordes erhielt sie nicht durch den sächsischen Liebesfürsten, aber sie eroberte sein Herz und er das ihre. Mochte sie, wie so viele andere, geglaubt haben, ihr allein würde die Gunst des immer Veränderlichen dauernd lächeln, oder mochte sie mit sehenden Augen in ihr Schicksal gehen — genug. Sie gehörte schnell unter die Zahl der Schönen, die dem „Starken" alles Hingaben und ein Jahr später war sie, wie der Präsident bei Schiller vom Hofmarschall Kalb sagt, „die Mode vom vergangenen Jahr, ein Bonmot von vorgestern". Inzwischen hatte sie in Goslar als unerkannte „vornehme Frau" einem Sohne das Leben gegeben, der von dem kinderreichen Vater „Moritz von Sachsen" genannt wurde. Das alles hinderte nicht, daß ihr viele Anträge gemacht wurden, auch von Männern hoher Abkunft. Im Gegenteil machte ihr Ruf als sächsische Maitresse von weiland sie den Kreisen der Lebewelt nur um so interessanter. Versorgt sollte sie auch werden. Die Abtei zu Quedlinburg, die ihre Geschichte bis auf Heinrich I. zurückführt, und manche mutige Äbtissin in den wilden Zeiten des Mittelalters gegen Fürsten und Priester trotzen sah, war im Laufe der Zeit eine Versorgungsstätte für hochgeborene Frauen geworden. Ein tapferes Stück deutscher Frauengeschichte steckt in den Archiven dieser Abtei, die in der Reformationszeit von den Klostergelübden befreit ward, deren Äbtissin aber auch jetzt noch als eine Stiftsherrin lutherischen Glaubens den Rang einer deutschen Reichsfürstin behauptete.

Der Märtyrerkampf dieser Regentinnen gegen das Vordringen der Ansprüche des städtischen Magistrats und der sächsischen Schutzherren ließ eine ganze Reihe begabter und tatkräftiger Herrscherinnen in diesem Ländchen entstehen. August der Schwache freilich verkaufte, nachdem er

kurz zuvor das Herzogtum Lauenburg an das Lüneburgische Haus ver-
schachert hatte, auch sein Schutzherrnrecht über Quedlinburg und zwar an
den Brandenburger, eben den Gemahl der philosophischen Königin. In die
Zeit dieser Wirren fällt das Streben der Aurora, diesen weiblichen Herr-
schersitz einzunehmen. Die damalige Regentin der Abtei, Anna Dorothea
von Sachsen-Weimar, widersetzte sich lange dem unrechtmäßigen Verkauf und protestierte gegen den Neuen Herrn noch, als schon brandenbur-
gische Soldaten die Stadt besetzt hielten. In ihren Nöten hatte sie anfangs
die schöne Aurora zu ihrer Nachfolgerin bestimmt, aber später mißfiel ihr
diese Wahl wieder. Wenn ihr nun auch nicht gelang, die Prinzessin von
Weißenfels auf den Thron der Abtei zu bringen, wie sie in den letzten
Tagen ihres Lebens wünschte, so glückte es ihr doch, die Gräfin Aurora
davon fern zu halten. Und nach ihrem Tode sorgten andere Feindinnen des
kecken Eindringlings dafür, daß alle ihre Gesuche an Fürsten und Gönner
keinen besseren Erfolg hatten. Äbtissin wurde im Jahre 1716 Maria Elisabeth von Holstein-Gottorp, die Tochter des Gründers der Universität zu
Kiel, eine gelehrte, sogar des Hebräischen kundige Dame, während Aurora, die auch sehr sprachkundig war, es in all der Zeit vom Range einer
Coadjutorin nur zu dem einer Pröbstin hat bringen können. Als solche hat
sie ihr lustiges Leben stets fortgesetzt. Oft genug war sie in Dresden,
Hamburg oder auch in Berlin. Eine Reise, die sie im Jahre 1702 in das
Lager Karls XII. getan hatte, teils um ihre eigenen Angelegenheiten zu
betreiben, teils um dem Polenkönig einen günstigen Frieden auszuwirken,
führte zu einer Demütigung, die sie nicht erwartet hatte. Der junge König
ließ den weiblichen Abgesandten nicht vor, und noch einige Jahre später
schloß er sie nach dem Frieden zu Altranstädt von der Festtafel aus den
bündigen Worten, daß auch die Dirne eines Königs nichts besseres sei,
eben eine Dirne. Aber die Zeit dachte anders, als der sittenstrenge junge
Schwedenfürst, dessen abweisende Haltung gegen eine solche Frau man
als Brutalität oder als Furcht auslegte. Ihr Ruhm wuchs. Ihre neckische
Laune spricht aus manchem ihrer Briefe, in denen sie etwa mit liebens-
würdiger Romantik die Umgegend von Teplitz schildert, oder die freien
Spaße der Herren und Damen im dortigen Bade erzählt, das sie gern besuchte. Im Alter freilich mußte sie fühlen, daß ihr einziges Verdienst, ihre
Schönheit, verloren gegangen war. Aber ihre glückliche Einbildung verließ sie nicht und noch sterbend (1728) verfügte sie über ein großes Vermögen, das sie längst nicht mehr besaß. Berühmt war sie vor allem auch
als Dichterin. Sie hatte in französischer Sprache leichte Tändeleien verfaßt
und sich auch in deutschen Reimen versucht. Ja sogar geistliche Kantaten
hat sie geliefert. Indes was sie hier geleistet hat, konnte nur von einem

Zeitalter bewundert werden, das der Frauenliteratur so freundlich gegenüberstand, wie das ausgehende siebzehnte und das angehende achtzehnte Jahrhundert.

Denn in der Tat, an Sängerinnen hatte es lange nicht gefehlt. Hat uns die Betrachtung der philosophischen Fürstenhöfe mit ihren geistreichen Herrinnen bis tief in das achtzehnte Jahrhundert hineingeleitet, so soll dieser Entwicklungslinie eine andere zur Seite gestellt werden, die wiederum aus dem siebzehnten Jahrhundert herauswächst. Dieser ganze Zeitraum war in seinem geistigen Gepräge ein so ausgesprochen theologischer mit seinem Religionskriege, mit seinen grellen Unterscheidungen nicht nur zwischen Katholiken und Protestanten, sondern auch zwischen Reformierten und Lutheranern, daß es kein Wunder ist, wenn das geistliche Lied im Vordergrund der Dichtungen stand.

Auch an vielen Fürstenhöfen gab es Sänger und Sängerinnen dieser Art, und neben die gekrönten Gönnerinnen der erwachenden philosophischen Wissenschaften können wir eine Reihe gekrönter Dichterinnen stellen, die von dem Beginn des siebzehnten Jahrhunderts bis an seinen Schluß in religiöser Begeisterung ihre Lieder erklingen ließen.

Da sang Maria, die Herzogin zu Sachsen, „Herr, wie Du willst, so schick's mit mir", Anna Maria von Altenburg betete „In Gott mein Hoffnung steht allein", Maria Elisabeth von Brandenburg-Kulmbach klagte Gott ihr Leid im Liede, und der ersten Gattin des großen Kurfürsten von Brandenburg werden mehrere Lieder zugeschrieben darunter das allverbreitete „Jesus meine Zuversicht". Magdalena Sibylla, die Tochter des Kurfürsten Johann Georg I. von Sachsen, die erst dänische Kronprinzessin und dann Herzogin zu Altenburg wurde, mahnte ernst: „Meine Zeit hat hier ein Ende, hier in dieser Sterblichkeit", Erdmuthe Sophie von Brandenburg-Bairenth rief sich selber zu: „Bis getrost, o meine Seele, bis getrost bis in den Tod". Ludaemilia Elisabeth von Schwarzburg-Rudolstadt dichtete über achtzig geistliche Lieder. Sie lebte fromm, wie sie sang. Mit zwei Schwestern erlag sie einer Masernepidemie. Die überlebende Schwägerin Aemalia Juliane, selbst eine fruchtbare geistliche Sängerin, die von dem glaubensfreudigen Sterben ihrer Lieben tief erschüttert war, dichtete damals das bange Lied: „Wer weiß, wie nahe mir mein Ende", und die Landgräfin Anna Sophia von Hessen-Darmstadt hat über 40 geistliche Gesänge verfaßt. Sophia Elisabeth von Sachsen-Zeitz lieh christlicher Todessehnsucht die Worte: „So komm', geliebte Todesstund',. „Herr, wenn ich nur Dich Hab' im Herzen", so tröstete sich die fromme Limburger Gräfin Elisabeth Dorothea, die als Gemahlin des Grafen zu Castell im Jahre 1691 starb. Prinzessin Christina von Mecklenburg-Schwerin und die

Gräfin Katharina Amalia von Erbach haben mit gesungen in dieser geistlichen Dichterhalle hochgeborener Damen; desgleichen die Gräfinnen Sophia Eleonore von Semperfei, Verfasserin eines geistlichen Kleeblattes; Juliane von Hohenlohe und die Herzoginnen Sophia Eleonore zu Braunschweig, Magdalena Sibylla zu Württemberg und Elisabeth Eleonore zu Mecklenburg. So bilden gekrönte Sängerinnen eine ununterbrochene Reihe, die aus den frühesten Anfängen des siebzehnten Jahrhunderts bis an die Schwelle des achtzehnten sich dehnt. Konnte doch Sophia Christine von Brandenburg-Culmbach in ihrer „Glauben schallenden und Himmel steigenden Herzensmusik", die sie weniger für andere, als für sich selbst und für ihre Bedienten zusammenstellte, eine stattliche Reihe bis dahin ungedruckter Lieder ihrer fürstlichen oder adeligen Zeitgenossen vereinigen. Viele der soeben genannten Dichterinnen sind hierin zu finden. Und ein ähnliches Sammelwerk stellte die Markgräfin Elisabeth von Baden her, indem sie „Tausend merkwürdige Gedenk-Sprüch aus unterschiedlichen Authoren" znsammtrug und in deutsche Verse brachte. Hatte da die Herzogin Elisabeth zu Sachsen-Eisenach nicht recht, wenn sie eins ihrer Lieder mit dem Verse begann: „Ein jeder itzund dichtet Lieder"?

Ein jeder und eine jede möchte man sagen, darf aber dabei nicht vergessen, daß eben die Kreise des hohen Adels dieses neu belebte Vergnügen des Liederdichtens sich gleich anderen Freuden zu eigen gemacht hatten, während die bürgerlichen Mädchen mit solchen Künsten zum mindesten sehr zurückhaltend sein mußten. Den Unterschied der „Töchter Herrenstands und fürnehmer Leute" von den einfach bürgerlichen Mädchen hatte eben Francke nicht ersonnen, sondern hatte ihn vorgefunden, und nur die eine Klasse hatte in dem abgelaufenen Jahrhundert „allerlei merkwürdige Künste" gezeigt.

Aus diesem Bürgertum aber schied sich scharf der Stand der Gelehrten ab. Wurden auch damals weit weniger als heute durch Wissen und Kenntnisse die gesellschaftlichen Unterschiede ausgeglichen, sehen wir auch noch im Anfange des achtzehnten Jahrhunderts die kenntnisreichsten Gelehrten in geradezu unwürdiger Weise vor den Großen der Erde buckeln und kriechen, so befreite doch die Bildung von den Engherzigkeiten der bürgerlichen Gesellschaft. Zu allen Zeiten, seit der großen Wiedererweckung der alten Wissenschaften, hat es Gelehrte gegeben, die ihre Frauen hinaufzogen zu ihrer eigenen Bildungshöhe, die ihre Töchter nicht völlig wissenslos wollten aufwachsen lassen, die ihre Gattinnen aus Familien erwählten, in denen man das Wissen heilig hielt. Auch wenn die Gelehrten nicht aus ihrer eigenen Kaste heirateten, verstanden sie es doch oft genug die Freude an Wissenschaft und Kunst selbst in ganzen Geschlechtern auch den Frauen zu erhalten. Wie viel tapfere und gelehrte Frauennamen aus der Zeit des sogenannten Humanismus und der großen Reformationszeit sind nicht neben den Männern bekannt! Margarethe Welser, des gelehrten Geschichtsschreibers Peutinger gleich geehrte Gattin, die ihre Töchter, die bildschöne Konstanze und die liebenswürdige Juliane, von Kindheit auf in die Wissenschaften einführte, die gelehrten Schwestern Charitas und Clara Pirkheimer aus Nürnberg, die mit großen Gelehrten in Briefwechsel standen; Anna Reinhardt, die Wirtstochter, die ihre Kinder aus erster Ehe durch den Reformator Zwingli unterrichten ließ und dabei selbst erst dessen eifrigste Schülerin, dann seine Gattin und Helferin wurde; die Frau des Straßburger Predigers Mathias Zeil, Katharina Schütz, eines Schreiners Tochter, die an der Seite ihres Mannes zu einer eifrigen Teilnehmerin an der reformatorischen Bewegung wurde, die Zwingli und Dekolampadius oft in ihrem immer gastlichen Hause sah, und später mit ihrem Manne für die Wiedertäufer und für den allverfolgten Mystiker Schwenkfeld eintrat; Argula von Grummbach endlich, die Tochter des bibelfesten Bernhardin von Stauff, die so lebhaften Anteil an der Reformation nahm und nach mancher literarischen Fehde noch während des Reichstags zu Augsburg einen Besuch bei Luther machte — sie alle und mehrere andere beweisen, wie schnell die Frauen in den gelehrten Kreisen damals schon in die Berufe ihrer Männer hineinzuwachsen verstanden. Es wird zu allen Zeiten eine ganz besondere Fähigkeit des weiblichen Geschlechtes bleiben, sich in der Ehe für das zu begeistern, was die Lebensinteressen des Mannes oder der Söhne ausmacht. Schon dieser Umstand hat in der Kaste der Gelehrten die Frauen früher zur Erkenntnis ihrer Fähigkeiten kommen lassen, als in anderen bürgerlichen Kreisen. Das Bedürfnis des Familienoberhauptes, auch bei Tische von seinen Studien zu sprechen, das Frau und Töchter zu Zuhörerinnen werden läßt, erweckt in ihnen oft genug den lebhaften Wunsch, etwas mehr von dem Gehörten zu verstehen; und die Unterrichtsstunden, die unser Gustav Freytag seinen „Professor Werner" der geliebten Gattin erteilen läßt, haben gewiß in allen alten und neuen Zeitaltern schon ihre Vorläufer in stillen, unbeobachteten Gelehrtenstuben gehabt. Natürlich aber kommt durch eine solche freihändige Frauenausbildung oder Töchtererziehung Willkür in Fülle zur Geltung. Die wohlunterrichtete Gelehrtentochter, die wir im siebzehnten und noch viel häufiger im achtzehnten Jahrhundert antreffen, ist in der sonst ungebildeten Umgebung ihrer bürgerlichen Gefährtinnen eine Art von Naturwunder, oft ein Unding. Man sieht in ihr ein von dem eigentlichen Berufe ihres Geschlechts abgefallenes Wesen, und während die Gelehrten häufig genug gern bereit sind, die Fülle ihrer Bewunderung zu offenbaren, bekreuzigt sich der schlichte Bürgersmann vor dem Zwitterwesen. Da war es denn ein Mädchen von vornehmer Herkunft das im siebzehnten Jahrhundert zum erstenmal ganz frei und ganz kühn auch für ihr eigenes Geschlecht das Recht auf Bildung verlangte. Da sie überhaupt eine der merkwürdigsten Frauenerscheinungen der ganzen Weltgeschichte ist, so sei sie in dieser einleitenden Übersicht ein klein wenig näher ins Auge gefaßt.

Anna Maria von Schürmann, die Tochter eines adeligen gelehrten Niederländers und einer deutschen Mutter aus gleichfalls sehr angesehener Familie, — kam in Köln im Jahre 1607 zur Welt. — Sie saß oft dabei, wenn ihre Brüder im Lateinischen unterrichtet wurden und verriet gelegentlich ihre schnelle Fassungsgabe. Schon früher hatte sie ihre große Begabung gezeigt. Mit drei Jahren las sie bereits und lernte den Heidelberger Katechismus auswendig; sechsjährig überraschte sie die Ihrigen durch ihre Kunstfertigkeit, Blumen und Figuren aus Papier zu schneiden; mit acht Jahren konnte sie sticken, und bald schnitzte sie, ohne die geringste Anleitung dazu gehabt zu haben, ihrer Mutter, ihrer Schwester und ihr eigenes Bild aus Buchsbaumholz. Als sie nun auch noch Sinn für das Altertum verraten hatte, kam sie unter des Vaters kundiger Anleitung bald dazu, den Seneka im Urtext zu lesen, und nun erwachte bald ein leidenschaftlicher Durst nach Sprachkenntnissen in ihr. Vom Lateinischen ging sie zum Spanischen und Italienischen, zum Englischen, Niederländischen, Hebräischen, Chaldäischen, Arabischen, Syrischen, Griechischen und Türkischen über, und da sie obendrein auch noch in Astronomie, Geschichte und namentlich in der Erdkunde ganz ausnehmende Kenntnisse besaß, so nannte man sie in gelehrten Kreisen nicht ohne Grund das „Wunder des Jahrhunderts". Die wissensfreudige Königin Christine von Schweden suchte sie auf, und kein Gelehrter von Bedeutung zog durch Utrecht, wohin ihre Eltern mittlerweile übergesiedelt waren, ohne bei ihr vorzusprechen. Wenn jemand auf der Welt, so hatte sie ein Recht, für die Befähigung des weiblichen Geschlechts zum Studium einzutreten und sie tat es. Im Jahre 1651 gab sie eine lateinische Abhandlung heraus über die Geeignetheit des weiblichen Geistes zur Gelehrsamkeit und zu den schönen Wissenschaften. Es ist ein sonderbares Buch. Ganz befremdlich mutet es den heutigen Leser an, wie die Verfasserin sich durch eine schier endlose Reihe von Begriffsbestimmungen hindurch arbeitet zu ihrem Thema, um dann 14 „Argumente" vorzubringen, die sie ganz streng nach scholastischem Schema in logische Ober- und Untersätze teilt, um stets mit dem vorschriftsmäßigen „Ergo" einen wohlgesetzten Schluß daraus zu ziehen. Diese mehr und minder beweiskräftigen Gründe sind in gedrängter Übersicht folgende: Den christlichen Frauen sind die Prinzipien oder die Kräfte der Prinzipien aller Künste eingepflanzt; sie empfinden von Natur aus die Sehnsucht nach Wissenschaften; auch sie sind von Gott erschaffen mit einem erhobenen, zum Himmel gerichteten Antlitz und darum zur Beschäftigung mit dem Erhabenen und Himmlischen bestimmt. Da sie eine schwächliche und zur Unbeständigkeit neigende Veranlagung des Geistes und Temperamentes besitzen, so bedürfen sie — als eines Gegengewichtes — am dringendsten einer gründlichen und andauernden Beschäftigung, die sie am besten in den Wissenschaften und Künsten finden können; und da sie ihr Leben meist ruhig und frei von eigentlichen Berufsgeschäften zubringen können, so haben sie auch Zeit und Gelegenheit zum Studium. Dies soll sie das große Werk der Schöpfung bewundern lehren und ihnen, da sie meist daheim sind, zugleich die beste Gesellschaft bieten. Da den Frauen alle Tugend im allgemeinen wohlansteht, so muß ihnen auch das Wissen wohl anstehen. Da das Wissen den Verstand ausbildet und schmückt, da es eine größere Liebe und Vermehrung für Gott in uns weckt, da es uns gegen Haeretiker waffnet und öderen Trugschlüsse aufdeckt, da es die Klugheit lehrt und uns an gutem Ruf und Bescheidenheit keinen Schaden nehmen läßt; da es wahre geistige Größe erbauen hilft und mit herrlichem und ehrenhaftem Vergnügen den Geist der Menschen erfüllt, so muß es auch für die christlichen Frauen geeignet sein.

Das ungefähr ist der Kern der vierzehn „Argumente" der Schürmännin, die in der Auffassung und Ausdrucksweise uns vielfach ein wenig mittelalterlich anmuten, aber für ihre Zeitgenossen doch klar und richtig erweisen, daß das Wissen an sich nicht schädlich auf die Frauen zu wirken braucht, sicherlich aber viel Gutes in ihnen erwecken kann. War doch die Schürmännin selbst mit all' ihren weiblichen Handarbeitskünsten durchaus nichts weniger als eine sogenannte Emanzipierte. War sie doch eine treffliche Wirtin, hatte sie sich doch ihren Eltern gegenüber immer als eine treue Tochter erwiesen, und war sie doch nach deren Tode in das Haus zweier alter halbblinder Tanten gezogen, um diese zu pflegen. Sie also hatte in ihrem eigenen Leben den Beweis geliefert, daß die schädlichen Einwirkungen einer wirklichen Bildung auf das weibliche Gemüt nicht einzutreten brauchen. Aber sie. weiß, daß sie auf Gegner treffen wird, und so faßt sie denn die wichtigsten Entgegnungen, die ihr bisher geworden sind, in fünf „Einwürfe" zusammen, die sie ebenso scholastisch zergliedert, wie ihre eigenen „Argumente". Sie sagt, man wende ein, daß der weibliche Geist zu zart zum Studium sei. Nun, meint sie, die unbegabten Frauen seien ja natürlich auszuschließen, aber im übrigen sei doch durchaus nicht gleich ein „heldenhafter" Geist (heroicum ingenium) nötig, wenn man sich den Wissenschaften widmen wolle; und wenn die Frauen auch keineswegs mit den ersten und glänzendsten unter den männlichen Geistern in Vergleich gezogen werden könnten, so hätten doch auch schon manche von ihnen mit Erfolg dem Studium obgelegen. Wenn des weiteren eingewendet werde, daß die Frauen sich ja eigentlich gar nicht zu den Wissenschaften hingezogen fühlten, so könne sie das nicht zugeben, bevor man nicht das weibliche Geschlecht mit den besten Gründen und Mitteln zum Ergreifen ernster Studien anzureizen versucht habe. Ferner würde behauptet: die Mittel, durch die man zur Weisheit gelangen könne, seien den Frauen nun einmal verschlossen, denn sie könnten nicht auf Akademien und in Kollegien sich ausbilden. Aber da sei ja doch die Erziehung durch Eltern und Privatlehrer ein Ausweg. Weiterhin würde das Studium der Frauen für zwecklos erklärt, da ihm das praktische Ziel fehle, denn weder in der Kirche noch im Staat oder überhaupt in der Öffentlichkeit falle ihnen ein Amt zu. Aber das hindere doch zunächst nicht, sich den spekulativen, keinen bestimmten Zweck ins Auge fastenden Studien zu widmen, und dann feien auch die praktischen Fächer nicht auszuschließen, denn wenn auch die Frauen nicht in Ämtern ersten Ranges Beschäftigung finden könnten, so könne das doch in untergeordneter oder gleichsam privater Weise geschehen. Endlich verwirft sie auch noch den letzten und allgemeinsten Einwurf, daß zu dem Beruf der Frau eine gelehrte Kenntnis nicht erforderlich sei. Sie fragt, welchen Beruf man denn hier meine? Den allgemein menschlichen? Den Beruf im Hause und in der Familie? Dazu bedürfe auch der Mann keiner gelehrten Kenntnisse, in dem ökonomischen Berufe aber kämen auch der Frau solche zu statten. Und so erklärt sie es denn zum Schluß für erwiesen, daß dem christlichen Weibe das Studium der Wissenschaften und Künste wohl anstehe. In einer Reihe von Briefen, die dieser „Dissertation" angehängt sind, verteidigt sie von neuem ihre Ansichten. Zweifellos hätte ihr gewaltiges Beispiel noch mehr gewirkt, wenn sie nicht bald darauf in ein neues Stadium ihrer Entwicklung eingetreten wäre. Sie wurde nämlich mit Jean de Labadie bekannt, mit einem schwärmerischen Mystiker, der die „reine Gemeinde der wahren Christen" um sich sammeln wollte. Sie schloß sich ihm, durch sein Drängen auf innerlich gemütvolle Erneuerung des Christentums begeistert, mit glühender Verehrung an und teilte bald seine Leiden, seine Verbannung und seine Flucht. Auf eine Zeit wurde der verfolgten Gemeinde eine Zufluchtstätte geboten bei der vorhin geschilderten Freundin Descartes', der Prinzessin Elisabeth, zur Zeit, als sie bereits Äbtissin von Herford geworden war. Aber auch dort war ihres Bleibens nicht lange. Sie wanderte mit den neuen Freunden treulich weiter, bis sie in Wiewert im

Jahre 1678 nach langen, schweren Leiden starb, die sie selbst aber als Mittel zur Läuterung begeistert pries und wofür sie ihrem Schöpfer ganz besonders dankbar sein zu müssen glaubte.

Dieses eigenartige Wesen, halb Gelehrte, halb fromme Schwärmerin, eine Frau in ihrem ganzen Wesen von der Vorliebe zu häuslichen Arbeiten bis zu der schwärmerischen Erfassung der neuen Lehre, und doch von scharfer, messerscharfer Logik und Klarheit in ihrem Denken, hätte gewiß weit mehr noch auf ihr Geschlecht anregend wirken, hätte noch viel rascher das Vorurteil gegen weibliche Bildung beseitigen können, wenn sie eben nicht selbst zuletzt eine „Abtrünnige" im Sinne der herrschenden Kirche geworden wäre, so daß man sie nun vielfach als ein neues Beispiel dafür anführte, daß auch auf hochbegabte Frauen das Studium ernster Wissenschaft verwirrend wirken müsse.

Welch ein Gegensatz zwischen der Jugend und dem Alter dieser Frau! Im elterlichen Hause zu Utrecht war sie der Anziehungspunkt der Gelehrten aller Lande gewesen, jugendschön und bestrahlt von ihrem Weltruhm, und jetzt wankt sie als eine betagte Greisin durch die Welt als die Genossin einer umherirrenden Gemeinde, die sich, den ersten Christen gleich, vor den Augen der Menschen verbergen muß. Ihr Aufenthalt in Herfort bietet alle Gegensätze des Frauenlebens im siebzehnten Jahrhundert zu einem Bilde vereinigt. Die große Gelehrte naht mit ihren Brüdern und Schwestern dem Kloster, in dem eine stolze Königstochter die Zuflucht ihres Alters gefunden, in dem die eifrige Schülerin des Philosophen Descartes ein beschauliches Leben führt. Und schnell verstehen sich die beiden hochgebildeten Frauen in der gemeinsamen Verehrung des Wanderpriesters. Gerade unter dem Schütze der Äbtissin von Herfort sammelt die neue Gemeinde ihre Kräfte wieder und erstarkt zu einer selbständigen Sekte. Hier wird die Gütergemeinschaft eingeführt, hier feiert man das Abendmahl wie in apostolischen Tagen als ein Liebesmahl der versammelten Gemeinde, ja, man sinkt sich nachher in schwärmerischer Rührung in die Arme und endet das religiöse Familienfest mit Gesang und Tanz. Je mehr sich die Prediger darüber empören, desto kühner breitet Prinzessin Elisabeth ihre Hand über die schwärmerische Schar zum Schütze aus, nur als sie von heimlichen Eheschließungen im Schöße der Gemeinde hört, besteht sie auf der kirchlichen Einsegnung, und die dabei zu Tage tretenden Verhältnisse erregen Spott und Entrüstung in der Bürgerschaft Westfalens. Da kommt, um das Gemälde ganz zu vervollständigen, die Schwester aus Hannover, die geistvolle Sophie. Mit der Äbtissin vereinigt sie außer den Banden der Blutsverwandtschaft auch das gemeinsame Streben nach Weisheit. Aber sie kommt von dem glanzvollen Hofe zu Hannover und hier findet sie die Schwester als Herrin einer Gesellschaft in Bettler-kleidern. Die Freundin des klar denkenden Leibniz muß lächeln und kann sich doch der Rührung nicht erwehren. Sie ist in Begleitung eines aufge-klärten, leichtfertigen Gelehrten, des Geschichtsschreibers Paul Hohen-burg, und ihres jungen Neffen, Karl von der Pfalz. Hören wir, wie Hohen-burg schildert, was er gefunden:

„Den anderen Morgen begaben wir uns alle nach Labadies Hause. Gleich vor der Türe erschien in sehr schlechtem Anzug Fräulein von Schürmann, welche die Hereintretenden mit einem kalten Gruße empfing. Man führte uns in ihr Zimmer, wo viele schöne Gegenstände unsere Blicke auf sich zogen. Gemälde von der Hand der sehr gelehrten Jungfrau, welche mit der Natur um die Wahrheit stritten. Wachsbilder von spre-chendem Ausdruck, welche unsere Bewunderung erregten. Inzwischen kam mit langsamen und bescheidenen Schritten ein alter Mann ins Zim-mer. Sein Gesicht schien durch Leiden abgehärmt und seine Miene ver-kündete, daß seine Seele, ich weiß nicht was für göttliche Gedanken heg-te, übrigens von unansehnlichem Äußeren. Kurz, das sah man bald, es war einer der Sterblichen, welche ein besserer Geist angehaucht und nach ihrer Erhebung über die Erde dem Umgang mit Gott nahe gebracht hat. — Er grüßte mit freundlichen Worten unfern Prinzen und sprach sehr beredt von der Frömmigkeit seiner Tante und den Verdiensten des pfälzischen Hau-ses um die Religion. Hierauf ging er zu einer ordentlichen Predigt über und sprach ein Langes und Breites von der göttlichen Liebe und von dem Verderben und der Unwissenheit des Menschengeschlechtes. Daß das Labadie war, war nicht zu verkennen, denn aller Augen waren auf ihn gerichtet und jeder sah auf ihn als auf den vom Dreifuß redenden Apollo. — Labadie predigte über Matthäus VI, 24 ergreifend und mit besonderem Andringen an den Prinzen, wodurch die ganze Gemeinde mit außerordent-licher Andacht erfüllt wurde. Einige erhoben kläglich ihre Augen zum Himmel, andere schlugen sich seufzend und ächzend an die Brust, ja eini-ge weiche junge Mädchen vergossen Ströme von Tränen." So berichtet der Gelehrte vom weltlichen Hof über das Treiben, das ihm nicht gefällt und das er doch achten muß. Die Schürmännin selber aber, die längst ihre einstige Weltlichkeit verachten gelernt hatte, liebte jetzt die Wissenschaf-ten nicht mehr sonderlich, obwohl sie sie nicht ganz verwarf, aber sie glaubte, wie sie selbst bekennt, „das bessere Teil erwählt zu haben."

Und sie stand hierin keineswegs vereinzelt. Wenn zwei so hervor-ragende weibliche Geister, wie die Schürmann und die Prinzessin Eli-sabeth sich in solcher Richtung vereinigen können, so ist das Beweis ge-nug dafür, daß es nicht der große Haufe war, der dem Sektenprediger folgte. Die Gärungen des siebzehnten Jahrhunderts, das nur der Laie für ein Zeitalter geistiger Trägheit halten kann, brachten das mit sich. Von allen Seiten wurden die Menschengeister bestürmt. Das ganze Jahrhundert hindurch erregten naturwissenschaftliche Entdeckungen die Gemüter der Wissenden. Das Mikroskop, das am Ende des sechzehnten Jahrhunderts erfunden worden war, vereinigte sich mit dem Fernrohr, um die Welt der Sinne zu erschließen, und die Beobachtung gesellte sich zur Mathematik, Galilei erkannte die Fallgesetze, Keppler lehrte die weiten Himmelsräume zu durchforschen. Gegen die Mitte des Jahrhunderts entdeckte Toricelli den Druck der Luft, und Otto von Guerike erbaute die erste Luftpumpe. Boyle fand das Gesetz von der Spannung der Gase auf, und Harvey enthüllte das Geheimnis des Blutkreislaufs im menschlichen Körper, um damit die Physiologie endgültig aus den Fesseln des alten Galenos zu befreien. Mit furchtbarer Macht brach die Welt der Tatsachen herein auf die Menschheit, die sich mühsam aus dem Blutmeer des dreißigjährigen Krieges heraufringen mußte. Die Naturphilosophie des. Aristoteles, die von den schulgemäßen Gottesgelehrten des Mittelalters fest mit der Theologie verknüpft worden war, sank dahin, und mit ihr schien die Religion stürzen zu wollen. Das empfanden alle, auch die kühnsten Geister als etwas Erschreckendes. Man war so aufgewachsen in den Glaubenslehren, daß die Entdecker selber vor irreligiösen Wirkungen ihrer Funde zitterten.

Der große englische Naturforscher Boyle verfaßte religiöse Schriften und gründete eine fromme Vereinigung; Descartes, der Mann, der den Zweifel als den Durchgangspunkt auf dem Wege zur Wahrheit bezeichnet, der die Tiere für Maschinen erklärt und über die Wechselwirkung zwischen Geist und Körper tiefsinnige Betrachtungen angestellt hatte, beeilte sich, sein neues mechanisches Weltsystem mit der Vorstellung von der Größe und Allmacht des lebendigen Gottes in Einklang zu setzen; und Leibniz wurde der Abgott des versinkenden und des aufsteigenden Jahrhunderts, weil es ihm gelang, die wiedererstandene Atomenlehre des Epikur in seiner Monadentheorie zu vergeistigen, und weil er trotz all der Gräuel, die auf Erden wüteten, seinen Zeitgenossen einen für sie befriedigenden Beweis dafür bot, daß diese Welt, die von Gott geschaffene, notwendig die beste aller denkbaren Welten sei. Nach Versöhnung aller der wirrenden Gegensätze rief man allerwärts, und die starre Theologie kannte keine Versöhnung der einzelnen christlichen, ja nicht einmal der evangelischen Konfessionen. Das lastete auch als ein Druck auf den Gemütern der Menschheit, die von ewigen unseligen Kriegen gepeinigt und von beginnenden Zweifeln bedroht, sich eine unmittelbare Gewißheit für das verschaffen wollte, was das Gemüt zu allen Zeiten verlangt. Daher retteten sich viele aus der Welt des Denkens in die des Empfindens. Daher fand die Mystik überall Eingang. Jakob Böhme, der tiefsinnige Schuster, der an der Wende des sechzehnten und siebzehnten Jahrhunderts gestanden hatte, fand immer neue Jünger oder Umbildner seiner mystischen Lehre, und allerorts trennten sich einzelne Gruppen von dem großen Gebäude der Kirche. Das siebzehnte Jahrhundert ist das klassische der kirchlichen Sektenbildung in aller Welt.

Am Anfang desselben war Faustus Socinius in Polen gestorben, der Neffe des Begründers der Socinianer, die in der ersten Hälfte des siebzehnten Jahrhunderts in Blüte standen, und heftig verfolgt wurden. Fünf Jahre später als jener schloß in Holland Arminius die Augen und auch nach seinem Tode blühte seine Sekte erst voll empor, um die Blutszenen im Haag zu erleben, wo der Statthalter Prinz Moritz von Oranien das Haupt des greisen Oldenbarnefeld der Orthodoxie und der Politik opfern ließ. In demselben Holland lehrte im ersten Drittel des Jahrhunderts Cornelis Jansen, dessen Schriften, nach seinem Tode mit der päpstlichen Bannbulle gestraft, in Frankreich eine reformatorische Bestrebung innerhalb der katholischen Kirche wachriefen. Elf Jahre nach Jansen's Tode begann in England George Fox, der Mann in der ledernen Hose, seine Predigten, und bald scharten sich Anhänger um ihn, die ersten von der später so bekannt gewordenen Sekte der „Quäker". Die meisten Reformer richteten sich gegen die Starre des Buchstabenglaubens, wünschten den Frieden an die Stelle des Gezänkes, die Ruhe der Seele, die Bruderliebe neben den Pfaffenhaß zu setzen. Und die Schürmännin war nicht die einzige Frau, die Anteil an solchen Bestrebungen nahm. Da lebte in Amsterdam eine geborene Holsteinerin, Anna Hoher, die auch ein „wahres Christentum" erstrebte.

In einem geistlichen Gespräch zwischen Mutter und Kind handelte sie davon, als „einfältige Wahrheit" bezeichnete sie es. In Sendschreiben an die Gemeinden im Lande Holstein bekundete sie ihre Meinungen, während sie ihr Empfinden in geistliche Lieder ergoß. Sie zeigte Interesse für den Sektierer Schwenckfeld aus der Lutherzeit und sang manch trotzigen Vers gegen die Orthodoxen, deren gelehrten Wortkram sie für unnützen Ballast erklärte, da es ihnen an dem inneren Glauben fehle:

Die Gelehrten sind, wie Luther sagt
Die verkehrten, o Gott sei's geklagt,
Nennen sich evangelisch,
Und führen einen feinen Schein,
Die größten aber ingemein.

Sind gut aristotelisch.
Das heilig' Evangelium
Ist ihnen viel zu schlecht und dumm
Ingleichen die Propheten
Und Moses reden gar zu schlecht,
Nicht akademisch wie man pflegt
Auf Universitäten.
Da spricht man, ist Geschicklichkeit,
Von dannen kommen kluge Leut.
So der Welt können dienen,
Durch die man große Ding verricht,
Sie sind die Bäume, die man sicht
In allen Gärten grünen.
Sie meinen, schwören drauf ein Eid,
Bei ihnen sei allein Weisheit,
Und nirgends sonst zu finden,
Kein größer Klugheit wird begehrt.
So gar ist ihr Verstand verkehrt,
Gott erbarm sich der Blinden.
Wie läßt sich das unwissend Volk
Von ihnen durch ein dunkel Wolk
So führen ab zur Seiten.

Nachdem diese überzeugungstreue Frau „viele Jahre lang arm und elend als eine Witwe in der Fremde hat sitzen müssen", wurde sie in ihrem vierundsechzigsten Lebensjahre von der wissensfreudigen Königin Christine nach Schweden entboten, die auch der Schürmännin einmal einen Besuch gemacht hat. — War die Freundin Labadie's in den Niederlanden heimisch, hatte die Hoyerin dort ihre Zuflucht gefunden, als sie aus Holstein weichen mußte, so sehen wir überhaupt diese Gegend reich an Frauen der neuen religiösen Bewegung. Anneken Hooghwandt, eine fromme Dichterin, die aus Wohltätigkeit völlig verarmte und von Mystikern im letzten Drittel des siebzehnten Jahrhunderts geschätzt und besucht wurde, legte unter anderem die Offenbarung Johannis mystisch aus, und die Bleicherstochter Tannecken de Nys aus Harlem verfaßte mystische Schriften im Geiste des deutschen Philosophischen Schusters und hatte dafür manches zu erdulden. Sie heiratete einen Herrn Henderyck von Schwinderen und reiste als eine mystische Prophetin umher, berührte dabei zweimal England sowie Schottland und Lübeck, führte aber schließlich ein auf Wohlstand begründetes erbauliches Leben im Haag. Nach Amsterdam kam auch die Französin Antoinette Bourignon, 1616 in Lille geboren, die früh aus dem Elternhause geflohen war, um einer Heirat zu entgehen. Sie stand später als Erbin eines reichen Vermögens erst in Lille einem Hospitale vor, trat dann aber in Amsterdam als Prophetin auf. Sie sammelte bald Anhänger um sich, und als man sie aus der Stadt vertrieb, gründete sie auf der Insel Nordstrand eine eigene Druckerei zur Verbreitung ihrer Schriften und Lehre. Aber auch hier mußte sie weichen. Ihr getreuer Anhänger Peter Poiret begleitete sie nach Ostfriesland, wo sie wiederum ein Hospital leitete und im Jahre 1680 starb. Poiret gab ihre Schriften heraus, deren flammende Beredsamkeit von ihrem eigenen feurigen Glauben zeugen. Derselbe Mystiker sollte später auch die Werke einer anderen Gesinnungsgenossin der Welt darbieten, der sonderbaren Frau von Guyon, ebenfalls einer französischen Prophetin. In Montargis hatte sie im Jahre 1648 das Licht erblickt. Schon als kleines Kind ersehnte sie den Martertod und später an der Seite eines ungeliebten Gatten bildete sie die Selbstpein zu einer förmlichen Kunst aus. Mit achtundzwanzig Jahren als Mutter von fünf Kindern verwitwet, wurde sie zu einer Prophetin des sogenannten „Quietismus". Diese Richtung katholischen Sektiertums stammt eigentlich aus Spanien, wo schon im sechzehnten Jahrhundert die fromme Theresa von Jesu den Satz aufstellte, daß die Seele ganz in Gott ersterben und zur Ruhe eingehen müsse. Diese fromme Carmeliter-Nonne konnte sich nicht genug tun in peinigender Strenge gegen sich selbst, und gleichermaßen verschärfte sie die Ordensregeln und nahm den Nonnen sogar die Schuhe. Ihr Seelenfreund, Johannes vom Kreuze, übertrug ihre asketischen Ansichten auf die entsprechenden Mönchsorden, aber der Papst und die katholische Kirche ließen beide viel Leiden ausstehen, bis der König für sie eintrat und nun seine Heiligkeit in Rom die „unbeschuhten Carmeliterorden" zu Recht bestehen ließ. Ja, im Anfang des siebzehnten Jahrhunderts wurde die Theresa sogar von der katholischen Kirche heilig gesprochen. In veränderter Form, drang ihre Lehre nun auch in Frankreich ein, wieder durch Vermittelung einer Frau, nämlich durch die Guyon: auch diese hatte einen Seelenfreund, den Pater Lacombe. Auch sie wurde auf das heftigste angefeindet und, wie einst Johannes vom Kreuze, in einem Kloster gefangen gehalten. Aber der edle Fénelon trat für sie ein und verwickelte sich dadurch in einen gefährlichen Streit mit dem hochmütigen, aber meisterlich redegewandten Bossuet, dem treuergebenen Diener Ludwigs XIV. und des Papstes, der die Guyon in die Bastille bringen ließ. Ihre Befreiung hat sie nicht mehr lange überlebt. Sie ist ein Beweis dafür, wie innerlich verwandt die Bestrebungen in allen christlichen Kirchen damals waren. Sollte sie doch auch auf Deutschland einwirken und zwar auf den aus dem Luthertume hervorgegangenen Pietismus.

Spener, der eigentliche Erwecker der pietistischen Richtung, hatte in seiner Jugend in Genf die mächtige Anregung des damals noch kraftvollen Labadie erfahren. Aber erst viel später trat er in Dresden hervor mit seiner Betonung des Lebens gegenüber der Lehre, der inneren Frömmigkeit gegenüber der äußerlichen Rechtgläubigkeit. Er gewann bald in Francke und anderen Jüngern Mitstreiter, die gegen das Ende des Jahrhunderts die Universität Halle eroberten und an vielen Orten, namentlich in Halberstadt und Hamburg, schwere Kämpfe mit Geistlichkeit und Bürgerschaft führten. Gerade ihnen wurde das Eindringen der Frauen vielfach verhängnisvoll. Es hatte in dem ganzen Jahrhundert nicht an „Prophetinnen" gefehlt, so gut wie es keinen Mangel an Propheten gab. Hatte der Sprottauer Kotier doch das Interesse von Fürsten und Städten erregt mit seinen Wahrsagungen, deren Nichteintreffen ihn dann freilich an den Pranger brachte und ihm Schimpf und Schande eintrug. Doch hatten erste Geister der Zeit an die Wahrheit seiner Verkündigungen geglaubt, darunter der große Comenius. Dieser hatte auch viel Ärger dadurch, daß er für die Christine Poniatowia eintrat, die in ihren Entzückungszuständen sogar prophetische Droh- und Mahnbriefe an Wallenstein schrieb. Mit stolzem Hohn soll der Friedländer sich gerühmt haben: während andere Fürsten Briefe aus Madrid, Rom oder Paris erhielten, bekäme er sogar solche aus dem Himmel. Aber, da weder Friedrich von der Pfalz, noch Gustav Adolf den Evangelischen das Heil brachten, wie die Poniatowia gemeint hatte, so vergaß man sie und höhnte ihre Schützer, während sie einem Prediger die Hand zur Ehe reichte und damit vom Schauplatze der Welt abtrat. Ähnlich wie Comenius erging es den Pietisten. Ihr Betonen des Gemütes und der inneren Frömmigkeit ließ ihnen eine unmittelbare Einwirkung Gottes auf begeisterte Frauenseelen wahrscheinlich erscheinen. Francke hatte in seiner Jugend die Macht weiblichen Einflusses erfahren. Mehr noch als seine Mutter hatte seine Schwester Anna immer wieder die Frömmigkeit in dem Knaben entfacht, und daher mag die hohe Wertschätzung weiblichen Geistes bei ihm entstanden sein, die ihn ja später zum ersten Gründer einer höheren Töchterschule werden ließ. So glaubte er auch gern an prophetische Mädchenseelen. Eine Schrift, die das Zeichen zum Sturm gegen die Pietisten im Jahre 1693 gab, betitelt sich „Ausführliche Beschreibung des Unfugs, welchen die Pietisten zu Halberstadt im Monat Dezember 1692 in der heiligen Weihnachtszeit gestiftet, dabei zugleich von dem pietistischen Wesen etwas gründlicher gehandelt wird."

Diese Schrift, deren Verfasser sich nicht mit Sicherheit feststellen läßt, nimmt namentlich Bezug auf die Stellung der Pietisten zu den verzückten

Weibern. Es gab deren damals eine ganze Menge. Da war Rosamunde Juliane von der Assenburg, geboren im Jahre 1672 auf einem Gut bei Aschersleben. Schon als siebenjähriges Kind hatte sie „Visionen", die sich in ihrem neunten und zwölften Lebensjahre wiederholten. Sie glaubte Jesus und den Teufel zu sehen. Der Prediger aber, den die fromme Mutter zunächst zu Rate zog, warnte sie vor weiterer Ausbildung dieser geheimen Kunst, denn, wie er meinte, könne der Teufel auch das Aussehen Jesu annehmen. Die ängstlich gemachte Mutter betete mit dem Kinde um Erlösung von solcher Gefahr, aber vom fünfzehnten bis zum neunzehnten Jahre des Töchterchens wurden die Visionen so häufig, daß man sie in einer mystischen Zeit nicht mehr verheimlichen konnte. Der Prediger Petersen, Superintendent zu Lüneburg, dessen Frau Ähnliches erlebt hatte, reiste herbei und gab die Visionsgeschichte des jungen Fräuleins heraus. Dadurch wurde die Assenburg schnell bekannt, und alsbald umbrauste auch sie der Kampf der Gläubigen und Ungläubigen. Übrigens wird sie auch als Verfasserin eines bekannten Kirchenliedes genannt „Bittet, so wird Euch gegeben, was nur Euer Herz begehrt". Gleichzeitig mit ihr lebten viele „visionäre" Mädchen, Anna Maria Schuchardin in Erfurt verfiel häufig in Verzückungen. Sie lag dabei ganz still wie im Starrkrampf und sprach doch in Versen von dem Tausendjährigen Reiche, von den Verdammten und ihren Qualen und von der Himmelslust der Seligen. Sie hieß allgemein die „Erfurter Lise". Magdalena Erlichin pflegte, wenn sie aus ihrer Erstarrung erwachte, zu erzählen, daß sie bei Jesus gewesen und von diesem mit seinem eigenen Fleisch und Blut gespeist worden sei. Als „Blutschwitzerin" bezeichnete man die Anna Eva Jacobin. Sie glaubte im Traume die heilige Dreieinigkeit zu sehen, rief in ihren Paroxismen die Menschheit zur Buße auf und schlug sich dabei selbst unbarmherzig mit den Fäusten. Das meiste Aufsehen aber erregte Anna Margarethe Janin in Halberstadt. Sie erklärte in ihren Zufällen, daß sie Kranke heilen und Tote erwecken könne. Der Prediger Achilles, der fest an sie glaubte, machte mehrmals den Versuch, die Wahrheit ihrer Verkündigungen öffentlich zu erproben. So schickte er einmal einen ihrer Briefe in das Haus eines Toten, der dadurch sofort wieder lebendig werden sollte. Ein andermal holte er eine kranke Jüdin herbei, damit sie gesund gebetet würde. Aber beide Male blieb die Wirkung aus, die Bürgerschaft aber wurde furchtbar erregt durch diese verletzenden Eingriffe in das Privat- und Familienleben. Weit und breit begann die gebildete Welt sich mit diesen verzückten Mädchen zu beschäftigen. Auch Leibniz gab ein interessantes Gutachten ab. Er schrieb am 15. Oktober 1691 an seine gekrönte Freundin, die Herzogin Sophie von Hannover: „Ich bin freilich überzeugt, daß es in allem diesen ganz natürlich zugeht. Indessen ich bewundere die Natur des menschlichen Geistes, von welchem wir alle Kräfte und Anlagen nicht kennen. Wenn wir solche Personen antreffen, sollen wir, weit entfernt, sie schelten und ändern zu wollen, sie vielmehr in dieser schönen Verfassung des Geistes zu erhalten wünschen, wie man eine Seltenheit oder ein Kabinettstück aufbewahrt." Gegenüber diesem vorsichtigen Ausspruch des ruhigen Denkers, stehen die begeisterten Anerkennungen von Seiten der Pietisten. Spener freilich wurde durch das Ausbleiben der Heilungen und Totenerweckungen stutzig, Francke aber ließ sich in seinem Glauben nicht erschüttern. Er schrieb am 25. Oktober 1692 an Spener nach Berlin: „Jetzt ist aufs neue in Quedlinburg eine Frau, welche alle Nacht von 11—1 Uhr singt und dabei kontinuierlich mit den Händen schlägt oder gleichsam den Takt führt. Hat auch lateinische Buchstaben gesehen, da sie sonst nicht schreiben und lesen kann, hat solch aufgezeichnet. Die eigentlichen Worte sind mir entfallen, gehen aber auf das Blut und Verdienst Christi. Es mögen sich auch noch andere ungewöhnliche Dinge zu Quedlinburg, Magdeburg, Halle ereignen. Wir haben hier auch zwei Exempel, nämlich die jüngste Jungfer Wolffin und Ringhammers Tochter, welche mit zu überschwänglicher Freude erfüllt werden, daß es ihnen nicht möglich ist, die Stimme an sich zu halten, und wäre ja wohl der Welt, so sie sehen und hören sollte, sehr anstößig. Wir sind stille und ist auch noch verborgen, was sollen wir tun? Wer kann dem Herrn etwas wehren? Er mag tun, was Er will. Mit der Anna Marien (Schuchard) gehen hier noch wunderlichere Dinge vor, als in Erfurt." Die ganze Stellung Franckes zu Gunsten dieser Prophetinnen ward natürlich von seinen Gegnern ausgebeutet. Im Jahre 1692 erschien eine Sammlung von Briefen an Francke über „drei begeisterte Mägde", die ohne sein Wissen und mit Entstellungen herausgegeben worden waren. Darin spielt unter anderen eine Magd des Hofdiakonus Sprögel zu Quedlinburg eine mystische Rolle.

Genug, wir finden die Frauen auch in dieser geistigen Strömung überall im Vordergrund, und bald sollte ihnen neben Francke und den anderen pietistischen Predigern wieder in einem bedeutenden theologischen Gelehrten ein Verteidiger erstehen. Der kenntnisreiche Gottfried Arnold hatte, von Spener in Dresden angeregt und von dem mystischen Triebe der Zeit erfaßt, seine Professur in Gießen niedergelegt, um sich ganz den „separatistischen" Strömungen anzuschließen. In seiner berühmten „Kirchen- und Ketzergeschichte" stellte er zum ersten Male die ganze Geschichte der christlichen Kirche von den ältesten Zeiten bis auf seine eigenen Tage von einem einheitlichen Gesichtspunkte aus dar. Sein Gedankengang ist dabei der, darzutun, wie die ältesten christlichen Gemeinden zur Zeit der

„ersten Liebe", allein im Besitze des wahren Christentums gewesen seien, wie aber gleich anfangs die Versuche der Organisation einer Kirche zur Verunreinigung der Lehre geführt hätten. Indem er dann gegen die sich entwickelnde Päpstliche Kirche den ganzen Zorn seiner beredten Feder entbrennen läßt, hat er freundliche Worte für das katholische Mönchs- und Einsiedlertum und wird allen Sekten, die sich jemals von der Kirche getrennt haben, zum Verteidiger, sowohl den katholischen, wie den evangelischen. Das Reformationswerk Luthers erklärt er aber für ein unvollkommenes, ist auch im Gegensatz zu seinen wissenschaftlichen Vorgängen nicht mehr der Meinung, daß es den Lehren der apostolischen Zeit ganz entspreche. Die Mystik seiner Zeit teilt er völlig. Da sind es denn auch besonders die mystischen Frauen, die er als sogenannte „Zeuginnen der Wahrheit" anführt, und außer eingehender Behandlung der Bourignon, der Guyon und anderer bezeichnet er ein ganzes Kapitel als „Catalogus gottseliger Frauenspersonen, welche die Wahrheit bezeuget oder viel erlitten oder wunderbar von Gott begabet, erleuchtet und geleitet sind, gleich denen vorigen in der Schrift." Darin werden über fünfzig begeisterte Weiber teils ausführlicher geschildert, teils nur flüchtig erwähnt. Aber er weiß, daß das noch lange nicht alle sind. „Ich sollte ein ganzes Buch machen müssen, sollte ich alles beschreiben, was ich für Wunder Gottes an den klugen und Betrug des Satans an den törichten Jungfrauen und Weibern bei meiner kurzen Lebenszeit erfahren." Und auf Comenius weist er hin, der in seiner „historia videntium" noch weit mehr Beispiele angezogen habe.

Dies Arnold'sche Buch erregte bei seinem Erscheinen ein ganz ungeheures Aufsehen. Ein so gewaltiger Streich war von Seiten der Sektierer noch nie gegen das Gebäude der Kirche geführt worden. Das stark einseitige, aber geistvolle Buch, das immer wieder aufgelegt wurde, und trotz seines riesenhaften Umfanges in immer weiteren Kreisen gelesen wurde, war schon darum bedeutungsvoll, weil es das erste größere wissenschaftliche Werk in deutscher Sprache war. Hiermit und mit dem Bevorzugen des Mystischen traf es so recht den Geist der Zeit, und ist noch über ein halbes Jahrhundert nach seinem Erscheinen von dem jungen Goethe mit Begeisterung gelesen worden. Natürlich aber rief es auch eine ganze Menge von Gegnern zu den Waffen. Eine Flut von Angriffs- und von Verteidigungsschriften entstand. Der Gothaer Pastor Cyprian, Valentin Ernst Löscher, der streitbare Pfarrer und theologische Journalist, und andere suchten die orthodoxe Kirche zu retten vor der Verherrlichung der Ketzer und Ketzerinnen. Unter diesen Gegenschriften ist für uns die merkwürdigste ein Buch, das gerade die prophetischen Weiber Arnolds und des Pietismus überhaupt angreift. Es erschien im Jahre 1704 — also vier Jahre nach der Vollendung der Arnold'schen Ketzergeschichte — und ist herausgegeben von dem Probst und Superintendenten Feusking zu Kemberg, unter dem unheimlichen Namen „Gynaeceum haeretico fanaticum", oder „Historie und Beschreibung aller falschen Prophetinnen, Quäkerinnen, Schwärmerinnen und anderer sektierischer und begeisterter Weibspersonen, durch welche die Kirche Gottes verunreinigt worden." Der Verfasser unterläßt nicht, auf Evas Sündenfall aufmerksam zu machen, und zum mindesten einen großen Teil des weiblichen Geschlechts von Kain, dem Brudermörder, herzuleiten. In alphabetischer Reihenfolge zählt er dann eine ungeheure Menge von weiblichen Wesen auf, die in den Bereich jenes verhängnisvollen Titels fallen, und auch die große Schürmännin erscheint in dieser sonderbaren Gesellschaft. Vor allem macht der erregte Kanzelredner den Pietisten schon in seiner Vorrede den Vorwurf, sie hätten sich seit ihrem Aufkommen „hinter die Frauenzimmer gemacht", und daß sie „einen ganzen Haufen Weiber gefangen führen". Wie weit der Fanatismus den Pietisten gegenüber ging, zeigt sich in einigen Stellen des Buches, wenn es da heißt, die nächtlichen Versammlungen, die Francke abgehalten, und die mitunter zweihundert Menschen zusammengeführt hätten, wären gleichzeitig Szenen unzüchtiger Behandlung der Frauen und Mädchen gewesen. Ja sogar zusammengenähte Weiber — o Unsinn! — soll man aus diesen Versammlungen haben heraus wanken sehen! Aber der Grimm des Superintendenten zu Kremmen konnte dem Fortschreiten der mystischen Bewegungen unter den Frauen nicht Einhalt tun. Diese allerdings nahmen in einzelnen Fällen einen höchst widerwärtigen Charakter an. So hat sich Eva von Buttlar einen traurigen Ruhm erworben. Sie war in Eschwege im Jahre 1670 geboren und hatte zehn Jahre lang als Hofdame in Eisenach die Freuden der Welt genossen, als sie sich von ihrem Manne trennte und in Allendorf (im Jahre 1702) eine sogenannte philadelphische Sozietät gründete, wie sie um jene Zeit vielfach entstanden. Aber die Lehre von der geistlichen Ehe, die schon den Labadisten in den Augen der Uneingeweihten verhängnisvoll geworden war, schlug hier vollends in ihr Gegenteil um. Hatte Labadie, wie später auch Arnold, und wie so viele andere, die Ehe anfangs verworfen, da die Seele sich nur mit Gott beschäftigen sollte, so waren beide später ihren ersten Grundsätzen untreu geworden. Labadie vermählte sich in Herford mit einem reichen Fräulein seiner Gemeinde und gehörte selbst zu denen, deren kirchliche Einsegnung die Äbtissin aus königlichem Blut erzwang. Arnold aber trat später in die Dienste des Königs von Preußen und verheiratete sich gleichfalls. Die „Buttlarsche Rotte" dagegen, wie die Geschichte der Theologie sie nennt, ließ den ursprünglich übersinnlichen Gedanken in vollste Sinnlichkeit ausarten, und wurde infolgedessen schon nach zwei Jahren aus Allendorf mit mehr Fug ausgewiesen, als seiner Zeit die Labadisten aus Herford. In Köln traten die Buttlarschen zum Katholizismus über, eröffneten dann in Lüde bei Pyrmont ihre Gemeinde wieder in alter Weise, mußten harte Strafen über sich ergehen lassen, und endeten endlich in Altona. Frau Eva starb im Jahre 1717.

Diese und ähnliche Vorgänge brachten das Sektenwesen freilich in Verruf.

Aber auch die asketische Richtung starb nicht aus. Der Quietismus der Frau von Guyon war schon von Arnold berührt worden nachdem Poirret, der Freund der Bourignon, ihn in Deutschland bekannt gemacht hatte. Kurz vor dem Ende des siebzehnten Jahrhunderts — 1697 — wurde dann der Mann geboren, der die Frau Guyon später zum Muster für sein eigenes Leben und Wirken nehmen sollte — Gerhard Tersteegen. Auch die philadelphischen Sozietäten entwickelten sich — abgesehen von der Buttlarschen Verwirrung — auch in reiner Gestalt rege weiter in das achtzehnte Jahrhundert hinein und fanden im Jahre 1730 schließlich in dem Städtchen Berleburg ihren Mittelpunkt. Doch das hat uns schon viel zu weit hineingeleitet in die Geschichte des achtzehnten Jahrhunderts.

Wir müssen noch einmal umkehren, denn wir dürfen über den schwärmenden Frauen die gelehrten nicht vergessen. Das Beispiel der Schürmann war ja ein doppeltes gewesen. Wie viele Genossinnen sie unter den Schwärmerinnen hatte, haben wir beobachten können; doch auch ihr Antrieb zur Gelehrsamkeit der Frauen war nicht vereinzelt gewesen und nicht verklungen. Freilich ist es schwer, die studierten Frauen des siebzehnten Jahrhunderts zu ermitteln. Greifen wir einige heraus, von denen wir Kunde haben!

Da hatte Anna Maria Cramer, die Tochter des Pastors zu St. Johann in Magdeburg, die in ihrem vierzehnten Lebensjahre starb (sie war 1613 geboren) bereits Hebräisch und Lateinisch gelernt; Margarethe Sibylla von Einsiedel beherrschte außer diesen beiden Sprachen auch noch Griechisch und Italienisch. Sie starb als Gattin des Kammerrats und Erbmarschalls Löser. Die Tochter des Regierungs- und Konsistorialrat Schult in Darmstadt, Juliane Patientia getauft, hatte unter Anweisung ihres Vaters im fünften Lebensjahre lesen gelernt. Später trieb sie Hebräisch, Griechisch, Lateinisch und Deutsch, Arithmetik, Geschichte, Geographie, Genealogie und andere Studien. Auf einer Reise begleitete sie ihren Vater nach Halle und fühlte sich so gefesselt durch die Bestrebungen August Hermann Franckes, daß sie dort blieb. Sie ist denn auch daselbst am 14.

Juni 1701 gestorben, und der berühmte Pietist hat ihr eine Leichenrede gehalten. Weiter wird uns berichtet von einer Elisabeth Katharina Störteroggen (geb. 15. Februar 1679), die als das vierte Kind einer frommen und in der Theologie wohlbelesenen Mutter zur Welt kam. Sie verlangte, als sie heranwuchs, Lateinisch zu lernen und der gelehrte Krauz am Gymnasium ihrer Geburtsstadt Lüneburg befriedigte diesen Wunsch. Später fügte sie auch Griechisch, Hebräisch und Französisch ihrem Wissensschatze hinzu. Das sind einzelne Beispiele für ein hohes Bildungsstreben damaliger Gelehrtentöchter. Dabei waren sie meist auch Dichterinnen, denn es sangen ja viele in jener Zeit und die damals noch allgemein übliche weibliche Endung an den Namen der Frauen und Töchter kehrt oft genug wieder in der Literatur. Da dichteten die Schwarzin, eine pommersche Bürgermeisterstochter; die als junge Braut verstorbene Schwendörferin, eine Baumeisterstochter in Leipzig, die Rosenthalin, die Peprin, eine Oberamtmannsfrau aus Verden, die Prachtin, eine Pfarrerswitwe in Weißenfels, die Schubartin, Tochter eines Amtsschöffers in Düben, die Meisterin, eine Dichterin von unheimlichem Schicksal, soll sie doch 1675 zu Giebichenstein als Kindesmörderin enthauptet worden sein. „So lebe wohl, du schöne Lasterwelt" war ihr Abschiedslied. Die Zeidlerin, Schwester eines bekannten satirischen Schriftstellers, gab einen „jungferlichen Zeitvertreib in allerhand Liedern" heraus. Die Kettnerin, eine Pastorsfrau zu Stollberg, und andere ließen ihre Stimmen auf dem Parnaß der Frauen ertönen, und manche von ihnen ward als deutsche Sappho bewundert.

Das ist eine Reihe von Namen wohl unterrichteter Frauen. Vollständig ist die Liste natürlich nicht. Wie sollte man auch alle die Schwestern und Gattinnen heute noch kennen, die vor so langer Zeit an der Seite ihrer männlichen Schützer eingeführt wurden in Wissenschaften und Künste? Nur diejenigen, die selbst geschrieben oder gelehrt haben, sind mit Sicherheit der Vergangenheit wieder zu entreißen. Auch deren Zahl ist eine weit größere. Sie alle vollständig aufzuzählen, kann trotzdem auch nicht der Zweck dieser Einleitung sein. Nur das Gesamtbild der Frauenbildung des siebzehnten Jahrhunderts soll hier entworfen werden, und nur soweit es zum Verständnis des achtzehnten nötig ist. Da muß denn freilich auch noch darauf hingewiesen werden, daß auch in den bildenden Künsten Mädchen und Frauen sich vielfach auszeichneten. Ein bedeutsames Beispiel bietet Maria Sibylla Merian dar, die einer reich begabten Schweizer Künstlerfamilie entstammte. Ihr Vater, Mathäus der Ältere, war ein Kupferstecher von hohem Ruf, ihr älterer Bruder ein Porträtmaler von van Dyck'scher Schule, ihr jüngerer Bruder ein Meister der Ätzkunst. Sie selbst (geb. 2. April 1647 in Frankfurt a. M.) hat ihr Leben und Schaffen in den Dienst der Natur-Erkenntnis gestellt. Wie ihr Vater in dem berühmten Prachtwerke Theatrum Europaeum und in anderen Werken über Völker- und Länderkunde mit seinen Kupferstichen belehrend gewirkt hatte, so gab sie Bücher höchst gelehrten Inhalts über Insekten und Pflanzen heraus, in denen sie mit unübertrefflicher Treue Schmetterlinge und Raupen, Käfer und Blumen malte. Ja, sie selbst unternahm im Jahre 1699 eine Reise nach Surinam, und was sie dort gesammelt, malte sie mit bewunderungswerter Meisterschaft und veröffentlichte es nach fünfjähriger Arbeit in einem großen Bilderwerke. Nürnberg, Frankfurt und Holland waren die Stätten ihrer Tätigkeit. Die Petersburger Kunst-Akademie wählte sie zu ihrem Mitglied. Sie starb am 13. Januar 1717 in Amsterdam.

Und so gewinnen wir nun schnell den Eindruck, daß in der Welt der Gelehrten die Franen in immer größerer Zahl auftauchen und auf das freudigste begrüßt werden. Ja, der Aberglaube, als habe die Eifersucht der Männer noch in jenen Zeiten die Genossinnen ausgeschlossen vom Reiche der Weisheit, löst sich in Dunst und Nebel auf, und gerade das Gegenteil zeigt sich immer mehr als Wahrheit. Wie jene obigen Beispiele schon andeuten, daß immer und immer wieder die Gelehrtenkreise es sind, die aus sich selbst die gelehrten Franen hervorgehen lassen, so hat es auch im siebzehnten Jahrhundert nicht an Männern gefehlt, die mit größter Bestimmtheit das Recht der Frau auf geistige Bildung verlangt haben. Es ist also zur letzten Ausmalung unseres kleinen Kulturbildes nötig, daß wir noch einmal eine Fahrt zurück in das siebzehnte Jahrhundert unternehmen, und uns nach den Männern Hinsehen, in denen wir Förderer des Frauenstudiums erblicken können.

Ein stolzer Name fällt uns hier gleich in die Augen. Amos Comenius, der große Erwecker auf den Gebieten der Erziehung und der Menschenverbrüderung, einer der größten und der bewundertsten Gelehrten seiner Zeit, ist auch unser erster Zeuge. Allerdings war er kein Deutscher, aber in deutscher Sprache hat er zuerst das herrliche Buch geschrieben, das den Müttern eines ihrer heiligsten Rechte wieder zuerkannte, das der ersten Erziehung ihrer Kinder. „Die Mutterschule" des Comenins erschien im Jahre 1636, und wies mit Scharfsinn und überzeugungsvoller Kraft nach, wie die Mutter von der Natur dazu bestimmt ist, die Mühen und die Freuden der Ausbildung ihrer Kleinen bis zu deren sechstem Lebensjahre in erster Linie zu beanspruchen. Was sie unter dem Schöße getragen, was sie an ihren Brüsten nähren soll, das soll sie auch zu Verstand erwecken und zum Leben erziehen. Wer das von den Müttern verlangt, der muß auch voraussetzen, daß diese selbst einmal erzogen worden sind; und zwar nicht bloß zum Nähen und Spinnen. Können Mütter den Verstand ihrer

Kinder in rechte Bahnen lenken, wenn sich niemals jemand um ihre eigene geistige Auferweckung gekümmert hat? Und wirklich hatte Comenius schon ein Jahr zuvor in seiner damals böhmisch geschriebenen „Großen Erziehungslehre" verlangt, daß auch das weibliche Geschlecht, nachdem es der mütterlichen Pflege entwachsen, eingeführt werde in das große belebende Reich des Wissens. Aber erst im Jahre 1657, also sechs Jahre nach der Dissertation der Schürmann, erschien die „Didaktik" in lateinischer Übersetzung, und wurde so durch diese gelehrte Allerweltssprache auch der ganzen gebildeten Menschheit zugänglich. Comenius selber hatte damals, nach einem Leben voll Ruhm und Erfolgen, voller Gefahr und Trübsal den Hafen der Ruhe in Amsterdam gefunden. Aus seiner mährischen Heimat hatte er mit den Brüdern seiner stillen Gemeinde fliehen müssen; das polnische Lissa hatte ihm eine zeitlang Aufenthalt geboten; England hatte ihn zu sich gerufen, um seine gewaltigen Pläne von einer Neubelebung aller Wissenschaften auszuführen, aber die ausbrechende Revolution verscheuchte ihn; Schweden beeilte sich, dem allberühmten Pädagogen neue Hilfsmittel zu eröffnen, aber immer wieder brachen Krieg und Brand verheerend in sein Leben ein, und der Verkünder der allgemeinen Menschenliebe und der Einheit alles wissenschaftlichen Strebens mußte immer wieder unter dem Kriegsgeist des Jahrhunderts leiden. Da sammelte er in dem niederländischen Asyl seine pädagogischen Schriften, und nun ward auch die Kunst „Allen alles zu lehren" Gemeingut der gebildeten Welt. Darin heißt es von den Kindern weiblichen Geschlechts:

„Ebensowenig kann ein genügender Grund vorgebracht werden, warum das weibliche Geschlecht (daß ich dessen noch Erwähnung tue) von den Studien der Weisheit (sei es in lateinischer Sprache, sei es in deutscher Übersetzung) überhaupt ausgeschlossen werden solle. Denn sie sind gleichfalls Gottes Ebenbild, gleichfalls Teilhaber der Gnade und des zukünftigen Reiches, gleichfalls mit regsamem, für die Weisheit empfänglichem Geiste (oft mehr als unser Geschlecht) ausgestattet; gleichfalls steht ihnen zu hohen Würden der Zugang offen, da sie oft zur Regierung von Staaten, zur Erteilung sehr heilsamen Rates an Könige und Fürsten, zur Heilkunde und zu anderen, dem Menschengeschlecht ersprießlichen Dingen, auch zum prophetischen Dienst und zum Ausschelten von Priestern und Bischöfen von Gott selbst verwendet worden sind. Warum also wollen wir sie zum ABC zulassen, von den Büchern aber nachher zurückweisen? Fürchten wir etwa ihre Unbesonnenheit? Aber je mehr wir uns mit Überlegungen beschäftigen, desto weniger Raum findet die Unbesonnenheit, die vom Leben des Geistes auszugehen pflegt ... So jedoch, daß ihnen nicht jedes Gemengsel von Büchern dargeboten wird (wie auch der Jugend des anderen Geschlechtes; es ist zu beklagen, daß dies seither nicht vorsichtiger vermieden worden ist), sondern Bücher, aus denen sie neben wahrer Erkenntnis Gottes und seiner Werke wahre Tugend und Frömmigkeit immerfort schöpfen können. Niemand also werfe mir das Wort des Apostels entgegen: Einem Weibe gestatte ich nicht, daß sie lehre (1. Thimotheus 2, 12) oder daß des Juvenal aus der 6. Satire: Nicht möge die Frau, die mit mir ehelich verbunden ist, die Manier, zu sprechen, besitzen oder einen kurzen Gedanken in gedrehter Rede ausspinnen, noch wissen alle Histörchen. Oder das, was Hippolyt bei Euripides spricht: Ich hasse die Unterrichtete; nie sei in meinem Hause eine, die mehr weiß, als einem Weibe zu wissen förderlich ist. Denn den Unterrichteten hat Cypris (Venus) selbst größere List verliehen. Dies steht behaupte ich, unserm Grundsatze gar nicht entgegen; denn wir raten nicht dazu, die Frauen zu unterrichten, daß ihre Neugierde befriedigt werde, sondern ihre Tugend und ihr Wohlbefinden. Und dies am meisten darin, was zur würdigen Pflege eines Hauswesens und zur Förderung des eigenen Wohlbefindens, wie dessen des Mannes der Kinder und des Gesindes gehört. — Wenn jemand sagen wollte: Was sollte das werden, wenn Handwerker, Bäuerlein, Lastträger, ja sogar die Weiblein Gelehrte würden? so antworte ich: Das wird eintreten, daß, wenn mit den rechten Mitteln dieser allgemeine Jugendunterricht eingerichtet wird, Niemandem hernach mehr von allen der brauchbare Stoff zum Nachdenken, Auswählen, Nacheifern und auch zum Handeln fehlen wird. Mögen es nur alle wissen, wohin mit allen Handlungen und Wünschen das Leben zu zielen, durch welche Schranken einzutreten und wie jedem sein Posten zu wahren sei. Überdies werden sich alle ergötzen auch unter den Mühen und Arbeiten an der Betrachtung der Worte und Taten Gottes und die dem Fleische und Blute gefährliche Ruhe durch häufiges Lesen in der Bibel und anderen guten Büchern (wohin diese bereits Angelockten durch jene besseren Reizungen gezogen werden) entgehen. Und, wie ich bereits einmal gesagt, sie sollen lernen Gott überall erkennen, überall preisen, überall umfassen und auf solche Weise dieses von Drangsal heimgesuchte Leben Angenehmeren anvertrauen und mit größerer Begierde und Hoffnung nach dem Ewigen blicken. Oder sollte nicht ein solcher Zustand der Kirche hier uns das Paradies vergegenwärtigen, wie es unter der Sonne nur gedacht werden kann."

Auch Comenius sieht also in der Bildung zwar vor allen Dingen ein Mittel zur Hebung der Religiosität. Aber er will darin nicht einseitig das Wissen beschlossen sehen. Er ist ein Vorwärtsmahner, indem er die Erkenntnis und die Wissenschaften als die Grundlage der geistigen Bildung verlangt, und niemanden davon ausschließen will, nicht den Ärmsten und auch nicht das weibliche Geschlecht.

Ungefähr um dieselbe Zeit, da Comenius solches lehrte, hatten in Deutschland ganze Vereine angefangen, in ähnlicher Weise die Schranken zwischen den Geschlechtern in Bezug auf Wissen und Kunst hinwegzuräumen. Es waren das die großen Dichterorden, die zu Beginn des dreißigjährigen Krieges ihren Anfang genommen hatten, und während desselben die geistigen Interessen der von der Kriegsfurie gepeitschten Menschheit zu hüten trachteten. Vergegenwärtigen wir uns ganz kurz ihre Geschichte.

In der Wilhelmsburg, der Residenz der weimarschen Herzöge, damals Schloß Hornstein genannt, war im Jahre 1617 eine Anzahl von Fürsten versammelt, die darüber zu Rate gingen, wie der furchtbaren Not zu steuern sei, die aus der deutschen Uneinigkeit erwuchs und soeben den Weltkrieg entfesselt hatte. Die beiden Brüder von Sachsen-Weimar lauschten den Worten ihres Hofmeisters von Teutleben, der von Italien erzählte und die dort fast in allen Städten vorhandenen Akademien rühmte als ein Mittel „zu allerlei Tugend-Reizung der Jugend, Erhaltung guten Vertrauens, zur Erbauung wohlanständiger Sitten und denn absonderlich zur Ausübung von jedes Volkes Landessprache." Sogleich beschloß man das italienische Vorbild in Deutschland nachzuahmen. Der mitanwesende Fürst Ludwig von Anhalt wurde zum Oberhaupt erwählt, der Erfinder des Gedankens aber, Teutleben erhielt nach ihm die erste Stelle in der Gesellschaft. Gewiß war es ein trefflicher Gedanke, den Geist des Volkes in die Schranken zu rufen, um der Einheit vorzubauen, und der Anhaltiner bewies sich auch als der rechte Mann für das schwere Werk, da er gleich anfangs den Grundsatz aussprach, daß der Verein sich nicht auf den Adel zu beschränken habe. Auch die Gelehrten erklärte er, der selbst dichtete, für adelig „von wegen der freien Künste". So wurde zum ersten Male von einem deutschen Fürsten ausgesprochen, was die Tatsachen schon erwiesen hatten, daß das Wissen die Stände ausgleicht. Freilich war hierzu nur ein erster Schritt getan, denn auch in dem Palmenorden traten die bürgerlichen Wissenden nur sehr demutsvoll den Adeligen gegenüber; man warnte sie ausdrücklich davor, sich nicht mit jenen auf gleiche Stufe zu stellen, und die Fürsten wurden noch von dem Geschichtsschreiber der Gesellschaft mit einem damals üblichen albernen Ausdruck als „Weltgötter" bezeichnet. Der Palmenorden nahm aber wirklich den Anlauf, eine alldeutsche Gesellschaft erweckter Geister zu werden, aber der Krieg ließ es nicht zu weiterer Entwickelung kommen. Immerhin vereinigten sich in der Rolle seiner Mitglieder Fürsten ersten Ranges, wie Brandenburgs großer Friedrich Wilhelm, mit tonangebenden Gelehrten und „Dichtern" wie

Martin Opitz der als der „Gekrönte", und Gryphius, der als der „Unsterbliche" galt, und man schätzte es als eine hohe Ehre dieser großen, geheimnisvollen Gesellschaft anzugehören. Nach dem Palmbaum hatte man sich genannt, weil dieser eine Pflanze von denkbar vielseitigstem Nutzen sei, und der Spruch für die ganze Bereinigung hieß: „Alles zu Nutzen". Auf die Nützlichkeit der Bestrebungen deutete es auch, wenn der Anhalter Fürst ein Weizenbrot sein Sinnbild werden ließ und sich selbst, sonderbar genug, als den „Nährenden" bezeichnete, mit dem Wahlspruch „Nichts bessers"; in gleichem Sinne nannte sich Teutleben der „Mehlreiche", wählte reines Weizenmehl als sein Sinnbild und den Spruch: „Hierin find't sich's". Der wesentlichste Nutzen sollte in Hebung von Tugend und Sitte und in der Reinigung der deutschen Sprache von der wahren Überflut sinnloser Fremdwörter und Fremdlandphrasen bestehen; war doch damals jeder deutsche Satz halb lateinisch und halb französisch. Mag auch mancher Sprachreiniger, wie Philip von Zesln, zu weit gegangen sein, so hatte der Grundsatz doch seine volle Berechtigung. Immerhin war der wirkliche Nutzen des Vereins nicht allzu groß und die gegenseitige Berührung der Mitglieder keine sehr bedeutende. Daher geschah es, daß gegenüber dem durch ganz Deutschland verbreiteten Palmenorden sich örtliche Vereine bildeten, die im allgemeinen frei und unabhängig von jenem dastanden, aber gewissermaßen Pflanzschulen bildeten, die dem großen Verbande geeignete Kräfte erziehen konnten. So erhob sechzehn Jahre später neben der fremdländischen Palme der deutsche Nadelbaum sein Haupt in der „aufrichtigen Tanngesellschaft". Bald folgte die „deutsch gesinnte Genossenschaft" in Hamburg, und in Nürnberg erstand der „pegnesische Blumenorden", oder die „Gesellschaft der Schäfer an der Pegnitz". Der „Elbschwanenorden", im Jahre 1660 begründet, machte den Schluß zu einer Zeit, als die ganze Erfindung sich schon längst wieder überlebt hatte.

Auch die Frauen drangen, wie gesagt, allmählich ein. Zwar hatte ein Mitglied des Palmenordens eine sehr schlechte Meinung von dem weiblichen Geschlecht. Das war Moscherosch, im Orden der „Träumende" genannt, der den Nachtschatten zu seinem Symbol und die vielsagenden Worte, „hohe Sachen" zu seinem Wahlspruch erwählt hatte. Dieser berühmte Satiriker hatte im Jahre 1642 nach dem Vorbild des Spaniers Quevedo Visionen herauszugeben begonnen unter dem Namen Philander von Sittewald. Darin hält er auch den Frauen ein abschreckendes Spiegelbild entgegen. Doch ist die Absicht der Satire ja stets zu bessern, und Moscherosch selbst sagt in einer anderen Schrift: „In einer Jungfrauen Hand gehören diese Stücke: ein Gebetbuch und eine Spindel. Daneben sollt Ihr, so Gott will, außer dem Schreiben, Rechnen und Haushalten, in der Musik und Singekunst Euch üben!" Der Palmenorden gestattete aber bald den Frauen eine Mitwirkung an seinen Bestrebungen. Es begann damit, daß die Übersetzerin eines französischen Werkes auf Grund solches Verdienstes um die deutsche Sprache Aufnahme verlangte. Die „Herren Stifter und andere vornehme Herren des Ordens" beschlossen darauf, wie uns der Geschichtsschreiber dieser Gesellschaften Neumark im „sprossenden deutschen Palmbaum" erzählt, „ihr und allen dergleichen hochbegabten Frauenzimmern zu verwilligen, den Namen ihres Gemahls oder Bruders, jedoch ohne besondere Zahl, Gemälde oder Spruch zu gebrauchen". Unter diesen Gesellschafterinnen war nun die vornehmste bald Sophie Elisabetha, Tochter des Herzogs Johann Albert II. von Mecklenburg (geboren 1613, gestorben 26. August 1676), seit dem Jahre 1636 vermählt mit dem Herzog August von Braunschweig-Wolfenbüttel. Sie führte in der Gesellschaft den Beinamen der „Befreienden", und der bombastische Neumark behauptet von ihr, sie habe „als eine Sonne herfürgeleuchtet". Das mag sich freilich auch auf ihre hohe Geburt beziehen, denn dergleichen spielte damals in der Beurteilung der Menschen noch eine große Rolle. Ihr Preislied auf den „Unverdrossenen" wenigstens würde heute niemandem mehr sonnenhaft erscheinen. Es hebt an:

Kommt, tretet kühnlich her auf die Tapezereien,
Die man zu Eurem Ruhm hat lassen hier ausstreuen.
Kommt Unverdrossener. Ihr seid des Adels Kron',
Ein treuer Tugendfreund, ein rechter Musensohn,
Weil der fruchtbringende Haus durch Eure Hand gezieret,
Und der Gesellschaft Lob so hoch herzu geführet ... u.s.w.

Wir können nur mit dem Urteile des Frauenbiographen Lehms, den wir bald näher kennen lernen werden, uns trösten, daß diese Poesien „schon vortrefflich genug, da sie von einer so hohen und klugen Prinzessin herrühren". Aus einem anderen Grunde gewiß nicht! — Jedenfalls nahm das Ansehen der Frauen in diesen Gesellschaften beständig zu. So wurde im Jahre 1676 das Obervorsitzer- und Oberzunftmeisteramt der Lilienzunft in Philipp von Zesens Rosengesellschaft der Katharina Regina von Greiffenberg, geborenen Freiin von Seyssenegg, aus Anerkennung für ihre zahlreichen geistlichen Dichtungen übertragen. Sie bekam den stolzen Namen „Die Tapfere". Die erste Sammlung ihrer „Sonetten, Lieder und Gedichte" hatte „ihr zu Ehren und Gedächtnis zwar ohne ihr Wissen" ihr Vetter Hans herausgegeben. Sodann ließ sie „über das allerheiligste und allerheilsamste Leiden und Sterben Jesu Christi" als dessen „innigste Liebhaberin und eifrigste Verehrerin darin" Sammlungen andächtiger Betrachtungen erscheinen. Zwei Jahre vor ihrem Tode (1692) folgte noch eine „Siegessäule der Buße und des Glaubens". Sehr zahlreiche weibliche Mitglieder bekam der Orden der Pegnitzschäfer zu Nürnberg. Da war Maria von Weißenfels als Albanie bekannt, da blühte Frau Nützlin als Amarillis, und aller Botanik zum Schrecken folgte gleich darauf eine Amorillis, die im gewöhnlichen Leben Anna Maria Omeis hieß. Als Celinde ward Elise von Senitz verehrt, als Chlorinde die Götzin, zur Diana verklärte sich Frau Nicolai in Stade, wogegen Dorothea Langin sich bescheidentlich Doris nannte, die Stockfletin hieß Dorilis, während ihr Gatte als Dorus bekannt war. Frau von Birken galt als Florinda, da ihr Eheliebster Floridan genannt ward, Herr Limburger aber, da er Myrtyll II. geheißen ward, nannte seine Limburgerin Magdalis. Und der gleichen Beispiele gab es noch mehr.

Dieser Nürnberger Verein hat natürlich gerade für die Frauen in der Dichtung eine gewisse Bedeutung erlangt. Er war gegründet worden von dem, aus vornehmer Familie stammenden Dichter Harsdörfer, der mit seinem Freunde Klaj an einem Lieblingsplätzchen am Ufer der Pegnitz den Gedanken fasste, eine Schäfergesellschaft zu schaffen, um in Nürnberg selbst das gesellige Leben in die Bahnen der Bestrebungen des Palmenordens zu lenken. Einen dritten Genossen fanden sie bald in dem jungen Pastorssohn Betulius, dem Sprößling einer deutschen Familie in Böhmen, der in Jena seine Studien getrieben, die Gunst des braunschweigischen Hofes gefunden hatte und nun in Nürnberg als Privatgelehrter leben wollte. Nach dem damals beliebten Schäferroman Sidneys Arkadia der Gräfin Pembroke hatten sich Klaj als „Klajus" und Harsdörfer als „Strephon" bezeichnet, wozu nun Betulius als „Floridan" trat. Er war der jüngste, aber der eifrigste unter den Genossen, der nach Fürstengunst und Ehrenzeichen hastete, wahrend der vornehme Harsdörfer darauf herabblickte. Harsdörfer hatte gleich anfangs der Gesellschaft eine bestimmte Richtung gegeben durch seine „Frauenzimmergesprächspiele". Der Titel besagt schon, wie sehr man bei der ganzen Gründung an die Frauen dachte. Das auf den ersten Blick sehr eigenartig erscheinende Werk Harsdörfer's entpuppt sich bald als eine buntscheckig zusammengetragene Mosaikarbeit, bei der namentlich die Italiener wieder stark geplündert sind. Aber der Verfasser sucht das auch durchaus nicht zu verheimlichen, er möchte nur die Kunst der munteren geselligen Plauderei nach Deutschland verpflanzen. Er gibt den Mitgliedern seiner Gesellschaft gleichsam eine Anleitung dazu, wie sie ernsten Inhalt spielend und tändelnd behandeln können. Er läßt sie sich versammeln, und nun fangen Schäfer und Schäferinnen an, über den Mißbrauch und Gebrauch aller Sachen, über das Schachspiel oder den Zivilprozess, über Tanz und Lustbarkeit oder über Astronomie und wissenschaftliche Fragen, oder gar über religiöse Dinge sich in Form von Gesellschaftsspielen zu unterhalten. Rebus und Rätsel unterbrechen dies bunte Redegemisch, wirkliche Spiele gibt es auch, Schachpartien mit lebenden Figuren werden ausgeführt, Karussels gebildet und Quadrillen getanzt. Schottelius, ein berühmter Zeitgenosse Harsdörfer's, der als Hofkonsistorialrat in Wolfenbüttel Zeit fand, die deutsche Sprache emsig zu durchforschen und unter dem Namen des „Suchenden" eifriges Mitglied des Palmenordens war, faßte den ersten Teil des sonderbaren Buches zusammen in den Reimversen:

Sitten wählen, gleichen, wandeln,
Deuten, zählen, bilden, handeln,
Malen, deuten und den Glimpf
Suchen im beliebten Schimpf,
Ohrenblasen, Einsambleiben,
Auf die Marmorgräber schreiben,

Spruch und Rätsel sagen frei,
Dichten eine Gärtnerei,
Nach der Liebe Lusthaus reisen,
Wünschen und Verlangen preisen,
Zu verschenken sein bereit,
Und verkaufen Höflichkeit …

Aber alles das hatte seinen Zweck. Harsdörfer sagt selbst in der Vorrede, es sei seine Absicht bei diesem Buche gewesen, daß er „allen Anleitung geben wollen, und den Weg weisen, wie bei Ehr und Tugend liebenden Gesellschaften freund- und fruchtbarliche Gespräche aufzubringen, und nach Beschaffenheit aus eines jeden sinnreichen Vermögen fortzusetzen. Eingedenk, daß gute Gespräch gute Sitten erhalten und handhabe, gleichwie böse selbe verderben. Sprichst Du solche Kurzweil ist Deutschem Frauenzimmer zu schwer, ungewohnt und verdrießlich: so bitte Ich Du wollest von derselben hohen Verstand nicht urteilen: sondern bedenken, was jederzeit für übertreffliches und Tugendberühmtes Frauenvolk in allen Historien belobet und noch heut zu Tag aller Orten sich befindend: Absonderlich in Niederland, da unter vielen andern Jungfern Maria Schürmanns, und Jungfer Anna Römers, welche in allen Sprachen und freien Künsten wohl erfahren, bekaned auch wie viel deren bei uns die ihre Freude einig und allein aus andern Sprachen übersetzten Büchern suchen und finden. Dann, obwohl meistenteil diese Gesprächspiele in allerlei Wissenschaften einlaufen, so ist doch der Weg zu denselben niemand verschlossen, und ermangelt vornehmlich, daß junge Leute durch rühmliche Verstandübung zu derselben nicht geleitet werden: Wie ich dann verhoffen will, daß durch Lesung oder Gebrauch folgender Gesprächsspiele die Jugend aufgemunteret, der Lust zu allerhand Wissenschaften gewecket, und zu wohlständiger Höflichkeit veranlasst werden solle."

Die Gesprächspiele wuchsen denn auch nach und nach zu sechs Bänden an und Harsdörfer erhielt im Palmenorden den Beinamen „der Spielende", und das bezeichnende Beiwort „Auf manche Art".

Sein jüngerer Genosse, Floridan-Betulius, sollte ihn im Wirken für Frauenbildung noch übertreffen. Seine Strebernatur war ganz dazu geschaffen, ihn einer glänzenden Laufbahn zuzuführen. Während Harsdörfer nur zu seinem Vergnügen trotz großer Amtsgeschäfte unendlich viel schrieb, war Betulius der Mann, der sein Leben aufbauen wollte auf seiner Dichtkunst sowohl, wie auf den damals üblichen Künsten der Schmeichelei vor Großen und auf dem immer beliebten Wege der Frauengunst. Die Zeiten des Friedensschlusses nach dem dreißigjährigen Kriege waren die seines höchsten Glückes. Als die Fürsten hereinkamen zur Beratung der Friedensbedingungen, war der Pegnitzschäferorden der allbegehrte Veranstalter von Festlichkeiten, und Floridan war der Mann, so etwas einzurichten und sein eigenes Licht dabei nicht unter den Scheffel zu stellen. Nach vollzogenem Friedensschluß trug ihm sein Festspiel den Adel und die Stellung eines kaiserlichen Pfalzgrafen ein. Nun legte er auch den lateinischen Namen Betulius ab, den die Familie in humanistischen Zeiten angenommen hatte, und nannte sich deutsch von Birken. Seine Gedichte sind, wie die meisten in jener Zeit, Gelegenheitsgedichte. Eine solche Gelegenheit zum Dichten war nun einmal die Hochzeit des fürstlich Brandenburgischen Pastors und Dekans Heinrich Arnold Stockflet mit der Frau Maria Katharina Hedenin, geborenen Frischin, die uns ja schon als „Stockfletin" bekannt geworden ist. Dorus und Dorilis heißen sie im Schäferorden und Floridan benutzt das Fest, um für die Frauen einzutreten. Er erzählt in seiner Hochzeitsdichtung zunächst in Prosa wie Schäfer und Schäferin sich treffen, erfüllt von Lenzeslust, und gemeinsam das Lob einer „hochfürtrefflichen Nymphe Maria" singen. Dabei kommt das Gespräch auf das weibliche Geschlecht und endlich empfiehlt Floridan seinen Waidgenossen und Waidgenossinnen ein Buch: „Ehrenpreis des hochlöblichen Frauenzimmers", das der Kanzler zu Fulda Ignatius Schütz verfasst hat. Floridan hebt hervor, wie in diesem Buche den Frauen alles gute nachgerühmt wird, und in munterem Geplauder gehen Schäfer und Schäferinnen darauf ein. Nachdem die Bedeutung der Frauen als Mütter, als Gebärerinnen, Nährerinnen und Erzieherinnen ihrer Kinder, nachdem ihre Schönheit und Tugend genugsam gepriesen worden ist, wirft endlich eine der anwesenden Schäferinnen die Frage auf, ob denn in dem Buche auch von dem Verstande der Frauen geredet werde. Die das fragt ist "Dafne", und mit diesem Namen wurde im Schäferorden Barbara Pruzel genannt, die Frau eines Pfarrers zu Pferdelbach, eine geborene Müller. Sie zeichnete sich durch große Geschichtskenntnisse aus und dichtete auch selbst. Ihr legt nun Floridan die Worte in den Mund: „Unsere werte Schäfer sind alle gar zu sehr bemüht, unsere Fürsprecher zu sein, und wäre zu wünschen, daß alle Mannspersonen also, wie sie, von dem Weiblichen Geschlecht redeten. Aber wir wollen das Männliche Geschlecht so willig als billig, vor fürtrefflicher und vor unsere Herren erkennen: wann wir nur die Gnade haben können, daß sie uns nicht gar aus Unterworfenen zu Verworfenen machen; wann sie uns nur nicht den Verstand und die Tugendfähigkeit gänzlich abstricken." Darauf erwidert Floridan: „Eben dieses ist das Hauptstück, welches vorbelobter Verfasser (also Schütz) zu behaupten ihm vorgesetzet. Daß das Weib dem Mann außer dem Geschlechtsunterschied allerdings gleich erschaffen; daß die Weibliche Schönheit ein Zeuge und Anzeig sei des darinwohnenden allerschönsten Geistes; daß der Unterworfenheit-Fluch dem Weibe, so wenig als dem Manne der Arbeit-Fluch, etwas an ihrer eigennaturen Trefflichkeit benommen: solches ist zuvor genugsam erwiesen worden. Ferneren Beweis erstatten die Historien, und die tägliche Erfahrung, indem nämlich keine Menschliche Lobeigenschaft ist, in welcher nicht die Weibs- sowohl als die Mannspersonen sich fürtrefflich erwiesen. Wir lesen und hören von klugen Regentinnen, von tapfren Heldinnen, von getreuen Eheweibern, von gelehrten Redner- und Dichterinnen, auch selbst von Gottliebenden, Großgläubigen, Keuschen und Tugendbelobten Weibspersonen, derer viele den Männern ihrer Zeit es weit zuvor — auch ihres Geschlechtes-Verstand und Tugendfähigkeit damit zu genügen dargetan haben." Auch der schon ergraute Schäfer Alcidor mischt sich jetzt in die Unterhaltung der jugendlichen Genossen mit den Worten: „Es scheint, Gott habe das Weib allein darum dem Manne unterworfen, weil er wußte, was hohen Verstand er ihr eingepflanzet, und damit vorkommen wollen, daß sie solchen nicht ferner, wie im ersten Sündenfall geschehen, mißbrauchen, noch sich dessen überheben möchte." Aber dieses sonderbare Lob scheint den erregten Schäferinnen doch allzu zweideutig. Schnell ergreift die gelehrte Frau Limburgerin, im Pegnitzorden Magdalis genannt, das Wort: „Du schiltest uns mit Deinem Lob, indem Du unserem Geschlecht zwar den Verstand gibest, aber die Tugend benimmest. Du verfahrest mit uns als wie mit den Reudigen: da auf die Wollust des Krauens der Schmerze folget." Und auf dies nicht gerade sehr liebliche Gleichnis aus der Hundewelt folgt gleich eine zornige Rede der Schäferin Dorilis. Es ist das, wie schon bekannt, die geborene Frischin, die sich gerade jetzt zum zweiten Mal verheiraten will, und zwar mit dem Prediger Stockflet. Es empört sie, daß man immer noch von Evas Schuld redet. „Es ist gleich wohl nicht recht, daß man uns also des ersten Weibes Gebrechlichkeit vorrucket. Wann alle Männer Engel wären, so hätten sie etwan ursach, von den Weibern als von bösen Geistern zu reden. Ich lasse aber die Erfahrung neben den alten und neuen Zeitgeschichten, das Gegenspiel bezeugen, daß die Männer zehnmal mehr sündigen als die Weiber. Wer erfindet Ketzereien? Wer bedrängt, verheert und verderbet Land und Leute? Wer erreget und führet die bluttriefende Kriege? Wer schützet und stützet die Ungerechtigkeit? Tuen nicht dieses alles die Männer?" Alcidor, der Unverbesserliche, fällt hier schnell ein: „Aber zum öfteren auf Rat und Anreizung der Weiber!"

Aber hier springen die männlichen Schützer der beiden für ihr Geschlecht kämpfenden Frauen helfend ein. Dorus, der Bräutigam Stockflet, gibt als Prediger schnell einen sachkundigen Überblick über die in der Bibel erwähnten Greueltaten, wo den wenigen sündigen Frauen, etwa einer Eva, einer Hagar und einer Potiphar, ein „grosser Haufen gottloser Männer" gegenüber stehe. Und auch Herr Limburger, Myrtyll genannt, eilt seiner Limburgerin Magdalis zu Hilfe, und schilt auf die Buben, die bei der Erziehung den Eltern soviel Mühe machen, auf den hohen Schulen nichts als „Bosheit, Fluchen, Saufen und Raufen" lernen und das wenige von Wissenschaften Erworbene, meist „auf Arglist verwenden". „Die Töchter aber bleiben zu Hause in Eingezogenheit, werden von ihnen selbst Ehrbar, Züchtig und Tugendhaft, und zeigen sich vollkommen, wann ihre Brüder noch dumme Kälber sind." Immer mehr neigt sich also der Ausgang der Debatte zu Gunsten der Frau und die Stockfletin Dorilis glaubt nun den Augenblick gekommen, den Sieg durch eine kühne Rede völlig zu sichern. „Dies ist für uns gar zu vorteilhaftig geredet! Wie sollten wir zur Vollkommenheit gelangen, da man unsere Fähigkeit in der Blüte sterbet, uns zu Haus gleichsam gefangen setzet, und, als wie in einem Zuchthaus« zu schlechter Arbeit, zur Nadel und Spindel angewöhnet? Man eilet mit uns zur Küche und Haushaltung, und wird manche gezwungen eine Martha zu werden, die doch etwan lieber Maria sein möchte. Ja sogar sind wir zur Barbarei und Unwissenheit verdammt, daß nicht allein die Mannspersonen sondern auch die meisten von unserem

Geschlecht selber, weil sie in der Eitelkeit und Unwissenheit verwildert sind, uns verachten und verlachen, wann eine und andere auf löbliche Wissenschaft sich befleißigt, und nichts auf Gelehrte Weibspersonen halten. Man gibt uns den Titel und will, daß wir Tugendsam seien, wie können wir es aber werden, wann man uns das Lesen der Bücher verbietet, aus welchen die Tugend muß erlernet werden? Soll uns dann dieselbe, wie die gebratene Tauben in Utopien, aus der Luft zufliegen? Auf Verstandübung und Tugenderkenntnis folgen vernünftige tugendhafte Werke. Und warum verlachet manches alberes Weib ihren Mann, seine Bücher und seine vernünftige Vermahnungen? geschieht es nicht darum, weil sie nichts weiß oder verstehet? Weil sie von der Verstand- und Tugendlehre ausgeschlossen worden? Warum müssen wir also in einer aufgedrungenen Unwissenheit verderben und den Namen der Einfalt ohne Schuld erdulden? Sind wir dann nicht sowohl Menschen als die Männer? Nun ist der Verstand und die Rede des Menschen Eigenschaft, die ihn von den unvernünftigen Tieren unterscheidet: warum sollen wir dann unsern Verstand nicht ausüben dürfen? Und wovon sollen wir nutzlich reden, wann man uns verbietet, etwas zu lernen? Sollen wir dann geringer sein als Hunde, Pferde, Elefanten, Fabianen (Paviane), Affen, Meerkatzen, Papegoyen, und andere verstandlose Tiere, denen man allerlei Künste lehret, und sie zum Reden angewöhnet?" Diese kräftige Rede, die heute noch einer Vorkämpferin des Frauenstudiums nicht übel anstehen würde, schlägt bei den Pegnitzschäfern durch. Der Schäfer Ferrando lobt die brave Stockflet-Braut als „kluge Dorilis" und betont, daß „von dieser großen Ungerechtigkeit der Männer, die das Weibliche Geschlecht tyrannisiret", denn doch noch Ausnahmen vorhanden seien. Floridan stimmt dem zu und erwähnt, das grade jetzt eine ganze Anzahl von gelehrten Frauen in fürstlichen adeligen und Schäferkreisen zu finden. Und schnell erklingen Lieder zum Lobe solcher „Huldgöttinnen und Himmelinnen" in Menschengestalt.

Je mehr so die Begeisterung für die schriftstellernden Frauen den Gipfel erschwingt, desto mehr warnt der nüchterne Alcidor. „Wir reden und singen heut soviel Gutes von den Weibspersonen, daß, wenn sie es alle hören sollten, zu besorgen wäre, sie möchten sich dessen überheben, und es dürfte kürzlich in allen Gassen heißen, auf der einen Seite sind die Weiber Herr und auf der andern sind die Männer nicht Herr. Die Eva-Töchter sind ja noch mit der Erbsünde der Mutter behaftet, spiegeln und bewundern sich selber, wollen Göttinnen sein, und verlangen, daß jedermann sie anbete." Aber alle drei Musen des Pegnitzordens, zuerst Magdalis, dann Daphne und endlich Dorilis erklären, daß grade die Weisheit dazu dienen würde, die Frauen von ihren Erblastern zu befreien, und namentlich die redegewandte Stockfletbraut weiß rührend von der Pflicht der Unterordnung des Weibes unter den Mann zu sprechen und überzeugend darzutun, daß das Ziel des Weibes die Demut, diese aber eine Genossin der Weisheit sei. Besiegt streckt Alcidor als „bekehrter Schäfer" die Waffen, und es gelangen nun als Proben der Dichterinnen des Bundes einige Lieder zu Verlesung:

„Silvia" eigentlich Katharina Margaretha Dobeneckerin, die nicht anwesende Poetin und Schäferin, hat das Lob der Dorilis gesungen mit überschwenglichen Worten als Antwort auf eine Andichtung die ihr von dieser zu teil geworden war. Bescheiden meint Silvia:

> Dorilis! Es ist ja Wunder, wie ihr so verkehrt gedenkt,
> Daß ihr vor das wahre Licht wollt den falschen Schatten preisen.
> Wo noch Grund und Anfang nicht, soll ein völligs Wohnhaus heißen.
> Vor die Flamm ihr toten Zunder mit so großen Ruhm beschenkt.
> Euch sind solche Gottheitflammen von dem Himmel eingesenkt.
> Nur in euch sich Witz und Kunst, als in ihrem Sitze, weisen.
> Alles ist vor euch nur Dunst, sollt es noch so schön auch gleißen
> Und gleicht niemals Eurem Namen, der zu Sternen hingelenkt.

Aber Dorilis gibt das volle Lob mit gleicher Demut der Silvia zurück:

> Wollt ihr, unserer Zeiten Wunder, strafen, was mein eingedenkt?
> Soll ich Eures Geistes Licht, Edle Silvia nicht preisen?
> Soll auch euer Herze nicht schönster Gaben Wonhaus heißen?
> Diese Flamm ist nicht mehr Zunder, welche Dorilis beschenkt,
> Seelen, die in Tugend flammen keine Finsternis versenkt.
> Sehet wie Verstand und Kunst in den schönen Zeilen weisen,
> s daß sie nicht ein bloßer Dunst sondern wunderherrlich gleißen.

Die Gesellschaft bewundert die Proben der Dichterinnen aufs höchste. Namentlich daß Dorilis auf der Stelle alle Reime des Gedichtes der Silvia in ihrem Gegencarmen wiederholt und doch den Sinn grade umwendet, ist so eine beliebte Reimkunst des Pegnitzordens. Macht doch Floridan gleich darauf aus einem Liebesgedicht seiner jüngsten Jahre unter Beibehaltung aller Reimworte flugs ein Gedicht zum Preise Gottes und des Heilands. Nun, alles was hier in dialogischer Form vorgeführt wird, kann man ja nicht als eine chronistische Wiedergabe einer Unterhaltung im Pegnitzorden betrachten. Doch kann man annehmen, daß Floridan Allen nur Worte in den Mund gelegt hat, die sich mit ihren Ansichten decken, und die vier Dichterinnen Daphne, Dorilis, Magdalis und Silvia haben gewiß ähnliche Meinungen auch in dem geselligen Kreis der Schäfer-Versammlungen geäußert. Und Floridan hat seine Vorliebe für die gelehrten Frauen noch bei einer anderen Gelegenheit deutlich zeigen können. In seiner Eigenschaft als kaiserlicher Pfalzgraf besaß er das Recht Dichter zu krönen, und er krönte eine Dichterin.

Gertraud Eifler wurde 1641 als die Tochter eines Professors der Vernunftlehre und Metaphysik an der Königsberger Hochschule geboren. Ihre Mutter, eine geborene Elizabeth Weyer, war selbst eine Professorentochter und eine Predigersenkelin. Also stammte Gertraud aus einer jener Gelehrtenfamilien, in denen sich Geschlechter hindurch die gelehrte Bildung erhält. So wuchs sie in der Luft der Wissenschaft auf, verschmähte alles Spielzeug, um sich als Kind schon spielend mit den Büchern ihres Vaters zu beschäftigen, und später nahm sie teil an dem Unterricht ihrer Brüder. Ohne daß man es von ihr verlangt hätte, ward sie durch ihre leichte Fassungsgabe und ihr gutes Gedächtnis zu einer jungen Gelehrtin. Gleichzeitig regte sich früh die Reimlust in ihr, und der Vater lenkte daher ihren Geist auf die zeitgenössischen Dichter, namentlich auf den preußischen Landsmann Simon Dach, der damals noch lebte. Die Mutter hielt dabei auf eine wirtschaftliche Ausbildung, und so war die vierzehnjährige Gertraud ein in den Wissenschaften und in der Häuslichkeit gleich erfahrenes Bräutchen, als der Universitäts-Professor Moller in ihrer Heimatstadt sie zu seiner Professorin begehrte. An seiner Seite hat sie viel mit Haus und Wirtschaft zu tun gehabt. Sie gebar ihm der Reihe nach fünfzehn Kinder, erhielt aber nur drei davon am Leben. Sie hatte den Tod ihrer Eltern zu tragen und wurde schon im Jahre 1682 Witwe. Trotz alledem hatte sie ihrer Neigung zur Dichtkunst nicht entsagt. Ja, elf Jahre vor dem Tode ihres Gatten, krönte Floridan der Pegnitzschäfer sie zur Dichterin. Er sandte ihr im Jahre 1671 „ohne alle ihr Ansuchen" den poetischen Lorbeerkranz nebst dem gewöhnlichen Ordensbande und dem Kraute Ehrenpreis zum Sinnbild. Außerdem ward ihr der Wahlspruch zuerteilt: „Der Himmel im Herzen gebildet." Der Dichter Bärholtz, der selbst ein kaiserlich gekrönter Poet war, begrüßte sie mit den Worten:

„Nimm o unsrer Felder Zier, Ehrenpreiß des Preußen-Landes,
Zehnte Muse dieser Zeit, sondres Wunder Deines Standes,
Nimm für Deiner Lieder Pracht, die der Himmel preist und ehrt,
Von dem teuren Floridan, was Dir würdig zugehört.
Nimm den edlen Lorbeer-Krantz samt dem Kleinod seines Bandes,

Und beliebe wohlgeneigt diesen Wert des schönsten Pfandes,
Der Dich, Sonne teutscher Erd', hinfort aller Erden lehrt,
Und mit Ehren Deinen Preiß wie die Stern' am Himmel mehrt

Sie antwortete auf die Krönung:

Komme, liebes Lungenkraut, Du gesunder Ehren-Preis,
Welche mir der Granadill deine Königin verehret,
Und mich was ich singen soll von des Himmels Ehren lehret,
Komm Du sollt mein eigen sein, auf der Granadill Geheiß.
Meines Heilands Marterblum, nunmehr leg ich allen Fleiß
Auf den Hochgeschätzten Ruhm, welchen keine Zeit versehret,
Keine Mißgunst stören kann; der von Zeit zu Zeiten währet
Und von keiner Aenderung und von keinem Abgang weiß.
Weg, Du Ehre dieser Welt! Nimmer will ich Dein gedenken,
Meines Himmels Ehrenpreis soll den Sinn zum Himmel lenken,
Diesen schau ich hoffend an, dessen Heller Sonnenschein
Liegt im Herzen nur gebildt, bis ich selbsten ihn erlange.
Und zu Gottes Ehr und Preis mit der Ehren-Krone prange.
Denn wird meine Granadill Jesus Ehr und Preis mir sein!

Doch hat sie nicht nur fromme Lieder gemacht, vielmehr war sie — der
Sitte der Zeit entsprechend — wesentlich Gelegenheitsdichterin, und das
Ansingen oder das Beklagen lebender oder verstorbener Großer dieser
Erde galt ihr als wichtige Aufgabe der Poesie. Sonderbar genug lauten die
Titel ihrer Werke. Da gab sie heraus:

Ein Kaddig Strauß wird nicht bewegt,
Wenn eine rauhe Luft sich regt,
Die höchste Zeder, die man findt.
Trifft allemal der Nordenwind.

oder „untertänige Klag- und Trostschrift an den Durchlauchtigsten Fürsten
und Herrn, Herrn Boguslaw Radziwilln." Die Gattin des Fürsten, Anna
Maria, war nämlich gestorben und darum hatte die Mollerin ihr Gedicht
„mit nicht geringer Traurigkeit demütigst aufgesetzt". Als der Fürst selber starb „setzete sie untertänigst" ein Trauer-Gedicht auf mit der Überschrift „Traurige Cypressen". Nach ihrer Dichterkrönung durch Floridan
gab sie im Jahre 1672 eine Sammlung ihrer geistlichen und weltlichen
Lieder unter der gezierten Aufschrift „Parnaß-Blumen" heraus. Zehn Jah-

re später aber folgten ganz einfach „Gedichte". Außerdem veröffentlichte sie noch „Fünf geistliche Oden" und „Kräuter und Blumengarten aus dem Evangelium". Als Probe sehen wir uns eine ihrer Gelegenheitsdichtungen näher an, ein Klagegedicht auf das Ableben des preußischen Hofrichters Melchior Ernst von Kreytzen. Es ist das eine novellistische Erzählung mit eingestreuten Liedern, wie man sie unter den Pegnitzhirten liebte, ein Jahr nach ihrer Aufnahme in den Orden verfaßt. Sie schildert, wie die Schäferin Mornille — dieser Name wurde durch Umstellung aus Mollerin gebildet — im Frühling hinausgeht nach Berg und Wiesen, in Gedanken vertieft, Verse ersinnend und vor sich hinsummend. Da übermannt sie der Schlaf, und wie sie erschrocken mitten in der Nacht erwacht, hört sie um sich klagende Stimmen. Es sind „Themis" und ihre Tochter „Asträa", die Göttinnen des Rechtes also, die um ihren geliebten Kreytzen klagen. Mornille lauscht mit Rührung dem Gesang, folgt den klagenden Göttinnen zu dem Sarge des Toten und gerät beim Heimwege noch auf den „preußischen Parnaß", wo die Pierinnen gleichfalls ihre Klage erheben, bis Klio endlich selbst eine wohlgesetzte prosaische Leichenrede hält. Und schließlich gibt denn Mornille auch noch einen Schlußvers von erschreckender Poesielosigkeit.

> Hör mein Leser, stehe still, schaue dieses Grabmal an,
> Herr von Kreyßen ruhet hier, der höchstteurgeschätzte Mann,
> Themis werter lieber Sohn und Astraen Glanz und Sonne,
> Svaden auserwähltes Kind, aller Pierinnen Wonne,
> Dem der Große Brennus-Held, unsers Preußens Haupt und Licht,
> Hier in diesem lieben Land anvertraut sein Hofgericht,
> Und ihn zum Geheimen Rat allergnädigst auserkoren,
> Der wie aus erleuchten! Stamm auch erlaucht und Wohlgeboren
> Klug gelehrt und redlich war und nur dieses ausgeübt
> Was er wüßt daß Gott gefiel, was das Recht und Tugend liebt!

Dagegen gehalten ist ja der Anfang des Carmens geradezu eine Erholung, wo der Frühling besungen wird:

> Des Jahres Herz war nun mit Macht bemühet
> Sein buntes Kleid und Anmutsvollen Schmuck
> Froh anzutun; es grünte wuchs und blühet,
> Wald, Berg und Feld. Die schöne Flora trug
> Den Blumen Kranz auf ihrem grünen Scheitel.
> Das Luftvolk sang den süßen Sommer an.

Der Himmel selbst war blau gemahlt und heiter,
Und kurz gesagt, es freut sich jedermann.

Nun, in einer Zeit, wo solch eine Dichterin gekrönt werden konnte, darf man wohl nicht mit Recht von einer Abneigung der Männer gegen Frauendichtung sprechen.

Die Mollerin hat ihren Beschützer noch lange überlebt. Sie starb erst am 16. Februar 1705 nachmittags 5 Uhr, wie ihr gewissenhafter Biograph berichtet „und hatte ihr Leben auf 63 Jahre, 4 Monate und 3 Tage gebracht". Sie war in den letzten Jahren im Genusse eines Jahresgehaltes von Seiten des ersten Preußenkönigs gewesen, dessen Krönung sie im Jahre 1701 besungen, und der sie auch auf seine Kosten „standesgemäß" beerdigen ließ. Wie berühmt sie bei Lebzeiten gewesen ist, geht auch daraus hervor, daß ein Gelehrter namens Dr. Sauerbrei im Jahre 1673 „ihrer in zweien zu Leipzig gehaltenen Disputationen mit Ruhm gedacht" ... Doch zurück zum Pegnitzorden!

Ein halbes Jahr nach dem Tode Floridans (1681) vermählte sich der Schäfer Zinthio mit der Schäferin Amarillis. Zinthio hieß mit seinem profanen Namen Gabriel Nützet, stammte aus einer altadeligen Familie und war Ratsherr in Nürnberg. Seine Braut war eine geborene Paumgärtner, ebenfalls einer höchst angesehenen Familie entstammend. Der Schäfer Damon widmete beiden das Hochzeitslied des Pegnitzbundes und sagte darin von Anna Maria Paumgärtner, einer entfernten Verwandten des Geschlechtes der Pirkheimer und des damals langst verstorbenen Harsdörfer, sie allein beweise zur Genüge, daß ihrem Geschlechte nicht nur Verstand und Tugend beiwohne, sondern dieses oft dem männlichen darin überlegen sei. Myrtillus weist stolz auf den Reichtum des Pegnitzordens an „tugendbelobten Hirtinnen" hin und nennt Amarillis den Mond unter Sternen. Auf die Frage aber einzugehen, „ob das weibliche Geschlecht ebensowohl mit Verstand und Tugendfähigkeit begabt sei, wie das männliche", hält man jetzt „gar nicht mehr der Mühe wert", da sie längst mit ja beantwortet sei.

Krön und Preiß der Schäferinnen,
Wir verehren ihre Sinnen
Die hier schallen Wolken an.
Was für Ehr hat uns betroffen?
Glück steigt über unser Hoffen,
Daß Sie unser heißen kann.

So besingt man die verehrte Amarillis.

So lebten also im Pegnitzorden die Bestrebungen ihrer Gründer, Harsdörfer-Strephons und Birken-Floridans, fort, die den gelehrten Frauen so wohl gesonnen gewesen. Ja, Floridans Beispiel hatte weithin gewirkt. Seine Plauder-Dichtung über Schützens Ehrenpreis der Frauen hatte einen anderen Gelehrten angeregt, den Allerweltsschreiber und Allerweltsleser Paullini.

Christian Franz Paullini, geboren in Eisenach am 25. Februar 1643, ein weit gereister Mann, der England, Skandinavien und Island gesehen hatte, wurde zum Dichter gekrönt und errang die Würde eines kaiserlichen Pfalzgrafen, stand also an Rang und Ehren dem Schäfer Floridan gleich, und gehörte selbst als „Uranius" zum Pegnitzbund. Er war Leibarzt des Bischofs von Münster und lebte bis zu dessen Tode in Corvei, später aber geriet er in Streit mit den Kapitularen und zog sich in seine Geburtsstadt Eisenach zurück. Er schrieb viel und ohne sonderliche Gründlichkeit: Über deutsche Altertümer, über Geographie; über Maulwurf, Kröte und Esel und über eine „heilsame Dreckapotheke". Er gab Kloster-Annalen heraus und er verfaßte, angeregt durch Floridans besprochene Dichtung, ein Werk über die Frauen. Entsprechend den Zeiten, wo man aus dem trockenen Ton eines Martin Opitz bereits in das Gemisch von Gelehrsamkeit, Süßigkeit und Bombast hineingeraten war, wie es Lohenstein und Hoffmannswaldau pflegten, lautete auch der Titel der zweiten Auflage geschraubt genug: „Hoch und Wohl gelehrtes Deutsches Frauenzimmer nochmals mit merklichem Zusätze vorgestellet." Paullini ist ganz durchdrungen davon, daß er das zeitgemäßete Buch von der Welt schreibt. Beginnt er doch die Vorrede zur zweiten Auflage (1704) mit den Worten: „Es ist zwar eine vergebliche Bemühung, geschickte Weiber loben zu wollen, maßen kein Gescheidter solche jemals getadelt hat, doch habe ich auf Gutachten einiger guter Freunde mein hoch und wohlgebildetes Frauenzimmer mit merklichem Zusatz Dir nochmals vorstellen wollen, der festen Hoffnung lebend, Du werdest es nicht verschmähen, sondern vielmehr daraus ersehen, wie unser geliebtes Deutschland weder trabenden Spaniern noch die ehrgeizigen Welschen oder aufgeblasenen Franzosen diesfalls im Geringsten nachzugeben haben, sintemal[2] hier solche Pierinnen gezeigt werden, die viele Ausländerinnen in den Winkel jagen. Griechenland prahlt mit sieben weisen Männern, Du wirst viel mehr witzige Weiber hier finden, denen jene die Wage nicht halten können, denn wieviel glückseliger und zierlicher ist unser jetziges Deutschland als zu Taci-

---

[2] Anmerkung: veraltet für „weil", „zumal"

tus Zeiten, da weder Mann noch Frau was künstliches konnt — oder wußten. Unserer netten, anmutigen und majestätischen Muttersprache und
wohlklingender, göttlicher Poesie müssen doch alle europäischen willig
die Oberhand lassen, maßen keiner unter allen ihr den Kranz abgewinnen
kann. Neun Musen und drei Charatinnen (sic!) dichtete das Altertum:
zähle recht, mein werter Leser, was gilts, Du wirst ihrer mehr in diesem
Buch antreffen. Lebe indessen wohl und lang und vergnüge Dich bei dieser lustigen Gesellschaft fröhlich!" Hinter dieses vergnügte, von vaterlän-
dischem Stolze geschwellte Vorwort hat ein A. S. D. ein paar Verse „ei-
ligst mit beigesetzt", die genügend auch von dem persönlichen Selbstbewußtsein des Herausgebers zeugen. Sie endigen mit einer Anrede an die
deutschen Frauen:

> „Sagt Eurem Herold Dank und preiset sein Beginnen,
> Setzt ihm ein Denkmal und schreibt oben noch daran:
> Nimm dies zuletzt von uns, den deutschen Pierinnen,
> Für Deine Lieb und Treu, Du ehrenwerter Mann!"

Und besonders wird ihm sein Eintreten für den Frauenruhm hoch ange-
rechnet, da er selbst „unbeweibet" ist.

Aber in einer zweiten Vorrede finden wir den Verfasser bedeutend ernster. Er kommt hier darauf zu sprechen, daß in früheren Zeiten von fanati-
schen Theologen aus gewaltig gegen die Frauen gekämpft worden ist, ja
daß man die läppische Frage aufgeworfen hat, ob die Frauen überhaupt
Menschen seien. Er greift auch auf das griechische Altertum mit seiner
Abschließung der Frauen zurück und führt das Wort des Euripides an, daß
schon Comenius erwähnte. Paullini übersetzt es: „Ich hasse ein gelehrtes
Weib; die mehr weiß, als Weibern zu wissen gebühret, soll mir die
Schwelle nicht überschreiten." Und immer mehr sich in Eifer redend, fährt
er fort: „Und was sagt das ungewaschene Maul Balsacs? Er will lieber ein
Weib haben, das einen Bart hat als ein gelehrtes." Er hebt hervor, daß die
Frauen auch bei ihren eigensten Verrichtungen Begabung bekunden, ja er
meint, eine Frau müsse im Hausstande vielleicht mehr Verstand haben als
Männer, die ein Land regieren, da diesen ja eine viel größere Macht zur
Verfügung stehe. Es erzürnt ihn, daß jeder Mann ein verständiges Weib
haben will, aber ihnen die Mittel nicht gewähren wolle, wodurch sie zu
Verstande kommen können. „Wir wollen, daß sie tugendhaft seien und
doch nicht wissen, was tugendhaft eigentlich ist. Der gute Wille und das
wohlgeratene Gemüt ist blind ohne Unterricht. Wenn hört man, daß eine
gelehrte Jungfer oder ein gelehrtes Weib sich der Unzucht ergeben habe,

welches bei tollkühnen Dirnen, die weder Gott noch ihre Standesgebühr erkennen lernen, nichts seltenes ist." Er bezieht sich vielfach auf die Gedanken anderer, auch auf Lohenstein, den er sehr verehrt, und läßt seine Vorrede in die Klage der Hirtin Dorilis, also der Stockfletin aus dem Frauen-Ehrenpreis Floridans ausklingen. Und dann geht er mit einer nochmaligen Verherrlichung der deutschen Frauen, denen aller anderen Völker gegenüber, an sein „A-B-C", wie er es nennt, d. h. an die alphabetische Aufzählung aller ihm bekannten gelehrten deutschen Frauen aus älterer und neuerer Zeit. Dies ganze „A-B-C" ist natürlich sehr kritiklos. Gutes steht neben schlechtestem; oft sind die Jahreszahlen falsch, oder es ist gar keine genannt, um einen Anhaltepunkt für das Leben der genannten Dichterinnen zu geben; oft verläßt sich Paullini nur darauf, daß er durch andere von einer Frau gehört habe, sie dichte. Die wichtigen Namen sind uns bereits bekannt aus dem Vorhergehenden.

Wie zeitgemäß aber das Buch Paullinis wirklich gewesen war, geht daraus hervor, daß man ihm nicht lange den Ruhm ließ, der einzige Geschichtsschreiber des weiblichen Geschlechtes zu sein.

Denn schon bald trat ein anderer Verteidiger der Frauenbildung kampfesfroh in die Schranken. Das war Johann Caspar Eberti aus Neukirch in Schlesien, der im Jahre 1706 in Frankfurt und Leipzig bei Michael Rohrlachs sel. Witwe und Erben ein Buch herausgab, mit dem weitschweifigen Titel: „Eröffnetes Cabinet des gelehrten Frauenzimmers, darinnen die berühmtesten dieses Geschlechts umständlich vorgestellet werden". Das Buch ist selbst zwei Frauen gewidmet, von denen der Verfasser meint, daß sie „unter das an Gemüt galante Frauenzimmer zu zählen" seien, nämlich der Frau Ursula Magdalena von Falkenhain auf Seichau und Rottkirch und der Frau Eva Sophia Rottenburgerin, geb. von Falkenhainin auf Polnisch-Nettge und Rottenburg. Auch dieser neue Vorkämpfer des weiblichen Geschlechts ist, wie Paullini, stolz auf die Dichtung seiner Tage. Auch ihm stehen die Schlesier, seine Landsleute, in allererster Linie. Begeistert meint er, der „weit, breit beruffene Oderstrom" könne einen Wettstreit mit Griechenlands Hippokrene und Roms Tiberfluß aufnehmen, und ganz besonders in bezug auf die Frauen steht ihm seine Heimatprovinz, obenan: „Das gesegnete Schlesien hat unter anderer Welt Leuten auch viele vornehme und kluge Frauenspersonen gehabt, die das Amt des Geistes mit tiefster Demut geehret und durch ein heiliges und emsiges Nachforschen ihr Herz zu einer Bibliothek des Geistes gemacht und mit ihrer Frömmigkeit als Lichter unter ihrem Geschlecht geleuchtet, und durch ihr Leben andere zu erbauen getrachtet". Dergleichen findet sich in der Widmungsrede, mit der das Buch beginnt. In dem eigentlichen Vorwort „an den geneigten Leser" aber geht auch er gründlich der Frage zu Leibe, ob dem weiblichen Geschlechte die Beschäftigung mit Wissenschaften und Künsten zuzubilligen sei. Weniger aufgeregt als Paullini, macht er mit seinen klaren und oft naiv einfachen Schlüssen einen desto nachhaltigeren Eindruck. Er stellt zunächst ruhig die verschiedenen Auffassungen nebeneinander, die über die Frauen im Schwange sind. „Ist doch das ganze Frauenzimmervolk in so unterschiedenem Werte bei Vielen, daß man nicht genug sich wundern kann. Es tun die Leute, wie im ganzen Leben, so auch hier, bald der Sache zu viel, bald zu wenig". Während die Dichter z. B. die Frauen alle als Engel und göttliche Wesen aufzufassen pflegten, so gäbe es andererseits viele Sonderlinge, „so die von jenen in Himmel erhobenen Weibsbildern bis zur Höllen herunter verstoßen und nicht verächtlich genug davon zu urteilen wissen". Auch er kommt dann auf die mittelalterlichen Verkehrtheiten zu sprechen, auf den törichten Pfaffenstreit „ob die Weiber auch Menschen seien", auf christliche Fanatiker, die das Weib ein „Gemächte des Teufels" nennen, obwohl sie doch selbst von Müttern abstammen. Ja, er ergeht sich in weitläufigen völkergeschichtlichen Betrachtungen, macht bei Juden, Türken und Heiden Besuche und erbost sich darüber, daß die „wilden Scyten" es gar für „unflätig gehalten", den bloßen Namen Weib auszusprechen. Endlich fragt er, woher man denn nur zu solchen grundlegenden Unterscheidungen zwischen Mann und Weib kommen könne? „Es ist ja wie bei den Männern, fährt er ganz naiv fort, sie taugen nicht alle. Sie haben auch in den Gliedern, in denen die Kräfte der Seele sich äußern, nicht den geringsten Unterscheid, Ihr Kopf stehet ihnen ebenda, wo den Männern und ihr Gehirn darinnen liegt eben auf diese Weise wie unseres in seinen Schranken." Und an solche Begründungen aus der Anschauung knüpft er dann Erfahrungsbeweise aus der Geschichte: für die Frömmigkeit der Frauen, für ihre Tapferkeit — wobei gar die alten Amazonen herbeigezogen werden — und für ihre Gelehrsamkeit. Und nachdem er so die Fähigkeiten der Frauen zum Studium erwiesen zu haben glaubt, findet er, gerecht und sachlich wie er ist, auch eine Erklärung dafür, daß die Menschen das gelehrte Frauenzimmer so ungern sehen. Nachdem auch die „Krone und der Ausbund des gelehrten Frauenzimmers", die ungemein gelehrte Anna von Schürmann, selbst zu einer Überläuferin geworden sei und mehrere andere „in den Fußtapfen der alten griechischen gelehrten Weibspersonen getreten, die meist nicht allzu ehrbar sich dabei aufführten", so habe man es für das Beste gehalten, „wenn man den Frauenspersonen die Bücher alle aus der Hand schlüge, denn entweder sie brächten es nicht weit oder sie mißbrauchten ihre Gelehrsamkeit". Das aber erklärt Eberti dann wiederum für einen Irrtum, denn auch in diesem Punkte sei es mit den Männern nicht besser bestellt. „Wie viel gottlose Gemüter gibt es nicht unter denen, so den Namen Gelehrte führen!" Und so kommt er denn zu dem Schlusse, daß an der „Auferziehung" alles gelegen sei. Auch seine Vorrede darf natürlich nicht ohne den damals üblichen Schlußvers ausklingen, und der lautet diesmal:

> „Lebt holde Musen, lebt, gelehrtes Frauenzimmer,
> Vor Eurem Glanze stirbt auch wohl der Männer Schimmer,
> Lebt, wer Gelehrsamkeit auf dieser Erde liebt,
> Lebt, wer der Tugend sich zum Eigentum ergibt!
> Ich sage mehr kein Wort, und dennoch denk' ich immer!
> »Lebt holde Musen, lebt, gelehrtes Frauenzimmer»!"

Und nun folgt auf 384 Seiten ein alphabetisch geordnetes Verzeichnis aller berühmten denkwürdigen Frauen alter und neuer Zeiten mit vielen Quellenangaben und gelehrten Hinweisen. Die ganze Arbeit macht einen weit gründlicheren Eindruck als die Paullinis, und trotzdem wird man plötzlich von sonderbaren Naivitäten überrascht, so wenn mit einem Male die Göttin Minerva allen Ernstes als ein „griechisches Frauenzimmer" behandelt wird und ähnliches. Immerhin ist in diesem Buche eine Fülle von Stoff zusammengetragen.

Und doch war auch dies Werk nur der Anfang für weitere Schriften auf demselben Gebiete. Schon Eberti erwähnt am Schlusse seiner Vorrede die Namen dreier Gelehrten, die gleichfalls Werke über die Geschichte der Frauen versprochen hätten, aber teils durch Arbeiten anderer Art, teils durch frühes Hinscheiden daran verhindert wurden. Ganz besonders bedauert er, daß „der durch seine Schriften in der ganzen Welt berühmte Rath Sperling" sein Versprechen noch nicht eingelöst hat. Aber andere fanden sich! — Ja im gleichen Jahre, wo Ebertis Buch erschien, verlegte der Buchhändler Johann Bielke, ebenfalls in Leipzig und Frankfurt, ein ähnliches Werk. Aber der Verfasser gehörte diesmal einem ganz anderen Lebenskreise an. Er war Professor und Prediger zu Osnabrück, also ein Gelehrter aus der unmittelbaren Nähe der Kurfürstin Sophie. Dieser „hohen Frau" hat denn natürlich Johann Gerhard Menschen auch seine Schrift gewidmet, die den wie üblich sehr weitschweifigen Titel führt: „Couriöse Schaubühne durchlauchtigster belehrter! Damen als Kaiser-, König-, Chur- und Fürstinnen, auch anderer hoher durchlauchtiger Seelen aus Asia, Africa und Europa, voriger und itziger Zeit, allen hohen Personen zu sonderbarer Gemütsergötzung geöffnet". Dies Buch ist, zum Unterschiede von den anderen, kein alphabetisches Register, sondern eine Art von weltgeschichtlicher Abhandlung. Es bringt in der Zeitfolge die verschiedenen gekrönten Häupter von Bedeutung, beginnt natürlich mit den biblischen Frauengestalten und läßt die Tomyris weder aus, noch die Zenobia, bis dann schließlich der Verfasser mit einer Verbeugung vor seiner gnädigsten Kurfürstin schließt. Denn die Verwandten des „hohen Braunschweig-Lüneburgischen Hauses" bilden das Ziel der Darstellung, wobei namentlich die Verstorbenen zu ihrer Geltung kommen. Alles in allem bildet dieses Buch ein Glied mehr in der Kette der von Männern verfaßten Schriften zum Lobe des weiblichen Geschlechts am Anfange des achtzehnten Jahrhunderts. Aber als glänzendster Stein darin galt endlich das Werk von Lehms: „Deutschlands galante Poetinnen". Das glänzendste freilich ist es nur darum, weil es das bekannteste in damaliger Zeit geworden ist. Den Gesamtruhm, den alle diese Frauenbiographen zu erwerben ein Recht hatten, trug schließlich Lehms davon. Alle Frauen, die nach dem Erscheinen seines Buches dichteten, beriefen sich auf ihn als auf den Geschichtsforscher weiblichen Bildungsstrebens. Und doch hat Lehms zum großen Teile aus Paullini geschöpft, da, wo er ihn ausdrücklich als seine Quelle nennt und oft genug auch da, wo er dies nicht tut. Schon in der Vorrede greift er ganz auf den Gedankengang Paullinis zurück. Auch er spricht von dem alten Theologenstreit, daß die Weiber keine Menschen seien; diesen Trumpf auszuspielen vergißt eben keiner der damaligen Frauenritter. Dann klingt es sehr an Eberti an, wenn Lehms an Beispielen dartut, daß dem weiblichen Geschlecht „Tapferkeit, Klugheit und Gelehrsamkeit und andere Haupttugenden" gar nicht fehlten. „Kann man gleich keine so große Anzahl derselben anführen, als bei den Männern, so kann ihm deswegen doch nicht der billige Ruhm abdisputiert werden. Denn, daß viele schöne Ingenia nicht zu der Vollkommenheit gelangen, als sie gelangen könnten, ist niemand anders als der leidigen Mißgunst oder einer absurden Präjudicie der Eltern zuzuschreiben, welche dafür halten: ein Frauenzimmer dürfe nichts lernen und also die allergeschicktesten Kinder in das verdrießliche Gefängnis der bitteren Einsamkeit einsperren, solchen auch alle Bücher mit der größten Ernsthaftigkeit aus den Händen reißen, wenn sie ihr Gemüt durch die darin enthaltenen tröstlichen Lehren verbessern wollen, welches aber nicht eine geringe Torheit ist. Die ganze Glückseligkeit besteht einzig und allein darin, wohlerzogen zu sein." Ja, die Eltern sollen das nur in den „Frühlingsjahren" ihrer Kinder wohl beachten, dann, so meint Lehms, „haben sie nicht zu besorgen, daß sie alsdann auf den schlüpfrigen Weg eines ärgerlichen Lebens geraten dürften"; ja, „dergleichen wohlerzogene Personen werden selbst einen Abscheu vor solchen Büchern empfinden, so wider die Honneteté laufen und nichts lesen, als was ihnen die beiwohnende Tugend approbieret hat. Dieses aber glauben viele Eltern nicht und da sie gleichfalls wenigen Gusto von der Gelehrsamkeit und den Wissenschaften haben, sehen sie solche für Dinge an, die ihren Töchtern bloße Dolmetscher eines üppigen Lebens und einer schlimmen Conduite seien, da man doch wenig gelehrte Frauenzimmer antrifft, so ihre Tugenden durch einen garstigen Lebenswandel blamieret. Einer vernünftigen Tochter die Moral und Sittenlehre, Historie, Poesie oder Musique lernen zu lassen, ist keine Sache von übler Konsequenz, gesetzt auch, daß solches ohne männlichen Lehrmeister nicht erfolgen könne, denn sie hat bereits aus ihrer Eltern bedachtsamer Auferziehung so viel gelernt, was ihre Conduite stützen oder erhöhen kann. Kommt es gleich auch bisweilen dahin, daß in der Poesie einige verliebte Pieces verfertiget werden, so folget daraus noch nicht, daß diese edlen Regungen alle Gemüter verführen müssen, au contraire, eine tugendhafte Seele wird dadurch nur noch tugendhafter und das Feuer der Liebe stärkt die Flamme ihres Verstandes so nachdrücklich, daß alsdann die schönste Arbeit und die sinnreichsten Gedanken an Tag kommen. Ich behalte mir aber dieses voraus, daß die allerköstlichste Erziehung müsse vorhergegangen sein." So kommen schließlich alle diese Verteidiger der weiblichen Bildung auf dasselbe Ziel hinaus. Die Erziehung soll sich mit der Bildung paaren. Was Lehms aber wohl ganz besonders zum Liebling der wissensdurstigen Frauen gemacht haben mag, das ist seine zügellose Wut gegen alle diejenigen, die, wenn auch in den ältesten Zeiten, der weiblichen Gelehrsamkeit abhold gewesen sind. Von Paullini hat er den Kraftausdruck „ungewaschenes Maul" erlernt, aber während dieser ihn nur auf Balsac anwendet, wirft Lehms in rasendem Zorn ihn den größten Männern des Altertums gleichzeitig mit an den Kopf. In seiner Aufgeregtheit über die, so bewiesen haben wollen, „daß ein Frauenzimmer so wenig tüchtig zum Studieren, als ein verächtlicher Zaunkönig in die Sonne zu sehen", empört es ihn, das man so tue, „als wenn dieses edle und vortreffliche Geschlecht nur mit den blinden Maulwürfen herumkriechen und sich ihres von Gott sowohl als den Männern verliehenen Verstandes nicht bedienen dürfte" und er ruft endlich erbittert aus: „Die bei ihrer gerühmten Weisheit ganz unweisen Philosophie Demokritos, Euripides, Aristoteles und dergleichen ungewaschene Mäuler mehr, haben so ridikule Urteile von diesem liebenswürdigen Geschlecht gemacht, daß ich mir weder durch Anführung derselben einen Ekel verursachen, noch auch dem geneigten Leser dadurch Tort zu tun gesonnen bin. Hippokrates, Galenus nebst vielen anderen haben gleichfalls sehr gröblich darin geirret, doch sind ihre Raisons noch in solchen Schranken der Bescheidenheit eingefasset, daß sie dem

Frauenzimmer nur eine kältere und folglich eine unvollkommenere Natur als den Männern zugeschrieben, mit Nichten aber dasselbe gleich den ersteren, einen Irrtum und Fehler der Natur oder wohl gar ein Monstrum genannt haben."

Nun, ein Frauenemanzipator von solchem Feuer würde wohl noch im zwanzigsten Jahrhundert Begeisterung unter dem „Frauenzimmer" erwecken, und so ist denn seine ungeheure Popularität im Anfange des achtzehnten Säkulums recht erklärlich. Übrigens war er selbst nicht allzu wählerisch in bezug auf die Tugendsamen unter den Gelehrten, denn er hat sein Buch der berühmten und berüchtigten Gräfin von Königsmark gewidmet und besingt die göttliche Aurora gleich anfangs in schwärmerischster Weise:

> Aurorens Ebenbild mit Farben abzureißen.
> Und ihres hohen Geist's vollkommnen Sonnenschein Recht abgemalt zu sehn kann nicht wohl möglich sein,
> Denn selbst Apollens Kunst wird hier ein Schatten heißen. Und dennoch soll ich mich aus aller Macht befleißen,
> Ihr Pinsel und auch Kiel in tiefster Pflicht zu weih'n.
> Ach stimmen aber nur die Musen mit mir ein,
> So dürft' ich nicht beschämt die Feder von mir schmeißen! Ein Tugendbild, das selbst des Himmels Auge küßt.
> Der Geist der Majestät blitzt ihr aus ihren Augen,
> Der Geist der Weisheit ruht in ihrer edlen Brust,
> Und sag' ich noch was mehr, so schreib' ich voller Lust: Aurora kann mit Recht zu einer Göttin taugen.

Dieser Hochgesang an die Maitresse des Liebesprassers auf dem sächsisch-polnischen Thron trägt freilich nicht dazu bei, das Urteil des braven Lehms sonderlich hoch anzuschlagen, indessen handelte er in der Verblendung seiner Zeit. Die Tage waren nicht fern, wo in einem anderen Buche aus der gefallenen Gräfin eine Art von romantischer Heldin geformt werden sollte. Den Zeitgenossen ist es ja am wenigsten gegeben, über ihre „Großen" richtig zu urteilen. Immerhin zeigt das Lehms'sche Buch Arbeit und Eifer. Er hat mit Fleiß und Sorgfalt die Frauen, die sich in allen denkbaren Geistes- und Kunstrichtungen ausgezeichnet haben, im ersten Kapitel zusammengetragen. Dann folgt das eigentliche Buch, das wieder alphabetisch die deutschen Dichterinnen und Gelehrtinnen aufzählt. Vielfach fußt es ganz einfach auf Paullini, oft läßt es dessen Hörensagen als genügende Quelle gelten; eine Grenze zwischen der Dilettantin und der wirklichen Künstlerin kennt Lehms nicht; sehr selten fließt einmal ein ganz leiser Tadel ein. Den letzten Teil der Darstellung bildet ein Überblick über berühmte Frauen des Auslandes.

Im Jahre 1715 ist das Werk erschienen. Wir stehen somit schon mitten im achtzehnten Jahrhundert. Mehrmals sind wir durch die geistige Geschichte des siebzehnten Säkulums gewandert und haben gefunden, wie allüberall in den geistigen Bewegungen die Frauen ihre bedeutungsvolle Rolle spielen. Je mehr das Jahrhundert seinem Ende zueilt, desto sichtbarer treten sie in den Vordergrund, und wie das achtzehnte heraufsteigt, findet es Mädchen in den gelehrten Häusern neben den Brüdern sitzend und dem Unterricht des Vaters lauschen, hört die Kirchen widerhallen von den geistlichen Liedern frommer Dichterinnen, erblickt neben den großen Denkern begierig auflauschende Frauen, die sich der neuen Weisheit entgegendrängen und hört im Streite der Theologen ihre Namen anklagend und verteidigend immer wieder erschallen. Auf den Thronen sitzen geistreiche Herrscherinnen, umgeben von Glanz und Pracht und pflegen große Denker, und in düsteren Klosterzellen, umdroht von Höllenfurcht und angelächelt von Himmelshoffen, ringen Büßerinnen, nach Erlösung. All' die Gährungen der Übergangszeit spiegeln sich in großen Frauenseelen wieder, vom Fanatismus des Glaubens bis zur bangen Zweifelsqual. Und endlich sieht es die Männer in hellen Scharen eintreten für das nach Bildung dürstende Volk der Frauen; und gerade einen Damm gegen das französische Unwesen konnte man errichten, retten konnte man die echt deutsche Weiblichkeit vor der Seuche, die ihren Pest-Odem vom Versailler Hofe herüberschickte — seihen konnte man sie. gegen die Krankheit des achtzehnten Jahrhunderts, wenn man ihm die Pforten der Weisheit öffnete — aber die Schwierigkeiten waren noch zu groß.

Jetzt, wo wir ein lebendiges Bild von dem Bildungsstreben der Frauen an der Wende des 17. Jahrhunderts gewonnen haben, richten wir noch einmal unseren Blick auf August Hermann Francke, denn nun erst vermögen wir seinen Versuch, eine höhere Mädchenschule in Deutschland zu gründen, wahrhaft zu würdigen. Sicherlich war ein solcher keine unzeitgemäße Nachahmung französischer Bestrebungen, sondern er kam geradezu einem schreienden Bedürfnis der Zeit entgegen. Trotz der unendlichen Regsamkeit des weiblichen Geschlechts im 17. Jahrhundert hatte man es durchaus versäumt, die verklungenen Anregungen der Reformationszeit auf dem Gebiete weiblicher Erziehung wieder zu beleben. So hatte im Jahre 1609 Herzog Christian von Sachsen, die an ihn gerichtete untertänigste Ansuchung um Gründung einer Mädchenschule abgelehnt, und es den Bewerbern anheimgegeben, ob nicht „ratsamer und ersprießlicher, daß ein jeder Hausvater seine Töchter bei sich in seinem eigenen Hause, oder bei seinen Freunden erziehen, und dieselben zur Gottesfurcht, Christlichen und Adlichen Tugenden, und sonderlich in der Haushaltung bestes Fleisses selbsten unterrichten lasse." Zehn Jahre darauf wurde in dem Weimarischen neuen „Methodus" flüchtig auch der Mädchen gedacht. Sie sollten nebst den Knaben fleißig zur Schule angehalten werden, damit sie zum wenigsten, „nebenst dem heiligen Catechismo, Christlichen Gesängen und Gebeten, recht lernen lesen und etwas schreiben." Ferner sollten die Pfarrherrn und Schulmeister an einem jeden Ort über alle Knaben und Mägdlein vom 6. bis 12. Jahr „fleißige Verzeichnis und Register halten, auf das mit denen Eltern, welche ihre Kinder wollen nicht zur Schule halten, könne geredet werden, auch aussn bedarff, durch Zwang der weltlichen Obrigkeit dieselben, in diesem Fall ihre schuldige Pflicht in acht zu nehmen, angehalten werden mögen; endlich sollten die Knaben und Mägdlein, so es sein kann, unterschieden Schulen haben." — Aber trotz solcher vereinzelten Bestrebungen mangelte es doch in vielen Städten völlig an öffentlichen Mädchenschulen auch der niedrigsten Stufe. Eine rühmliche Ausnahme machte das Herzogtum Gotha, wo der Schulmethodus des Herzogs Ernst vom Jahre 1642 die allgemeine Schulpflicht für Knaben und Mädchen wirklich durchgesetzt hatte. In den meisten Städten aber mußte es genügen, wenn die Frauen der selbst höchst bildungsbedürftigen Lehrer die weibliche Jugend unterrichteten. Zu welchen Sonderbarkeiten diese Zustände führten, beweist Frankfurt a. M., wo den evangelischen Mädchen von katholischen Nonnen der Katechismus ausgelegt wurde, bis der Rat der Stadt dies im Jahre 1695 untersagte. In dieser allgemeinen Ratlosigkeit strahlte Frau von Maintenons Schule zu St. Cyr aus Frankreich herüber wie eine aufgehende Sonne. Die beiden pädagogischen Äbte Fleury und Fénelon wirkten vom Nachbarlande her und regten gewaltig die deutsche Erziehung an. Beide hatten auf August Hermann Francke großen Einfluß geübt, und, wie wir gesehen haben, besonders der letzte. Ja, Francke machte das, was Fénelon in seiner Schrift über die Mädchenerziehung gesagt hatte, zur Grundlage seiner Erziehungsreform überhaupt. Der großartigste Zug in seinem ganzen Werke ist aber der, daß er, ähnlich wie es Comenius schon gefordert hatte, seinen Unterricht auf alle ausdehnen wollte, auch auf das weibliche Geschlecht und innerhalb der beiden Geschlechter auch auf alle Stände. Daß er freilich die Stände unter sich streng sonderte, darin folgte er den Anschauungen seiner Zeit. Den ganz Mittellosen wollte er darbieten „Eine arme Mägdgenschule, welchen die Schule ganz frei gehalten wird, die danach wieder zu den Ihrigen gehen." Im Waisenhause errichtete er eine besondere Abteilung worin „die Waisen-Mägdlein erzogen und sowohl im Christentum, als in allerhand weiblicher Arbeit angewiesen" werden sollten. Den Bürgerkindern bot er „eine Bürgerschule, darinnen die Mägdgen im Lesen, Schreiben, Rechnen, Katechismo, Neuen Testament und Choral-Singen unterwiesen werden." Und endlich für die obersten Stände sollte sich das Gynäceum öffnen. Im Anfange dieser Einleitung ist im großen und ganzen der Geist geschildert worden, der in diesen Anstalten waltete. Zucht und Sitte, Reinlichkeit und Ordnung galten Francke als die wichtigsten Erziehungsmittel. Die Frömmigkeit war für ihn das einzige Ziel alles Strebens. Durch eifrige Pflege des Gemütslebens sollte sie vor allen Dingen geweckt werden. Einen Selbstzweck hatte für ihn das Wissen an sich nicht, Gelehrsamkeit galt wenig in den Augen eines Pietisten. Wie sehr hatte der ihm so nahe stehende Kirchengeschichtsschreiber Arnold das Alter der Schürmann über ihre Jugend gestellt, die Zeit schlichter Frömmigkeit über die „ eitler Gelehrsamkeit". Trotzdem sollte die Frömmigkeit nicht mit Unwissenheit verknüpft sein. Eine „kluge Gottseligkeit" war Franckes Ideal. Das alles war leichter zu erreichen bei den Mädchen der unteren Stande, namentlich im Waisenhause, wo die „Waisenmutter" vor allen Dingen durch ihr Beispiel durch mütterliche Art und durch liebevolle Strenge wirken sollte. Gute Mütter sollten ja vor allen Dingen erzogen werden und in den unteren Schulen auch gute Dienerinnen. Wenn ein Waisenmädchen genug gelernt hatte, so sollte es zu anderen Leuten in den Dienst getan werden; so lange es aber in der Anstalt verblieb, mußte es an dem Unterricht teilnehmen und zu den Prüfungen erscheinen. War jedoch ein Waisenmädchen besonders zurückgeblieben, namentlich im Lesen, so sollte es zu den vier täglichen Unterrichtsstunden noch eine fünfte erhalten; denn die Kunst des Lesens war ihm notwendig, um in den Katechismus und in das neue Testament einzudringen. Aus solchen Andeutungen geht hervor, daß Francke unter dem allgemeinen Begriff des Unterrichts „im Christentum und in allerhand weiblicher Arbeit" auch die Grundkenntnisse des Lesens, Schreibens und Rechnens mit inbegriffen hat. Sicher ist es, daß er ein gewaltiges Förderungsmittel im Gesange erblickte. Er schreibt ausdrücklich für die Mädchen vor: „Des Mittwoch und Sonnabends wird in der ersten Nachmittagsstunde die Musica getrieben, und zwar mit den Mägdgen nur so, daß mit ihnen die gewöhnlichen Kirchengesänge fein langsam und andächtiglich gesungen werden, da dann darauf gesehen wird, daß sie beides, die Worte und die Melodien der Lieder, recht fassen, und so viel in der Kürze geschehen kann, auch vom ersten Verstande derselben unterrichtet werden." Unter den „gewöhnlichen Kirchengesängen" verstand er „die alten Gesänge Luthers und anderer geistreicher Männer und dazu von den neuen Liedern die geistreichsten und besten, welche in dem Darmstädter und dem Halle'schen Gesangbuche veröffentlicht waren." So war dem einseitigen Zweck der rein religiösen Erziehung eine ziemlich vielseitige Reihe von Mitteln untergeordnet, bedenkt man nun noch wie großen Wert Francke auf die nützlichen weiblichen Handarbeiten wie Nähen, Spinnen und Stricken legte, worüber beständig Prüfungen abgehalten wurden, so ist der Plan der ganzen Schule reichhaltiger, als es auf den ersten Blick erscheint. Auch das Gynäceum wird uns von diesem Gesichtspunkte aus jetzt, wo wir die weibliche Bildung des Zeitraumes kennen gelernt haben, verständlich. Hier sollten die beiden Richtungen der Schule ihre höchste Ausbildung erhalten. Wie die weiblichen Handarbeiten bis zu den feinsten Künsten sich steigern konnten, so vermochte auch die religiöse Ausbildung ihre höchste Vollendung zu erhalten durch den Unterricht im Griechischen und Hebräischen, den Urtexten der beiden Testamente. Wir haben ja gesehen daß genug Frauen diese Sprachen erlernten, längst ehe es ein Gynäceum gab, und wir wissen ja, daß dies meist Dichterinnen geistlicher Lieder, oder wenigstens vorwiegend religiös gesinnte Frauen waren. Eine solche, die uns schon bekannte Juliane Patienta Schultin, die selbst alle diese Sprachen durchaus beherrschte, wurde selbst Lehrerin am Gynäceum, als sie bei Francke in Halle geblieben war. Kann man also davon reden, daß Francke seiner Zeit vorgegriffen habe, wenn er bereits solche Gehilfinnen fand? Er, der in Mutter und Schwester weibliche Ideale verehrte, der den Frauen zutraute, daß ganz besonders Auserwählte unter ihnen Prophetinnen und Seherinnen sein könnten, er wäre allerdings der Mann gewesen mit starker Hand die Frauen einzuführen in das Reich der Bildung. Schade also, daß er, der sonst niemals rückwärts ging auf der betretenen Bahn, hier schnell zurückgedrängt wurde. Schon die Unsicherheit des Programms, die ich früher schon hervorgehoben habe, deutet auf die Schwierigkeiten, die sich hier gleich anfangs entgegenstellten. Wie konnte Francke einen einheitlichen Plan aufstellen zu einer Zeit, wo innerhalb der „Fürnehmen und Herrenstände" in einzelnen Familien nur die äußerliche Politur und das französische Leben für Mädchen begehrt wurde, während in anderen Häusern Wissenschaften und Künste sich den Töchtern erschlossen, und noch anders geartete Eltern nur den Spinnrocken für die ihren für passend hielten.

Es wurde im Anfang dieser Einleitung erwähnt, wie wesentlich der Plan des Gynäceums zusammengeschrumpft war als es im Jahre 1709 unter Luise Charbonnet endlich ins Leben trat. Versucht hatte Francke die Ausführung freilich schon früher. Schon im Jahre 1698 wurde die höhere Mädchenschule eröffnet und von ihrem Begründer zunächst schlicht als

„Frauenzimmeranstalt" bezeichnet. Christiane Dorothea Rosciin war die erste leitende „Gouvernantin", nach ihrem Tode folgte ihr das Fräulein Martha Margarethe von Schönberg. Neben ihr wirkte schon die Charbonnet und wie erwähnt, die Schultin. Aber schon im Jahre 1703 wurden die Pforten dieser Schulen wieder geschlossen. Ein im folgenden Jahre begründetes „Frauenzimmerstift" diente dem Zweck für „christliche Weibspersonen, beides, adelichen und bürgerlichen Standes, vornämlich unverheiratete, jedennoch auch in gewisser Absicht christlichen Wittiben" eine Versorgungsanstalt zu sein. Francke scheint sich eine Zeit lang mit dem Gedanken getragen zu haben, diese neue Gründung auch den Zwecken einer höheren Mädchenschule dienstbar zu machen, aber das konnte wohl nicht gelingen und so entstand denn das Gynäceum im Jahre 1709 in der uns bereits bekannten abgeschwächten Form wieder. Von den fremden Sprachen war hier nur noch das Französische übrig geblieben und es ist wahrscheinlich, daß die Charbonnet ihre Schülerinnen wesentlich zum „Parlieren" anhielt. Der Geist der Zeit war mächtiger gewesen, als Franckes kühnes Streben. Er, der mit Recht gegen die französischen Gouvernanten zu Felde gezogen war, die damals in den Palästen der Adeligen sich breit machten und in die Bürgerhäuser schon eindrangen, er selbst hatte einer Französin seine Gründung anvertrauen müssen, und es ist durch nichts erwiesen, daß ein Unterricht in deutscher Grammatik ein Gegengewicht gehalten hätte. Was sonst von „allerhand nützlichen Künsten und Wissenschaften" hier noch gepflegt wurde, ist nicht bekannt. Vielleicht, entsprechend der höheren Knabenschule Franckes, das Zeichnen und die sogenannten Realien. Im übrigen erhob sich das Gynäceum wohl nicht mehr sonderlich über den geistigen Gehalt der Francke'schen Bürgerschulen. Besonderen Anklang, scheint es übrigens nicht gefunden zu haben. Bei Franckes Tode im Jahre 1727 wurde die Anstalt nur noch von 8 Mädchen besucht. Die weiteren Schicksale der Anstalt wurden schon geschildert.

So sehen wir denn das achtzehnte Jahrhundert seine Augen aufschlagen unter dem Zeichen eines unendlich regen Geisteslebens der Frauen, aber es hat sie wieder geschlossen ohne geregelte Bahnen für die Wissensdurstigen dieses Geschlechtes gefunden zu haben. Desto reicher war die Zahl derer, die sich selbst ihre Wege suchten. Noch hing das Bürgertum fest am Alten und Hergebrachten und wollte nichts von gelehrten Frauen wissen. Noch schloß der Kaufmann in Augsburg und Nürnberg seine Töchter in das Frauengemach ein, wenn er Besuch empfing und noch verurteilte die gute Sitte die Frauen zum Schweigen, wo Männer redeten. Wo aber wahre Bildung ihr Banner entfaltete, da durfte auch der

Geist der Frau sich regen, und auch die Frömmigkeit sperrte ihr den Weg nicht.

So sehen wir denn am Anfange des achtzehnten Jahrhunderts zwei Entwickelungsreihen aus dem vorigen hinüberreichen, die sichtbar eine Zukunft haben für die Frauenbildung: die eine führt durch die Gelehrtenstube, die andere durch die stille Zelle der frommen Beter. Die eine stellt sich dar als eine aus klarer Verstandeserwägung hervorgehende, die andere wurzelt in dunkel heiligen Empfindungen. Beide haben der deutschen Literatur Früchte getragen. Erst die der verstandesklaren Wissenschaft, die in Gottscheds Reform ihren ersten Triumph für die Dichtung feierte: dann die aus der Empfindung hervorquellende, anfangs ganz religiös gefärbt, allmählich mehr und mehr das ganze Gefühlsleben umfassend: Klopstock hat sie erobert für die Poesie. Beide Richtungen haben auch den Frauen gedient und gehuldigt. Erst die verstandesmäßige, bald in Nüchternheit erstarrende: sie half den Frauen den Hörsaal, die wissenschaftlichen Gesellschaften eröffnen und die akademischen Würden erringen. Bis zu einer Doktorpromotion brachte es die akademische Frauenbewegung zu Gottscheds Zeiten. Dann aber rauschten die Wellen der Empfindung und der Empfindsamkeit über alle Dämme, und wir sehen neben den schwärmenden jungen Poeten, die nichts von akademischem Zwang mehr wissen wollen, auch schwärmende Dichterinnen, oder Dichterfreundinnen, die, ungebunden durch Zwang und Vorschrift, ihren Geist bilden und ihren Stolz dareinsetzen, die großen Bewegungen der Zeit verstehen zu können.

Fassen wir von diesen beiden großen Strömungen, die in der Geschichte der Weiblichkeit des achtzehnten Jahrhunderts der klassischen Periode vorausgehen, erst die „gelehrte" in das Auge. Sie beginnt, wie gesagt, mit dem Auftreten Gottscheds in Leipzig.

Erstes Buch.

In der Zeit des Aufschwungs des deutschen Geisteslebens.

Erstes Kapitel.

Der Kampf des jungen Gottsched für Frauenbildung und seine Frauen-Zeitschrift.

All der äußerliche Glanz, den der üppige sächsische Königshof verbreitete, hatte auch die Hochschule zu Leipzig mit hellem Licht bestrahlt. Zwar war die einst so angesehene Universität in den Stürmen des dreißigjährigen Krieges gänzlich in Verfall geraten, zwar waren es unlängst erst die „Stillen im Lande" gewesen, die „Pietisten", die ein neues Leben in den verdorrten Formelkram der Leipziger Gottesgelehrten hineingetragen hatten, aber den eigentlichen Ruf sollte die sächsische Hochburg des Wissens bald durch ihre „Galanterie" erhalten. Dies Schlagwort, das der französische Einfluß nach Deutschland hinübertrug, war bald das bezeichnende Wort ganz Sachsens, und auch der Student ließ sich hier von der Kultur belecken. Hier wandelte der „petit maître" durch die Straßen, der nach neuem französischen Schnitt zurechtgestutzte Musensohn, der sich wenig daraus machte, wenn ihn der deutsche Bursch alten Schlages, der „Renomist", als einen „Pomadenhengst" verspottete. Hier lernte auch der akademische Jüngling früh das „Lieben", und in der ganzen ersten Hälfte des achtzehnten Jahrhunderts, ja auch in der Lebensgeschichte der ersten deutschen Klassiker war Leipzig die Universität, auf der man feine Sitte und Lebensart wohl mindestens ebenso zu erlernen suchte als Weisheit.

Außerdem war Leipzig als eine große Handelsstadt weltbekannt. Die Messen daselbst lockten Hoch und Niedrig hinüber an die Pleiße, und der deutsche Buchhandel, der bisher in Frankfurt a. M. am meisten geblüht hatte, begann langsam seinen Schwerpunkt nach dem „Klein Paris" zu verlegen. Es war natürlich, daß nun auch bald ein reges wissenschaftliches Leben hier entbrennen mußte, und in der Tat sollte Leipzig die Wiege der neuen deutschen Literatur werden. Denn hier wurde das Streben nach einer Neubelebung der deutschen Sprache endlich zur Tatsache. Zwar war gerade jetzt das Französische an den meisten Höfen Umgangssprache, zwar drang es gerade jetzt mit der französischen Erzieherin auch in die Bürgerkreise ein, aber das, was schon im siebzehnten Jahrhundert die Dichterorden erstrebt hatten, war doch noch nicht vergessen. Vor allem begann jetzt der Kampf der Gelehrten gegen die lateinische Weltsprache der Wissenschaft. Leibniz bediente sich zwar nur sehr selten seiner schönen Muttersprache, obwohl er sie trefflich zu handhaben wußte. Aber Arnolds deutsch geschriebene Kirchengeschichte war schon ein Anfang gewesen, und in Leipzig hätte im Jahre 1688 der große Rechtslehrer Thomasius zum erstenmale deutsche Vorlesungen gehalten. Er wollte die französische Bildung nach Deutschland herübertragen, aber auch die deutsche Sprache aufleben lassen zu Beweglichkeit und schöpferischer Kraft; denn seinem lebhaften Geiste war das in so langer scholastischer Haft verdorrte Werkzeug der lateinischen Sprache zu schwerfällig geworden. Doch mußte Thomasius bald aus Leipzig weichen, weil er es zu offenkundig mit den von der rechtgläubigen Kirche so viel geschmähten Pietisten, den Wiedererweckern des Gefühlslebens in der Kirche hielt. Er ging deshalb nach Halle und das wurde die Veranlassung zur Stiftung der dortigen Universität. Über dreißig Jahre später lehrte ein anderer in Leipzig, der sich den Plan schuf, eine deutsche Sprache zu erwecken samt einer deutschen Literatur.

Als der junge Student Johann Christoph Gottsched — geb. am 2. Februar 1700 zu Judithenkirch bei Königsberg in Preußen — nach Leipzig kam, ging ihm eine neue Welt auf. Er hatte damals eine wohl verbrachte Jugendzeit hinter sich. Als vierzehnjähriger Knabe saß er bereits in den Hörsälen seiner heimischen Universität; aber die Gottesgelehrtheit, die der Pfarrerssohn eigentlich betreiben sollte, hatte ihn weit weniger gefesselt, als die Poetik des dichtenden Professors Pietsch. Und aus dem geistigen Sturm und Drang, in den ihn die Ansichten alter und neuer Philosophen stürzten, befreite ihn die Beschäftigung mit dem großen Leibniz und seinem Schüler Wolf. Diese erweckten in seinem Geiste das Streben nach Klarheit und wohlgeordneter Sorgfalt, das ihn sein Leben lang bis zur Einseitigkeit beherrscht hat. Schon mit vierundzwanzig Jahren hatte er in Königsberg als Privatdozent seine ersten philosophischen Vorlesungen zu halten begonnen, als er, der hoch gewachsene Jüngling, aus Angst vor den Werbern des preußischen Soldatenkönigs floh, in dessen Riesengarde er nicht Lust hatte sein Leben zu vertrauern. Sein Weg führte ihn nach der sächsischen Hochschule. In dem allbelesenen Mencke, der ihm den Unterricht seiner Kinder anvertraute, fand er gleichzeitig den besten Wegweiser in die Kreise von Jung Leipzig. Da gab es eine poetische Gesellschaft. Ursprünglich hatte sie nur geborene oder erzogene Görlitzer aufgenommen, da ja Schlesien so lange die ausschließliche Heimat der deutschen Dichtung gewesen war, aber seit dem Jahre 1717 hatte man diese Beschränkung hinweggeräumt, und als nun Gottsched in der Gesellschaft erschien, erhielt sie auch schnell ein klar erkanntes Ziel. Es hieß: Verständige, ja nüchterne Klarheit an Stelle des unsinnigen Schwulstes, mit dem die Schlesier der zweiten Schule, die Lohenstein und Hoffmannswaldau, die Dichtung neu zu schaffen geglaubt, — und die Muster der Alten oder ihre Nachahmer, die Franzosen, als Vorbilder! Aber nicht mehr das Tändeln mit Fremdwörtern, mit französischen Wendungen oder gar das Schreiben in französicher Sprache — sondern deutsche Sprache und deutsche Kunst! Seitdem der junge Neuling sich das Vertrauen der Mitglieder erobert und schon im Jahre 1724 zum „Senior" der Gesellschaft ernannt worden war, galt es ihm, diese neuen Gesichtspunkte weit und breit bekannt zu machen. Er schrieb an alle Welt über die neue Vereinigung, die sich jetzt ganz einfach „deutsche Gesellschaft" nannte; er warb namentlich unter Adeligen und unter bekannten Gelehrten neue Mitglieder, und er erhielt von nah und fern bald soviel Zustimmungen, daß er hoffen durfte, eine Art von Pariser Akademie in Leipzig heranbilden zu können. Wie diese es für Frankreich getan, so wollte er für Deutschland zunächst eine einheitliche Schriftsprache schaffen. Nicht mehr sollte der Schweizer schweizerisch, der Schwabe schwäbisch, der Mecklenburger mecklenburgisch schreiben. Aber das stolze Schlesien, das seine Mundart für die eigentlich dichterische hielt, erkannte er nicht als führend an, und er war auch nicht etwa so kleinlich, die Sprache seiner eigenen engeren Heimat zu wählen. Vielmehr hatte er den richtigen geschichtlichen Blick, dieselbe Mundart wiederum zu erheben, in der Luther einst seine Bibel geschrieben: das Obersächsische. Und für so undurchführbar man auch die Sache halten mochte, es kam wirklich zum Siege dieses neuen einheitlichen Hochdeutsch, natürlich langsam und allmählich. Auch ein Organ hatte sich Gottsched geschaffen. In jener Zeit waren in England von Addison und Steele die moralischen Familienzeitschriften erfunden worden. Der Zuschauer (Spektator), Der Wächter (Guardian) und der Plauderer (Tatler) hießen sie. Der erste der sie für Deutschland entdeckt hatte war freilich ein junger Schweizer gewesen, Bodmer aus Zürich. Auch der war ohne Neigung Theologe gewesen, hatte sich dann aber dem Kaufmannsfache zugewendet und war als junger Handelsbeflissener nach Oberitalien gekommen. Die unendliche Anregung, die hier auf ihn einstürmte, gewann ihn für die Beschäftigung mit Kunst und Dichtung. Als er nun gar auf dem Heimwege die französische Übersetzung einer englischen moralischen Wochenschrift fand, da wurde es sein Ideal, ein solches Blatt auch in Zürich zu gründen. Heimgekehrt wußte er seinen Freund und Altersgenossen, den wissenschaftlich tief gebildeten, die deutsche Sprache bis in das Mittelalter beherrschenden und in allen denkbaren modernen Sprachen wohl bewanderten Breitinger, zur Teilnahme an diesem Vorhaben zu begeistern. So erschienen vom Jahre 1721—23 die „Diskurse von Malern". Im Jahre 1724 entstand in Hamburg in gleicher Absicht der „Patriot" und ein Jahr darauf begründete Gottsched in Leipzig seine „vernünftigen Tadlerinnen".

Der Titel der Zeitschrift ist an sich bedeutungsvoll genug. Dem Tadler stellt er die Tadlerinnen gegenüber. Es ist also eine Zeitschrift in der das „Weibliche" zum Ausdruck kommen soll.

„Was ist das wieder vor eine neue Hirngeburt? Es wird itzo Mode, daß man gern einen Sittenlehrer abgeben will. Haben wir aber nicht von Mannspersonen moralische Schriften genug und muß sich das weibliche Geschlechte auch i^{3}ns Spiel mischen? Es wird gewiß ein ehrbares Kaffeekränzchen sein, welches bei dem Überfluße müßiger Stunden gewohnet ist, alles zu beurteilen und durchzuhecheln ...." Mit diesen Worten leitete Gottsched selbst die Probenummer seiner vernünftigen Tadlerinnen ein, um darauf zu antworten: „So haben ohne Zweifel viele geurteilt, als sie die Überschrift von diesem Blatte in den öffentlichen Zeitungen wahrgenommen. Und diese würden gewiß verdienen, ihres unbedachtsamen Ausspruches halber, am ersten von uns getadelt zu werden. Wir vergeben ihnen aber diesmal ihre Übereilung. Es ist allerdings was ungewöhnliches, daß sich schwache Werkzeuge zu öffentlichen Richtern aufwerfen. Denn obwohl die lebhaften Engelländerinnen und sogar die Schweizerinnen den Ruhm erlanget, daß sie zu einigen bekannten Sittenschriften nicht wenig beigetragen haben; so sind doch ihre Arbeiten nicht anders, als durch die Vermittelung gelehrter Mannspersonen, der neugierigen Welt mitgeteilt worden. Wir unterstehen uns itzo was mehrers. Wir unterwerfen uns keiner männlichen Aufsicht in Verfertigung der Blätter, die wir ins künftige herauszugeben willens sind; sondern sind entschlossen, dieselbigen ohne fremde Anordnung, nach unserm eigenen Gutdünken und auf unsere eigene Gefahr ans Licht treten zu lassen."

Wer sind diese mystischen Frauen? Sie heißen Calliste, Phyllis und Iris — drei von Gottsched erfundene Freundinnen! Gottsched selber verbirgt sich hinter diesen heimlich-unheimlichen Tadlerinnen. Wie ist er auf diese sonderbare Vermummung gekommen? Im fünften „Stück" seiner Zeitschrift druckt er einen wirklichen oder erfundenen Brief eines männlichen Lesers ab, der sich hinter dem Schutznamen Meliorantes verbirgt und aus Dresden schreibt. Er glaubt in den Tadlerinnen männliche Wesen erkannt zu haben und äußert. „Wer wird so verwegen sein, und dem Frauenzim-

---

^{3} Anmerkung: veraltet für „jetzt" (genauso „itzt")

mer alle Munterkeit des Geistes und alle Vernunft ganz und gar absprechen? Es besitzet freilich von Natur mehr Lebhaftigkeit und eine feurigere Einbildungskraft als die Männer. Nur das fraget sich: Ob sich das weibliche Geschlecht in verschiedenen Wissenschaften so hoch versteigen werde, als man aus denen bisherigen Stücken eurer Arbeit wahrgenommen. Was sollen gelehrte Mannspersonen schreiben, wenn weibliche Federn solche untadeliche Blätter ans Licht stellen können? Wahrlich, sie würden bei Zeiten ihre Bibliotheken mit ihrer Weiber und Töchter Nährahmen vertauschen müssen und diese wunderliche Veränderung würde einen artigen Abriß der verkehrten Welt vorstellen können. Seid ihr sogenannte Tadlerinnen nun in der Tat Mannsbilder, warum wollt ihr denn ohne Ursache euer wahrhaftes Geschlecht verhehlen? Die Lobsprüche so man bishero euren Sittenschriften hat geben müssen, werden dadurch nicht geschmälert werden. Euer Ruhm wird keinen Abbruch leiden, wenn ihr gleich die Wahrheit gestehen werdet. Allein man siehets wohl, daß ihr durch diese Verstellung dem Frauenzimmer schmeicheln wollet, indem ihr sie überredet, daß es unter ihnen dergleichen geschickte und gelehrte Personen gäbe, die tausend Männern Trotz bieten könnten. Ist das aber wohl bedächtig gehandelt? Die Jungfern prahlen ohne dem schon mit ihrer Klugheit und Artigkeit, wollen auch deswegen als halbe Göttinnen verehret sein. Ihr gebet ihnen zu noch größeren Einbildungen Anlaß und werdet sie in kurzem noch viel stolzer machen. ..." Der Herausgeber läßt diesem Briefe natürlich kein aufklärendes Wort folgen, denn er will ja das Geheimnis noch nicht lüften. „Denn, sagt er unter dem Pseudonym Phyllis, keine Urteile von unsern Blättern gefallen uns besser, als wenn man sagt, daß die Verfasser derselben notwendig Mannspersonen sein müssen. Hieraus können wir leicht schließen, daß in denselben vielmehr Gutes anzutreffen sei, als wir selber vermuten können."

Gottsched hat also, indem er hier Frauen für die Reinigung der Sprache von Fremdwörtern, für die Abschaffung der Mode, ja für die Frauenbildung selbst eintreten läßt, eines seiner Ziele gleichsam als Tatsache vorweggenommen. Die Schulung des Frauengeistes war eine aktuell gewordene Aufgabe der Zeit. Gottsched erfindet sich Frauen, die den Anforderungen einer solchen Schulung bereits entsprechen, und lockt dadurch andere an, so glänzendem Beispiele zu folgen. Er erfüllt dadurch mit seiner Zeitschrift erstens den Zweck, seine eigenen Ansichten aussprechen zu können als kämen sie aus Frauenmund, und zweitens genügt er einem Bedürfnisse der Zeit. So viele Biographien und Geschichtswerke über Frauen kürzlich entstanden waren — hier schuf Gottsched die erste deutsche Frauenzeitung. Man könnte sagen, es sei eine kühnere Fortsetzung des Grundgedankens von Harsdörfers „Frauenzimmergesprächspielen". Was dort in tändelnder Weise angestrebt war, sollte hier weit zielbewußter unternommen werden. Und hier sollten nicht bloß Männer belehrend zu den Frauen sprechen, nein, diese sollten zur Mitarbeit erzogen und gewonnen werden. Es war ein in der Luft der Zeit schwebender Gedanke, den der kühne Neuerer aufgriff und zur Tat werden ließ. Auch die zu Zürich und Hamburg erschienenen Nachahmungen englischer Zeitschriften waren eifrig für die Hebung der Frauenbildung eingetreten, aber Gottsched machte dies gerade zum Hauptzweck seiner Zeitung und darum wollen wir zunächst von den eigentlichen Ansichten Gottscheds über das, was den Frauen not tut, ein klares Bild gewinnen. Im sechsten Stücke läßt er seine „Phyllis" sagen: „Ich bin itzo nicht im Begriffe, die abgedroschene Streitigkeit zu erneuern, welche über der abgeschmackten Frage entstanden: ob das weibliche Geschlechte auch zum Studieren geschickt sei? Wir sind Menschen sowohl als die Mannspersonen, und dieses wird niemand im Ernste leugnen, er wäre denn ein Narr. Wir haben eben die Kräfte des Gemütes, so die Mannspersonen besitzen, ja eben die Fähigkeiten in der Gelehrsamkeit etwas zu tun …" In der Tat, diese Fragen scheinen uns nach alledem, was schon im siebzehnten und im Beginne des achtzehnten Jahrhunderts darüber geschrieben ist, so abgedroschen, wie damals schon der Phyllis-Gottsched. Wie sonderbar, daß sie am Ende des neunzehnten Jahrhunderts vielfach wie etwas funkelnagelneues angesehen wurden! Aber Gottsched fordert von den Frauen nicht, „daß sie sich alle befleißigen sollen, Heldinnen in der Gelehrsamkeit zu werden." „Denn, so läßt er Phyllis fortfahren, ich weiß gar wohl, daß die gelehrten Frauenspersonen nicht allemal die besten Haushälterinnen sind. Ich begehre nicht, daß sie sich in solche Wissenschaften und Künste einlassen sollen, welche entweder ganz in keiner Übung, sondern in bloßer Betrachtung bestehen, oder aber zu ihrer Selbsterkenntnis wenig beitragen, vielmehr aber das Gemüte davon abziehen. Dasjenige Frauenzimmer, so sich damit verwirret, wird meistens pedantisch, hochmütig und eigensinnig. Allein, da wir sowohl als die Mannspersonen einige Pflichten gegen uns selber haben, die uns verbinden, unsere Kräfte des Gemütes sowohl als des Leibes in guten Stand zu setzen, so sehe ich nicht, wie man sich auf die Anklage, daß wir diesen Pflichten schlechte Genüge tun, verantworten oder entschuldigen wolle. Diejenigen Vorurteile, womit unser Verstand in der Jugend angefüllet worden, bleiben Lebenslang unausgerottet. Die Schmeicheleien und Unwahrheiten, die man uns, sobald wir zu erwachsen anfangen, von unseren Vortrefflichkeiten vorsagt, verderben unseren vorhin verderbten Willen noch mehr, daß es also fast unmöglich ist, jemals zu einer rechtschaffenen Selbsterkenntnis zu gelangen. Warum waffnet man uns nicht mit einer guten Vernunft und Sittenlehre dawider? Warum sagt man uns nichts von den Pflichten, so nach den Sätzen des Naturrechts von uns erfordert werden? Zwar ist dies gewiß, daß dieses Wissen nicht alle Frauenzimmer verständig und tugendhaft machen werde. Denn die Wissenschaft bleibet gar öfters ein bloßes und totes Gedächtniswerk ohne Übung. Dem ohngeachtet ist diese Unwissenheit des Frauenzimmers gleich wohl Schuld daran, daß viele die natürliche Fähigkeit samt der Neigung zum Guten erlöschen lassen, welche doch vielleicht verständig und tugendhaft gewesen wären, wenn sie von der Ausbesserung des Verstandes und des Willens und den dazu nötigen Mitteln Unterricht gehabt hätten. Wir würden vielleicht nicht so viel ausschweifende oder eigensinnige Eheweiber, tyrannische oder verzärtelnde Mütter, oder unverständige, sogar liederliche und sorglose Frauen in der Aufführung gegen das Gesinde haben, wenn nicht diese Unwissenheit fast durchgängig unter den Personen unsers Geschlechtes herrschte. Unsere Gesellschaften und Zusammenkünfte, welche verständigen Mannspersonen so oft zum Gelächter, ja gar zum Ärgernisse geworden sind, kommen ihnen aus keiner anderen Ursache lächerlich oder ekelhaft vor, als weil wir uns in denselben mit nichtswürdigen oder auch wohl gar sündlichen Dingen vertreiben. Ich habe angemerkt, daß die Gespräche des Frauenzimmers in ihren Gesellschaften meistenteils von abwesenden Personen handeln, die mit allen ihren Verrichtungen so abscheulich und lieblos durchgezogen werden, daß ein ehrliches Gemüt, welches solche Lästerungen gezwungen anhören muß, den ärgsten Widerwillen empfindet. Oder man scherzet so bezüglich untereinander, daß nicht selten die größten Verbitterungen und Feindschaften daraus entstehen. Ja sogar die ärgerlichsten und pöbelhaftesten Ausdrückungen sind nicht ungewöhnlich in solchen Gesellschaften; welches man von solchen Leuten kaum glauben sollte, die sich weit über dem Pöbel zu sein dünken, wofern uns die tägliche Erfahrung nicht verstattete über dies Kapital beständig neue Anmerkungen zu machen. Oder man gerat auf Hausgeschäfte, welche man die Materie der Gespräche sein lasset, obgleich die Anwesenden größten Teils dabei verdrüßliche Zuhörer abgeben müssen. Oder man fället endlich auf das Spielen. In Betrachtung der sündlichen Gespräche wäre dieses fast der unschuldigste Zeitvertreib. Wiewohl, wer den unschätzbaren Wert der Zeit erkennt, der wird von sich selber urteilen, ob man sie so unverantwortlich verschwenden und mißbrauchen möge. Ich will des Verlustes großer Geldsummen und der hieraus entspringenden schlimmen Folgerungen, welche das Spiel noch sündlicher und schädlicher machen, nicht einst gedenken. Von solcher Beschaffenheit sind die Zeitverkürzungen unserer Gesellschaften. Unsere Unwissenheit ist allein Schuld, daß wir uns nicht besser zu unterhalten wissen und daß wir die Zeit so liederlich und sündlich verderben, die wir mit artigen, geistreichen und erbaulichen Unterredungen zubringen könnten. Über dieses würde manche Ehe, welche unglücklich und unvergnügt ist, weit glücklicher und vergnügter sein, wenn die Frau die Gemütsbeschaffenheit ihres Mannes einzusehen vermöchte, und die Mittel wüßte, ihre Aufführung nach derselben einzurichten. Auf was besseren Fuß würde nicht die Kinderzucht gesetzt werden, wenn die Mütter, als welchen sie größtenteils obliegt, Geschicklichkeit genug besäßen, die Beschaffenheit des Verstandes und die Gemütsneigungen ihrer Kinder in den zarten Jahren, da sie noch ohne Verstellung sind, auszuforschen und zu untersuchen. Dieses alles aber läßt sich ohne ein gutes Einsehen in die Vernunft und Sittenlehre, nicht wohl tun. Woraus man aufs neue erkennen kann, wie schädlich es sei, das weibliche Geschlecht ganz und gar von Erlernung der Wissenschaften abzuhalten."

Das also sind Gottscheds Ansichten von der Frauenbildung im allgemeinen. Er will die Frau befähigt machen, als Gattin und Mutter ihre Pflichten mit Einsicht zu erfüllen. Keineswegs will er das ganze Frauenvolk zu einem Geschlechte von Gelehrten umschaffen. Er will es losreißen von Eitelkeit und törichtem Zeitvertreibe. Darum malt er mit einem Gemische von Spott und Ernst, ein erträumtes Frauenreich aus:

„Der Rat wurde nicht mehr aus denen ansehnlichen Bürgern, sondern aus denen vernünftigen Bürgerinnen erwählet. Sein Haupt war nicht ein Bürgermeister, sondern eine Bürgermeisterin. Alle Kläger, die vor demselben Recht suchten, kamen nicht mit Mänteln, Degen und Stöcken, sondern mit leinen Schürzen, geputzten Köpfen und Fächern aufgezogen. Derer Advokaten gab es sehr wenig, denn die meisten Klägerinnen wußten ihre Sachen mit der größten Fertigkeit vorzutragen. Wofern diese sich aber der Unmündigen, Kranken und Alten halber einige zu Sachwalterinnen gebrauchen ließen, so bemerkte man an ihnen eine solche Beredsamkeit, daß sie es mit dem berühmten Cicero selbst angenommen hätten. Ich hörte eine gewisse Dienstmagd Diebstahls wegen zum Stricke verdammen. Man führte sie in Begleitung unzähliger Leute an die Gerichtsstätte. Die Henkerin stieg mit der Verurteilten die Leiter hinauf und tat derselben ihr Recht. Sie blieb hangen und die Zuschauerinnen gingen davon. Noch nicht genug. Ich sahe ein Regiment Heldinnen mustern, die mit ihrem Gewehr wohl umzugehen wußten. Die Röcke gingen ihnen kaum bis an die Waden, und sie hatten alle eiserne Schnürleiber, die anstatt der Brustharnische dienten. Ich hörte bei dem Trommelschlage Werbungen anstellen. Da liefen alle mutigen Mägde und liederliche Töchter, die ihren Frauen und Müttern einen Possen tun wollten, sehr häufig zu. Man schrieb sie in die Rolle, man kleidete sie wie die andern, und ließ sie die Kriegsübungen lernen. Bald sähe ich eine von diesen Neugeworbenen auf einem Esel sitzen, bald eine andere am Pfahle stehen, bald eine gar mit nacktem Oberleibe zwischen etlichen Hunderten ihrer Mitschwestern durchlaufen und von jeder einen durchdringenden Rutenstreich auf das zarte Fell empfangen. Es war geschehen. Das Spiel ward gerühret. Das Bataillon zerteilte sich in seine Compagnieen, und eine jede Befehlshaberin führte ihre weibliche Mannschaft nach dem Tore, die Wache abzulösen. Am allerbesten gefiel mir die Betrachtung einer weiblichen hohen Schule. Denn meinem Bedünken nach waren alle Professorstellen mit Weibespersonen besetzt. Die Jungfern zogen haufenweise aus einer Stunde in die andere, und ihre jungen Mägde trugen ihnen Bücher nach. Es fanden sich Spaltungen unter ihnen. Der eine Teil hielt es mit dieser, der andere mit jener Lehrerin. Die Parteien unterschieden sich voneinander durch Auflegung der Schattierpflästerchen und durch die Farben der Bänder an ihrem Putze. Ja über die Wissenschaften selbst entstand mancher Streit. Man hielt öffentliche Unterredungen von gelehrten Materien, die in kleinen, gedruckten Schriften vorher waren bekannt gemacht worden. Und mich dünkt, daß es weit lebhafter und eifriger als itzo bei denen Männern zuging. Man zankte sich zum Exempel ob die Vernunftlehre eine Kunst oder eine Wissenschaft sei? Ob man mit dem Aristoteles dreierlei oder mit dem Galenus viererlei Arten von Schlüssen zugeben sollte? Oder ob man den ganzen Plunder mit einem Male wegwerfen könne? Ja, es fand sich eine spitzfindige, die aus einer sonderbaren Begierde, neue Wahrheiten zu erfinden, die Frage aufwarf: Ob es denn eine so ganz ausgemachte Sache sei, daß die Mannspersonen Menschen wären? Sie meinte, die Leugnung dieser Streitfrage wäre das beste Mittel, sich an denen zu rächen, die bisher die Menschheit der Weiber in Zweifel gezogen haben. Und daher bekam sie einen großen Anhang. Es gab auch unter diesen studierenden Frauenzimmern lustige Schwestern, die mehr Zeit auf den Kaffeehäusern und Weinkellern als bei denen Büchern zubrachten. Sie schmauseten mit Trompeten und Pauken und saßen zuweilen in denen Fenstern ihrer Stuben mit ausgehangenen Beinen. Des Nachts brachten sie bisweilen ihren Gönnerinnen und der akademischen Regentin die schönsten Musiken, ja, sie wetzten so mutig auf dem Pflaster, bis die Häscherinnen, die gleichfalls gut bewaffnet waren, herausfielen und dieses schwärmende Frauenzimmer zerstäubeten."

Soweit hat sich Callyste — unter diesem Namen schreibt hier Gottsched — ihren Gedankenspielereien überlassen, bis sie wirklich ein-schläft: „Da war es nun ganz natürlich, daß ich Träume haben mußte, die mit dem, was ich bisher beschrieben, einige Verwandtschaft hatten. Es kam mir nämlich diese Stadt voller Weibsbilder vor, allein unter einer ganz andern Gestalt, als sie mir wachend vorgekommen war. Ich sah zwar allenthalben Frauenzimmer, aber ich konnte sie kaum mehr davor halten, was sie doch waren … Man hielte unter ihnen nichts mehr auf die Schön-heit des Angesichts, nichts auf die weiße Haut des Halses und der Brust, nichts auf die geschickte Stellung des Leibes. Artigkeit und Höflichkeit waren Wörter, die mit denen dadurch bedeuteten Sachen ganz aus der Mode gekommen waren. Man wußte nichts von Tanzmeisterinnen. Man las keine Romane, um geschickte Manieren in Gesprächen daraus zu ler-nen. An allen Straßen sahe man unzählige Stücke von zerbrochenen Spie-geln liegen. Denn man bediente sich derselben nicht mehr. Zarte und schöne Hände, oder kleine und geschickte Füße zu haben, war kein Ruhm mehr vor das Frauenzimmer. Und alle Galanterie-Krämerinnen waren in einem Jahre zum Tore hinausgelaufen, weil niemand, wie ich berichtet wurde, ihre Waren begehret hatte. Man ließ sich keine Moden mehr aus Frankreich bringen. Eine jede machte ihre Kleidung nach ihrer Phantasie. Der Zwang der steifen Schnürleiber war ganz verbannet; die Brust ent-blößte man nicht mehr, und die meisten Personen waren ziemlich stark vom Leibe, und fast allenthalben gleich dicke. Ich entsetzte mich über diesen Anblick. Ich konnte es mir fast nicht einbilden, daß diese unartigen Kreaturen, so ich überall vor mir sähe, Frauenzimmer sein sollten. Wo sind, dachte ich bei mir selbst, alle Annehmlichkeiten unseres Ge-schlechts? Wo ist das holdselige Lächeln der Lippen? Wo sind die blit-zenden Augen? Wo sind die verliebten Gebärden und Mienen? Wo sind so viel tausend andere Reizungen, die uns bisweilen in Personen von un-serem eigenen Geschlechte verliebt machen? Warum sehe ich keine Lau-ten oder andere Gattungen von Saitenspielen? Warum höret man keine Engelstimme ein bezauberndes Lied nach dem anderen anstimmen? Ich trat derowegen, wie mich dünckte, zu einer Person, die mir am nächsten war, in Hoffnung, die Ursache so seltsamer Veränderungen zu erfahren. Sie sahe mich mit einem störrischen Gesichte an, und als ich meine Frage so bescheiden, als es nur möglich war, eingerichtet hatte, hörte ich die Antwort: Du Närrin! was tadelst du viel? Ich weiß nicht, was du haben willst. Packe dich fort! Und hiermit stieß sie mich mit dem Arme zur Sei-te, daß ich mich, meiner Einbildung nach, nicht auf den Füßen erhalten konnte, sondern zur Erde sank; und den Augenblick erwachte ich aus meinem Traume."

„Diese nächtliche Vorstellung hat mir Anlaß gegeben, die wahre Ursache zu entdecken, woher es doch komme, daß unser Geschlecht so sehr auf den Putz des Leibes und den Schmuck in Kleidung hält. Man mag auch sonst vorwenden, was man immer mehr will: Mein Traum hat mich fest überredet, daß es bloß der Mannspersonen wegen geschehe. Mein Vorhaben ist nicht, alle Auszierung unserer Leiber als etwas Sträfliches zu tadeln und zu verwerfen. Es läßt sich wohl hören, daß unser Körper selbst ein so edles Geschöpfe Gottes sei, daß er gar wohl verdiene, auch mit den allerköstlichsten Dingen, die auf dem Erdboden zu finden sind, ausgeschmückt zu werden. Gott hat auch das menschliche Geschlecht nicht ohne besonderte Weisheit aus zweierlei Gattungen wollen bestehen lassen, und diesen beiden Arten von Menschen eine Zuneigung gegen einander eingepflanzet, dadurch sie sich die Beschwerlichkeiten des Lebens erleichtern und manche bittere Stunde versüßen sollen. Daher kann man es weder Manns- noch Weibesbildern verdenken, wenn sie diesem natürlichen Triebe gemäß, einigermaßen trachten, was Gefälliges an sich zu haben. Die Schönheit selbst, die unserem Geschlechte fast allein zugehöret, scheinet bloß zur Belustigung der Männer so viel Annehmlichkeiten an sich zu zeigen. Warum wollte man denn allen Putz des Frauenzimmers schelten und ihre Begierde dadurch zu gefallen, vor ein Laster ausgeben? Ganz recht! wird manche Modeschwester, die täglich 6 Stunden vor dem Spiegel stehet, bei sich gedenken, das ist eben meine Entschuldigung, wenn mir mein Vater manche scharfe Lektion gibt, daß ich nicht so eitel in Kleidungen sein soll, und es ist mir lieb, daß ihr vernünftige Tadlerinnen auf meiner Seite stehet, und mir das Wort redet. Doch übereilet euch nicht, liebe Freundinnen, ihr habt mich noch nicht ausgehöret. Ich mache einen großen Unterscheid unter mäßiger Bemühung, wohlgearteten Leuten zu gefallen, und einer unermüdeten Begierde, eitle Mannspersonen zu reizen, zu entzücken, zu bezaubern. Jene ist an sich zulässig, denn sie suchet mehr allen Übelstand zu fliehen, als besondere neu ersonnene und unnatürliche Annehmlichkeiten anzunehmen. Die letzte hergegen ist sträflich, denn sie schweifet aus und lasset sich in keine Schranken schließen. Jene kann mit einer wahren Tugend wohl bestehen; diese ist aber mit Recht ein Laster zu nennen."

So ist also des breit ausgeführten Märchens kurzer Sinn der, daß Frauen, wenn sie den Männern gleich, Freude an der Wissenschaft gewinnen, in gleichem Maße die Freude an Putz verlieren. Darum warnt er vor Übertreibung nach beiden Seiten hin. Die unschönen Frauen des Amazonenreiches verspottet er, wie die Modenärrinnen. So hat Gottsched seinen vermittelnden Standpunkt klar genug gezeichnet, und man tut ihm bitter Unrecht, wenn man von ihm behauptet, er habe nur gelehrte Damen gelten lassen wollen. Wie sehr es ihm darauf ankommt, zunächst nur den allgemeinen Pegelstand der weiblichen Bildung zu heben, beweist eine Antwort, die er im dreiundzwanzigsten Stücke des ersten Jahrganges der Tadlerinnen auf eine — wirkliche oder erfundene — Zuschrift einer lernbegierigen Limstädterin gibt. Sie hat erklärt, daß sie angeregt durch die Tadlerinnen gern ihre Bücherkenntnis vermehren möchte und bittet um Nennung einiger guter Werke. Gottsched—Phyllis gesteht zunächst, selbst nicht alle Bücher zu kennen, da dies ja unmöglich sei: „Doch zu allem Glücke ist es auch nicht nötig. Man braucht zwar viele Bücher zu kennen, zu haben, und zu lesen, wenn man von seiner Gelehrsamkeit einen Staat oder Wind machen will; aber gelehrt zu werden braucht man sehr wenige. Dieses ist nicht mein Urteil, sondern der Ausspruch eines der aller größten Männer, die wir gehabt haben. Eben dieser hat noch hinzugesetzt, daß man derselben noch weniger nötig habe, wenn man nicht gelehrt, sondern klug und vernünftig werden wolle." Und so gibt Gottsched—Phyllis denn ein Verzeichnis einer „deutschen Frauenzimmerbibliothek". Darin überwiegt allerdings bei weitem die Religion, aber es sind nicht die am Buchstaben haltenden Theologen, die er empfiehlt. Vielmehr weiß er, daß die Beschäftigung mit den Wissenschaften in jenem Zeitalter beginnender geistiger Gärung auch Frauengemütern Zweifel an den religiösen Glaubenssätzen erregen kann, und darum weist er sie auf die gemütvollen Vertreter der Theologie und auf Naturforscher und Philosophen hin, die aus ihrer Wissenschaft Beweise für die Religion zu gewinnen suchen. Er will, daß die Frauen lernen sollen, selbst zu prüfen und selbst zu erkennen. An der Spitze steht: Cansteins „deutsche Bibel", neben ihr Cassenii „Perlenschatz", und Arndts „wahres Christentum". Auf die Kenntnis der wirklichen Bibel also legt er besonders Wert und auf die moralische Seite der Religion. So erscheinen denn auch des weiteren die theologischen Schriften Robert Boyles, jenes englischen Naturforschers, der so eifrig bemüht war, Wissen und Glauben auszusöhnen. Daneben findet sich das „Irdische Vergnügen in Gott" des Hamburgers Brockes, der als ein dichterischer Naturbetrachter, seinen Glauben weniger aus der Offenbarung der Schrift als aus der Herrlichkeit der Schöpfung herleitete, und neben Gastrells Schrift von der Wahrheit der Religion und Henr. Müllers Liebeskuß und Erquickungsstunden, steht des wackeren, für Frauenbildung so eingenommenen, August Hermann Francke „kleine Postille". Probst Gedickens Beweise der christlichen Religion, und La Placettens kurzgefaßte Sittenlehre, sowie Pritii „Ausübung der geistlichen Tugend und Sittenlehre". Zur Hebung der allgemeinen Bildung soll ein „Frauenzimmerlexikon", ein

„Staats- und Zeitungslexikon" dienen, in die Weltweisheit sollen I. Ad. Hoffmanns „Zufriedenheit", desselben Übersetzung von des Kaisers Antoninus „Betrachtungen", Christian Thomasti Vernunftlehre und desselben Sittenlehre, Fontenelles Gespräche zwischen einem Gelehrten und einem Frauenzimmer und M. F. B. D. „beste Gründe der Weltweisheit für Frauenzimmer" einführen. Geschichte und Geographie vertreten Birkenmayers „Curieuser Antiquarius" und Hübners „historische und geographische Fragen". Auch Graf Henkels „letzte Stunden verstorbener Personen" gehört zum Teil dahin. Für die Erziehung der Kinder sollen die Schriften Fénelons und des Engländers Locke den rechten Weg weisen. Benjamin Neukirchs Anweisung zu „deutschen Briefen" und H. Freyers „Anweisung zur Orthographie" sind wohl am Platze, Scheuchzer vertritt die Naturgeschichte, und von der schöngeistigen Literatur erscheinen Bessers „gebundene und ungebundene Schriften", Amthors poetische Schriften, C. Hr. Gryphii „poetische Wälder", M. Canitzens Nebenstunden, der „englische Spektateur", und den Beschluß macht endlich Hellwigs „Frauenzimmerapothekchen".

Übrigens ist dies von Vielseitigkeit zeugende Verzeichnis nicht Gottscheds Erfindung. Der „Hamburger Patriot" hatte schon in seinem 8. Stück vom 24. Februar 1724 eine ähnliche Bibliothek zusammengestellt, die in vielen Titeln damit übereinstimmt und der Erbauung, Wissenschaft, Belustigung, Lebensklugheit und Haushaltung dient.

Freilich wollte Gottsched auch den wirklich begabten Frauen die Pforten der Wissenschaft ganz öffnen. So kennzeichnet er im vierzigsten Stücke des ersten Jahrganges sein doppeltes Streben: „Eine Hauptabsicht unserer wöchentlichen Schriften ist die Aufmunterung des weiblichen Geschlechtes zur Verbesserung ihres Verstandes und Willens: und eine andere die Rettung unserer Ehre gegen die unverständigen Verächter des Frauenzimmers. Beiden denken wir Genüge zu tun, wenn wir eine kurz gefaßte Lebensbeschreibung der Französin Madame Dacier in diesem Stücke unseren Lesern mitteilen." Und nun schildert er, wie diese Frau als junges Mädchen im Hause ihres Vaters, des Professors Lefèbre — Gottsched nennt ihn sonderbarer Weise Faber — anfangs nur in weiblichen Handarbeiten Unterricht erhalten hatte, wie sie aber mit diesen Arbeiten sich gern in das Zimmer gesetzt, in dem ihr Bruder sehr sorgfältig unterrichtet wurde. Als dieser eines Tages eine Frage verfehlte, gab sie die richtige Antwort, und da sie nun einmal ihr außerordentliches Fassungsvermögen verraten hatte, wurde sie — wie so manche Gelehrtentochter damaliger Zeit — in den Wissenschaften ausgebildet und ging später nach Paris, wo sie den Ruhm und ihren Gatten fand. An anderen Stellen malt Gottsched sich mit Zuhilfenahme der Phantasie das Bild des Gelehrtenpaares, das gemeinsam über einer Arbeit sitzt, so reizend aus, daß man ihm deutlich anmerkt, wie sehr er sich nach gleichem Glücke sehnt. Und es sollte ihm einige Jahre später zu teil werden.

Aber neben der Dacier weist er auch auf deutsche Frauen hin. So natürlich auf die Schürmännin, und ganz besonders auf die Mollerin, also auf die in der Einleitung zu dieser Darstellung erwähnte Königsberger Dichterin, der Floridan, der Pegnitzschäfer, den Weg in die Unsterblichkeit gebahnt hatte.

So suchte er auf alle Weise den Ehrgeiz des weiblichen Geschlechtes für die Wissenschaften und Künste anzuregen. Er widmete den ersten Jahrgang der Tadlerinnen als er vollendet war, der Prinzessin Friderica Sophia Wilhelmine von Preußen, der späteren Markgräfin von Bayreuth, der Schwester des Prinzen, der einst der größte aller Könige werden sollte; den zweiten Jahrgang aber schrieb er der Rahel Sophie Marschall geborene Baronessin von Fletscher zu, einer Dame, die, wie er äußert, „von den Vornehmsten des Landes verehret wird, und deren Verdienste auch in benachbarten Ländern so bekannt sind, daß sich die gelehrtesten Männer um ihren Briefwechsel bewerben".

Es konnte nun natürlich nicht fehlen, daß einem so frauenfreundlichen Manne sich alsbald Mitarbeiterinnen anschlossen. Gottsched selbst verrät davon am Schluße des zweiten Bandes einiges. Zwar gibt er zu, daß die weiblichen Namen vielfach nur vorgeschützt sind, fährt dann aber fort: „Es ist indessen weit gefehlt, wenn man glaubt, daß an diesen Blättern das schöne Geschlecht gar keinen Anteil habe. Ich kann vielmehr versichern, daß außer dem, was von der berühmten Schürmännin, Gertraud Mollerin und der noch itzt lebenden sächsischen Dichterin Curtia in den Anhang dieser Blätter gedruckt worden, noch viele treffliche Schriften, teils von schlesischen, teils von obersächsischen, teils von nürnbergischen und straßburgischen Frauenzimmern darinnen anzutreffen sind. Einige davon habe ich die Ehre von Namen zu kennen, und ich könnte diesen Blättern keine größere Zierde geben, als wenn ich Erlaubnis hatte, sie zu nennen. Eine einzige kann ich namhaft machen: nämlich die nunmehr seelige Frau von Breßler, eine vornehme schlesische Dame. Der überaus wohlgeratene Vers, der in dem siebenundzwanzigsten Stücke des ersten Teiles S. 112 befindlich ist, kommt von dieser gelehrten Poetin her, und wer weiß, was sie nicht noch selbst unter verdecktem Namen zu diesen Blättern beigetragen hat? So viel ist gewiß, daß ein anderes vornehmes Frauenzimmer ihre Hand und Namen wohl zehnmal verändert, ja sich wohl einen männlichen Namen gegeben, um nur von mir nicht allezeit vor dieselbe Korrespondentin gehalten zu werden. Was mag nicht sonst ohne mein Wissen von weiblichen Federn in diese Schrift eingeflossen sein?" Der oben erwähnte „wohlgeratene Vers" der Breßlerin ist nun in Wirklichkeit ein Gedicht von vier Seiten, das erweisen soll, wie schwer es sei, daß Frauen wirkliche Dichterinnen werden können:

Verzeiht mir, Euren Satz mag ich nicht unterbrechen,
Indem man unter uns auch Dichterinnen zählt,
Jedoch in diesem Fall ein Urteil auszusprechen,
So dächt' ich, daß dazu uns noch ein vieles fehlt.
Ein Dichter, den man soll für einen Meister preisen.
Braucht einen inneren Trieb, der von dem Himmel stammt,
Er läßt sich in der Kunst durch Künstler unterweisen,
Wird durch Befehl und Lohn zu schreiben angeflammt.
Bei uns ist nichts hiervon. Wo soll der Trieb herkommen.
Den des Poeten Pferd, der Rebensaft erweckt?
Von uns wird ja der Wein gar sparsam eingenommen,
Wenn in demselben gleich ein göttlich Feuer steckt.
Man schwärmt: die Liebe könn' auch einen Dichter machen;
Drum ist der meiste Teil der Verse so verliebt,
Und mancher Erz-Poet ist häßlich auszulachen,
Daß er um Fantasie sich so viel Mühe gibt.
Doch das ist nicht für uns, sich dumm verliebt zu stellen,
Ein Mädchen von Verstand kennt keine Liebespein;
Man möchte die gewiß wie Fastnachts-Füchse prellen.
Die ihre Feder läßt der Venus zinsbar sein.

Nun, das klingt nicht eben so, als ob die edle Breßlerin einer dichterischen Auffassung der Liebe fähig gewesen wäre. Das nicht sehr glückliche Bild, das den Wein als ein Pferd darstellt, hat sie übrigens nicht selbst zu verantworten. Es stammt aus Versen, die Floridan sehr frei nach Martial gedichtet hatte: „Rebensaft ist des Poeten Pferd, Verse von Wasser sind Wassers nicht wert." Die Breßlerin aber kennt noch mehr Hindernisse und schließt endlich:

Ja, wenn wir endlich auch galante Verse machten,
Wo bringen wir sie an? Was wird uns wohl zu Lohn?
Spitzfündige Censur, Hofmeistern und verachten,
Unnötiger Verdruß, Verleumdung, Spott und Hohn.
Wie mancher Tabacksfreund wird in Gesellschaft sitzen,

Und bei der Pfeifen Dampf als Cato sauer sehn,
Aufs weibliche Geschlecht mit Bauerngrobheit spitzen,
Und sagen: armer Mann, nun ists um dich geschehn.
Dein Verse schwangres Weib laßt alle Wirtschaft liegen,
Bekümmert sich nicht mehr um Keller, Küch' und Haus.
Folgt ihr die Tochter nach? Man wird die rechte kriegen!
Mit so gelehrter Zucht kommt man gar übel aus.
Was meint Ihr nun davon, Ihr klugen Tadlerinnen!
Ob Frauenzimmern wohl die Versifexerei,
Solange man vermag dem allen nachzusinnen,
Mit gutem Fug und Recht noch anzuraten sei?
Unmöglich ist es nicht: wir haben schon Exempel
Die Männer preisen selbst, was manche schon getan,
Sie setzen unser Bild in Pallas Ehren-Tempel
Und schreiben unser Lob auf dem Parnassus an.
 Es hat auch die Natur uns Witz genug verliehen,
Die Schuld liegt nur an uns, daß wir im Staube ruhn.
Es fehlt an Unterricht, an fleißigem Erziehen,
Drum wird man nicht geschickt, es Männern gleich zu tun,
Doch, es ist Eitelkeit, ich will nunmehr schweigen.
Der dringende Beweis macht mir vergebne Müh'.
Mein eigner schlechter Reim kann Euch schon überzeugen,
Wie ungeschickt ich sei zur edlen Poesie.

Nun, mindestens zur Logik scheint die Verfasserin wenig Veranlagung gehabt zu haben. Bald sind die Männer die Spötter der dichtenden Frauen, bald stellen sie ihr Bild in Pallas Ehrentempel — wobei Gottsched gleich wieder auf Lehms hinweist — bald ist es die Schuld der Frauen, daß sie nicht dichten wollen, bald können sie nicht; dann ist die Erziehung die Ursache, warum Frauen den Männern nicht gleich kommen, dann wieder wird ihr Streben für Eitelkeit erklärt — und doch ruft Gottsched beim Anblick dieses Gereimsels aus: „Nun fragen wir alle Kenner der reinen Poesie, ob nicht unser (das weibliche) Geschlecht Ursache habe, ein solches Probestück einer weiblichen Feder als eine Ehrenrettung anzusehen, da durch man sich wieder alle Auflagen verteidigen kann." Nun, an der mangelnden Anerkennung der Männer lag es in jenen Zeiten gewiß nicht, wenn die Frauen jenen den Preis nicht abliefen. Stolz weiß daher eine andere anonyme Einsenderin den Beweis zu führen, daß die Frauen sogar besser dichten müßten, als die Männer, wenn dieses böse Geschlecht nicht hindernd eingegriffen hätte. Nachdem sie den Vorzug ihres eigenen Geschlechtes vor dem männlichen gründlich hervorgehoben, zürnt sie:

> Nur in der Poesie will dies Geschlecht nicht weichen:
> Allein hier braucht man nichts, als deutlich darzutun,
> Daß ihre Köpfe nicht der unsern Zartheit gleichen,
> So muß des Vorzugs Kranz auf unsrer Scheitel ruhn.
> Nun ist im Haupte ja der Wohnplatz des Verstandes,
> Und ist dabei die Brust des Willens Lagerstatt:
> So wohnt ja unser Herz in dem gelobten Lande,
> Allwo der Männer Geist selbst Lust zu wohnen hat:
> Ach wäret ihr nur nicht so voller List gewesen,
> Die die Gelehrsamkeit uns aus der Hand gespielt,
> So solltet ihr von uns dergleichen Verse lesen
> Wo nichts von Eurer Kunst so leicht die Waage hielt …

Und Gottsched stimmt im Namen der Tadlerinnen wahrhaftig diesem Urteil zu und nennt die Reimerei eine „kurze aber wohlgeratene Verteidigung" des weiblichen Geschlechts. „Der ganze Schluß, der darinnen steckt, ist gründlich. Die natürliche Schreibart ist ohne Zweifel besser als die gekünstelte, hochtrabende, schwülstige. Das Frauenzimmer liebt die erste und ist darinnen gleichsam zu Hause: aber was vor übersteigende Sachen haben uns nicht die Mannspersonen bisweilen zu lesen gegeben? Wir gestehen es gern, daß nicht alle Poeten so unnatürlich schreiben; allein da noch kein Frauenzimmer gewiesen werden kann, die ihnen hierin gefolget wäre, so bleibt es eine ausgemachte Sache, daß unserm (dem weiblichen) Geschlecht in diesem Falle der Vorzug gebühret."

Also soweit war die Begeisterung für die Frauen in der Literatur nun schon gestiegen, daß man ihnen nicht nur das Recht der Gleichberechtigung, sondern schon das Vorrecht einräumte.

Und Gottsched sollte nun auch bald genug erst seine Mollerin und dann seine Dacier, erst die von ihm zu krönende, und dann die zu ehelichende Dichterin entdecken.

Zweites Kapitel.

Die Genossinnen Gottscheds.

Damals lebten in Leipzig nach Auskunft von Lehms drei galante Poetinnen. Da war zunächst Regina Maria Pfitzner, eine Frau von musikalischer
Begabung, die selbst Musiktexte schrieb, aber auch poetisch allerlei moralische und geschichtliche Gegenstände behandelte und namentlich groß
war in der damals beliebten Gattung der „Heldenbriefe". Neben ihr verehrte man in der Lindenstadt Anna Maria Pflaum, die Verfasserin der
„Tränen und Trostquelle", die von dem Dichter Neumeister als die „deutsche Sappho" bezeichnet wurde. Sie genoß als Gattin des Stadtrats Pflaum
bedeutendes Ansehen und ihre lateinischen und deutschen Gedichte wurden sehr geschätzt. — Endlich gab es noch eine Pflitzin. Von ihr ging der
Ruf, daß sie gleichfalls ein Schöngeist sei, aber sie hat Lehms gegenüber
sich beharrlich geweigert, Dichtungen von sich zu zeigen oder gar zu veröffentlichen.

Die bedeutendste aber hat Lehms noch nicht gekannt. Es war dies eine
junge Witwe, die im siebenundzwanzigsten Jahre ihres Lebens schiffbrü-
chig heimgekehrt war in das mütterliche Haus. Sie hatte bereits zwei Gatten und alle ihre Kinder begraben. Als geborene Leipzigerin hatte sie in
dem Hause eines hochangesehenen Mannes die Augen aufgeschlagen. Ihr
Vater nämlich, Franz Conrad Romanus, war damals kurfürstlicher Apellationsrat, und wurde auf besonderen Wunsch des Kurfürsten August im
Jahre 1700 Bürgermeister von Leipzig. In seinem Hause war er ein um-
sichtiger Erzieher und erkannte früh die geistige Regsamkeit seiner Tochter, die schon im fünfzehnten Lebensjahre ihr erstes Gedicht verfaßte.
Leider wurde unmittelbar darauf das Haus Romanus durch ein fürchterli-
ches Schicksal in den tiefsten Fugen erschüttert. Der Apellationsrat ward
nämlich eines schweren Staatsverbrechens beschuldigt und auf den Kö-
nigstein in Haft gebracht, wo er nach vierzigjähriger Gefangenschaft starb
ohne das Licht der Freiheit wieder zu erblicken. Er war in des Kurfürsten
zweideutige Finanzoperationen verwickelt worden und sein eigener Haushalt scheint ihn auch zu Veruntreuungen veranlaßt zu haben. Fünf Jahre
nachher fand Christine Mariana ihren ersten Gatten in Henrich Levin von

Könitz in Leipzig. Aber schon nach wenigen Jahren war sie Witwe. Bald darauf reichte sie ihre Hand einem Kriegsmanne, dem Hauptmann Georg Friedrich von Ziegler auf Eckartsleben, der in gothaischem Gebiet bei Greifentonna, seine Besitzungen hatte. Aber diesmal war es der Schwedenkrieg, der das neugegründete Glück der jungen Frau bedrohte und sie selbst für eine Zeit in das Feldlager führte. Auch Ziegler starb früh und in derselben Zeit die Kinder, die aus beiden Ehen entsprossen waren. So war Mariana bettelarm an Glück heimgekehrt in die schöne Vaterstadt. Hier aber schuf sie sich einen neuen Beruf in der Kunst. Musik und Poesie hatten sie von Jugend auf begeistert. Klavier und Laute waren damals beliebte Instrumente bei den deutschen Mädchen der „fürnehmen und Herrenstände". Frau von Ziegler aber hatte auch die Querflöte handhaben gelernt und schätzte dieses Instrument gerade über alles. Da sie reich und völlig ungebunden war, so konnte sie ihren Neigungen fröhnen und versammelte bald die musikalischen Geister Leipzigs in ihren Wohnräumen. Leipzig war damals noch nicht die Musikstadt, die es heute ist, und Frau von Zieglers „musikalischer Salon" war der erste seiner Art in dem Pleiß-Athen. Sie schwärmte für die Komponisten Teleman, Händel und Bach. Junge Tondichter schickten ihr mitunter ihre Kompositionen und ließen sie oft sogar für sie anders setzen, was aber dem feinen musikalischen Gefühl Marianas nicht immer entsprach, denn sie meinte, „daß einem Stücke, welches von seinem eigentlichen Instrument in die Versetzung verfällt, der größte Teil der Annehmlichkeit benommen werde". Mitunter verschaffte sie auch begabten jungen Musikern eine Stellung, kurz sie war bald weit und breit geachtet und angesehen. Es ist auch wahrscheinlich, daß sie zu den versteckten Mitarbeiterinnen der „vernünftigen Tadlerinnen" gehört hat, und daß Gottsched, der früh in ihren Kreis eingeführt wurde, die dichterischen Gelüste in der kunstsinnigen Frau wieder wachrief. Wenigstens hat er ein Motto für das neunundvierzigste Stück des zweiten Jahrganges seiner vernünftigen Tadlerinnen einem Gedichte entlehnt, das sie zum Geburtstage des Grafen Joachim Friedrich von Flemming, (6. August 1726), verfaßt hatte. Es lautet:

Schau nur die Pierinnen an
Und sag', ob wir uns nicht dazu mit stellen können?
Sie sind mit gleicher Tracht wie wir auch angetan.

Also auch hier der immer wiederkehrende Gedanke von der geistigen Leistungsfähigkeit der Frauen! Zwei Jahre nach dem Eingehen der „Tadlerinnen", im Jahre 1728, trat Frau von Ziegler, sicherlich ermutigt durch

Gottsched, mit ihren ersten Gedichten an die Öffentlichkeit, denen sie den bescheidenen Titel gegeben hatte: „Versuch in gebundener Schreibart". Sie sah darin wirklich nur einen Versuch, und als sie im nächsten Jahre den zweiten Teil folgen ließ, nahm sie bereits wieder Abschied von der Dichtkunst. Da war Gottsched nun der rechte Mann, ihr sinkendes Selbstvertrauen wieder zu heben. Der Blick für wirkliche Poesie war ihm nicht verliehen, also vermochte er nicht die Grenzen des Talentes einer kunstsinnigen aber nicht genial veranlagten Frau zu erkennen. Vielmehr suchte er sie mit allen Mitteln bei der Beschäftigung mit den schönen Wissenschaften festzuhalten. Und er fand dazu eine Gelegenheit.

Sein Ansehen war mittlerweile in der deutschen Gesellschaft von Jahr zu Jahr gewachsen und er konnte es nunmehr wagen, einen Vorschlag zu tun, der Verblüffung erregen mußte. Er wollte dieser Gesellschaft das erste weibliche Mitglied zuführen. Wir wissen, daß der Gedanke nicht so ganz unerhört war. Schließlich waren die Dichterorden des siebzehnten Jahrhunderts im Gedanken die Vorläufer der Gottsched'schen Akademie gewesen, und wir sahen, wie reichlich diese Orden mit weiblichen Mitgliedern gesegnet waren. Zudem war Frau von Ziegler von Adel, was ja nach Gottscheds Meinung sehr viel bedeutete. Immerhin war die Gottsched'sche Gesellschaft weit ernster. Wie seine „Tadlerinnen" von dem Getändel der „Frauenzimmergesprächspiele" sich bedeutungsvoll abhoben, so überragte auch seine „deutsche Gesellschaft" weit die spielerigen Pegnitzschäfer und den wesentlich in äußerlicher Symbolik aufgehenden Palmenorden. Darum mußte hier auch ein weibliches Mitglied mehr geleistet haben. So veranlaßte denn Gottsched die Zieglerin, eine Sammlung von Briefen in Prosa herauszugeben. Deutsche Briefe von einer Frau! Das galt damals vielleicht mehr als deutsche Verse! Hier war die Stelle, wo Deutschland mit dem Nachbarstaate nicht wetteifern konnte. Denn alles, was in unserem Vaterlande geistreiche Briefe schrieb, benutzte die französische Sprache dazu. So darf man also das, was Frau von Ziegler in ihren „moralischen und vermischten Sendschreiben" (Leipzig 1731) geleistet hat, nicht vom heutigen Standpunkte aus beurteilen. Uns erscheinen diese Briefe steif und aufsatzmäßig, ohne Eigenart. Für damals aber war es schon etwas, richtige und in ihrem Ausdruck klare Briefe überhaupt in deutscher Sprache mit einigem Geschmack zu Wege zu bringen. Und Geschmack besaß die Zieglerin.

Nun war die Gelegenheit günstig, die erste Herausgeberin deutscher Briefe zu ehren. Und so ward sie denn im Jahre 1731 durch einstimmigen Beschluß aller Mitglieder in die deutsche Gesellschaft aufgenommen. In stolzer Bescheidenheit hielt sie ihre Antrittsrede: „So sehr mich Ihr edelmütiges Anerbieten in Verwunderung gesetzet, so sehr und vielleicht noch heftiger dürfte die gelehrte Welt zugleich über Ihren allerseits ganz unverhofften Entschluß erstaunen. — Sie, hochzuehrende Herren, rufen mich (Welch ungewöhnlicher Wink!) in Ihre gelehrte Gesellschaft und fordern, daß ich einen weiblichen Namen mit in die Rolle der männlichen Musen einzeichnen soll. Dieses wird unfehlbar der ohnedies zur Spötterei geneigten und sehr geschickten Welt neuen Stoff geben, ihre freimütigen Gedanken herumfliegen zu lassen und die allerherrlichsten Glossen darüber zu machen. Ja, ich selbst befinde mich nicht in den Umständen, Ihre, obwohl einhellige Wahl, zu rechtfertigen und die mir hierunter geschehene Ehrenbezeigung gegen die Neider und Mißgünstigen mit geruhiger und sorgloser Seele zu verteidigen: weil die Kräfte meiner Sinnen nicht zulänglich sind, den Ursprung Ihres Beginnens auszuforschen, noch einen einzigen Bewegungsgrund, zu Ihrem und meinem Vorteile, tadelsüchtigen Gemütern entgegenzusetzen. Ich mag Hinblicken wo ich will, so finde ich nichts, welches mich dergleichen Ehre würdig machen könnte. Erwägen Sie meine schlechten Schriften, die meiner schüchternen Muse, welche zu ihrem Zeitvertreibe und bloß zur Ergötzlichkeit den Kiel ergriff, aus den Händen gespielet und halb abgezwungen worden: so kann ich gar nicht glauben, daß selbige fähig sein sollten, Ihnen von mir ein solches Bild zu machen, welches an die Lorbeerbäume Ihres Musenhains mit aufgehänget zu werden verdienete. Sie sind noch roh und ich weiß mehr als zu wohl, daß meine nur halb geschärfte Feder ganz anders gespitzet werden muß und daß ich, ungeachtet Sie mich aus ganz besonderer Höflichkeit und sonder einiges Verdienst auf Ihren gelehrten Berg mit erhoben, noch sehr viele Hügel und Felsen zu ersteigen vor mir finde. Sehen Sie selbiges zu meinem Vorteil mit günstigen Augen an und fällen ein gelindes und bescheidenes Urteil darüber, so habe ich selbiges für nichts anderes, als für ein Zeichen Ihrer Großmut und der ganz ausnehmenden Gütigkeit auf¬ und anzunehmen, so die Gelehrten insgemein gegen weibliche Schriften blicken zu lassen pflegen. Sie schmeicheln unsern Blättern durch Ihren höflichen Beifall und nehmen die allerschlechtesten und gemeinsten Kräuter, so auf unsern Feldern hervorkeimen, vor die schönsten Balsamstauden an: vielleicht unsere schüchternen Geister durch solches unverdiente Lob beherzt zu machen und sie zu einem höheren Fluge anzuflammen. Allein ist es wohl möglich, daß dergleichen allgemeiner Vorteil und bescheidene Aufnahme, deren sich alle anderen Damen rühmen können, meinen schlechten Arbeiten gleichfalls zuwachsen könnte? Schrecket Euch denn nicht, Ihr hochdeutschen Musen, der bishero verspürte Haß und Neid ab, welcher meiner Feder nachgeschlichen? Mit was für ausbündigen Beweisgründen spricht man nicht hier und da dem sämtlichen deutschen Frauenvolke die Fähigkeit und Geschicklichkeit, gelehrten Wissenschaften nachzuhängen, ernstlich ab? Beherzigen Sie also was Sie tun, meine Herren!"

Sie geht dann auf die Ziele der Gesellschaft ein, bei der sie das Streben nach reinem Deutsch als das wesentlichste hinstellt, betont nochmals und immer wieder ihre Unfähigkeit und ihre Furcht, daß ihre schwachen Kräfte der Mitarbeit an so hohen Zielen nicht gewachsen sein möchten und bittet schließlich die neuen Genossen, sie unnachsichtlich auf ihre Fehler aufmerksam zu machen, wofür sie Eifer und Strebsamkeit verspricht. „Sodann will ich der Welt und dem Neide zeigen, daß ich ein nicht gar zu unwürdiges Mitglied Ihrer rühmenswürdigen Gesellschaft gewesen sei, und auf solchen Fall dürfte sich die itzige Verwunderung derselben in ein Stillschweigen verwandeln." Die ganze Rede zeigt allerdings ehrliches Bemühen nach einem reinen und würdigen Ausdruck in deutscher Prosa, und wie schwer derselbe damals zu erlangen war, darf man nie vergessen, wenn man solche Verirrungen, wie die von den „männlichen Musen" und von der nur „halb gespitzten Feder" und das unglückliche Bild von dem in dem Musenhain aufgehängten Porträt, nicht allzuhart beurteilen will. Zweifellos aber geht bei aller künstlichen Bescheidenheit ein stolzer Zug, bei aller Freude über die gefundene Anerkennung eine gewisse Verbitterung durch die Rede hindurch. Es fehlte auch unter Gottscheds Freunden nicht an Tadlern der Wahl. Auch die Ziegler sollte bald einen ersten großen Kummer durch ihren neuen Ruhm haben.

Sie hatte immer „munter und aufgeräumt" noch ihre gastlichen Säle jungen Talenten geöffnet und geriet auf diese Weise in Berührung mit dem höchst zweideutigen Professor Philippi, den sie mit einem jungen Mädchen verloben wollte. Von dem ganzen ärgerlichen Handel erhielt der bekannte Satiriker Liscow, der grimmigste Feind Philippis, Kenntnis und stellte nun die Frau von Ziegler zugleich mit seinem Feinde an den Pranger. Allerdings entschuldigte er sich später deswegen und versicherte sie öffentlich seiner Hochachtung, indes weiß man nicht recht, ob das ernst gemeint war. Aber der Fortschritt der Frauenerfolge war nicht mehr aufzuhalten.

Im folgenden Jahre nämlich kam aus Italien eine Kunde, die alle bildungsstrebenden Frauen im höchsten Grade erregen mußte. Diesem Lande, das zur Zeit der Wiedererweckung der Künste und Wissenschaften so bedeutungsvoll in den Vordergrund getreten war, hatte es natürlich nicht an wohlunterrichteten Frauen gefehlt. Und auch auf Deutschland hatten diese gewirkt. War doch Olimpia Fulvia Morata aus Ferrara, die schon mit

16 Jahren gelehrte Vorlesungen hielt, im Jahre 1548, zweiundzwanzigjährig mit dem deutschen Arzte Grundler vermählt, und diesem erst nach Schweinfurt, dann nach Heidelberg gefolgt, wo sie schon 1555 gestorben war. Jetzt, fast zweihundert Jahre nach ihrem Tode, hatte die Universität Bologna einer „Donna" den Doktorhut aufgesetzt. Am 12. Mai 1732 war Laura Catharina Maria Bassi feierlichst promoviert worden. Die Meinungen über diesen Schritt waren sehr geteilt. Selbst unter den Frauen gab es viele, die das für zu weit gehend hielten. Wir werden später das Danziger Fräulein kennen lernen, mit dem Gottsched damals in eifrigem Briefwechsel stand, und das sich, trotzdem es eine leidenschaftliche Freundin der Wissenschaften war, geradezu spöttisch über dies erste Fräulein Doktor aussprach. Aber den meisten unter den Frauen, die nun schon seit mehr denn hundert Jahren für das Recht des Frauenstudiums in Deutschland kämpften, erschien hier ein neues beneidenswertes Ziel, um das man ringen wollte. Frau von Ziegler, die sich natürlich jetzt als eine berufene Sprecherin fühlte, sang voll zorniger Begeisterung:

Denkt nicht, als müßte Pallas nur
Vor Männer Ehrenkleider weben.
Meint Ihr, Euch hätte die Natur
Das Recht dazu allein gegeben?
Ach weit gefehlt. Wißt Ihr denn nicht,
Was Seneca von Weibern spricht?
Der kann Euch Euren Stolz benehmen.
Befragt nur diesen weisen Greis,
Ob nicht ein Frauenzimmer weiß
Die Männer vielmals zu beschämen?

Jawohl, sie haben nichts voraus:
Was fanden wir denn zu beneiden?
Der Körper nur, das Seelenhaus
Kann uns von Ihnen unterscheiden;
Sagt, wieviel Sinne habet Ihr?
Zählt sie nur selbst:
Nicht mehr, als wir.
Wohnt Witz in einer Männer Stirne
So hat auch dieser Satz sein Recht:
Es steckt dem weiblichen Geschlecht
Kein Spinngeweb' in dem Gehirne.

Und die weiteren Strophen führen in ähnlicher Weise die Gedanken aus, die von der Schürmännin und der Pegnitzschäferin Dorilis bis auf Lehms immer wieder verkündet worden waren. Namentlich aus den „galanten Poetinnen" holt sie alle Beispiele herbei. Um so auffallender ist es hierbei nur, daß schon damals die Frauen eine Anerkennung ihres Strebens am liebsten mit einem zornigen Ausbruch gegen die Männer beantworteten. Man sieht wirklich in jener Zeit gar keinen Grund ein, weshalb sie sich über das andere Geschlecht beklagen sollten. Fast die ganze Klasse derjenigen Männer, die selbst etwas von den gelehrten Studien halten, ist ja auf das eifrigste bemüht, den Frauen die Pforten des Wissens aufzureißen. Sang doch auch der fromme Brockes in Hamburg schon das Lob der neuentdeckten Dichterinnen:

Du Helles Nordgestirn, Du Zierde, Kron' und Ehre
Des weiblichen Geschlechts, berühmte Brennerin,
Die ich verwundrungsvoll so lieblich singen höre,
Tiefsinnige, gelehrte Zieglerin,
Auch edle Breßler Du, stimmt freudig mit uns ein,
Die Lieblichkeit, die Schönheit dieser Erden,
Muß auch von Euch, von Männern nicht allein,
Empfunden und besungen werden?

Und der gelehrte Herr von Meiern sprach sich in der Vorrede zu seinem Buche über den westfälischen Frieden erfreut aus über das Wiedererwachen der deutschen Sprache und gedachte dabei auch der deutschen Gesellschaft und der Frau von Ziegler. Diese selbst erwähnt in ihrem Gedichte auf die Bassi den allbeliebten Lehms. Und wieviel Förderer des weiblichen Bildungsgedankens gab es, deren Namen die Geschichte nicht aufbewahrt hat? Da lebte z. B. in Quedlinburg ein gelehrter Schulrektor, Eckhard mit Namen. Er half einer liebenswürdigen, kränklichen aber hochbegabten Doktorstochter, dem Fräulein Leporin bei ihren Studien, die sie unter Anleitung ihres Vaters, eines tüchtigen Arztes, begonnen hatte. Der brave Rektor schreibt, einen Monat und zehn Tage nach der Doktorpromotion der Bassi, an seine kleine Schutzbefohlene, indem er ihre Arbeiten zurücksendet, in lateinischer Sprache: „Ich erflehe, daß Du, edelste Jungfrau, gleichermaßen das Lob solcher Gelehrsamkeit gewinnen und, wenn auch nicht in feierlicher akademischer, so doch in einer anderen Weise mit dem Doktortitel geschmückt werdest". Dreiundzwanzig Jahre später sollte sein Wunsch in Erfüllung gehen, denn in der Tat war die kleine Leporin vom Schicksale dazu ausersehen, die deutsche Bassi zu werden.

Vorderhand aber kannte noch niemand das gelehrte Kind von Quedlinburg, und Gottsched dachte zunächst nur an die von Ziegler, wenn er den Italienerinnen eine deutsche Frau gegenüber setzen wollte. Und er hatte bald den Weg dazu gefunden. Am 23. August 1733 wandte sich nämlich der Dekan der philosophischen Fakultät zu Wittenberg, Johann Gottfried Krause, an Gottsched mit einer sonderbaren Anfrage. Es handelte sich um die bevorstehenden Magister-Promotionen. „Vielleicht wüßten Euer Hochedelgeboren auch etwan jemanden, der die lauream poeticam annähme, wozu wir doch hier noch dann und wann einen Liebhaber gefunden, zumal sich die Kosten nur auf 14 Taler belaufen." Diese naive Briefstelle, bei der man hell auflachen möchte, zeigt zur Genüge, wie man damals den aus dem Mittelalter überkommenen Brauch der Dichterkrönungen bewertete! Es fand sich noch ab und zu ein Liebhaber, und es kostete nur vierzehn Taler! Gottsched aber wußte der Sache eine neue Wendung zu geben. Er dachte an das, was er acht Jahre vorher von der Mollerin geschrieben hatte und schlug jetzt die Zieglerin vor. Es war der erste Fall, daß eine Frau von einer Universität gekrönt wurde.

Professor Krause scheint auf den neuen Gedanken gern eingegangen zu sein. Er trat in Wort und Schrift ein für die Ziegler, verkündete ihre Krönung in Wittenberg bei der Promotion seiner Magister und reiste dann selbst nach Leipzig, wo in der Behausung der Frau von Ziegler die eigentliche Feier vollzogen wurde. Im Beisein vieler „angesehenen und gelehrten Männer" wurde ihr „von derjenigen Hand der Efeukranz aufgesetzt, welche denselben so würdig geflochten hatte"; und ein Diplom, mit rotem Mohr gefüttert und mit Lorbeerzweigen zierlich bedeckt, wurde ihr feierlichst übergeben. So erfahren wir aus dem Gedenkbüchlein, das zu Ehren dieses Festes Professor Lamprecht, sicherlich im Auftrage Gottscheds, verfaßt hat. Mit der Hand, die den Efeukranz geflochten, ist die des Professors Krause gemeint. Auf ihn läßt das Gedenkbüchlein überhaupt das hellste Licht fallen, wahrscheinlich weil er so geneigt gewesen war, auf Gottscheds Wunsch einzugehen. Es heißt da bombastisch von diesem Gelehrten, „bisher hatte ihn seine große Gelehrsamkeit der Welt bekannt gemacht, nunmehr erhebt noch eine Dame sein Lob, deren rühmliche Eigenschaften zu erkennen er so sorgfältig gewesen ist". Den Reigen der neununddreißig Lobgedichte aber, die das Buch enthält, und die in deutscher, lateinischer, französischer, italienischer und niederländischer Sprache abgefaßt sind, eröffnet mit rührender Unbeholfenheit der Rektor der Wittenberger Universität, der, dem philosophischen Dekan zum Verwechseln ähnlich, Kraus hieß.

Schreib' Lehms, noch in Dein Buch die teure Zieglerin,
Denn sie steht in der Zahl galanter Poetinnen,
Die unser Deutschland hat. Ihr hochgelehrter Sinn
Streit' um den Vorzug noch mit Deinen Pierinnen!

Gottsched selber aber sang voll Stolz und Zufriedenheit:

Wenn hat dies Preußens Mollerin
Und die von Greifenberg erfahren?
Die doch so wohl von scharfem Sinn,
Als die von Kuntsch und Breßler waren.
Vielleicht die Hoyer, die von Brenner
Und die von Gersdorf neuer Zeit?
Die alle rühmt sogar der Neid,
Denn sie beschämten oftmals Männer.
Gleichwohl ists ihnen nicht geglückt,
Daß solch ein Lorbeer sie geschmückt.

Zu diesem Verse macht Lamprecht eine Anmerkung, die Mollerin betreffend, die ja auch schon gekrönt worden war, jetzt aber hinter der von
Zieglerin zurücktreten sollte. Er schreibt: „Im Jahre 1671 ist zwar dieser
Poetin von der Gesellschaft der Pegnitzschäfer ohne ihr Ansuchen der
poetische Lorbeerkranz nebst dem gewöhnlichen Ordensbande und dem
Kraut Ehrenpreis zum Sinnbild zugesandt worden, aber gesetzt, daß der
sogenannte Floridan, durch den solches geschehen, auch kaiserlicher comes palatinus gewesen und sie also zu einer kaiserlich gekrönten Poetin
zu machen das Recht gehabt, so ist es doch gewiß, daß noch von keiner
Universität eine deutsche Dichterin dergestalt zur Poetin gekrönt worden,
welches allerdings für was besonderes zu achten ist, da sich die comites
palatini als einzelne Personen ihrer Gewalt viel leichter, als ganze corpora
academica, mißbrauchen können, auch vielfältig gemißbraucht haben“.
Ganz schön, wenn man nur nicht an die unglückseligen vierzehn Taler
denken müßte und an die Begeisterung, mit der Gottsched einst die Krönung der Mollerin gepriesen!
   Am interessantesten ist jedenfalls das, in der Form freilich recht gequälte, Lied, das die Kandidaten, voll Erstaunen über ihre weibliche Genossin, kurz nach wohlbestandenem Magisterexamen, an die gekrönte
Dichterin sandten. Darin heißt es:

Wir sind doch in dem deutschen Lande,
Die Ersten, die, soviel man weiß,
Nebst einer Dame von dem Stande
Zugleich den Lohn vor Ihren Fleiß
Gewürdigt wurden zu empfahen,
Und die sich gleichsam in Person
Bei der von Ziegler Ehrenlohn
Den Grazien und Musen nahen . .

Denn woran fehlt's Euch noch, Ihr Schönen!
Ihr übertrefft uns an Gestalt;
So manches Herze muß Euch fröhnen,
Ihr habet es in der Gewalt;
Ihr streitet wie die Amazonen,
Ihr teilet Krieg und Frieden aus.
Ihr bauet und regiert das Haus,
Ja Zepter traget ihr und Kronen.

Auf hohen Schulen waren immer
Die Männer sonsten noch allein;
Jedoch, gepriesnes Frauenzimmer,
Ihr wollt auch hier Gefährten sein;
Zu Würden, die nur uns gehören,
Erlangt Ihr, daß man Euch schon zieht,
Wer weiß, ob man nicht eh'stens sieht
Euch noch in Deutschland höher ehren.

Bald sollten schärfere Verse von akademischen Jünglingen gegen die stu-
dierfreudigen Mädchen gesungen werden. Im übrigen lohnt es nicht, die
lange Reihe der programmmäßigen Gratulationsgedichte durchzugehen.
Da findet sich natürlich die philosophische Fakultät mit einem Glückwun-
sche ein, da dichtet der frauenfreundliche Gottschedianer Professor
Schwabe, da steuern vor allen Dingen zahlreiche andere Dichterinnen der
damaligen Zeit ihre Scherflein bei, so die Anna Helene Volkmannin, geborene Wolffermannin, Christina Spitzlin in Augsburg und vor allen Dingen das junge Fräulein Kulmus in Danzig, Gottscheds Braut.
Schon aus diesen Beiträgen verschiedener Dichterinnen ersieht man, wie
die Autorschaft der Frauen noch beständig im Wachsen war. In Gottscheds oben angeführten Versen ist die Mollerin die bekannte Gekrönte
des Pegnitzer Dichterordens. Die Hoyer ist uns als religiöse Kampfnatur,

die Breßlerin als Gottscheds Mitarbeiterin und die Greiffenberg als Ober-
vorsitzerin in der Lilienzunft Philipps von Zesen schon bekannt. Wie diese alle war auch die Kuntsch schon tot, als Gottsched sie in jenem Tri-
umphvers erwähnte. Sie war eine geborene Margarete Susanne Förster
gewesen, am 7. September 1651 hatte sie auf dem altenburgischen Schlosse Allstädt die Augen aufgeschlagen. Mit achtzehn Jahren war sie die
Gattin des Mansfeldischen Hofrats Christoph von Kuntsch geworden und
ihm nach Eisenach gefolgt. Hier ist sie am 27. März 1717 verschieden.
Erst nach ihrem Tode gab ein gewisser Menantes ihre sämtlichen „geist-
und weltlichen Gedichte" heraus. Der Name von Gersdorf ist mehrfach
vertreten in der Frauendichtung jener Tage. Henriette Katharina, die am 6.
Oktober 1648 zu Sulzbach geborene Tochter des Freiherrn Karl von Frie-
sen, vermählte sich im Jahre 1672 mit dem Landesvogt der Oberlausitz,
Nikolaus Freiherrn von Gersdorf, ward nach dreißigjähriger Ehe Witwe
und lebte auf ihrem Gute Hennersdorf noch bis zum 6. März 1726. Ihre
„geistlichen Singstunden" und ihre „geistreichen Lieder und Betrachtungen" sind weniger bedeutungsvoll für die Welt gewesen, als ihr erzieheri-
scher Einfluß auf ihren Enkel, den Grafen Zinzendorf, den wir später kennen lernen werden. Joh. Charlotte von Gersdorf wurde am 14. Oktober
1688 geboren. Immerwährend kränklich erreichte sie nur das einunddrei-
ßigste Lebensjahr. So kam ihr das Lied wohl aus tiefster Seele: „Ich bin
zum Leiden nur geboren". Auch eine dritte Gersdorf ist nicht viel älter
geworden. Sie war die Tochter des Freiherrn Gottlob Ehrenreich von
Gersdorf, hieß Johanna Magdalena und lebte vom 31. Dezember 1706 bis
zum 28. August 1742. Während der letzten zwei Jahre war sie mit dem
saalfeldischen Hofmarschall Rudolf von Genfau verheiratet. Vorher war
sie Hofdame bei der Erbprinzessin von Dänemark gewesen. Das geistliche
Lied: „So ruh ich denn getrost, mein Heil, in Deine Wunden", zeugt von
ihrer frommen Gesinnung.

Damit ist aber die Zahl der Dichterinnen jenes Zeitraumes durchaus
noch nicht erschöpft. So erwähnt Gottsched oft eine Curtia und die „vernünftigen Tadlerinnen" geben über sie eine Anekdote zum besten, die
recht bezeichnend für die Zeitauffassung ist. Diese Curtia hat „Seiner
großbritannischen Majestät", also dem Sohne der Herzogin Sophie, dem
Gatten der Prinzessin von Ahlden, ein Gedicht überreicht, das in den üblichen überschwenglichen Ausdrücken des Königs Macht und Güte preist.
Wie dasselbe huldvoll aufgenommen wird, setzt sich die Dichterin hin,
um nun in ihrem heimischen Dialekt ein Lied zu verfassen, das nicht ohne
Humor und Charakteristik ist. Es zeigt sich, was immer in der Literaturge-
schichte wiederkehrt: in Zeiten, wo die hohe Poesie darnieder liegt, regt

sich das Talent zur naturalistischen Kunst. So ist auch in dieser Dialekt-Dichtung der dumme Bauer, der die Bullenjagd des Königs beobachtet und seine einfältigen Gedanken darüber ausspricht, eine ganz gelungene Figur. Die Poetin überreicht auch das neue Carmen dem König und wird von diesem lachend gefragt, „warum sie nicht lieber ein Mann geworden sei bei solchen Gaben?" Als die Curtia darauf erwidert, daß das ja leider nicht in ihrer Wahl gestanden habe, will sich der König überzeugen, ob sie wirklich selbst die Verfasserin ihrer Lieder sein könne und läßt deshalb ein Dichterexamen mit ihr veranstalten. Es wird nämlich ein Herr Ober-Hof-Kommissar Lochmann beauftragt, der Poetin ein Thema zur sofortigen dichterischen Bearbeitung zu stellen. Dieser wählt als würdigen Gegenstand die Sehnsucht, die er und seine Genossen nach ihren daheim gebliebenen Frauen empfinden. Und sogleich dichtet Curtia darauf los:

Da die höchste Weisheit selbst diesen Ausspruch hat gegeben,
Daß es nicht ersprießlich sei, einsam für sich hinzuleben:
Wer kann denn die Sehnsucht tadeln, die ein treuer Eh'mann hegt,
Die bald zu umarmen, die er stets in seinem Herzen trägt.

Entzückt schreibt Herr Lochmann, wahrscheinlich um mit seinem Wohlwollen zugleich seine Kunstfertigkeit zu beweisen, darunter:

Komm, Leser, komm und sieh, was Curtia geschrieben,
Die unter Tausenden nicht ihres gleichen hat.
Ich glaube, sie ist von den Musen übrig blieben,
Denn solches zeiget sie genug auf diesem Blatt.

Und schnell ist die Curtia wieder bei der Hand und übt die uns von den Pegnitzschäferinnen her bekannte Kunstspielerei aus, dieselben Reime zu benützen und das Lob des Gedichtes dabei auf seinen Urheber zurückzukehren. Sie schreibt also:

Die gute Curtia hat zwar wohl was geschrieben:
Allein, sie weiß gar wohl, daß sie viel Meister hat.
Herr Lochmann ist vom Phöbus übrig blieben…

Hier reißt ihr Lochmann das Blatt aus der Hand und setzt selbst die letzte Zeile darunter:

Nur zeiget er's nicht so, wie sie auf diesem Blatt.

Seine großbritannische Majestät aber war sehr befriedigt mit dem Ausfall der Prüfung und schenkte der Poetin „hundert neue Harzthaler."

Das ganze Geschichtchen ist zum mindesten sehr lehrreich betreffs der Vorstellung, die man damals in höchsten Kreisen oft von Poesie hatte. Die Geschicklichkeit und Geschwindigkeit im Reimen war die Hauptsache. Und darum wächst auch die Zahl der Dichterinnen zusehends. Freilich hatten diese meist einen ernsteren Charakter. Da gab es noch Sophie Regina Graef, die Tochter eines sächsischen Predigers, die sich im Jahre 1715 mit dem Pfarrer Laurentii zu Wehlen an der Elbe verheiratete. „Eines andächtigen Frauenzimmers Ihrem Jesu im Glauben dargebrachte Liebesopfer" war ihre Liedersammlung überschrieben, die „ohne ihr Wissen" herausgegeben wurde und nur die Anfangsbuchstaben ihres Namens zeigte. In ähnlichem Geiste dichtete Anna Elisabeth Behaim, Tochter des Weißenfelsischen Rats und Kanzlers von Schönberg. Nachdem sie am 21. Februar 1716 zu Hirschfelden gestorben war, wurden ihre dichterischen Arbeiten herausgegeben. Es waren dies die „nach den gewöhnlichen Kirchengesängen eingerichteten Psalmen Davids", die sie eigentlich nur „zu eigener Erbauung" umgeformt hatte. Zwei Jahre nach ihr starb Elisa Sophie Conring, die Tochter eines Helmstädter Professors, die erst mit dem Amtmann Johann Konrad Schröter zu Schlitz und dann mit dem Reichshofrat von Reichenbach, Gouverneur zu Hadeln, vermählt gewesen war. Sie hatte 1692 in Schleswig eine „Weisheit Salomonis" herausgegeben. Ein halbes Jahr nach ihr raffte der Tod die Dichterin geistlicher Lieder, Ursula von Gensau, hinweg, eine geborene von Rhediger, die damals im neunundfünfzigsten Lebensjahre stand. Drei Jahre darauf verschied die Gattin des gothaischen Hofpredigers Cyprian. Dieser eifrige Gegner Arnolds hatte sich am 14. Mai 1715 mit der achtzehnjährigen Juliane Magdalena Jäger verheiratet. Schon nach sechs Jahren wurde sie ihm entrissen. Zwei geistliche Lieder sind von ihr bekannt. Und wiederum zwei Jahre später (1722) endete das Leben einer ziemlich fruchtbaren Dichterin von ähnlicher Denkart: Anna Rupertina Pfleitner, am 1. Dezember 1657 zu Elbing geboren, lebte nach dem Tode ihrer aus Holland stammenden Mutter und ihres gegen die Türken gefallenen Vaters in Nürnberg, der alten Dichterstadt, reichte aber dann dem Rektor Fuchs in Sulzbach die Hand zum Ehebund. Sie bearbeitete unter anderem das biblische Buch Hiob zu einer „dramatischen Repräsentation" und veröffentlichte poetische Gedanken. Ihre gesammelten Poesien wurden nach ihrem Tode herausgegeben. Merkwürdigerweise traf gerade wieder zwei Jahre nach ihrem Tode das Los der Sterblichkeit eine Poetin, nämlich die Herzogin Eleonore Juliane von Württemberg, die Tochter des Markgrafen zu Brandenburg-

Ansbach. „Eilet fort ihr Jammerstunden" ist eines ihrer bekannter gewordenen geistlichen Lieder. Fünf Jahre nach ihr segnete die Herzogin Elisabeth Elenore, Tochter Anton Ulrichs von Braunschweig, das Zeitliche. In der „Gottschallenden Herzensmusik", die im Jahre 1703 zu Nürnberg erschienen war, hatten drei geistliche Lieder von ihr gestanden. — Endlich ist noch eine bürgerliche Dichterin zu nennen, Anna Barbara Knakkrügin, geborene Teuberin. Im Jahre 1735 erschienen ihre vermischten Gedichte. —

Das also ist die Schar der Poetinnen bis zu dem Jahre, als Frau von Ziegler gekrönt wurde. Fast alle sind sie ausschließlich Verfasserinnen geistlicher Lieder, und haben entweder zu den pietistischen oder zu den orthodoxen, immer aber zu den religiösen Bestrebungen jener Zeit innige Beziehung. Deutlich hebt sich die Zieglerin ab aus dieser Genossenschaft. Auch sie ist fromm, auch sie hat geistliche Lieder, namentlich Cantaten verfaßt — aber seitdem Gottsched ihr Protektor geworden ist, steht sie mitten darin im Kampfe des weiblichen Geschlechts um Bildung und Wissen. Und das wird von nun an bezeichnend für die jüngere Generation dichtender Frauen. Die Zäunemann, die Volkmannin und die Kulmus hatten damals noch wenig veröffentlicht. Wir werden sie daher erst später kennen lernen, müssen uns aber zunächst einer Frau zuwenden, die einem ganz anderen Lebenskreise entstammt, und die gleichzeitig mit der Ziegler von Gottsched emporgehoben wurde, um eine bedeutende Stellung in der deutschen Kulturgeschichte zu erringen. Sie führt uns in die Welt des Theaters.

Die Reform der Bühne war einer der wesentlichsten Teile in Gottscheds Programm. Die Anregung, die in den siebziger und achtziger Jahren des 17. Jahrhunderts das deutsche Schauspiel durch den berühmten Magister Velthen erhalten hatte, war längst wieder verklungen. Der von der Hochschule zum Theatervolk übergelaufene Magister hatte die akademische Jugend für das Komödienspiel zu begeistern verstanden und eine regelrechte Truppe geschaffen, aber er fand keine Dramatiker, die ihm sein Theater mit Stücken versorgt hätten. Er brachte Molière's Komödien nach Deutschland, aber das eigentlichste Gebiet wurden für ihn doch geschmacklose Bühnenkunststücke. Er sah den Italienern die Fertigkeit ab, ein ungeschriebenes Stück nur nach einem allgemeinen Plan aus dem Stegreif zu spielen und übertrug diese Fixigkeit sogar auf geschichtliche Stoffe, woraus sich dann die übelbeleumdeten, gruseligen und unkünstlerischen „Haupt- und Staatsaktionen" entwickelten, die neben den „Hanswurstiaden" den Spielplan einer herumziehenden Bande ausmachten. Nach seinem Tode versuchte seine Witwe, das Geschäft fortzuführen, und verteidigte ihren Beruf wacker gegen den Magdeburger Diakon Winkler in der Streitschrift: „Ein Zeugnis der Wahrheit vor die Schauspiele oder Komödien"; aber sie konnte doch nichts Bedeutendes erreichen und mußte ihre Truppe bald auflösen. Aus den Trümmern derselben aber gingen zahlreiche andere Gesellschaften hervor, denen es nicht an geschäftskundigen, wohl aber an kunstsinnigen Führern fehlte. Solchen herumziehenden „Banden" mochte kein „wohlgelehrter" Poet seine Dichtung anvertrauen, und so war das schlimmste eingetreten, was sich in der Geschichte des Dramas ereignen kann — die Dichter arbeiteten nur für den Leser ihre Buchdramen aus, und das Theater verlor jede Fühlung mit der Literatur. Diesem Übelstande suchte Gottsched abzuhelfen, aber vergebens verhandelte er mit der Hoffmann'schen Gesellschaft in Leipzig. Der Direktor wollte kein Drama in Versen geben, weder eins von dem deutschen Dichter Andreas Gryphius, noch ein von Gottsched aus dem Französischen übersetztes. Aber eine Schauspielerin dieser Truppe hegte ähnliche Wünsche wie Gottsched selbst. Sie hieß Caroline Neuber. Als sie bald darauf selbständige Leiterin einer „Bande" wurde, da sollte der Plan des Gelehrten sich auch auf dem Gebiete der Bühnenkunst erfüllen. Denn die meisten Dramatiker, die als Dichter höheren Ranges geachtet sein wollten, hüteten sich wohl, mit dem zusammengelaufenen Gesindel sich einzulassen, das aus allen berufs- und glücklosen Abenteurern und Abenteurerinnen bestand, und durch Zuchtlosigkeit und Unanständigkeit bis auf die Gegenwart noch den Namen des Schauspielers anrüchig gemacht hat. Hier wollte Gottsched aufräumen, hier wollte er den läuternden Vers und die pathetische Anmut der Franzosen bildend wirken lassen, aber nicht in der Absicht, das Theater französisch zu machen — französische Truppen standen ja schon bei vielen Fürsten in Gunst und Sold —, sondern um zunächst durch Nachahmung des Französischen in deutscher Sprache den Geschmack zu verfeinern und den Ausdruck zu bilden. Dann aber hoffte er, ein „regelmäßiges Drama" auch im deutschen Geiste erstehen zu sehen. So ging er auch hier einseitig, aber mutig und entschlossen zu Werke, und sobald die junge Neuberin zu einer selbständigen Herrin einer eigenen Gesellschaft geworden war, verband er sich mit ihr: der „hochedelgeborene" Herr Professor mit der verachteten Komödiantin, um eines hohen Zieles willen.

Diese geniale Schauspielerin, einer wilden Kindheit als trotzig tatkräftiges Mädchen entwachsen, verbittert und voll männlicher Kampfeslust, von vielseitigster Begabung und eine geborene Herrschernatur, war die beste Bundesgenossin, die der Reformator finden konnte. Die ersten Regungen ihres Geistes hatte ein sonderbarer Vater überwacht. Daniel Weißenborn, der in Leipzig und Straßburg die Rechtswissenschaft betrieben, in seiner Vaterstadt Zwickau als Rechtsanwalt gewirkt, in Planitz die Gerichtshalterei innegehabt hatte, als Gerichtsinspektor nach Reichenbach gekommen war und endlich auch das Gerichtsinspektoriat von Lengenfeld-Mylau noch übernahm, hatte mit Anna Rosine, einer geborenen Tochter des Reuß-Plauenschen Hofverwalters Wilhelm zu Rosenthal bei Greiz, den Ehebund geschlossen. Im Jahre 1702 befiel ihn ein schweres Siechtum, das ihn zwang, alle Ämter und Würden aufzugeben und mit Weib und Kind nach Zwickau zurückzukehren. Dort lag er, ein verbitterter, jäh aus allen seinen Hoffnungen gestürzter Kranker, auf seinem Schmerzenslager, und sein wildes Temperament ließ ihn zu einem Wüterich gegen seine nächsten Anverwandten werden. Es war ihm am 9. März 1697 in Reichenbach 9 Uhr morgens ein Mädchen geboren und am selben Tage mit den Namen Friderica Carolina getauft worden. Sie war also fünf Jahre alt, als der Vater krank und geschlagen heimkehrte, und von der Zeit an war ihre Kindheit qualvoll. Der ungeduldig Leidende, der die Mutter in Gegenwart des Kindes schalt und schimpfte und dem Teufel in die Krallen wünschte, sorgte zwar einerseits nach damaliger Gelehrtenart für die Ausbildung der Tochter — er scheint ihr neben dem Französischen die Anfangsgründe des Lateinischen beigebracht zu haben —, aber andererseits peinigte er sie in seinen Wutanfällen. Besonders nach dem Tode der Mutter, die noch auf ihrem Sterbelager vom Vater in die Hölle geflucht wurde, scheint der Zustand der Tochter unerträglich geworden zu sein. Darum entfloh sie am Neujahrstage 1712, fünfzehnjährig, dem väterlichen Hause, um bei einer Schwester Weißenborns Aufnahme zu suchen, nämlich bei der Frau des Floßholzverwalters Fritzsche. Da sie diese nicht antraf, eilte sie in das Haus des ihr bekannten Beutlers Trübiger, wo sie durch Versetzen ihrer Kleider ihr Kostgeld zu bezahlen suchte, bis es dem Zureden eines Geistlichen gelang, sie zur Rückkehr ins Vaterhaus zu bewegen. Ein junger Verehrer hatte ihr die Rechnung bei den Beutlersleuten bezahlen helfen und sich selbst dabei in Schulden gebracht. Ihr einziger Trost war die Freundschaft dieses jungen Mannes, der zur Erledigung der Rechtsanwaltsgeschäfte vom Vater Weißenborn in das Haus genommen war. Er hieß Gottfried Zorn, war der Sohn eines braven Schuhmachermeisters in Zwickau und hatte in Jena fünf Jahre lang Rechtswissenschaften studiert. Dann kam er als ein flotter vierundzwanzigjähriger Jüngling in das Weißenborn'sche Haus. Es scheint, als hätte der kranke Mann ihm die Aussicht auf eine später selbständige Übernahme seiner Praxis, ja auch auf die Hand seiner Tochter und damit auf die Erbschaft seines Besitzes gemacht. Caroline war mit dem allen sehr zufrieden, denn der neue Amanuensis eroberte schnell ihr Herz, und die jungen Leute waren bald ein Liebespaar. Da aber fuhr des Vaters Strenge dazwischen, er beleidigte die Tochter mit dem schimpflichsten Verdachte, entzweite sich mit dem jungen Zorn, ja, als dessen Mutter sich einmal in die Sache mischte, drohte ihr der kranke Wüterich mit der Peitsche. Seit der Stunde verließ Zorn das Haus, aber ein geheimer Briefwechsel zwischen den Liebenden blieb der Trost der nun wieder ganz der Willkür ihres Vaters preisgegebenen Tochter, die in rührenden Ausdrücken der Angst und Liebe an ihren jungen Beschützer — ihren „allerliebsten Engel" — schrieb. Auch geheime Zusammenkünfte blieben natürlich nicht aus, bis eine solche dem Vater verraten ward, dessen Wut nun keine Grenzen mehr kannte. Allen Ernstes scheint er seiner Tochter mit Erschießen gedroht zu haben. Da blieb dieser kein Rat mehr als neue Flucht.

Es gelang dem Mädchen, der strengen väterlichen Überwachung abends zu entschlüpfen, und sie eilte zu Zorn und beschwor ihn, mit ihr die Flucht zu wagen. So machte sich das Paar bei Nacht und Nebel auf den Weg, um zunächst bei einer Tante Carolinens in Reichenbach sein Heil zu versuchen. Aber ein auf Veranlassung des Vaters hinter beiden erlassener Steckbrief hatte schnelle Wirkung. Vom Amte Hartenstein trifft bald die Kunde von der Festnahme der Flüchtlinge ein, die nun, zur großen Beschämung des Vaters, gemeinsam auf einem Wagen in die Stadt Zwickau zurückgebracht und dort in Haft genommen werden. Der langwierige, mit allen Schwierigkeiten damaliger Gerichtswege geführte Prozeß befriedigt zunächst keine der beiden Parteien; der Vater ist enttäuscht, daß ihm die Tochter nicht wieder zugeführt wird; die Tochter darüber, daß man ihr die ersehnte Freiheit an der Seite des Geliebten nicht läßt. Die zahlreichen Zeugenverhöre stellen die Grausamkeit des einen und den Leichtsinn der anderen bloß. Endlich war Carolinens Haft beendet, und sie mußte nun doch zu dem Vater zurückkehren, während Zorn einen alten Lieblingswunsch ausführte und als Quartiermeister unter die Soldaten, oder, wie er sich der heimischen Sitte gemäß ausdrückte, unter das „Volk" ging. Caroline hatte in der ganzen Sache männlichen Mut bewiesen. Vor den Schranken des Gericht hatte sie frei und kühn die ganze Schuld der Entführung auf sich genommen; sie hatte zugegeben, daß sie den Zorn überredet habe, und sich dafür nur auf die grausame Behandlung ihres Vaters berufen; aber auch über diesen hatte sie belastende Aussagen unterdrückt, soweit sie nicht streng zur Sache gehörten. Im Gegensatze dazu hatte Zorn eine traurige Rolle gespielt; er hatte sich als den Verführten hingestellt, und demütige Reue zur Schau getragen. Übrigens scheint er ein windiger Liebhaber gewesen zu sein. Wenigstens machte viele Jahre später eine Schuhmacherstochter Margarethe Zapf aus Leutenberg eine Klage gegen ihn anhängig, wonach er mit ihr schon seit dem Jahre 1709 heimlich verheiratet gewesen wäre und sich, nach Beendigung seines Handels mit der Weißenbornin, durch eine zweite Ehe der Bigamie schuldig gemacht hatte. Von Carolinen wenigstens scheint er sich bald getrennt zu haben, und diese, wohl durch neue väterliche Härte wieder zur Verzweiflung getrieben, ging zum zweiten Male mit einem jungen Manne auf und davon. Diesmal hieß ihr Freund Johann Neuber. Wieder hatte der Vater das Liebesverhältnis entdeckt, wieder wollte er die Tochter mißhandeln, aber ein kühner Sprung aus dem Fenster und eine rettende Gartenhecke machte sie frei. Es gelang den beiden, in Weißenfels sich bei der gerade dieses Weges ziehenden Spiegelberg'schen Truppe anwerben zu lassen, und bereits im folgenden Jahre wurden sie — am 5. Februar 1718 — in der Domkirche des heiligen Blasius kirchlich getraut, um ihr Leben lang ein treues tapferes Ehepaar zu bleiben.

Die doppelte Entführungsgeschichte, die das Jugendleben der Neuberin entstellt, hat viel dazu beigetragen, daß man ihren Charakter als von Kindheit auf verderbt hingestellt hat. Auch läßt sich nicht leugnen, daß wahrscheinlich in beiden Fällen sie mehr die Verführerin als die Verführte war. Aber die Hauptschuld trifft den Vater. Seine Verurteilung liegt in den Worten der fünfzehnjährigen Tochter, die vor Gericht erklärte: „er habe sie niemals mit guten Worten traktiert oder gezogen, daher sie auch, wenn sie ihn gesehen, anstatt daß sie sich darüber freuen solle, erschrocken sei; es wäre besser gewesen, wenn er sie mit guten Worten gezogen hätte.“ Nun aber war es zu spät zum „Ziehen“ und Erziehen. Früh verbittert, früh selbständig geworden, in dem Bewußtsein, daß sie die Schutzwehr der Sitte übersprungen, suchte sie sich ihren eignen Weg. Die damaligen umherziehenden Schauspielerbanden boten ein ganz geeignetes Feld für die Entfaltung freiheitlicher Kraftübungen. Die Spiegelberg'sche und die Haak'sche Gesellschaft waren die berühmtesten unter ihnen. Zu der letzteren gingen die beiden Abenteurer bald über. Hier hatten die Frauen schon lange eine bedeutende Rolle gespielt. Ursprünglich hatte die Truppe einem Herrn Ellensohn zugehört. Nach dessen im Jahre 1708 erfolgtem Tode heiratete die Witwe, Sophie Ellensohn, den Johann Caspar Haak, einen Dresdner Barbier, der das Seifenbecken mit dem Harlekinsgewande vertauscht hatte und sich jetzt schnell in einen Bühnenleiter verwandelte. Sogar die Gunst des stolzen Friedrich August von Sachsen und Polen lächelte ihm einmal. Ja, er erhielt von diesem das sogenannte „Privilegium“ und sammelte nun schnell die besten Kräfte um sich. Wenn er nun auch wohl nicht mit tollen Holzschnitten und ungeschickten Reimen das Publikum anlockte, wie sein Genosse Spiegelberg, so sah es doch auch bei ihm mit der Kunst windig genug aus, wenigstens was die dargestellten Stücke anbelangte. Die wüsten „Haupt- und Staatsaktionen" mit ihrer unkünstlerischen Behandlung verfälschter Geschichte, und Melodramen mit musikalischer Einleitung und ballettartigem Schlüsse, waren so die alltägliche Speise. Die junge Neuberin fühlte sich davon gleich anfangs abgestoßen. Ihr Geschmack verlangte nach den sogenannten regelmäßigen Stücken — so nannte man ja damals die französischen, oder wenigstens nach französischem Muster gebauten Versdramen von künstlerischer Bedeutung. Sie fand einen Bundesgenossen in diesem Streben an dem damals sehr geschätzten Schauspieler Friedrich Kohlhard. Aber beide hatten vorderhand keinen großen Erfolg mit ihren Plänen. Als im Jahre 1722 der Leiter der „Bande", Caspar Haak, starb, bewarb sich seine Witwe selbst um das sächsische Privilegium und erhielt es sehr bald. Nun richtete sie ihre Fahrt nach Leipzig, und hier hat Gottsched, selbst noch in den empfänglichsten Jünglingsjahren, die geniale Künstlerin zum erstenmal gesehen (1724). In einem begeisterten Artikel in den „vernünftigen Tadlerinnen" verbreitet er sich über die guten Kräfte der Truppe überhaupt, über den in seinen Augen außerordentlich feinen Witz einer Komödie des Hofdichters König, und besonders über die Neuberin, die in einer Verkleidungsrolle sich außerordentlich in diesem Stücke hervortat: „Ich will Euch von diesen vier letzten (Personen des Stückes) nur soviel sagen, daß der Jenenser Ungestüm, der Hallenser Fleißig, der Wittenberger Haberecht und der Leipziger Zuallemgut geheißen, und daß diese vier verschiedenen Leute, nämlich ein Schläger, ein Freund der morgenländischen Sprachen, ein Zänker und ein galant home von einem viermal verkleideten Frauenzimmer so herrlich vorgestellt worden, daß ihnen nichts als eine männliche, gröbere Stimme gefehlt." Und wie sehr mußte es Gottsched freuen, zu hören, daß diese junge Künstlerin durchaus auf seinem Standpunkte stand, ja, daß sie mit Kohlhard im Vereine bereits die Aufführung des Pradon'schen „Regulus" durchgesetzt hatte. Aber ihr Ziel erreichen konnte sie nur, wenn sie selbst Herrin einer Bande wurde. Da starb Mutter Haak. Sie hatte sich noch unlängst mit dem Schauspieler Karl Ludwig Hoffmann verheiratet; der aber taugte nicht dazu, ihre Erbschaft anzutreten. Bald genug kam alles in Verfall, Hoffmann überwarf sich mit seinen Stiefkindern, und was eine Frau fertig bekommen hatte, die „Bande" in Zucht und Gehorsam zu erhalten, das gelang dem Manne nicht. Dieser Fall ist für die Jugendgeschichte der deutschen Schauspielkunst fast Gesetz. Es wiederholt sich immer wieder, daß ein in Verfall geratenes Theater durch eine starke Frau wieder emporgehalten wird, um dann wieder zu versinken. Die Neubers benutzten die verwirrten Verhältnisse, und während der schlaffe Hoffmann mit seiner geliebten Magd davonreiste, setzten sie sich — wahrscheinlich durch einen kleinen Staatsstreich — mit Geistesgegenwart und ohne viel Skrupel an die Spitze des Unternehmens, das in den schwachen Händen Hoffmanns doch zu Grunde gegangen wäre. Die beiden Kinder des Entthronten sind wahrscheinlich zu ihrem Paten nach Weißenfels gebracht worden, der dem Vater Caspar Haak versprochen hatte, sie zu erziehen. Vom Theater freilich hielt er sie fern.

Frau Neuberin entfaltete nun schnell all ihre angeborenen Herrschergaben, denn obgleich ihr Mann ihr treuer Gehilfe war, war sie doch die Seele des Ganzen, Sie hatte sogleich das Vertrauen der Truppe gewonnen. Die besten Kräfte fielen ihr zu. Kohlhard ließ sich gleich verpflichten. Das Ehepaar Lorenz kam im nächsten Jahre. Die Witwe Gündel übernahm die Rollen der Liebhaberin; auch Koch, einer der begabtesten Künstler aus der Kindheit der deutschen Bühne, traf sehr bald bei ihnen ein, und über alle wachte die junge Herrin wie eine Mutter über ihre Kinder. Die jungen Mädchen wohnten bei ihr im Hause und mußten dafür helfen, an den Kostümen arbeiten. Das Nähen und Sticken wurde überhaupt von den weiblichen Mitgliedern besorgt. Auch die Männer mußten sich nützlich machen: so wurde Koch beim Malen der Dekorationen beschäftigt. Kurz die ganze Truppe bildete eine große Familie. Dabei wurde auf Pünktlichkeit gesehen, bei den Proben sowohl wie bei den Vorstellungen; und vor allen Dingen wurden zum erstenmal bei einer deutschen Bühnengesellschaft künstlerische Ziele hochgehalten. Dazu freilich half sehr die Verbindung mit Gottsched.

Zur Zeit der Ostermesse des Jahres 1727 traf die Neuberin mit ihrer Truppe in Leipzig ein und gab zum erstenmal als selbständige Herrin hier Vorstellungen. Freudig gewährte ihr Gottsched seinen Schutz. Beide entschieden sich dafür, den Anfang ihrer Reformtätigkeit mit Bressands Übersetzung des Pradon'schen Regulus zu beginnen, da die Neuber dieses Stück schon kannte, das übrigens auch am Hofe Ulrichs von Braunschweig schon gegeben worden war. Freilich war dies Stück in Frankreich durchgefallen. — So alt ist also schon die Sitte, das, was Frankreich als Unrat von seinen Bühnen kehrt, in Deutschland als Schmuckstück zu bewundern. Damals freilich war das weit entschuldbarer als heutzutage.

Die erste Aufführung des Stückes in Leipzig sollte mit besonderer Feierlichkeit vor sich gehen. Man sollte gleich erfahren, daß hier etwas Neues und Großes in der Geschichte der Schauspielkunst sich anbahnte. Darum mußten vor allen Dingen prächtige Kostüme geschafft werden und, damit der Dresdener Hof solche liefere, bat Gottsched den Hofdichter

König, dem er schon manches zu verdanken hatte, demütig um eine Bearbeitung der Bressand'schen Übersetzung. Daß das nur zu einer noch größeren Verwässerung des schon so wässerigen Machwerkes führen konnte, wußte er zwar vorher, aber — die Kostüme aus Dresden wurden bewilligt! —So ging denn auf dem Schauplatze der Neuberin die erste deutsche Übersetzung eines regelmäßigen französischen Stückes über die Bretter, und das Aufsehen war natürlich außerordentlich. Der wahre Wert des Ereignisses aber lag darin, daß hier ein Gelehrter von hohem Ansehen es nicht mehr unter seiner Würde gehalten, mit einer Schauspielerin sich zu verbinden; und darin, daß hier eine Schauspielerin so bedeutend veranlagt war, in ihrer „Kunst" wirklich eine Kunst zu erblicken. Ja, so oft es schon ausgesprochen worden ist, es muß immer wiederholt werden: zum erstenmal in Deutschland überbrückte sich hier die Kluft zwischen Literatur und Bühne. Das ist eine Tat Gottscheds und der Neuberin, die man ihnen in alle Ewigkeit nicht vergessen darf. Sicher hat sie ebensoviel dazu beigetragen, das deutsche Drama entstehen zu lassen, als alle Kritik.

Aber wertvoll für die Dauer wurde das Ereignis nur dadurch, daß beide Verbündeten ihrer Sache treu blieben. Und hier liegt das unstreitig größere Verdienst auf Seiten der Neuberin. Denn Gottsched saß schließlich weich und warm in Leipzig, aber die landfahrende Komödiantin mußte immer von neuem mit dem Leben ringen. Denn, wo sie hinkam, überall wollte die blöde Menge wieder ihre blutrünstigen Haupt- und Staatsaktionen und wieder die tollen Possen sehen, deren ganzer Witz in den meist recht zotenhaften Späßen des „Hanswurst" lag. Als eine Märtyrerin ersten Ranges hat die starke Frau ihren Dornenweg vollendet. Es war nämlich damals noch kein Gedanke daran, daß sie etwa in Leipzig ein stehendes Theater hätte begründen können. Vielmehr kam sie dort um die Zeit der Messen an, verließ die Stadt dann aber wieder, um weiter umherzuziehen. Und darum konnte sie auch nicht mit einem Schlag ganz der neuen Richtung sich zuwenden. Vor allen Dingen hätte es ihr ja dazu auch an einer genügenden Anzahl von Stücken gefehlt. Sie ging damals zunächst nach Frankfurt, kehrte zur Ostermesse 1728 nach Leipzig zurück und wandte sich dann nach Hamburg, wo sie dem Publikum zu Gefallen tolle Possen geben mußte. Ja in manchen Städten, wie z.B. in Wittenberg, gewährte man ihr trotz ihres sächsischen Privilegiums keinen Einlaß, obwohl sie auf ihre reinen Kunstziele hinwies. Die alte Lutherstadt wollte nun einmal nichts von Komödianten wissen.

Inzwischen sorgte Gottsched für neue Stücke und feuerte auch seine Freunde zu ähnlichen Arbeiten an. Sogar Mitglieder der Neuber'schen Truppe griffen zur Feder, wie denn Koch seine freie Zeit zwischen Malen und Dichten teilte und alsbald ein fruchtbarer Alexandrinerpoet wurde. Im Jahre 1732 hatte Gottsched erst einen Spielplan von acht Stücken beisammen.

Das war freilich wenig genug. Johann Neuber, der inzwischen mit seiner Frau von Ort zu Ort zieht, schreibt immer wieder Mahnbriefe an seinen „hochedlen und hochgeschätzten" Gönner, und der Professor muß schon stückweise die Übersetzungen überschicken. An manchen Stellen ist die Hörerschaft entzückt von der neuen Art des Schauspieles und wünscht, wie in Blankenburg, „nur mehr dergleichen". In Hannover rettet die „neue Art" sogar das ganze Gastspiel. Man hatte dort einige Jahre vorher den berühmten Harlekin Müller gesehen und hatte noch genug davon. So war der Besuch bei Neubers also anfangs auch spärlich. „Da wir aber unsere sogenannten Versekomödien ansingen, und die neuen Kleider anzogen, kam es bald anders. Die zur hiesigen Landesregierung bestellten geheimen Räte machten den Anfang, und weil es denen gefiel, folgten die übrigen von Adel und alle Vornehmen bald nach, und nun gesteht jedermann: sie haben dergl. noch nie gesehen." Hingegen der Pöbel, der die vorigen Komödianten in Nahrung gesetzt hatte, konnte sich noch nicht darein finden, weil man nicht genug Gelegenheit hatte, grobe Possen zu machen. Am schlimmsten ging es wieder in Hamburg. Obgleich man dort die langen Reden in der „Berenice" kürzte und Gegenreden anderer Personen einwarf, um mehr Abwechslung zu schaffen, so wollte das Publikum doch nicht viel von der „neuen Art" wissen. Einen Glanzpunkt bildete dagegen im Jahre 1731 in Leipzig die erste Aufführung von Gottscheds Cato. Ungeheures Aufsehen erregte das neue, aus englischer und französischer Vorlage zusammengeflickte Stück, und es regnete Lob- und Ruhmesbriefe an den Verfasser. Die Neuberin stellte laut Theaterzettel die weibliche Hauptrolle dar. Aber bald ging es wieder auf die Wanderfahrt. In Nürnberg fand man beider Aufführung des „Cinna" von Corneille gar den Übersetzer, einen dortigen Ratsherrn, unter den Zuschauern. Aber man mußte doch immer wieder Harlekiniaden oder flache Späße — wie die „in Eil zusammengeraffte Gräfin" — neben Marivaux, Le Grand, Corneille, Regnard, L'isle, Molière, Pradon, Racine, Voltaire, Destouche, Dancourt und andere Franzosen stellen. In der Eile, mit der die Übersetzungen hergestellt wurden, ward natürlich vieles überstürzt. So berichtet denn auch Neuber ganz naiv, daß ihm einmal jemand den Rat erteilt habe, die Übersetzer sollten doch erst den französischen Gedanken in einen deutschen Gedanken umsetzen, um dann nicht wörtlich sondern sinngemäß und der Empfindung entsprechend verdeutschen zu können. Auch alle solche Ermahnungen nahmen die Neubers dankbar an.

Da wurde noch lange nach den Erstaufführungen an den Stücken herumgefeilt und gebessert, da wurden Rollen umgeschrieben und umgelernt, kurz, es ist zu keiner Zeit des deutschen Theaters eifriger gearbeitet worden als zur Zeit der Frau Neuber.

Aber all diese Mühe sollte schließlich mit Undank belohnt werden. Als am 1. Februar 1733 August der Starke von Sachsen und Polen starb, war ein gewisser Müller, ein Schwiegersohn der Frau Haak, schnell auf dem Platze, sich bei dem neuen Herrn um das Privilegium zu bewerben. Da er sich auf seine in der Schauspielwelt angesehenen Schwiegereltern berufen konnte, so ward ihm dies auch sogleich erteilt, und zu ihrem Erstaunen erfuhren Neubers, daß sie ihren altgewohnten „Schauplatz" im Fleischhause zu Leipzig zu räumen hätten. Da sie nun diesen selbst auf eigene Kosten hatten neu herrichten und ausbauen lassen, so widersetzten sie sich. Auch nahm der Rat der Stadt eine Zeitlang ihre Partei, aber der Fürst blieb bei seiner Entscheidung. Sehr verschieden zeigten sich hier die Charaktere der Frau Neuber und jenes Müller. Müller hätte von seinem neuen Privilegium Gebrauch machen können, ohne Neubers aus ihrem Hause zu verdrängen. Aber er fürchtete den Wettbewerb mit jenen. Frau Neuber dagegen sah anfangs ganz ruhig dem Treiben zu, und erst als der Rat der Stadt Leipzig sie aufforderte, nun wirklich das Fleischhaus zu räumen, da wandte sie sich selbst mit Bittschriften an den König, an die Königin und an andere einflußreiche Personen. Obwohl sie keine Volldichterin war, tut ihre schlichte Natürlichkeit doch wohl im Gegensatze zu der damals allgemeinen frostigen Gelegenheitsreimerei. Bezugnehmend auf die Namensähnlichkeit zwischen Josepha — so hieß die Königin — und dem biblischen Joseph, der für seine schlimmen Brüder noch Gnade hatte, sagt die Neuber:

Du sprichst Dein hohes Wort für keine solchen Sünder,
Wie dorten Joseph tat, nein aus Gerechtigkeit
Sprichst Du landsmütterlich für so viel Landeskinder,
Die alle redlich sind. Rührt Dich mein Herzeleid,
Rührt Dich mein wahrer Schmerz mit unumschränkter Gnade,
Mit einem milden Geist, der die Bedrängten hört?
So hinderst Du, daß man mir also schade,
Daß unser redlich Werk mit Jammer wird zerstört
Ach! Solltest Du nur erst der Sachen Umstand wissen,
Ach wäre Dir nur erst das ganze Werk bekannt.
Du würdest uns gewiß in Deine Gnade schließen,
Du ließest uns garnicht aus Deinem treuen Land…

Du nähmst Dich unser an, Du hälfst die Unschuld schützen,
Dein königliches Herz war' selbst für uns bemüht,
War Dir es nur bekannt, was wir dem Lande nützen,
Wie unser Schauplatz Schand' und leere Possen flieht;
Mit was für Ehrfurcht wir uns ordentlich bestreben
Zu Deines Landes Ruhm die Kunst recht zu erhöh'n.
Es könnt unmöglich sein, Du gönntest uns das Leben,
Wir würden ganz gewiß bei Dir in Gnade stehn;
So sind wir ganz versteckt vor Deinen hohen Augen,
Man macht uns Dir verhaßt, wir sind vielleicht verklagt,
Hier spricht kein Mensch für uns, das muß zum Zeugnis taugen:
Wir wären gar nicht wert, daß man uns Schutz zusagt.
Ach große Königin, sieh uns nur einmal spielen,
Sieh nur von unsrer Kunst ein Lust-, ein Trauerspiel!
Denn wird Dein reiner Geist selbst diese Wahrheit fühlen
Und sagen: es geschieht den Leuten doch zuviel…

Diese offene, bei aller Bescheidenheit selbstbewußt stolze Sprache der
Ehrlichkeit verfehlte ihre Wirkung nicht. Graf Brühl ordnete an, daß die
Neubers ihren Schauplatz ruhig wieder eröffnen konnten. Das geschah.
Dann aber ließ sich Neuber ganz ohne Grund von Müller zu einem Ver-
trage beschwatzen, wonach dieser für dies eine Jahr, jener aber für alle
spätere Zeit auf das Fleischhaus verzichtete. Alle Versuche der Frau Neuber, diesen Vertrag anzufechten, den Johann „in ehelicher Vormundschaft
seines Weibes" auch für sie mit geschlossen hatte, schlugen fehl. Müller
blieb als Sieger auf dem Platze. Doch wurde auch den Neubers gestattet,
noch in Leipzig, aber an anderer Stelle, zu spielen. Zunächst gingen sie
wieder auf die Wanderschaft. Vergebens suchten sie in Hamburg durch
ein Vorspiel voller Schmeicheleien bei der Eröffnung mehr Teilnahme zu
erregen. Immer wieder dieselbe kühle Zurückweisung bei den dortigen
Bürgern, immer wieder bei Neubers dieselbe Sehnsucht nach der Lindenstadt mit ihrem künstlerischen Publikum. So erwarben sie denn endlich
die Erlaubnis, in Leipzig vor dem Grimmaischen Thore „an dem Orte,
allwo der Bosische Garten und anitzo hierselbst einige aus der Stadt geführte Misthaufen liegen", eine Bude von 60 Ellen Länge und 30 Ellen
Breite zu errichten. Und hier vollzog die kühne Frau nun eine große Tat
— nach ihrer Meinung wenigstens. Im Einverständnisse nämlich mit
Gottsched wollte sie den Hanswurst für alle Zeiten von dem Theater verbannen. Es wurde — so wird berichtet — ein eigens dazu gedichtetes
Vorspiel gegeben und dann eine Hanswurstfigur auf der Bühne verbrannt.

Diese häufig erzählte, allerdings nirgends aktenmäßig beschriebene Handlung, sollte in dem langen Kriege mit der alten Stegreifkomödie und den schalen Zotenpossen gewissermaßen die letzte Hauptschlacht bedeuten. Sie hat zu einem Siege geführt, denn der Hanswurst wurde auf einer ernsthaft zu nehmenden Bühne bald ein Unding. Nur im Zirkus und im Kasperle Theater darf sich die Figur des immer gleich aufgeputzten, in alle natürlichen Szenen störend hineinspringenden berufsmäßigen Spaßmachers noch tummeln; denn sie ist sehr wohl zu unterscheiden von einzelnen komischen Figuren, die gleich den anderen, ihrer Rolle entsprechend gekleidet und in die Situation sich einfügend, für Belustigung sorgen. In dem Jahre, wo diese symbolische Handlung auf der neuen Leipziger Bühne sich vollzog, winkte der Neuberin noch eine große Freude. An derselben Stelle, wo man sie verkannt hatte, wurde ihr jetzt in gewissem Sinne genug getan. Friedrich August III. von Sachsen und Polen, der ihrer altbewährten Kraft solange den Müller vorgezogen, berief sie an seinen Hof und ließ sich von ihr eine Reihe deutscher Komödien vorspielen. Die Reihe begann mit einem „Grafen von Essex", dem ein Nachspiel und eine poetische Anrede der Neuberin folgte. Demütiger und schmeichelnder als sonst ihre Art ist, bittet sie hier König und Königin um Schutz für ihren Schauplatz, dessen Sittenreinheit sie von neuem gelobt. Aber dies deutsche Herrscherpaar, das so wenig deutsch empfand, verstand ihre Reime vielleicht gar nicht einmal. Es sah sich wohl noch die weiteren Vorstellungen an, aber dann bezeigte es keine weitere Teilnahme für die erste Verkünderin einer deutschen Bühnenkunst höheren Grades. Nur ihr Privilegium als sächsische Hofschauspielerin wurde ihr wieder erneuert. Auch Gottsched hatte hohe Hoffnungen an die plötzlich erwachte Neigung des Königs für die deutsche Bühne geknüpft, auch er sah sich bald darin getäuscht.

Aber ihm war in den letzten Jahren eine noch treuere Helferin entstanden in seiner jungen Gattin. Luise Adelgunde Victorie Kulmus war am 2. April 1713 zu Danzig geboren. Ihre Eltern waren dort sehr angesehene Leute. Mütterlicherseits stammte sie aus einer alten Danziger Patrizierfamilie. Denn aus dem Geschlechte der Lauinger hatte sich der Augsburger Kaufmann Schwenk seine Gattin geholt, als er von der süddeutschen Handelsstadt nach der an der nordischen Küste sein Geschäft verlegt hatte. Aus dieser Ehe entsproß Dorethea Katharina Schwenkin, für die der Doktor Kulmus erglühte, als er, seiner wissenschaftlichen Ansichten wegen von engherzigen Geistlichen verfolgt aus seiner Heimat Breslau nach dem fernen Danzig geflüchtet war. Seine Heirat mit der jungen Schwenkin mag nicht wenig dazu beigetragen haben, seine Stellung in der

Seestadt zu befestigen, und sein Ruf als Arzt breitete sich schnell aus. Er hatte den stillen Wunsch, daß sein erstes Kind ein Knabe werden möchte, und, da man glaubt was man ersehnt, so schienen ihm so untrügliche Anzeichen für die Erfüllung seiner Hoffnungen vorhanden zu sein, daß man alle Anstalten für die Ankunft eines jungen Weltbürgers traf; aber es erschien dennoch eine Bürgerin. Da nun bei der Taufe das Knabenkäppchen nicht gebraucht werden konnte, in aller Eile aber ein passendes Häubchen nicht mehr zu beschaffen war, so mußte man dem Kinde bei dieser feierlichen Handlung eine Binde um den Kopf legen. Die Taufzeugen aber, unter denen sich der Baron Victor von Besenvol, die Gräfin Ludovica Bielijska, geborene von Mohrenstein und die Großmutter Adelgunde Schwenkin befanden, — wovon das Kind seine drei Namen Luise Adelgunde Victorie bekam — schüttelten gedankenvoll ihre Häupter und meinten von diesem sonderbaren Kinde mit der Türkenbinde, es habe „einen Poetenkasten mit auf die Welt gebracht"; und sie sollten recht behalten. Es ging dem Mädchen, wie wir es Gelehrtentöchtern schon oft in jenen Zeiten ergehen sahen — sie wurde von früh auf in gelehrten Dingen unterrichtet. Die allen Wissenschaften freundlich gesonnene Mutter sorgte für das Französische; ihr Vetter, nachmals ein gelehrter Gymnasialprofessor in Danzig, brachte ihr das Schreiben bei, und ihr Halbbruder Johann Ernst Kulmus, der später die väterliche Wissenschaft in Danzig zu Ehren bringen sollte, damals aber gerade bei dem Engländer Thomson aus Göttingen dessen Muttersprache erlernte, trug dem Schwesterlein brühwarm zu, was er soeben erfaßt hatte; und dadurch lernte sie „spielend" englisch. Für die Religion wurde natürlich ganz besonders gesorgt, und das Kind, das außer häuslichem Unterrichte in diesem Fache auch noch die öffentlichen Katechisationsstunden in der Johanniskirche besuchte, zeigte dort vom achten bis zwölften Lebensjahre allsonntäglich sein Wissen und sein gutes Gedächtnis, und zwar vor versammelter Gemeinde, bei welcher „es eben nicht gewöhnlich war, daß Kinder aus vornehmen Häusern sich öffentlich darstellten und solche Proben ihrer guten Aufführung ablegten". In dem sehr musikalischen Hause erwachte bei dem jungen Mädchen auch schnell der Trieb zur Tonkunst. Nachdem sie heimlich schon auf der Laute sich geübt, wurde ihr zuerst auf dem Klavier, dann auch auf jenem, vom Vater gern gehandhabten Instrument Unterricht erteilt. So wurde sie fünfzehn Jahre alt, ohne daß man sie einem bestimmten Berufe hätte zuführen wollen. Sie las der kränklichen Mutter aus französischen Büchern und Übersetzungen vor, wobei sie namentlich die Betrachtungen des Kaisers Antoninus über sich selbst und der Fénelonsche Telemach fesselten; sie schrieb dem Vater gelegentlich ein ganzes „Collegium pathologicum" ab, wovon sie kein Wort verstand; trieb Weltgeschichte, Länder- und Völkerkunde, kopierte zu ihrem Vergnügen das dicke Werk von Chr. Rembold über Perspektiv- und Reißkunst, wobei sie auch alle Zeichnungen wiedergab, und fand noch Zeit zu Übersetzungen aus dem Französischen. So eine Fülle von Begabung spielend versprühend, war sie ein hübsches Fräulein von sechzehn Jahren geworden, als Gottsched auf einer Reise in das Haus ihrer Eltern kam und sich für die so „geschickte" junge Person sogleich erwärmte. „Ihre Geschicklichkeit in der Musik, und überdem ihre angenehme Gestalt und artige Sitten", bewogen den frauenfreundlichen Gelehrten, sich bei ihren Eltern „den Briefwechsel mit ihr auszubitten". Dieser kam zu Stande, und Gottsched hat ihn später als Muster eines „unschuldigen und zärtlichen Briefwechsels" hingestellt. Unschuldig war er zweifellos, aber zärtlich würden wir ihn heute schwerlich noch nennen. Es ist der ehrliche Meinungsaustausch zwischen einem strebsamen, geweckten und leidenschaftslosen Mädchen und seinem hochverehrten Lehrer. Kindlich drückt sie ihm zunächst ihre Freude darüber aus, daß er glücklich nach Leipzig heimgekehrt sei, und schreibt ihren guten Wünschen und dem Bilde der Hoffnung, das sein Schiff geziert, diesen günstigen Einfluß zu. Sie gelobt ihm, auf dem Pfade der Tugend immer weiter zu schreiten, wundert sich aber, daß er ihr das Französisch-Schreiben verwehrt. „Zu welchem Ende erlernen wir diese Sprache, wenn wir uns nicht üben, und unsere Fertigkeit darin zeigen sollen? Sie sagen, es sei unverantwortlich, in einer fremden Sprache besser als in seiner eigenen zu schreiben, und meine Lehrmeister haben mich versichert, es sei nichts gemeiner als deutsche Briefe, alle wohlgesitteten Leute schreiben französisch. Ich weiß nicht, was mich verleitet, Ihnen mehr, als jenen zu glauben, aber soviel weiß ich, ich habe mir nun vorgesetzt, immer deutsch zu schreiben." Wie schwer aber war es damals einem jungen Mädchen klar zu machen, daß jeder Mensch die Sprache seines Vaterlandes zu benützen hat! Setzt sie doch ganz vergnügt hinzu: „Die englische Sprache hat vielen Vorzug in meinen Augen. Wenn ich mehr davon wüßte, schriebe ich Ihnen lauter englische Briefe, und Sie sollen die Erstlinge meines Fleißes erhalten." Natürlich trägt ihr das einen neuen Verweis ein von dem Manne, der ihr „die Mannigfaltigkeit des Ausdruckes und die männliche Schönheit ihrer Muttersprache" so lebhaft vorgestellt hatte. Aber sie ist ihm für jeden Tadel dankbar, nur wie er ihr ein Geschenk übersendet, wird sie böse. „Nein, bester Freund, nie werden Sie mich durch Geschenke gewinnen. Wenn die Vorzüge des Verstandes und Herzens nichts bei mir ausrichten, so werden alle Schätze der Erde mir gleichgültig sein, so magnetisch auch diese Kraft bei vielen sein mag. Führen Sie mein Herz nicht in Versuchung, daß es auf solche Sachen falle, davon ich es ganz zu entwöhnen versucht habe." Aber sie berichtet ihm von ihrer Lektüre, von dem großen Eindruck, den Plutarchs Schilderung des Aristides auf sie gemacht hat; sie klagt ihm ihren Schmerz beim Tode ihres Vaters (Oktober 1731), sie dankt ihm für die Übersendung seines Bildes, das ihr der erste Trost wird. „Ein jeder, der mich siehet, will in meinen Augen eine gewisse Zufriedenheit lesen, und alle sagen, daß ich seit wenigen Tagen viel vergnügter und munterer geschienen, als ich seit meines Vaters Tode gewesen wäre. Sehen Sie, was Ihr Schatten für Wunder tun kann ... Sie verlangen, daß ich Ihnen auch eine Kopie von meinem Gesichte schicken soll, und vermuten, daß ich mich in zwei Jahren sehr verändert haben würde. Davon sagt mein Spiegel nichts. Meine Länge hat einen Zusatz von einer viertel Elle bekommen; weil ich aber keinen Maler finden kann, der Ihnen diese Veränderung, wäre es auch der größte Meister, auf dem Bilde zeigen kann, so kann ich mich nicht entschließen, Ihnen mein unvollkommenes Bild zu schicken." Später aber gesteht sie den wahren Grund ihrer Weigerung ein, den sie hier scherzhaft verschleiert. Sie will dem Freunde ihr durch den Schmerz um den Vater und durch Kränklichkeit entstelltes Gesicht nicht malen lassen. Inzwischen fehlt es nicht an Zwischenträgereien, die bald in dem einen, bald in dem anderen Teile Verdacht zu erwecken suchen. Es kommt zu kleinen Verstimmungen und die erste Aussöhnung legt ihr die ersten allerdings sehr unbeholfenen Verse in die Feder:

Dir, mein versöhnter Freund, Dir tönen meine Saiten;
Dir will mein zärtlich Herz sein erstes Opfer weih'n.
Ich fühle wiederum die Freude vor'ger Zeiten,
Und kein geheimer Gram nimmt meine Seele ein.
O säng ich so wie Du! Mein Meister, Freund und Lehrer!
Komm zeige mir den Weg nach Pindus Höhen hin ....

Weiter ist sie für diesmal nicht gekommen. Die Ankunft eines Briefes ihres Verlobten mit der Anlage von Voltaires Brutus unterbricht sie, und sie gibt die Verse auf. Eine rechte Arbeit sind ihr solche Gelegenheitsgedichte. Sie klagt oft darüber, daß ihr die Gabe der Erfindung abgehe. Gottsched dringt in sie, sie solle eine Trauerode auf den Tod ihres Vaters machen, aber sie bringt nur mühsam die entsetzlich alltäglichen Reihen zusammen:

Verklärter Greis, der Tag ist kommen,
Da Du der Welt und mir genommen;

Der Tag, vor dem ich längst gebebt;
Die Stunde, da Dein Geist genesen.
Ist mir die schrecklichste gewesen,
Die ich in meinem Lauf erlebt.

Und unwillig darüber, daß ihr nichts besseres einfällt, ihr, die doch so tiefen und ehrlichen Schmerz empfunden hat und noch empfindet, schreibt sie ihrem Freunde: „Ich bleibe dabei, ein heftiger Schmerz läßt sich ebenso wie alle heftigen Gemütsbewegungen wohl empfinden, aber nicht beschreiben. Ebenso ergeht es mir, wenn ich Ihnen diese Freundschaft versichern will, mit welcher ich Ihnen ganz ergeben bin." Und im folgenden Briefe macht sie sich lustig über ein ihr überschicktes Trauerschreiben eines Witwers über seine verstorbene Gattin, worin es heißt: „Du setztest dein Christentum nicht ins Wissen, sondern Gewissen; nicht in Schein, sondern Sein; nicht ins Lesen, sondern Wesen; nicht in Brausen, sondern Sausen; nicht in Formalität, sondern Realität.." Spöttisch ruft sie aus: „Vortrefflich! Was werden die Echo-Liebhaber für einen Schatz finden. Wenn wird doch die deutsche Prosa von solchen Zieraten und Wortspielen gereinigt werden." Das ehrliche Mädchen mag keine Ziererei und fühlt sehr wohl, daß sie keine Dichterin von Gottes Gnaden ist. Sie meint, ein Dichter müsse lügen und erfinden können, was er niemals gefühlt habe, weil sie die ursprüngliche Gewalt echter Dichtergabe nicht kennt, die ohne jede Absicht das Herz von einem schweren Leid in Liedern erlöst. Aber sich dazu zu quälen, heilige Gefühle in wässerige Worte zu quetschen, war ihrer geraden Ehrlichkeit zuwider. Leider drang Gottsched aber, der alles durch Willenskraft erreichen wollte, immer wieder in die Freundin, sich zum Dichten anzuleiten. Wie er es der Ziegler nicht geglaubt hatte, daß sie zur Poetin nicht geboren wäre, so glaubte er es der Jungfrau Kulmus auch nicht. Und wirklich verfertigte diese um ihn zu überraschen eine Ode, aber nicht auf den Vater, der ihr viel zu heilig zu solchen Kunststücken war, sondern auf die Kaiserin von Rußland, die ihr im Grunde herzlich gleichgültig sein konnte. Und gerade darum geriet der Versuch. Das heißt, es kam wenigstens ein Gedicht und sogar ein sehr langes zu Stande voll unglaublicher Schmeicheleien. Da werden erst die Verdienste Peters des Großen gepriesen, dann wird seine Nachfolgerin, das gekrönte Mädchen von Marienburg, als „das Muster aller Frauen" erwähnt; dann wird Peter II., dessen Wesen „Minerva sich zum eignen Sohn und Mars zum Liebling auserlesen", um seines frühen Todes willen beklagt, und endlich wird die Thronbesteigung der Kaiserin Anna, die in Wirklichkeit mit einem Wortbruche begann, folgendermaßen angesungen:

Hier braucht man keinen Göttersaal,
Das Hirngespinste der Poeten,
Die Götter müssen allzumal
Vor deinen Tugenden erröten.
Es weicht Dir Juno schon an Pracht;
Minerva's weise Vorbedacht
Regiert in dir und deinen Schlüssen.
Dein Glück und Vorteil in dem Streit
Wird noch vielleicht zu seiner Zeit
Ein frecher Feind erfahren müssen.

Und so geht es noch elf Strophen lang fort. Aber diese Schmeichelei einer blutigen und grausamen Despotin gegenüber, ist dem Charakter der Dichterin am wenigsten zur Last zu legen. Sie hatte sich oft genug empört über zu weitgehende Verherrlichung gekrönter Menschen. So schreibt sie (6. Oktober 1732) an ihren Freund: „Die Trauerrede des Herrn Löw ist recht schön, ohne ganz wahr zu sein. Ich weiß nicht, wie er seinen Satz behaupten möchte, daß alle und jede Tugend den hohen und fürstlichen Häusern erblich sein sollen. Es würde an Beispielen nicht fehlen, etwas darwider einzuwenden, und die Geschichte aus allen Jahrhunderten könnte angeführt werden, ihm Beweise des Gegenteiles anzuführen." Aber das Anhimmeln jedes gekrönten Hauptes war damals so an der Tagesordnung, daß man dergleichen Gedichte nur von der Seite der Form, nicht von der des Inhaltes anzusehen gewohnt war, und es handelte sich ja auch nur um eine Übungsarbeit der jungen Kulmus. Trotzdem war es dem im Schmeicheln recht geübten Gottsched selbst zu viel, daß Anna eine „große" Kaiserin genannt wurde. Vor der Hand aber trug das Gedicht seiner Verfasserin den ersten Triumph ein. Die in Danzig anwesende Herzogin von Kurland verlangte die urplötzlich neu erstandene Poetin kennen zu lernen. „Die Baronin von Frensdorf hatte den Auftrag erhalten, mich zu dieser Fürstin zu bringen, und wir fuhren zusammen dahin. Die Herzogin sprach mit ganz besonderer Gnade und recht viel mit mir. Sie tat mir sehr viel Fragen: ob ich mit der Frau von Ziegler in Briefwechsel wäre? Ob nach ihrer Aufnahme in die deutsche Gesellschaft noch einem anderen Frauenzimmer diese Ehre widerfahren wäre? In was für einer Verfassung die deutsche Gesellschaft jetzt stünde? Ob sie sich des Schutzes eines regierenden Fürsten zu erfreuen hätte? Ob die deutsche Gesellschaft viel auf den Tod des Königs geschrieben? Ob ich selbst meine Muse nicht hätte klagen lassen? Ob ich die Musik liebte? Ob ich die italienische Sprache verstünde? Ob ich beschlossen hatte, in Danzig zu leben und zu sterben?" Und so verlief die Audienz sehr „gnädig". Aber der Jungfrau Kulmus junger Dichterruhm hatte auch eine unangenehme Folge. „Wodurch man sündiget, dadurch wird man gestraft. Hätte ich mich nicht an den Musen versündiget, und ein Gedicht zu machen gewaget, so wäre ich nimmermehr dieser Dichterin bekannt geworden und mit ihren Briefen wäre ich verschont geblieben." So rief sie entsetzt aus, als die Jungfrau Zäunemännin aus Erfurt ihr ein Gedicht sandte. Sie antwortete sehr ironisch:

> Die Bogen, welche du mir neulich zugesandt,
> Sind Proben deiner Kunst. Es zeiget dein Verstand,
> Daß dein beherzter Geist dir nie den Mut versaget,
> Wenn dein enflammter Trieb das laute Singen waget.
> Doch muntre Dichterin! Dein hochzeitlich Gedicht,
> Ich sag es frei heraus, versteh' ich wahrlich nicht.
> Allein ich weiß es wohl, es ist mir beizumessen
> Und meiner Einfalt Schuld. Hätt' ich die Kunst besessen,
> Die du so wohl verstehst, so war es auch geschehn,
> Daß ich den tiefen Sinn genauer eingesehn.

Nachdem sie dann die junge Poetin auf die großen Vorbilder der Zeit auf Canitz, Opitz, Dach und Gryphius und vor allem auf Günther hingewiesen und endlich auf die Leipziger, fährt sie fort:

> Da spielt nun überdies die muntre Zieglerin.
> Gewiß, ich werfe schon oft Blatt und Feder hin,
> Und seufze: kann ich's nicht so hoch als diese bringen,
> So will ich nimmermehr, und sollt' ich sterben, singen.

Aber wenn sie dann wieder eine neue Arbeit der Ziegler erblickt, dann ist es um diesen „allzuschnellen Schwur" geschehen und sie eifert ihr wieder nach. Den von der Zäunemann angebotenen Briefwechsel dagegen — wie schärft sie hier den bitteren Gegensatz zu — lehnt sie ab:

> Den Vorschlag, den du mir in deiner Schrift getan,
> Ob mir dein muntrer Kiel noch weiter schreiben kann?
> Den würd' ich ganz gewiß wohl nimmermehr verwerfen,
> Wüßt' ich nur meinen Kiel so schnell als du zu schärfen.
> Die Musen schenken mir sehr selten ihre Huld,

Drum seufzt ich oftermals und fast mit Ungeduld:
Wenn ich den ganzen Tag auf Phöbus Gnade laure,
Und oft noch mehr die Zeit als meine Qual bedaure.
Wie kommt das? Die Vernunft prüft stets mein Saitenspiel!
Die Tugend ist mein Zweck, die Wahrheit ist mein Ziel
Das, was der Wohlstand haßt, was reine Seelen meiden,
Das kann ich ewig nicht in meinen Schriften leiden.
Wär dieses nicht, wie schnell war mancher Bogen voll!
Ich seh auch überdies und weiß es gar zu wohl,
Daß, obgleich mein Geschlecht schon manchen Geist gezeiget,
Zu dem die Musen sich mit ihrer Kunst geneiget,
Obgleich die Schürmannin, die ganz Europa kennt,
Die Lambert und Dacier sich unsre Schwester nennt,
So könnte sich mein Kiel doch wohl den Schimpf erwerben,
Und, was sie gut gemacht, vielleicht noch gar verderben.
Gewiß! ich nehme nicht den halben Weltkreis ein,
Und wollte dieser Tat hernachmals schuldig sein.
Da stehest du den Grund, der mich zum Schweigen zwinget
Und sein Verbot auch selbst auf unfern Wechsel bringet.
Ich schließe: Lebe wohl! Ich danke dir zuletzt,
Daß du mein schlechtes Wort des Beifalls wert geschätzt;
Und wünsche, daß uns einst der Griffel überzeuge,
Daß auch ein Weiberkiel trotz Männer-Federn steige!

Gewiß, auch das ist gereimte Prosa, aber ehrliche. Und es ist in der Tat keine gemachte Bescheidenheit, wenn die Kulmus sich immer so tief unter die anderen Dichter, namentlich unter die männlichen, stellt. Vielmehr war sie ihr ganzes Leben lang durchdrungen von dem Gedanken, daß ihrem Geschlechte gewisse Grenzen gezogen seien. So schrieb sie, als sie von der Doktorpromotion der Italienerin Bassi hörte: „Ich vermute, daß, wenn dieser junge Doktor Collegia lesen wird, solcher in den ersten Stunden mehr Zuschauer, als in der Folge Zuhörer bekommen möchte"; (30. Mai 1732) und sie freut sich, daß Gottsched hierin ihrer Meinung ist. Auch der Beitritt der sonst von ihr so hochverehrten Frau von Ziegler zur deutschen Gesellschaft will ihr nicht gefallen. Sie schreibt darüber (19. Juli 1732): „Die Frau von Z. kann mit Recht die Aufnahme in die deutsche Gesellschaft ebenso hoch schätzen, als wenn sie von irgend einer Akademie den Doktorhut erhalten hätte. Aber gewiß, Sie halten mich für sehr verwegen, wenn Sie mir zutrauen, an dergleichen Ehre zu denken. Nein, dieser Einfall sollte bei mir nicht aufkommen. Ich erlaube meinem

Geschlechte einen kleinen Umweg zu nehmen; allein, wo wir unsere Grenzen aus dem Gesichte verlieren, so geraten wir in ein Labyrinth und verlieren den Leitfaden unserer schwachen Vernunft, die uns doch glücklich ans Ende bringen sollte. Ich will mich hüten, von dem Strom hingerissen zu werden. Aus diesem Grunde versichere ich Sie, daß ich meinen Namen nie unter den Mitgliedern der deutschen Gesellschaft wissen will." Und diesem Vorsatz ist sie bis an ihr Ende treu geblieben. Ebenso unterschied sie sich von Gottsched, der alles Geschriebene am liebsten gleich gedruckt sah. Noch in der Brautzeit machte er ihr den Vorschlag, ihre Briefe drucken zu lassen, aber die junge Kulmus, die sicher erfolgreich mit der Ziegler hätte in Wettbewerb treten können, widersprach. Angstvoll schreibt sie ihrem Freund (20. März 1734): „Welchen Anschlag haben Sie auf meine Briefe gemacht? Es ist am besten, daß diese ganz im Verborgenen bleiben. Ich habe keinen Roman schreiben wollen. Tugend und Aufrichtigkeit sind die Richtschnur meiner Handlungen und meiner Gesinnungen von jeher gewesen; diese sollen auch immer meine Führerinnen bleiben. Von ihnen geleitet, will ich die Bahn meines Lebens mutig durchwandeln. Aus der Fülle meines Herzens habe ich geschrieben und wem die Art unserer Freundschaft nicht gefällt, der wird an diesen Briefen viel zu tadeln finden. Nur wenig Leser würden ihnen Beifall geben. Ein falscher Anstrich, ausgesuchte, nichts bedeutende Worte sind der Mode Stil; diese werde ich niemals nachahmen, und wenn Sie nur mit meinen Briefen zufrieden sind, so mögen solche der ganzen Welt unbekannt bleiben." Und im August: „Für die Gewährung meiner Bitte, in Absicht meiner Briefe, danke ich Ihnen recht sehr. Die guten Zeilen haben das ihrige getan; sie haben Ihnen mein ganzes Herz gezeiget, lassen Sie solche nunmehro vergessen sein. Wenn sie ganz Deutschland lesen möchte, so würde ich diese Ehre nicht mehr empfinden, als daß sie von Ihnen gelesen worden. Alles, was ich Sie bitte, ist dieses: Verhindern Sie den Druck dieser Briefe, oder verschieben ihn, bis nach meinem Tode." Und diese Bitte wurde ihr wörtlich erfüllt. Wie schön hatte sie einmal ihr zartes Empfinden in solchen Dingen ausgedrückt, als Gottsched eine ihrer Kompositionen einem Freunde zeigen wollte und sie dieses Ansinnen mit dem Vers ablehnte:

Ein Lied, das ich nur Dir und keinem andern singe,
Das ist kein Ständchen, Freund, das ich der Straße bringe.

Vielleicht ist das der poetischste Vers, der ihr jemals gelungen ist. Aber seinem beständigen Antriebe zum Übersetzen kam sie gerne nach. Nur blieb sie auch hierin ihrem eigenen Geschmacke getreu und ließ sich, so sehr sie ihm sonst gehorsam war, mit keiner Gewalt in eine andere Richtung hineintreiben. Schon im dritten Brief, den die damals Siebzehnjährige an den Freund schrieb, begeistert sie sich für Frau von Lambert. Gottsched scheint sie auf die französischen Reformatoren der Frauenerziehung aufmerksam gemacht zu haben, indem er ihr Bücher sandte, denn sie schrieb: „Die Bücher, die Sie mir zu lesen empfehlen, sind vortrefflich. Ein Fénelon, ein Fontenelle haben sich viel Mühe gegeben, unser Geschlecht zu unterrichten und zu bessern. Vorzüglich aber gefällt mir die Marquise von Lambert. Welche unvergleichliche Mutter! Sie lehrt ihre Tochter, nicht auf die äußerlichen Reize ihrer Jugend, ihres Geschlechts sich zu verlassen, sondern ihr Herz zu bilden, ihren Verstand aufzuklären und sich wirkliche Vorzüge zu verschaffen. Ich werde Ihrem Rate folgen und mich an die Übersetzung wagen." So wurde denn dies Buch das erste, das ihr Bräutigam als Übersetzung seiner Braut in Leipzig herausgeben konnte. Es machte, wie sich Gottsched ausdrückt „Deutschland zuerst eine Feder bekannt, die ihm so viel nützliche und sinnreiche Werke liefern sollte". Aber in einem anderen Falle traf ihr Geschmack nicht mit dem ihres Bräutigams zusammen, und dabei blieb sie hartnäckig. „Ich liebe keinen Roman, und ich finde so viel in dem kleinen Werk, was dem ähnlich sieht, daß ich ohne Geschmack an der Übersetzung gearbeitet habe. Ich möchte nicht gerne die Anzahl dieser Schriften vermehren helfen, und dies ist die Ursache, warum ich Sie gebeten habe, nicht auf dieser Arbeit zu bestehen. Nächstens sollen Sie eine Übersetzung lesen, die ich nach meiner Meinung gewählt." Und diese Übersetzung war die des Buches der Frau von Gomez über den „Sieg der Beredsamkeit", worauf sie allerdings auch durch ihren vielbelesenen Bräutigam hingewiesen worden war. Also die dialektische Turnübung eines weiblichen Geistes gefiel ihr besser als eine Liebesgeschichte. Der von Frau von Gomez erfundene Redestreit spielt zwischen vier Jünglingen, deren jeder seine Wissenschaft verteidigen soll, um aus dem Vermögen eines reichen, zu Athen verstorbenen Bürgers sich eine jährliche Unterstützung zu erreden und der natürlich mit dem Siege des Vertreters der Beredsamkeit endet. Die Braut sandte die Übersetzung nebst einigen anderen kleineren an den glücklichen Bräutigam, der schleunigst der Welt wieder ein Werk der neuen Schriftstellerin übergab, indem er aus dem „Sieg der Beredsamkeit" mit Anhängung einiger Kulmus'scher Gedichte — auch des ironischen Schreibens an die Zäunemännin und der schmeichlerischen Ode auf die russische Kaiserin — ein Buch herstellen ließ. Das war nun schon Opus II. Mittlerweile hatte die Liebesgeschichte der beiden mancherlei Sturm durchmachen müssen.

Abgesehen von gelegentlichen Mißverständnissen und Aussöhnungen war der Tod des Vaters der Braut dem Verhältnis der beiden eine Zeit lang verhängnisvoll geworden. Schon unmittelbar darauf wollte Gottsched seine Braut heimführen, aber diese weigerte sich, weil der Schmerz noch zu frisch sei. „Erlauben Sie mir, eine Freude, zu welcher der Verstorbene mir großenteils selbst geholfen, so lange auszusetzen, bis die Zeit meinen Schmerz besieget und mir gestattet, dieselbe mit der Traurigkeit über meinen Verlust zu verwechseln. Es ist dieser Aufschub das geringste Opfer, das ich dem Andenken meines Vaters schuldig bin." Später scheint die Mutter den immer noch stellungslosen Gelehrten nicht mehr für die passendste Wahl ihrer Tochter angesehen zu haben. Zwar beruhigt die Braut den Bräutigam: „Besäße ich Millionen, oder erhielte ich solche jetzt durch einen außerordentlichen Zufall, so würde ich keinen neuen Freund suchen noch wählen. Ich verlange mein Glück nicht darinnen zu finden, wo es von den meisten gesuchet wird. Meine Mutter unterscheidet sich durch ihre billige Denkungsart von dem meisten Teile der Eltern, die aller Gewalt über ein Leben sich bedienen wollen, zu welchem sie das meiste beigetragen haben. Allen ungerechten Anforderungen, so sie auf dieses Leben hat, entsaget sie bei der Wahl, die sie meinem eigenen Herzen überlasset." Dennoch scheint Gottsched recht gehabt zu haben, daß ihn dieser Trost nicht befriedigte. Denn obwohl die Kulmus heiter in die Zukunft blickt und gar einen Plan einer pommerschen Heiratsgesellschaft auf Gegenseitigkeitsversicherung einem Briefe beilegt, so wachen doch bald Gottscheds Befürchtungen wieder auf, und am 16. Januar 1733 muß die Braut dem Bräutigam mitteilen, daß ihre Anverwandten ihr die Weiterführung des Briefwechsels vollständig untersagt haben, und daß sie gehorsamen müsse. „Man machet mir eine Pflicht daraus, es koste, was es wolle. Ich eile, Ihnen diese Nachricht zu geben, damit Sie mein Stillschweigen nicht etwa zu meinem Nachteil auslegen. Die Last wird mich am meisten treffen, und mein Gesicht wird später als bisher aufgeheitert werden. Wie lange werde ich müssen in Ungewißheit bleiben, ob Sie gesund oder krank, zufrieden oder mißvergnügt sind? Dies ist ein Opfer, welches ich auf meine Kosten unserer Freundschaft bringen soll." Und dennoch will sie es bringen, ja kann in dem Schluß des Briefes noch über Bücher sprechen ganz wie gewöhnlich. Als ihr der Bräutigam voller Vorwürfe antwortet, versteht sie das nicht. „Was würden Sie von einer Person halten, die in dem Hause ihrer Mutter sich widerspenstig erzeigte und dieser nicht ihren ganzen Willen aufopferte? Würden Sie nicht vermuten, daß diese Person in Zukunft auch eine widerspenstige Frau sein würde? Wie unbillig sind Ihre Verweise also!" Und dennoch, wie erklärlich waren sie von einem Bräutigam, der die unerschütterliche Ruhe seiner ihm doch so treu ergebenen Verlobten gar nicht mehr begreifen konnte. Aber der Briefwechsel nimmt doch seinen Fortgang und nun kommt im Januar 1734 die Nachricht davon, daß Gottsched in Leipzig eine ordentliche Professur erhalten hat. Jetzt scheinen alle Hindernisse beseitigt. Im Februar kann sie ihm bereits schreiben: „Die Vollziehung unseres Bündnisses überlasse ich Ihnen, liebster Freund und meiner Mutter. Sie haben ihre Einwilligung und ihren Segen, beides war zu unserer künftigen Glückseligkeit unumgänglich notwendig. Ich erteile Ihnen hierdurch ebenfalls mein freudiges „Ja". Die von Ihnen selbst erwählte Mittelsperson wird Ihnen dies schon gemeldet haben; ich glaube aber, daß es Ihnen noch lieber sein wird, solches von meiner eigenen Hand zu lesen. Jenes ist ein Zoll, den man nach der Gewohnheit bringen muß, denn mein Herz ist Ihnen schon längst eigen. Möchte doch dieses Geschenk Ihnen nach vielen Jahren so viel Freude machen, als es Sie in den ersten Augenblicken entzückte! Es gehört dieser Wunsch unter die wenigen, um deren Erfüllung ich die Vorsehung bitte. Meine Gesinnungen soll keine Zeit, kein Zufall verändern: so lange ich lebe und noch jenseits des Grabes werde ich Ihnen ganz eigen sein." Und sie schickt ihm auch endlich ihr Bild mit den Versen:

Blickt Treu und Zärtlichkeit hier nicht aus allen Zügen,
Der einz'ge Wert, der mich dir einst empfahl,
So strafe die Kopie nur lügen
Und glaube dem Original.

Aber die Schicksalsmächte schienen noch nicht versöhnt. Diesmal griffen die Kriegsstürme ein. Danzig, das seit Jahrhunderten in den Kämpfen der Polen, Schweden und Brandenburger um den deutschen Norden seine Unabhängigkeit hartnäckig bewahrt hatte, wurde jetzt dafür bestraft, daß es durch Aufnahme des Königs Stanislaus Leszczynski die Neutralität gebrochen und wurde dafür von den Russen und Sachsen unter Münnich belagert. Mit Schrecken sah die Kulmus dies Geschick sich nahen, vergebens hoffte sie, die Fürsten würden ihren Sinn erweichen und nicht soviel Unheil über unschuldige Menschen bringen. Die ersten Grüße, die das neue Vaterland Sachsen ihr brachte, waren Kanonenkugeln. Nicht mit Unrecht klagte Gottsched, daß man die Verbindung so lange hinausgeschoben, bis es zu spät geworden sei. Aber seine Braut weist ihn auf eine Stelle aus seinem eignen Lehrbuch der Weltweisheit hin, wo er sagt, Gott sehe auch in der Entziehung gewisser Güter mitunter ein Mittel, die Menschen zum Guten hinzulenken. Sie bleibt unerschütterlich in ihrer Ruhe und in ihrem Gottvertrauen. Und dabei kam es immer fürchterlicher. Während der monatelangen Belagerung der Stadt erkrankte sie samt ihrer Schwester an den Masern. Da gerade die Beschießung der Stadt beginnen sollte, so brachte man die Kranken in eine andere Wohnung in der Nähe der holländischen Schiffe, die auf Befehl des Höchstkommandierenden geschont werden sollten. Dort kam die Mutter erst am nächsten Tage und zwar todeskrank an. Sie rief ihre Tochter Adelgunde zu sich und nahm mit Worten Abschied, die von dieser folgendermaßen wiedergegeben werden: „Mein Kind, ich gehe zum Vater; Gute Nacht, aber nicht auf ewig. Dort wollen wir uns wiedersehen, und denn soll unsere Vereinigung ungetrennt und vollkommen sein. Ich lasse Dich in einer Welt, darinnen die Gottlosigkeit aufs höchste gestiegen und ich danke Gott, daß er mich Dir bis jetzt erhalten, da Du hoffentlich das Böse von dem Guten zu unterscheiden weißt. Hasse das erste und hange dem letzten an, weiche nie von der Bahn der Tugend. Treue und Arbeit bringt herrlichen Lohn. Lebe wohl mein Kind, sei getreu Gott und Deinem Geliebten! Liebe Gott über alles und zuerst, Deinen Freund als Dich selbst, so wird er Euch segnen. Gott bringe Euch bald zusammen und sei Euch gnädig. Ich habe das Vertrauen zu Deinem Freunde, er werde Dich künftig so weislich und liebreich führen, als er Dein Herz mit Klugheit und Redlichkeit gelenket hat. Ich freue mich, ihm noch, ehe ich sterbe, meinen Segen und meine Einwilligung erteilt zu haben. Vergiß mich nicht, mein Kind, so lange Du lebst und verlaß Gott und die Tugend nimmermehr." Darauf erteilte die Mutter der Tochter den Segen und diese wankte auf ihr eigenes Lager zurück, wo ihre Krankheit sich mit erneuter Heftigkeit zur Krisis steigerte. In der höchsten Not dachte sie an den fernen Geliebten und trug ihrem Halbbruder auf, ihm von ihren wenigen Juwelen einen Ring zu senden. Erschrocken über die Todesgedanken der Schwester veranlaßte der junge Arzt noch einen Aderlaß, und diesem schreibt die Schwester ihre Rettung zu. — Endlich war nun auch Krankheit und Kriegsleid überstanden, die Stadt hatte nach heldenmütiger Gegenwehr den Kanonen sich übergeben müssen. Die junge Kulmus war jetzt eine vollkommene Waise, aber noch immer wies sie den Arm des Retters ab. Jetzt hielt sie es wieder für eine Pflicht der Tochtertreue, ein ganzes Jahr zu trauern, ehe sie in die Arme des Geliebten eilen könne, auch fühlt sie sich noch zu angegriffen zu der Übersiedelung nach Leipzig. So mußte Gottsched also wieder warten, und obendrein hatten die Zwischenträger wieder Zeit und Gelegenheit, beiden die Ohren voll zu blasen. Redete man doch dem Leipziger Professor ein, die Familienverhältnisse seiner Danziger Braut seien zerrüttet, ihre Schönheit sei in den fünf Jahren hingewelkt, ihr Gesicht von den Blattern entstellt. Er vernichtet den Brief als Zeichen seines Vertrauens. Schrittweise kommen die Zwei nun weiter. Er schickt ihr einen Ring, sie erwidert diese „Formalität" mit Würde. „Hier ist endlich das glaubwürdigste Zeugnis unserer Verbindung und der ewigen Liebe, die ich Ihnen, mein Teuerster, in meinem letzten Schreiben mit Freude versichert habe. Bei gut denkenden Seelen ist alles überflüssig.

Aber es ist der Gebrauch, und um in den Augen der Welt recht heilig verbunden zu sein, muß man sich solcher äußerlicher Zeichen bedienen. Glauben Sie, bester Freund, mein Herz würde Ihnen ohne alle diese Zeremonien auf ewig eigen sein, denn meine Gesinnungen stimmen gar sehr damit überein." Vorher hatte Gottsched noch einmal ihr alles zu erwägen angeraten und sie sich ihm nochmals „im Namen Gottes angelobt". Auch die Geschwister der Braut fangen jetzt an, sich für die neue Heimat der Schwester, zu interessieren. Die jüngere Kulmus liest das von Gottsched überschickte „galante Saxen" Tag und Nacht, ebenso eifrig wie sie bis dahin sich in Jakob Böhmes mystische Schriften vertieft hatte. Und endlich wendet sich Adelgunde in einem Schreiben voll kindlicher Unterwürfigkeit an Gottscheds alten Vater. Dabei geht aber die gelehrte Verhandlung zwischen den Brautleuten ruhig ihren Gang weiter. Wie Gottsched einmal das Verbot übertritt und doch seiner Braut ein Geschenk zu machen wagt — mit einem kunstvoll gearbeiteten sächsischen Schreibzeug — erhält er mit dem Dank doch auch wieder Vorwürfe. Eigentlich merkt man den Unterschied gegen früher nur an den Überschriften. Aus dem „hochzuehrenden" Herrn ist hier seit der ersten wirklichen Verlobung, noch vor der Belagerung Danzigs, ein „bester Freund" und in allmählicher Steigerung ein „einziger", ein „teuerster", „allerteuerster" und im letzten Briefe ein „unschätzbarer Freund" geworden. Die Anrede „Sie" bleibt freilich und bleibt später auch in der Ehe. Auch stießen immer Betrachtungen über die Hochzeit mit gelehrten Verhandlungen durcheinander. Die Hälfte des Trauerjahres ist erst verflossen, und Adelgunde erklärt daher, daß sie im schwarzen Trauergewand vor den Altar treten wird. Wie sie getrost den Schlittenfahrern draußen zusieht und sich dann an ihren Schreibtisch setzt und meint, „ich ergötze mich in meinem geheizten Zimmer und mit meinen Büchern mehr, als alle Schlittenfahrer mit ihrer frostigen Lustbarkeit", so ist sie auch damit einverstanden, eine schwarze Braut zu sein. Spitzen, die sie freilich für nötig hält, hat zu ihrer Überraschung der Bräutigam gesandt, aber auf weitere Fragen von ihm, Hochzeitsgeschenke betreffend, verweigert sie die Antwort. „Ich bin beschämt, wenn ich sehe, daß ich selbst die erste Sache bin, die Sie über ihren Wert bezahlen, und ich fürchte, daß Ihre Freigebigkeit mit den übrigen Nebendingen auch so handeln möchte. Ich überlasse Ihnen also nur, den Schlafrock für mich zu bestellen, den Ihrigen werde ich zu besorgen übernehmen. Das männliche Geschlecht hat uns die meisten Eitelkeiten und Spielwerk längst überlassen, und wir beschäftigen uns zu unserer Schande noch so emsig damit. Ich werde durch allerlei Anstalten zu unserer Hochzeit meinem Geschlechte den Zoll entrichten, den ich ihm schuldig bin. Von dem Augenblicke an aber, da ich zu Ihrer Fahne werde geschworen haben, sollen die meisten Eitelkeiten aus meinem Sinn und aus meinem Hause verbannet sein." Und später meint sie: „Werden Sie auch alle meine, mit einer gewissen Ökonomie gemachten, Anstalten billigen? Alle überflüssige Pracht, die nur allzuoft bei dergleichen Festen verschwendet wird, halte ich für ganz unnötig … Unsere Hochzeit soll nicht mehr als hundert Taler kosten. Mein Aufwand für ganz unentbehrliche Dinge beläuft sich nicht viel höher. Wir haben eine weite Reise zu tun und dabei ganz unvermeidliche Ausgaben. Wir müssen auf unsere Einrichtung in Leipzig denken und dies sind nötige Erfordernisse, bei denen keine Ersparnis stattfinden kann. Ich habe es also bei den entbehrlichen und eingebildeten Notwendigkeiten abzubrechen gesucht. Nicht mehr als achtzehn Personen sollen Zeugen von unserm Feste, die ganze Stadt aber von unserm Glücke sein."

Mit Recht nennt Gottsched diese Liebe eine „philosophische Liebe", und die Braut freut sich über diesen Ausdruck. Darum sei sie auch über Zufälle und Treulosigkeiten erhaben. Aber ganz zum Schluß, wie sie den letzten Brief, vor Gottscheds Abreise, nach Leipzig sendet, da ist es doch ein echter, ganz unphilosophischer Brautbrief. Anfangs zwar handelt er von verbrannten Jugendmanuskripten und von einem Exemplar des „Sieges der Beredsamkeit" für die Herzogin von Kurland, aber plötzlich bricht es mit ursprünglicher Gewalt durch: „Fünf gramvolle Jahre einer harten Prüfung sind vergangen. Aber wie lange, wie lange werden die wenigen Tage bis zu Ihrer Ankunft dauern? Freude und Ungeduld wechseln unaufhörlich mit einander ab, und meine Wünsche sind Ursache, wenn die Räder Ihres Wagens geschwinder als sonst rollen. Sie sagen, Sie wünschen sich Flügel, ich tue ein Gleiches, auf diese Art muß Ihre Reise sehr schleunig geendiget werden. Ihre teuersten Eltern erwarten einen Zuspruch von Ihnen, den Sie Ihnen nicht abschlagen können. Eilen Sie, eilen Sie, mein bester Freund, die sehnende Ungeduld dieses würdigen Paares und meine Wünsche zu befriedigen. Mit gerührtem Herzen, mit offenen Armen, mit dem heitersten Gesichte werde ich Sie empfangen und mit Freudentränen Ihnen versichern, daß nichts als der Tod unsere Liebe trennen soll."

Und Gottsched kam. Am 19. April 1735 wurde die Verbindung geschlossen. Dann gings über Stargard, Berlin und Wittenberg nach Leipzig,
wo das junge Paar am 14. Mai ankam. So schlicht die Hochzeit aber auch
begangen worden, eine Menge von Glückwunschgedichten waren dazu
eingetroffen. Man merkt, daß Gottsched, trotz der bescheidenen Bitten
seiner Braut, deren Gelehrsamkeit und „Geschicklichkeit" — das damals
allgemein übliche Wort für „Begabung" — weit und breit verkündet hatte.
Denn alle stimmen sie diesen Ton an. Da singt im Namen der deutschen
Gesellschaft Johann Friedrich Mayen in einem langen Gedichte, worin er
dem weiblichen Geschlechte das Recht, zwar nicht auf pedantische Studi-
en, aber wohl auf geistige Bildung zuspricht:

> Die Kulmus, deine Braut, die Freundin deiner Ruh,
> Wie deiner Sehnsucht Ziel, die so gewiß wie du
> Die Weisheit höher schätzt, als die verworfnen Gaben,
> So stets die Welt gereizt, doch nie gesättigt haben;
> Die Kulmus, welche sich der Meinung auch entreißt,
> Daß es höchst schimpflich sei, wenn auch ein Frauengeist
> Nach etwas weiterm sieht als Hauben, Putz und Bändern,
> Die sich, wie mancher Sinn, mit allen Wochen ändern:
> Die Kulmus, welche schon der klugen Welt gezeigt,
> Daß sich ihr Herz und Geist zu Kunst und Tugend neigt,
> Die mehr versteht als sagt, dir mehr gilt als sie denket,
> Hat den gereizten Kiel von deinem Ruhm gelenket,
> Das er ihn nicht erkiest. Du bist schon längst bekannt,
> Wir denken jetzo nur an dieses neue Band.
> Durch dieses sehen wir zwei Herzen sich verbinden,
> Die nirgends größre Lust als in sich selber finden."

Der unter den Schöngeistern Leipzigs wegen seiner schwülstigen Reden
im Stile des weiland bombastischen Lohenstein allbekannte Corvin, der
sich Amaranthes nannte und dessen geschraubte Redewendungen als
„Corviniaden" bekannt waren, sagte in seinem verhältnismäßig verständigen Carmen von der Braut:

> Was hat nicht die gelehrte Welt
> Bei diesem Bund, den Du getroffen,
> Da man auf Dich so viel schon hält.
> Von Dir und ihr fortan zu hoffen!
> Ihr Dichter, die Ihr allezeit

Petrarchs und Laurens Zärtlichkeit
In Euren Liedern Pflegt zu singen;
Verlaßt der Alten Liebesspur,
Schreibt: Gottsched und die Kulmus nur,
So wird es angenehmer klingen.

Auch die deutsche Rednergesellschaft weiß schon von den besonderen Eigenschaften der jungen Frau, denn es heißt in ihrem Schreiben: „Der Ruf der schönen Eigenschaften dero geliebten Braut ist schon zu uns gekommen, ehe wir dieselbe bei uns zu sehen vermutet haben. Sie kommt nun zu uns nicht als zu Fremden und denen, die sie nicht kenneten, sondern zu denen, die sowohl als ihre Landsleute und bekannte Freunde zu erzählen wissen, was Natur, Unterricht und Fleiß an ihrem Verstande und Willen getan." Im Namen der „älteren und größeren montäglichen Prediger-Gesellschaft" besteigt M. Christian Gotthilf Schönfeld das Dichterroß und läßt sich unter anderem so vernehmen:

Man kennt den Vorzug auch, der deine Kulmus ziert;
Ihr angenehmer Fleiß wird überall gepriesen.
Was für ein feiner Witz die schöne Feder führt
Das hat schon manches Blatt von ihrer Hand bewiesen.

Und besonders haben ihr die Kolleginnen gehuldigt. Helene Volkmännin, geborene Wolffermännin, reimt sogar schon in der Überschrift:

Da Professor Gottscheds Mund die berühmte Kulmus küßt,
Welche eine Meisterin schöner Wissenschaften ist:
Da sich Gleich und Gleich gesellet, hat dies Carmen aufgesetzt
Eine Freundin edler Musen, die die Dichtkunst auch ergötzt.

Dann singt sie davon, daß die Ehegatten gleiche Neigungen haben müssen:

Gleich und Gleich gesellt sich gern: gleiche Herzen, gleiche Triebe,
Gleiches Wollen, gleiches Thun, gleiche Seelen, gleiche Liebe:
Jedes liebet seines Gleichen, alles ist wohl eingericht,
Fehlet nur vertrauten Seelen die beliebte Gleichheit nicht.

Und das findet sie hier nun vortrefflich bewährt:

Du hast ungemein gewählet, und ich muß es frei gestehn,
Daß der Abriß Deiner Kulmus schön, ja unvergleichlich schön.
Wer wird wohl so kühne sein und Dir diese Wahl verweisen?
Nach dergleichen Tugendbild mag man wohl bis Danzig reisen.
Denn ich weiß wohl, daß die schöne, weltberühmte Lindenstadt
Eine weltberühmte Zieglern aber keine Kulmus hat.
Deiner Schönen edler Geist hat sich mir bereits entdecket.
Daß ein schöner Seelenkern auch in schönen Leibern stecket,
Hat ein Plato schon versichert. Ihre Schriften legen mir
Einen Abriß ihrer Seele und auch ihres Leibes für.
Wer an Wissenschaften reich, wer sich stets im Dichten übet,
Und die Redekunst versteht; wer die fremden Sprachen liebet.
Wer die Saiten künstlich rühret und so herrlich übersetzt;
Der besitzet so viel Schönes, das man über alles schätzt …

Und dann bietet die Dichterin der Dichterin ihre Freundschaft an:

Wir sind fast auch gleiche Seelen, überleg es nur genau,
Du bist eines Doktors Tochter, ich bin eines Doktors Frau.
Du verstehest die Musik, und ich muß sie gleichfalls lieben.
Du hast manch gelehrtes Werk und ich manchen Vers geschrieben.

Wie wenig kannten diese Damen, die in ihrer anererbten Gelehrtenneigung und ihren naiven Gelegenheitsreimereien einen Beruf sahen, das Herz der Kulmus. Auch die Zäunemännin stellt sich ein. Sie preist die Liebe:

Die Majestät, der alle Häupter dienen,
Beschloß schon eh noch etwas war,
Es sollt die Lieb auf dieser Erde grünen,
Und dauern bis ins letzte Jahr.
Solang der Nil Aegyptens Felder wässert;
Solang der Po im Zirkel geht;
Solang der Tau die welken Saaten bessert
Und dem Verderben widersteht;
Bis daß der Bau der Welt wird untergehen.
So lange wird die Liebe auch bestehn.
Bei Donner, Blitz und Zittern, Furcht und Grauen
War' das Gebet der Heiligkeit
Auf einen Fels in Steinen eingehauen:

O merket wohl den Unterscheid!
Die Liebe war mit großen Zärtlichkeiten
Im Paradies ins Herz geprägt
Was sucht hierdurch der Schöpfer anzudeuten,
Als daß er sie mit Ruhm belegt?
Und ihr Befehl trifft Helden Majestäten,
Neu Herrn und Knecht, den Weisen und Propheten.

Ob dieses bombastische Lied der Kulmus besser gefallen hat, als einst das
bewußte Quodlibet? Die arme Kulmus! Sie ging als die einzig Sehende
umher in diesem wüsten Getümmel so vieler Unsterblicher, die, ach so
schrecklich sterblich waren. Für die Frau von Ziegler hatte sie indes wirkliche Verehrung, wie ja aus ihrem Schreiben an die Zäunemännin hervorging. Aber nur, um dem Wunsche ihres Bräutigams zu entsprechen, hatte
sie diese Verehrung zweimal schriftlich zum Ausdruck gebracht. Sie war
eine so ganz andere Natur als die Ziegler. Zwar fehlte es beiden Frauen
nicht an heiterer Laune und neckischen Einfällen, aber die Ziegler sah sich
mehr und mehr als eine Vorkämpferin ihres Geschlechtes an, und die
Gottsched wollte nichts, als sich bilden und ihrem Manne nützlich sein.
So scheint denn die beiden berühmten Frauen kein näheres herzliches
Freundschaftsband verknüpft zu haben. Frau Professor Richter wurde die
Herzensfreundin der neuen Professorin. All die Angebote, als Doktorstochter einer Doktorsfrau, als Dichterin einer Dichterin sich anzuschließen, widersprachen der gemütvollen Ehrlichkeit, der leidenschaftslosen,
ehrgeizfreien, innerlichen Natur der jungen Frau. Dagegen ist der Frau
Adelgunde aus dem Ziegler'schen Hause wohl neue Anregung für ihr musikalisches Streben zugeströmt. In Leipzig weilte seit dem Jahre 1723
einer der größten Musiker aller Zeiten, Johann Sebastian Bach, als Kantor
an der Thomasschule. Sein Haus war ein recht musikalisches Heim, in
dem die Söhne aus der ersten Ehe des Meisters in schöner Harmonie mit
ihrer begabten Stiefmutter und mit ihren vielen Schwestern die Hausmu-
sik pflegten. Des Meisters erste Gattin, seine Base Maria Barbara war am
27. Mai 1719 ganz plötzlich gestorben. Er hatte sich zwei Jahre später mit
Anna Magdalena Wülken, der Tochter eines Weißenfelser Kammermusi-
kus vermählt, die ihn nach Leipzig begleitete. Diese Frau war so recht geeignet, den Meister zu verstehen und anzuregen. Wahrscheinlich hat sich
schnell ein Weg aus diesem musikalischen Hause in das gleichgestimmte
der Frau von Ziegler gefunden, die ja das musikalische Interesse zuerst in
weitere Gesellschaftskreise der Lindenstadt hineingetragen hatte. Ja, in
dem Jahre, da Frau Adelgunde nach Leipzig kam, war der Altmeister ge-

rade damit beschäftigt, eine ganze Reihenfolge von Kantaten der Frau
Ziegler, acht an der Zahl, zu komponieren. Im Jahre 1735 erschienen diese
Musikdichtungen und sicherten der Poetin allerdings nun ein Plätzlein in
der Unsterblichkeit, da ihr Name dadurch für alle Ewigkeit mit einem der
Größten unter den Großen verknüpft bleibt. Daß alles dies auch Adelgundens musikalische Neigungen neu anregte, ja, ihren Hang zum Komponieren wieder belebte, ist natürlich. Schon im folgenden Jahre wählte sie
nach Bachs Rat einen Musiklehrer, nämlich Krebs, des Meisters Lieblingsschüler. Eine Kantate, die Frau Gottsched selber in Worten und in
Tönen gedichtet, hat uns ihr Gatte mitgeteilt.

So begann denn nun in Gottscheds Professorenheim für die beiden das
lange ersehnte Glück. Wie Dacier und seine Gattin saßen die neuen Gefährten zusammen bei ihren Arbeiten. Frau Adelgunde vollendete zunächst eine Übersetzung des „Cato Addison's", die nur flüchtig durch die
kurze Hochzeit unterbrochen worden war. Während ihr Mann in seinem
Zimmer die Redeübungen mit seinen Zuhörern abhielt, saß sie vor der
halbgeöffneten Nebentür und erlauschte jedes Wort. Dabei wuchsen ihr
die Gedanken. Sie dachte daran, ein Gegenstück zu dem „Triumph der
Beredsamkeit" der Frau Gomez zu schaffen, denn die bloße Redefertigkeit
erschien ihr, der tief angelegten Frau, nur als ein Mittel zum Zweck; das
große Hauptstudium ihres Mannes aber, die Weltweisheit galt ihr inhalt-
lich als das bedeutendste. Sie wählte zu dem Helden der kleinen Fabel
einen Lieblingsschriftsteller ihres Gatten, den dieser schon lange allen
strebsamen Weiblein empfohlen hatte, den philosophischen Kaiser Antoninus und erfand folgende kleine Handlung: Der Großvater des Antoninus
läßt die Lehrer der Poesie, der Beredsamkeit, der Geschichte und der
Weltweisheit in Athen mit dem jungen Antoninus zusammentreffen. Alle
preisen ihre Wissenschaft an, und Antonin gibt der Weltweisheit die Krone. Übermütig gemacht durch ihre neue gesellschaftliche Stellung und
ihre Fortschritte in der Redekunst, neckte Frau Adelgunde den alten braven Phrasenhelden Corvin, der sie einst zur Hochzeit so fröhlich willkommen geheißen, dadurch, daß sie die bombastischsten seiner Redensarten — ähnlich wie Aristophanes es mit dem Euripides gemacht — in ein
überschwülstiges Gedicht sammelte, und es am Geburtstage des überrum-
pelten Dichters unter allgemeiner Heiterkeit vorlas. Ebenso verspottete sie
den Schlendrian der bibelzerklaubenden Prediger in einer Satire, in der sie
einen Vers des Horaz ebenso zermarterte, wie es pedantische Kanzelredner mit Bibelsprüchen tun. Aber es blieb nicht bei diesem übermütigen
Zeitvertreib; Gottsched fand, daß ihr die Kenntnis des Lateinischen nützlich sein würde, und der den strebsamen Frauen so freundliche Professor

Schwabe war gern bereit, sie zu unterrichten.

Es konnte natürlich nicht ausbleiben, daß die Studentenschaft von Leipzig auf die neue gelehrte Professorin aufmerksam wurde. Hatte sich doch die akademische Jugend schon über Frau von Ziegler lustig gemacht. Bald nach deren Dichterkrönung waren Spottlieder auf sie entstanden. Schon ehe das Gedenkbüchlein Lamprechts erschien, hatte der Senat einschreiten müssen. Es wurden vier Leipziger Studenten: v. Einsiedel, v. Burgsdorf, Hoffmann und Hübner, deswegen zur Untersuchung gezogen. Sie waren so weit gegangen, das sittliche Leben der Frau von Ziegler zu besudeln, und wenn sie nicht rechtzeitig die Gnade des Königs angerufen hätten, so wären sie schwerlich mit scharfem Verweise davongekommen. Als jetzt aber auch Frau Professor Gottscheds Ruhm an der Hochschule erklang, und man sich von ihren lateinischen Studien und ihrem Lauschen hinter der Tür erzählen mochte, da entstand ein neues gefährlicheres Lied — gefährlicher darum, weil es seiner spottete. Es erschien nämlich im Jahre 1736 eine Liedersammlung unter dem Titel: „Singende Muse an der Pleiße, in zweimal 50 Oden der neuesten und besten musikalischen Stücke, mit den dazu gehörigen Melodien zu beliebter Klavierübung und Gemütsergötzung, nebst einem Anhange aus I. C. Günthers Gedichten". „Auf Kosten der lustigen Gesellschaft" sollte das Buch gedruckt sein, der Verfasser nannte sich Sperontes. In diesem Anhange der Lieder des damals so beliebten Günther befand sich auch eins, das nicht in dessen Werken zu finden ist, und das jedenfalls nur unter dieser Flagge eingeschmuggelt wurde. Dies eben ist das Spottlied auf die studierenden Frauen, das jedenfalls den Herrn Sperontes selber (Johann Sigismund Scholze, nach Spitta) zum Verfasser hat. Alsbald erklang es allüberall, und wie sehr man auch „von oben" gegen dieses Lied einschreiten mochte, es wurde Jahrzehnte lang gesungen, zum Verdrusse aller derer, die bis dahin für die weibliche Bildung ihre Waffen geschwungen hatten. Es lautet:

Ihr Schönen höret an,
Erwählet das Studieren
Kommt her, ich will euch führen,
Zu der gelehrten Bahn,
Ihr Schönen höret an:
Ihr Universitäten,
Ihr werdet zwar erröten,
Wenn Doris disputiert
Und Amor präsidiert
Wenn art'ge Professores,

Charmante Auditores
Verdunkeln euren Schein
Gebt euch geduldig drein.

Kommt mit ans schwarze Brett,
Da ihr die Lectiones
Und Disputationes
Fein angeschlagen seht,
Kommt mit ans schwarze Brett.
Statt der genähten Tücher
Liebt nunmehr eure Bücher,
Kauft den Catalogum,
Geht ins Collegium,,
Da könnt ihr etwas hören.
Von schonen Liebes-Lehren,
Dort von Galanterie,
Und Amors Courtesie.

Geht zum Pro-Rektor hin,
Laß euch examinieren
Und immatrikulieren,
Küßt ihn vor den Gewinn,
Geht zum Pro-Rektor hin.
Ihr seid nun in den Orden,
Der schönsten Musen worden,
Wie wohl hat ihr getan,
Steckt eure Degen an,
Doch meidet alle Händel
Weil Adam dem Getändel
Mit seinen Geistern feind
Und der Pedell erscheint.

Teilt hübsch die Stunden ein,
Um neun Uhr seid beflissen,
Wie art'ge Kinder müssen,
Galant und häuslich sein,
Teilt hübsch die Stunden ein.
Um zehn Uhr lernt mit Blicken,
Ein freies Herz bestricken
Um ein Uhr musiziert,

Um zwei poetisiert
Um drei Uhr lernt in Briefen
Ein wenig euch vertiefen,
Dann höret von der Eh'
Hernach so trinkt Kaffee,

Continuiert drei Jahr,
Dann könnt ihr promovieren
Und andere dozieren,
O schöne Musen-Schar;
Continuiert drei Jahr.
Ich sterbe vor Vergnügen
Wenn ihr anstatt der Wiegen,
Euch den Katheder wählt,
Statt Kinder Bücher zahlt,
Ich küßt euch Rock und Hände
Wenn man euch Doctor nennte,
Drum Schönste fang doch an,
Kommt zur gelehrten Bahn.

Frau von Ziegler antwortete darauf mit einem grimmigen Zornlied auf das männliche Geschlecht:

Du weltgepriesenes Geschlecht,
Du in dich selbst verliebte Schar,
Prahlst all zu sehr mit deinem Recht,
Das Adams erster Vorzug war.

Ihr rühmt das günstige Geschicke,
Das euch zu ganzen Menschen macht;
Und wißt in einem Augenblicke
Worauf wir nimmermehr gedacht.

Doch soll ich deinen Wert besingen,
Der dir auch wirklich zugehört;
So wird mein Lied ganz anders klingen,
Als das, womit man dich verehrt.

Allein; wenn wir euch recht betrachten
So seid ihr schwächer als ein Weib.

Ihr müßt oft unsre Klugheit pachten
Noch öfter als zum Zeitvertreib.

Kommt her und tretet vor den Spiegel:
Und sprechet selbst, wie seht ihr aus?
Der Bär, der Löwe, Luchs und Igel
Sieht bei euch überall heraus u. s. w.

Aber was konnte dieser wilde Zorn gegen den leicht kitzelnden Spott in dem sangbaren Liede, das bald von allen Lippen tönte? Sogar die Kinder auf der Straße, die nichts davon verstanden, sangen eifrig: „Ihr Schönen höret an :c.". Die Melodie trug das Lied wie auf Windesschwingen.

Auch sah Frau von Ziegler bald ein, daß hier keine Antwort die beste war. So ruft sie in ihrer Abhandlung über die Schmähsucht: „Ein Weiser kann nicht geschmähet werden. Die Klugheit verbietet ihm einen unnützen Federkrieg anzufangen. Zeit und Mühe sind ihm viel zu edel, als daß er beide auf dergleichen häßliche Sachen verwenden sollte. Er weiß keiner besseren und edleren Rachbegierde als dieser Raum zu geben, daß er solchen auffallenden und beißigen Tieren durch sein kluges Stillschweigen wehe tun will. Wütet und tobt demnach immerhin, lästert und raset Ihr schmähsüchtigen Geister; Ihr gewinnet garnichts dabei. Lasset Euren frechen Zungen weder Zaum noch Gebiß anlegen, es schadet uns nichts. Der größte Vorteil, der Euch für so vielfältige Bemühungen verbleibet, ist dieser, daß man Euch in vernünftigen und wohl gesitteten Gesellschaften verabscheuet. Es bleibt doch bei dem wahren Ausspruch des weisen Seneca: Daß nur böse Menschen rechtschaffene Leute zu beleidigen suchen, unter vernünftigen aber immerfort Friede sei."
Und auch gegen die berufsmäßige Kritik wendet sie sich in einer Abhandlung über die „Beurteilung fremder Schriften", wo sie die ungebildeten Kritikaster mit scharfen Worten abführt, aber auch den gebildeten den Vorwurf der Einseitigkeit, der Befangenheit in altem Herkommen oder in einer bestimmten Geistesrichtung macht: „Und also gleichen leider diejenigen, die sich mit ihren Schriften in die Welt wagen den Schiffenden, welche bei ihrer Fahrt guten Wind zu hoffen und auch Sturm und Wetter zu erwarten haben. Es gehet ihren Blättern nicht besser, als denen an den öffentlichen Wegen gesetzeten Bäumen, woran sich einige im Vorübergehen belustigen, andere aber ihr Mütchen kühlen und sie sonder einiges Verschulden, durch unbesonnene Hiebe, ihrer Zweige berauben."
Auch gegen das Vorurteil der Frauen selbst wandte sie sich, die ihre studierten Mitschwestern als Närrinnen ansahen. Sie berief eines Tages

die Mitglieder der deutschen Gesellschaft in ihr gastliches Haus und redete sie mit sichtbar gewachsenem Selbstgefühl an: „Meine Herren! Die
sonst dem weiblichen Geschlechte eigene Blödigkeit sollte mich abhalten,
eine solche Anzahl ansehnlicher und gelehrter Männer in mein Zimmer zu
bemühen. Allein es verdoppeln sich mir die Kräfte des Geistes und Ihre
Gegenwart ermuntert mein Nachsinnen. Was sollte ich fürchten? Ich bin
ja vorlängst in das Register Ihrer gelehrten Namen eingezeichnet. Ich bemühe mich ebenfalls den Wert der deutschen Sprache empor zu bringen.
Ich bemühe mich, nach Ihrem Geschmacke deutsch zu sprechen und zu
schreiben. Ich richte mich nach den vorgeschriebenen Regeln, kurz: meine
Absichten stimmen mit den Ihrigen vollkommen überein. Alle diese angeführten Umstände erteilen mir die Freiheit, Ihnen meine Gedanken unge-
scheut zu eröffnen." Vergleicht man diese selbstbewußte Sprache mit dem
bescheidenen Ton ihrer Antrittsrede, so sieht man, daß hier Spott und
Hohn einer einseitigen Kritik das bewirkt haben, was sie bei allen starken
Menschen bewirken müssen: sie hatten ihren Stolz geweckt. Und so ruft
sie den spöttelnden oder sie verachtenden Frauen zu: „Ich rate Euch aber
aus aufrichtigem Herzen, lasset Euch ja keinen Einfall entgehen, Ihr werdet mich dadurch nicht im geringsten in meiner Gemütsruhe stören. Ihr
könnt mich nicht beleidigen; es fehlt Euch an der wahren Einsicht in den
Wert vernünftiger und tugendhafter Handlungen, und also überwieget
Eure Schwäche die mir angedichteten Fehler!" Zu dem eigentlichen Gegenstand ihrer Untersuchung aber weiß sie kaum etwas wesentlich neues
beizubringen. In der Tat hatte Gottsched recht, wenn er schon einige Jahre
zuvor dies Thema als „abgedroschen" bezeichnete. Schon was Paullini,
Lehms u, A. geschrieben hatten, war eindringlicher, umfassender und
schärfer als die kurze Auseinandersetzung der Zieglerin. Man begreift
nicht recht, warum die Herren von der deutschen Gesellschaft sich zu ihr
bemühen mußten, um eine Frage zu erörtern, die sie selbst durch einstim-
mige Aufnahme einer Frau längst beantwortet hatten. Von neuem weist
Frau Marianne die Behauptung zurück, als könne eine Frau, die etwas
gelernt hat, nicht mehr tauglich für Hauswesen und Wirtschaft sein, und
von neuem hebt sie hervor, daß ja die höhere Einsicht doch auch die Mutter zu einer besseren Kindererzieherin, die Gattin zu einer einsichtsvolle-
ren Genossin machen muß. Bezeichnend für ihren eigenen Standpunkt ist
es, wenn sie sagt: „Das Frauenzimmer trachtet ja nicht mit ihrer Feder
Ämter und Ehrenstellen zu erhalten. Sie schreiben ja aus keiner Gewinn-
sucht. Sie sind nicht von abgeschmacktem Ehrgeize verblendet, gelehrten
und berühmten Männern den Vorrang streitig zu machen. Die Unschuld
legt den Grund zu ihren Bemühungen und die Absicht, weiser und gesetz-

ter zu werden, ist ihr Endzweck!" Das traf nun freilich auch damals nicht für alle Frauen zu — denken wir an die Poetin, die in den „vernünftigen Tadlerinnen" den Männern den Vorrang in der Dichtung abzulaufen wünscht —, aber für die meisten war es wohl richtig. Auch Frau von Ziegler hatte ja nur durch Gottsched glauben gelernt, daß sie eine Dichterin sei, und wie deutlich leuchtet die Lehre ihres Erweckers aus all ihren Schriften hervor, so namentlich aus der Abhandlung, in der sie ihr künstlerisches Glaubensbekenntnis niedergelegt hat: „Unterschied eines Dichters und eines Reimeschmiedes". Da heißt es: „Ein Reimeschmied bindet zwar Silben und Reime sowohl als jener, er schreibt eine Menge Gedanken nieder, es ist aber in denselbigen weder Ordnung noch Geschmack anzutreffen, er bedienet sich vieler Gleichnisse, er suchet historische und vielmals unmögliche Begebenheiten anzuführen und denket, wenn das Schlußwort seinen gehörigen Reim und die Zeile die vollständige Abmessung hat, so sei die ganze Kunst ins Reine gebracht. Er überleget aber nicht, ob ein frecher Scherz oder sonst eine allzufreie Ausdrückung die Gesetze des Wohlstandes überschreite. Kurz, er hält sich nichts vor übel, was ihm sein blinder Eifer in die Feder gibet. Nachsinn und Vorsicht gehören bei ihm zu keinem Gedichte. — Ein wahrer und guter Dichter kann an dergleichen Namen keinen Anteil haben. Ergreift dieser die Feder, so wird er seine Gedanken so viel als möglich in gehörige Ordnung bringen und darinnen erhalten. Er denket nicht bloß auf die Erfindung einer ungeheuren Menge Worte; er denket vielmehr auf den Eindruck derselben und bemühet sich, dem Leser die Sache so lebhaft, natürlich, gründlich und scharfsinnig vorzutragen, daß es diesem, ob er ihm gleich nur ein geschriebenes Blatt reichet, doch so wahrscheinlich vorkommt, als ob er in der Tat alles deutlich vor sich sähe. Er zeiget seine größte Stärke in einer poetischen Erfindung und richtet dieselbe so ein, daß sie den Regeln der Wahrscheinlichkeit gemäß sei. Dabei stehet er sich vor, daß er nichts beibringe, was Kennern und Leuten von gutem Geschmacke mißfalle, sondern vielmehr wegen der wohlangebrachten, nützlichen und angenehmen Einfälle gefallen könne. Die Reinigkeit der Sprache suchet er mit der gehörigen Ordnung des Reimes zu verbinden und teilet jeder Zeile das nötige Salz, den Geschmack zu verbessern, mit. Bei diesem verdoppelt er das Feuer, so man bei einem guten Dichter notwendig erfordert. — Es gehöret daher zu einem wahren Dichter, sowohl in Einfällen als im Urteile, viel Scharfsinnigkeit und es muß von rechtswegen eins dem andern zu Hilfe kommen. Vorsicht und Behutsamkeit sind einem solchen zur Regel vorgeschrieben, damit er das Wahrscheinliche von dem Unwahrscheinlichen unterscheide. Ein rechtschaffner und wahrer Dichter muß also ein vernünftiger und gesitteter Mensch sein, der in den meisten Wissenschaften zum wenigsten zu einiger Einsicht gelanget ist. Er muß dabei nicht ermüden, auf aller Menschen Handlungen ein aufmerksames Ohr und scharfes Auge zu haben, um die Laster und Tugenden in ihrer wahren Gestalt schildern zu können. Die Erfahrung gibt ihm hier einen weit deutlicheren Begriff, als was ihm hie und da ein flüchtiges Geschwätz beibringet. Kurz ein guter Dichter muß die Regeln der wahren Klugheit stets vor Augen haben und die leiten ihn ordentlich zu denken und zu schreiben. Wer sich auf die beschriebene Art vor der Welt zeiget, ist vor einen guten und wahren Dichter zu halten, sowie der, welchen ich anfangs beschrieben habe, den Namen und auch den Schimpf eines Reimeschmiedes billig davonträget."

Deutlich erkennt man hier die Natur der Ziegler. Im Gegensatz zu dem Phrasenschwulst der Lohensteinianer verlangt sie als echte Schülerin Gottscheds Klarheit und Vernunft. Neben der Schlichtheit und Regelrechtheit betont sie auch die Beobachtung der Menschen und die Erfahrung, vor allen Dingen wünscht sie Anschaulichkeit in der Schilderung. Und doch hat die ganze Auseinandersetzung wieder etwas unerträglich Aufsatzhaftes an sich. Man sagt sich unwillkürlich: so kann über das Dichten nur einer schreiben, der selbst kein Dichter ist, denn es fehlt die Hauptsache: die Erfindung ist hervorgehoben, aber die Empfindung nicht. Das, was man erlernen kann, ist hier alles aufgezählt, aber das, was von innen herausquillt, nicht. Und doch dachte die Zieglerin einmal anders. Man lese nur, was sie einer jungen Dichterin schreibt:

> Ein Reim zählt uns nicht gleich zu den Poeten mit,
> Wenn man auch noch so schnell zum Musenhügel tritt.
> Der Hippocrenen-Fluß dient auch zu Stümpereien;
> Drum wirst, du Freundin mir, für dieses mal verzeihen,
> Ich schreibe deutsch heraus, so wie das Herze denkt,
> Und da dein Schreiben mir so viele Neigung schenkt,
> So offenbar ich dir, wie mir es einst gegangen,
> Mit was vergebner Müh ich manches angefangen.
> Ein Dichter soll und muß dazu geboren sein,
> Das lag mir in dem Kopf ich schrieb in Tag hinein;
> Bis treuer Freunde Rat mich auf den Einfall brachte,
> Daß ich bloß die Vernunft zu meiner Richtschnur machte,
> Die führte mich sogleich ganz einen andren Weg,
> Gefällt dir mein Gesang, betritt auch diesen Steg,
> Du wirst denselbigen sodann mit Ruhm beschreiten

Da ferne läßt du dich in diesen Schranken leiten,
Geduld, Vernunft und Zeit, die können uns belehren.
Anstatt daß Männer stets gelehrte Redner hören,
So nehmen wir ein Buch von einer klugen Hand,
Und machen uns daraus das, was uns nützt, bekannt.
Die Regeln muß man doch aus ihrem Grunde wissen,
Es muß uns keine Müh bei dieser Kunst verdrießen
Wenn man die Sätze nicht recht einzuteilen weiß,
So wird dem Leser kalt, bald übel und bald heiß.
Dem Unfall in der Zeit mit Vorsicht vorzukommen,
So hab ich manchen Rat mit Danken angenommen.
Es kommt manch schönes Werk zu unsrer Zeit heraus,
Ich suchte mir noch letzt dergleichen Bücher aus,
Und lese stets mit Lust, was andrer Witz geschrieben,
Denn wer das Dichten liebt, der muß auch diese lieben.
So fahr ich täglich fort und lerne was dabei;
Dadurch verlieret sich das wilde Waldgeschrei.

Das Selbstbekenntnis sagt alles. Einst hatte sie daran geglaubt, daß der
Dichter sein Herz entladen müsse ohne Zwang und Druck. Dann war sie
in die Schule Gottscheds gekommen, hatte gelernt, dem Geschmack und
der Vernunft ihr Recht einzuräumen, aber der Ballast der Schulregeln
hatte ihr ursprüngliches Empfinden zerdrückt. Es regt sich noch manchmal. Anmutig leicht klingt es hindurch durch die Strophe:

Du schattenreiche Fichte,
Vergönne mir die Lust,
Ich setze mich und dichte
Von dem, was mir bewußt.
Du kennst längst meine Klagen,
Du kennst mein bittres Ach,
Denn leiden und nichts sagen,
Gar nicht ein Wörtchen sagen,
Dazu bin ich zu schwach

oder in der religiösen Ode:

Durch Schweigen und durch Hoffen
Vermindert sich die Not.
Wenn dich ein Kreuz betroffen,

So wünsch dir nicht den Tod,
Durch Ungeduld und Jagen
Verdoppelt sich die Pein.
Was hülft dir alles klagen?
Dein mehr als ängstlich klagen
Kann nicht dein Retter sein!

Wohl klingen auch hier überall bekannte Muster an, aber es fließt doch leicht und ungewollt. Es ist doch endlich einmal ein anderer Ton, als das beständige Abhandeln und Erörtern, Künsteln und Debattieren, Glückwünschen und Schmeicheln in gereimten und ungereimten Aufsätzen. Auch die Fähigkeit anschaulicher Schilderung hat sie, wie in einer ihrer Fabeln die allerdings nicht sonderlich eigenartige, aber sehr lebensvolle Beschreibung eines Pfaues zeigt:

Er ging mit spanschem Schritt den Vorhof auf und nieder,
Er hob sein glänzend Haupt und dehnte seine Glieder
Bei starkem Schnauben aus. Die Brust war aufgebläht
Und sein geschlanker Hals so hoch hinauf gedreht
Daß man in Sorgen stand, er würde durch das Zwingen
In diesem Augenblick gleich bersten und zerspringen.
Sein farbenreicher Schwanz, der recht von Spiegeln strotzt,
Worauf dies stolze Tier vor andern Vögeln trotzt,
War prächtig ausgedehnt, so daß man meinen sollte,
Daß er den ganzen Hof damit umspannen wollte.
Der Hochmut blies ihm ein, und bracht ihn auf den Wahn,
Als ob, so viel man auch Geflügel zählen kann,
Ihm doch kein einziges an Glanz und Zierde gleiche,
Noch seiner Trefflichkeit im Putz das Wasser reiche.

Groß kann freilich ihre ursprüngliche Begabung nie gewesen sein, sonst würde sie sich eben nicht so rückhaltlos dem neuen Lehrer und seinen Lehren ergeben haben. Der treue Schüler eines Pedanten kann doch schließlich niemand sein, der nicht selbst ein wenig Pedanterie in sich hat. Und sie fühlte auch immer wieder, daß sie nicht zum Dichten geschaffen sei. Wie schon gesagt, hatte Gottsched sie durch die Dichterkrönung damals zu neuem Wirken begeistern wollen und da ihr Ruhm durch ganz Deutschland erklang, hatte er ihr in gutmütigem Triumphe zugerufen:

Nun hasse, wie du sonst gedräut,
O Dichterin, die schönen Lieder;
Und lege, wenn es dich gereut,
Die ausgespielte Flöte nieder.
O lehrt sie gleich nicht Geld gewinnen,
So ist sie doch der Mühe wert,
Denn, wen nicht Ruhm und Ehre nährt,
Der fühlt auch nicht die edlen Sinnen,
Dadurch ein Geist von deiner Art
Ein Liebling kluger Musen ward.

Die Aufmunterung hatte geholfen. Die Kritik hatte sie abgehärtet. Sie war jetzt eine selbstbewußte Frau geworden, und halb gegen ihren Willen stand sie als eine weit und breit genannte Vorkämpferin ihres Geschlechtes da. Und für weitere Anerkennung sorgte die deutsche Gesellschaft. Am 7. Oktober 1734, bei Gelegenheit der Ankunft des Kurfürsten von Sachsen und Königs von Polen, erhielt sie den Preis für eine Ode von zweiunddreißig zehnzeiligen Strophen. Darin setzt sie Krieg und Frieden in scharfen Gegensatz und malt die jüngst vergangenen blutigen Szenen drastisch aus:

Da stürzt ein stolzer Turm herab,
Der fast im Augenblick verschwindet,
Worunter mancher Tod und Grab
So unverhofft als schrecklich findet,
Hier lodert wieder ein Palast,
Der plötzlich Glut und Flammen faßt.
Sobald ein Wurf nach ihm geschehen,
Hier zeigt sich das alte Spiel.
Wie Troja dort in Schutt verfiel,
Sodaß wir keinen Stein mehr sehen.

Hilf Himmel, was erhebt sich dort
Für ein erstaunenswürdig Krachen?
Will etwa schon ein Allmachtswort
Den Erdenball zum Chaos machen?
Nein, Musen, des Salpeters Macht,
Den Mars bis in den Grund gebracht,
Zerreißt den Boden durch sein Knallen;
Er sprengt empor, was ihn gedrückt,

Ach, seht, wie aus der Luft zerstückt
Die Körper ganzer Scharen fallen ....

Aber gerade mit der Preiserteilung für dieses Gedicht ist schon der Name des Mannes verbunden, der sie dem Gottsched'schen Kreise und der Poesie entführen sollte. Gleichzeitig mit ihr hatte nämlich ein Genosse der deutschen Gesellschaft, Wolf Balthasar Adolf von Steinwehr, den Preis für die beste prosaische Arbeit bekommen. Diese war im deutschen Aufsatzstil gehalten, der in der deutschen Gesellschaft Brauch war, und behandelte das Thema: „Daß die Welt einer Schaubühne nicht bloß ähnlich, sondern selbst eine Schaubühne sei". Beide Abhandlungen wurden in einem Heft gemeinsam gedruckt — ein verheißungsvolles Omen für die beiden Verfasser, die sich in der deutschen Gesellschaft kennen und lieben gelernt hatten. Steinwehr war damals ein junger Mann von achtundzwanzig Jahren, geboren 1704 bei Soldin. In Wittenberg zum Magister promoviert, war er nach Leipzig gekommen und im Jahre 1732 in die deutsche Gesellschaft eingetreten. Er stieg dort schnell an Würde und Ansehen. Im Jahre 1736 nämlich versuchte Gottsched eine Kraftprobe, die zur Folge hatte, daß er selbst aus der Gesellschaft ausschied. Der Brief, der seine Entlassung bestätigt, ist von Frau von Ziegler mitunterzeichnet. Steinwehr wurde sein Nachfolger im Sekretariat. Als dieser bald darauf zum ordentlichen Professor in Göttingen ernannt wurde, holte er die Zieglerin als seine Professorin zu sich. Und so hat sie denn an der Seite des neun Jahre jüngeren dritten Gatten noch neunzehn glückliche und friedliche Jahre verlebt. Sie bewahrte gegen Gottsched auch in der Entfernung noch eine freundliche Gesinnung, gedichtet aber hat sie nicht mehr, seitdem sie nicht mehr unter dem Banne seiner Anregung stand. Indem wir hier von der, für die geistige Geschichte der deutschen Frauenwelt so bedeutungsvollen Frau scheiden, vergegenwärtigen wir uns nochmals das Bild ihres Charakters, wie sie selbst es einem Freunde geschildert hat:

Mein Freund, o tu' dir nicht Gewalt;
Kennst du mich gleich nicht von Gestalt,
Deswegen fasse keine Grillen?
Den Kummer will ich bald dir stillen,
Ich setze schon die Feder an.
Mit dieser wird dir kund getan:
Du sollst mein Bild in Reimen lesen,
Mein Ansehn und mein ganzes Wesen:
Ich bin nicht klein, ich bin nicht groß,

Ich geh bedeckt, und niemals bloß.
Mit aufgeräumten frohen Mienen
Such ich der ganzen Welt zu dienen,
Ich bin nicht stark, ich bin nicht schwach:
Mein Fuß ist schnell, kein Ungemach,
Setzt meine Seel' aus ihren Schranken,
Mein fester Sinn Pflegt nicht zu wanken.
Ich liebe Kunst und Wissenschaft,
Und lache, wenn man sich vergafft.

Gerade um diese Zeit, als die neue Frau Professor Steinwehr nach Göttingen zog, begann der Kampf, in den Gottsched verwickelt wurde und dessen Ende das völlige Erbleichen seines Glücksterns bilden sollte. Die erste, die von ihm abfiel, war die Neuberin. Sie hatte im Jahre 1739 Deutschland verlassen, noch in gutem Einvernehmen mit dem Leipziger Diktator. Es war ihr ein ehrenvoller und aussichtsreicher Ruf nach St. Petersburg zugegangen, und stolz, unklug und siegesgewiß wie sie war, benützte sie die letzte Vorstellung, die sie in Hamburg gab, um den dortigen Pfeffersäcken ihren Unwillen über ihre Gleichgültigkeit gegen wahre Kunst darzutun. — „Immer zu hui!" so hatten sie einst selbst ihr allzu stürmerisches Wesen bezeichnet. — Unter wilden Szenen schloß sie ihre Hamburger Laufbahn und vorwärts gings nach Rußland. Aber schon nach einem Jahre kehrte sie enttäuscht heim. Gottsched hatte sich unterdessen nach einem anderen Gehilfen umsehen müssen und einen solchen schnell gefunden in dem rührigen jungen Schönemann. Dieser hatte seine Werbetrommel kaum ertönen lassen, als ihm schon eine Fülle von Talenten zuströmte. Da war der frühere Soldat Ackermann, ein kühner Haudegen, der plötzlich die Lust zum Mimen in sich entdeckt hatte. Da kam aus Hamburg die Frau Schröder, die aus Verzweiflung davongegangene Gattin eines trunkfälligen Berliner Organisten. Eine Zeit lang hatte sie Handarbeiten gemacht und versuchte es nun plötzlich mit der Bühne. In ihrer Begleitung erschien der fast verwachsene Eckhof, der ein anderer Demosthenes, seinen Naturfehlern trotzen wollte. Kurz es scharten sich zahlreiche Abenteurer um Schönemann — und alle fast waren sie große Talente. Es war natürlich, daß Gottsched keinen Augenblick Bedenken trug, diese Truppe mit der Fortsetzung seines Reformwerkes zu betrauen. Als nun die Neuberin wieder in Deutschland erschien und ihren Vertrauensposten in Gottscheds Reich anderweit besetzt fand, ergrimmte sie nach ihrer leidenschaftlichen Art, und bald ging sie in das Lager seiner Feinde über, ja, sie griff ihn sogar öffentlich auf der Bühne in einem Vorspiel an, das aus der

Feder des charakterlosen „Dichters" Rost geflossen war. Doch war ihr Glücksstern im Sinken. Ein neuer Schutzherr von dem Ansehen eines Gottsched wollte sich nicht finden. Sie zog, stark und unternehmungsfreudig, weiter durch die Welt, aber es wollte ihr kein Erfolg mehr erblühen. Schon im Jahre 1743 mußte sie ihre Truppe auflösen. Ein Jahr darauf sammelte sie eine neue, aber es war nur noch ein verzweifeltes Ringen mit dem widrigen Geschicke, und im Jahre 1750 legte sie zum zweiten Male und nun endgültig den Herrscherstab nieder. Auch mit ihrer eigenen Darstellungskunst war es vorbei. Zwar ließ man sie nach Wien kommen, aber sie vermochte nicht die geringste Wirkung mehr beim Publikum zu erzielen. Ihre Mittel sowohl wie ihre Kunst waren dahin. Die Schöpferin der deutschen Schauspielkunst höheren Ranges hatte sich und ihre Zeit überlebt, ehe sie selbst eine Greisin geworden war.

Gottscheds Leben war in diesem Jahrzehnt allerdings auch ein Kampf, aber seine ungeheure Zähigkeit, seine auf unerhörter Arbeitskraft beruhende, in Gleichmut, Einseitigkeit und beschränkter Überzeugung gleichmäßig wurzelnde Kraft, die ihn in Art und Unart als das gerade Gegenteil eines Genies erscheinen läßt, machte ihn zu einem fast unüberwindlichen Gegner. Wie jener alten Sagenschlange wuchsen auch ihm auf den Stümpfen seiner abgehauenen Häupter immer wieder neue hervor, und diese seine Häupter bestanden aus Sammelwerken, Zeitschriften, ja aus ganzen Bibliotheken von gelehrtem Kram. Gerade in der Zeit der beginnenden Reibereien mit seinen wachsenden Gegnern hatte er ja nun eine bedeutende Hilfskraft gewonnen in seiner treuen Gattin. Auch für diese war die Zeit des geistreichen Getändels vorüber. Ihre übermütige Laune verlor sich allmählich. Anfangs strotzten alle ihre Briefe an ferne Freundinnen von Glücksgefühl. Wie schwärmt sie für Leipzig, wie für die liebenswürdige sächsische Bevölkerung, wie ist sie glücklich, daß sie arbeiten darf!

„Ich beschäftige mich recht nach meiner Neigung, schreibt sie am 25. Juli 1735, mein Freund hat selbst einen guten Vorrat der besten Bücher und alle großen Büchersammlungen stehen zu seinem Gebrauch offen. Bedenken Sie einmal, wie viel ich Zeit und Gelegenheit zum Lesen habe; ich will mir auch gewiß alle diese Vorteile zum Nutzen machen. Nur meine Muse ist noch nicht erwachet, die Muse, von der Ew. H. glaubten, sie würde niemals stille schweigen. Soviel ist gewiß, ich werde sie schlafen lassen bis zu Ihrem Beilager, meine teure Baronesse, aber alsdenn soll sie alle die Vollkommenheiten der reizendsten Braut in der erhabensten Sprache, die ihr nur möglich ist, schildern." Wie kennt sich Frau Gottsched! Sie weiß, daß sie keine Dichterin ist und daß Gelegenheitsgedichte, von denen damals die ganze Literatur wimmelte, eben nur für den Hausgebrauch taugen. Sie bedauert anfangs, daß die Natur ihr das Glück von Kindern versagt, tröstet sich aber schnell mit dem Zweifel, ob sie Begabung zur Kindererziehung gehabt haben würde. Auch kann sie ja nun eine desto ungestörtere Mitarbeiterin ihres Mannes sein. Das Arbeiten aber geht flott vorwärts. Keck greift sie in einen Streit der Gelehrten ein. Frau von Chatelet in Frankreich hatte mit dem deutschen Professor Mairan einen Streit angefangen über das „Maß der lebendigen Kräfte im Körper". Die Französin hatte die Anschauung des großen Leibniz hierin verteidigt gegen Mairans Angriffe. Frau Gottsched sammelte die Streitschriften und leitete sie mit einem Gedicht an die Marquise von Chatelet ein, in dem sie freimütig erklärte, daß Frankreich gegenwärtig der großen Zeit seiner klassischen Literatur nicht mehr würdig sei, eine um so rühmenswertere Ausnahme eben die Chatelet auch mache; und dann weist Frau Adelgunde mit Worten glühender Begeisterung auf Deutschland hin, dessen Wissenschaft beständig und unablässig im Aufblühen begriffen sei. Aber das waren nur erfreuliche Nebenarbeiten. Die Hauptanstrengung lag in ihrer Mithilfe an dem, was Gottsched herausgab. Das Übersetzen war für die damalige Literaturepoche eine höchst verdienstliche Arbeit, da ja dem deutschen Schrifttum die Vorbilder des Auslandes leider noch notwendig waren. Und je mehr Frau Gottsched sich von ihrer eigenen Unfähigkeit zum Dichten überzeugte, desto eifriger widmete sie sich der Übersetzungskunst. Als Gottsched in den Jahren 1741—44 das große Wörterbuch von Bayle übertrug, half ihm seine Adelgunde so eifrig, daß sie das ganze bandereiche Werk dreimal von Anfang bis zu Ende durcharbeitete. Gleichzeitig veranstaltete ihr Gatte eine deutsche Ausgabe der englischen Zeitschrift „Spectator". Er teilte sich mit seiner Frau und einem dritten Helfer in den Stoff, so daß jeder immer ein „Stück" des englischen Originals schaffen sollte, wovon dann immer drei in jeder deutschen Nummer vereinigt wurden. Oft genug mußte die Frau dem überlasteten Ehegemahl seinen Teil auch noch abnehmen. Aber das Alles war noch nicht das wichtigste. Ihre eigentliche Mitarbeiterschaft widmete sie dem großen Sammelwerk, mit dem Gottsched seine Reform der Bühne krönen wollte. Gerade in dem Augenblicke nämlich, als die Schweizer Professoren Bodmer und Breitinger jenen Federkrieg mit Gottsched begannen, der immer weitere Kreise allmählich ergriff, gerade da suchte der Leipziger Reformator noch einen Hauptstoß zu führen, indem er in den sechs Banden seiner „deutschen Schaubühne" eine ganze Fülle von Dramen — Übersetzungen oder deutschen Originalen — zusammenfaßte, die seinen Anforderungen an wahre Kunst entsprachen. Man kann sagen, Gottsched habe hiermit erst der Welt bewiesen, daß er das eigentliche Wesen des Dramas nicht erfaßt hatte. Was er hatte tun können, das war geschehen. Er hat die Sprache und die Bühne gereinigt und eine mächtige Anregung in die junge Literatur hineingetragen. Aber nun, wo die aufgeweckte Bewegung täglich mehr anschwoll, blieb er selbst zurück. Während der junge Elias Schlegel, den Gottsched als einen seiner liebsten Schüler ansah, seine Tragödien noch nach dessen Vorschrift dichtete, sammelte sich schon um ihn der Kreis der jungen Leute, die bald mit dem Meister brechen sollten. Die Jugend fing an, sich nach Gefühl und Leidenschaft in der Poesie zu sehnen, und Gottsched konnte ihr nur trocknen Verstand und starre Regeln bieten. — Staunenerregend aber ist seine Arbeitskraft, wie die seiner Frau. Im ersten Bande seiner „deutschen Schaubühne" finden sich von Adelgunde die Übersetzungen von Molières Menschenfeind und von Rivier du Frenys Widerspruchsgeist oder, wie sie übersetzt, „die Widerwillige". Im zweiten, zuerst erschienenen Bande hatte sie „Cornelia, die Mutter der Gracchen", ein Trauerspiel von Mademoiselle Barbier, verdeutscht. Dies Drama hatte sie gewählt, weil sein Held wie sein Verfasser eine Frau war. Auch des damals in Frankreich so beliebten rührseligen Destouches „Gespenst mit der Trommel" hat sie hier verdolmetscht. Zum dritten Bande steuerte sie Voltaires „Alzire" in Übersetzung bei. Im vierten Bande aber fand sich zum ersten Male ein Lustspiel, das sie selbst verfaßt hatte.

Es war ihr gegangen wie so mancher Übersetzerin. Sie hatte sich allmählich so „eingeschrieben", daß sie mit einer gewissen Leichtigkeit die dramatische Form nach Gottsched'schem Muster zu handhaben anfing. Schon vor der Mitarbeit an der deutschen Schaubühne hatte sie sich auf dramatischem Gebiete versucht. Im Jahre 1731 erschien nämlich in Amsterdam ein satirisches Lustspiel unter dem Titel: „La Femme Docteur ou la Théologie Janseniste tombée an Quenouille". Diese Komödie, deren Verfasser sich nicht nannte, war dafür mit einer Korrespondenz zwischen Autor und Herausgeber eingeleitet, in der die Tendenz des ganzen Werkchens noch deutlicher herausgekehrt wurde. Diese richtete sich gegen die Jansenistische Theologie, also gegen den letzten Versuch, in Frankreich eine Reform der Kirche durchzuführen. Ein Jesuit verbirgt sich feige hinter dem anonymen Briefwechsel der Vorrede und hinter den Lästerungen des ganzen Buches, das in Wahrheit zur Verteidigung des Dunkelmännertums gegenüber der innigen Gemütsreligion geschrieben ist. Mit der Einseitigkeit solcher Schriften sind natürlich pamphletartig alle Gräuel auf die Jansenisten gehäuft. Adelgunde hatte dies Buch schon bald nach seinem Erscheinen, da sie noch in Danzig lebte, von dem gelehrten Bräutigam zugeschickt bekommen, und damals schon scheinen beim Lesen verwandte Seiten in ihr angeklungen zu haben. Die tief innerliche Erregung des Gefühls, die von den sogenannten Pietisten ausgegangen war, und die sich gegen die Buchstabenfrömmigkeit und kalte Vedächtnistheologie der damaligen evangelischen Orthodoxie wandte, konnte die rechtgläubig nüchterne Adelgunde nicht ergreifen, und als die Auswüchse der neuen Richtung wie überall so auch in Danzig sich zeigten, da sah sie nur diese Auswüchse, nicht aber den edlen Kern. Sie gelobte sich und ihrem Bräutigam nie von der geraden Straße abzuweichen und diese musterschülerhafte Korrektheit machte sie von vornherein zu einem trefflichen Menschen, aber ungeeignet zum Dramatiker. Sie trug indessen den Stoff der Jesuitenkomödie im Herzen und als sie später das Büchlein übersetzte, da nahm sie das mit ihm vor, was die heutigen Bühnenhandwerker als „Lokalisieren" bezeichnen. An Stelle des orthodoxen Katholizismus setzte sie die orthodoxe evangelische Kirche und an Stelle des sich dagegen auflehnenden Jansenismus, den Pietismus. Die Fabel ist im Grunde dieselbe geblieben wie in dem französischen Stücke. Ein Familienvater ist verreist in dem beruhigenden Gefühle, daß seine Tochter einen braven Jüngling liebt. Seine Abwesenheit aber benutzen die Scheinheiligen, um das Herz der Mutter zu umgarnen und die Tochter für einen der Ihrigen zu ergattern. Ihre Betrügereien werden aber entlarvt noch ehe der Vater zurückkommt, um das Töchterchen dem rechtgläubigen Bräutigam zu übergeben. Gleich im ersten Akt hören wir nun, dank den Lokalisierungsversuchen der Gottschedin, vom Hallischen Waisenhause und vom inneren Christentum Franckes in einer Weise sprechen, die den Hallischen Menschenfreund als einen Erzmucker und eitlen Scheinfrömmler erscheinen läßt. Ja, während Frau Gottsched das Allzuviel der Personen im Lager der Scheinheiligen, im Sinne der dramatischen Wirkung, beschnitten hat, bereicherte sie das Arsenal der Bosheit dieser Gesellschaft mit einer recht unglücklichen Erfindung. Sie hat nämlich dem Hauptführer der Pietisten eine Eigenschaft angedichtet, die selbst der französische Jesuit von seinem Jansenistenführer nicht behauptet hat, nämlich die der sträflichen Sinnlichkeit. „Scheinfromm", wie ihr Schüler Franckes heißt, hat im Konfirmandenunterricht ein armes Mädchen verführt, und die Mutter, eine echte Königsbergerin, überschüttet ihn auf der Bühne deswegen in ihrem derben Dialekte mit einer Flut von Vorwürfen. Diese tragikomische Szene, die an sich gewiß nicht ohne Wirkung ist, gibt der sittlichen Idee des Ganzen den Todesstoß. Wer mit solchen Mitteln kämpft, wer seinen Gegnern so gemeine Laster andichtet, kann nicht mehr darauf rechnen, als ein rechtlicher Kämpe angesehen zu werden. Indessen war ja die Sage von der Unsittlichkeit der Pietisten, dank den Verleumdungen der eigentlichen Mucker, schon weit verbreitet, und Frau Gottsched mag einen Teil ihres Irrtums auf diese abwälzen. Auch beweist die Geschichte einer Eva von Buttlar und anderer, wie viel wilde Erotik im Sektiererwesen möglich war und Francke selbst mag ihr schon durch seine Sympathie mit den Prophetinnen verdächtig gewesen sein. Dann war ja auch Frau Gottsched nur eine nüchterne Verstandesnatur. Mit einer reaktionären Komödie also begann sie ihre Laufbahn in einer Zeit, welche schon die große Gärung einer geistigen Revolution in sich vorbereitete. Und, wie es häufig genug der Fall ist, ihr, der ein hoher Aufschwung des Geistes oder des Gemütes versagt blieb, gelang trefflich die Kopie der flachen Alltäglichkeit — das beweist die aufgeregte Königsbergerin mit ihrem komischen Dialekt und ihrer plumpen Derbheit. Und so ist es ihr bei ihrem weiteren ehrlichen und arbeitsamen Streben immer wieder ergangen.

Schon ihre Übersetzungen weisen ähnliche Züge auf. Sie ist keine Nachdichterin, sondern nur eine Nachbildnerin. Liest man etwa Molières Menschenfeind in ihrer Bearbeitung, so glaubt man einen ganz neuen Autor kennen zu lernen. Die feine Anmut der Verse ist hier einer grobkörnigen Prosa gewichen; was dort leicht streifend angedeutet wird, macht sich hier verletzend breit; der im Grunde genommen tragische Charakter des Helden wird hier der Lächerlichkeit preisgegeben. Und bei alledem sind wenig wirkliche Veränderungen mit dem Stücke vorgenommen. Es war nun freilich nicht eigentlich die Schuld der Frau Gottsched, daß sie in deutschen Worten französische Anmut damals nicht nachahmen konnte. Es war die Schuld der deutschen Sprache, die noch kein wirklicher Dichter geschmeidig gemacht hatte. Nun freilich, wäre Adelgunde eine echte Dichterin gewesen, so hätte sie ihren Teil dazu beitragen können, das Werk anzufangen, das erst Klopstock und Lessing in Wahrheit begonnen haben. Manches aber, was bei ihr taktlos erscheint war einem Ohre damaliger Zeit in Deutschland nicht befremdlich. Dazu kam noch der Einfluß ihres Mannes. Gottsched, der zwischen Tragödie und Komödie einen himmelweiten Unterschied machte, wies jene der feinsten, diese der gröbsten Welt zu. So durfte dieselbe Frau Gottsched, die in den Tragödien nach dem reinsten Ausdruck suchen mußte, in der Komödie das derbe Element verstärken. Was nun die Tragödien anbelangt, so ist auch hier der Unterschied zwischen den französischen Urbildern und den Übersetzungen der Frau Adelgunde unverkennbar. Hier ringt sie eifrig nach edler Sprache. Aber wie schwer es war, in jener Zeit in Deutschland reine Alexandriner zu schreiben, ist ja bekannt. Das fremde Versmaß paßte schlecht in den deutschen Geist. Hat doch Friedrich der Große zu Gellert geäußert, daß er Gottscheds Übersetzung der Racine'schen Iphigenie nicht verstanden habe, obgleich er das Original dabei in der Hand gehabt! Jedenfalls gelangen in der Form die Verse der Frau besser, als die des Mannes.

Ermutigt durch den Beifall ihres Gatten wagte sich die Übersetzerin endlich an eigene Arbeiten für die Bühne. Ein ganz äußerlicher Umstand gab die nächste Veranlassung. Ein vornehmes Fräulein wollte, so erzählt uns Gottsched selbst, einen der Hofmeister ihres Bruders, einen langen Irländer heiraten, und befragte sich deswegen bei der Frau Adelgunde, die auf das dringendste abriet. Also, wie sie mit einer reaktionären Tendenz ihre dramatische Laufbahn begonnen hatte, so gab ihr auch eine reaktionäre Tendenz Veranlassung zu dem ersten eigenen Lustspiel. Für sie sind die gesellschaftlichen Schranken bestimmend. Das „Recht des Herzens" hat sie niemals — auch bei sich selbst nicht — anerkannt. Und bei alledem ist das Stück durchaus nicht eine Verherrlichung des Adels. Im Gegenteil, in einer Zeit, da der Adel vielfach im Gegensatz zum Bürgertum die Dichtung und die Wissenschaft gefördert hatte, steht er in dem Lustspiel der Frau Gottsched in seinen Vertretern da als der Stand, in dem nur Flachheit, Geziertheit und Dummheit herrsche. Frau Gottsched, selbst eine große Adelsverehrerin, schildert ihn zweifellos nur um der bühnischen Wirkung willen so abstoßend und, um die „Moral" des Stückes recht deutlich erweisen zu können. Nach den Vorschriften ihres Mannes war ja die Moral einer dramatischen Dichtung die Hauptsache, die Fabel wurde nur zu ihrer Erläuterung erfunden. So schildert sie in der Familie des Herrn von Ahnenstolz — es gehörte zu den Abgeschmacktheiten der Zeit, daß man den Personen ihre Charakteristik als Namensschild vor die Brust hing, — der mit seiner Frau den schweren Entschluß gefaßt hat, das Töchterchen Philippine mit einem sehr reichen Bürgerlichen, dem Herrn Willibald, zu verheiraten. Dies Töchterlein geht äußerlich auf den Handel ein, innerlich aber bleibt sie dem Herrn von Zierfeld treu, der mit seinem faden Geckentum einen weiteren Typus des Adels bildet. Der vierte Typus, Herr von Wildholz, vertritt die Jagdnarrheit der Aristokratie.

Wie einst in der „Pietisterei" aller Schatten auf die Seite der Pietisten geworfen wurde, so fällt hier das ganze Dunkel auf das Gebiet des Adels — nein doch nicht. Da ist noch eine junge Tante, „der Frau von Ahnenstolz Stiefschwester," ein Fräulein Amalie, die einzige Vernünftige im ganzen Hause derer von Ahnenstolz. Das Stück dreht sich nun natürlich darum, daß der arme „Herr Willibald" beständig genarrt wird, wie er als Freier auftritt, wie er den Ehevertrag aufsetzen hilft und wie er sein Bräutchen zu küssen wünscht. Herr von Ahnenstolz spricht bloß von seinem Stammbaum, Herr von Wildholz bloß von der Jagd, Frau von Ahnenstolz bloß von ihren eingebildeten Krankheiten und Fräulein Philippine spricht überhaupt nicht, außer heimlich mit dem jungen von Zierfeld, der als Gärtnerbursch verkleidet sich einschleicht. Alle ärgern sie den armen Willibald so lange, bis er die ganze Verschwörung durchschaut und davon geht. Der furchtbare Streit, der zwischen den Häusern Ahnenstolz und Zierfeld ausgebrochen ist, weil die Zierfeldin einmal nicht aus dem Lehnstuhl aufstand, als die Ahnenstolzin eintrat, wird beigelegt, und durch eine Heirat endgültig beseitigt. Willibald aber hat mittlerweile das Herz der braven Tante Amalie erkannt und will sich mit ihr vereinigen. Auch sie ist ihm gut, aber den Gedanken an eine Heirat weist sie weit, weit zurück: „Ich bin von Adel und weiß zwar, daß Sie viel Verstand, Verdienste und Geschicklichkeit besitzen, allein dies ändert meine Meinung noch nicht, daß ein Fräulein mit Ihnen nicht glücklich leben kann. Bedenken Sie nur alles, was ich Ihnen schon gesagt habe! Wären Sie von Adel, so sollten Sie mir der liebste unter allen Freiern sein; ja, ich würde Sie den Vornehmsten vorziehen. Nun aber bleibe ich bei meiner Regel. Machen Sie eine Person glücklich, die Ihnen am Stande gleich ist, und lassen Sie sich den Appetit zu den Fräuleins vergehen! ... Wir können unmöglich gut miteinander leben: wir müßten denn etwa nach Island ziehen. Da habe ich nun zwar keine Anverwandten; allein da ist es mir zu kalt. Mein lieber Herr Willibald, bleiben Sie bei Ihresgleichen, und wenn künftig jemand dieselbe Lust ankommt, die Ihnen angekommen ist, so erzählen Sie ihm nur, wie es Ihnen schon als Bräutigam ergangen ist, und warnen Sie ihn vor der Hochzeit." Damit geht sie ab, und Willibald „schlägt sich aufs Maul" mit den in diesem Falle allerdings sehr berechtigten Worten: „Ja, so hole doch der Henker alle Fräuleins!" Daß hier das Wort „Maul" sogar in der szenischen Anweisung steht, beweist, wie wenig Frau Gottsched daran auszusetzen fand. Auch sonst ist das Stück nicht frei von Roheiten: bei der Aufzählung der Krankheiten der Frau von Ahnenstolz, bei der Art wie sie öffentlich von ihrer Schwangerschaft redet u. s. w. Aber diese Dinge fallen dem Geist der Zeit zur Last. Nur daß Frau Gottsched so tief in diesem Zeitgeist untersank, daß sie nicht einen Schritt vorwärts zu tun wagte, daß sie alles der Sitte opfern wollte und nicht die höhere Sittlichkeit der Ehe aus Liebe erkannte, das beweist eben wieder, wie wenig sie eine große Dichterin war.

Und doch glaubte sie im Dienst der Sittlichkeit zu schaffen. So namentlich als sie, mit ihren höheren Zwecken wachsend, dazu kam, aus einer kleinen Episode in Xenophons „Cyropädie" ihr Trauerspiel Panthea zu formen. Gottsched führte es mit Worten ein, die darauf hinweisen, daß die Literatur Frankreichs eine Abneigung gegen die reine eheliche Liebe hege. „Da nun also die französische Trauerbühne insgemein nur eine romanhafte und buhlerische, zuweilen wohl gar eine lasterhafte Liebe vorstellt, … so haben vernünftige Kenner der Schaubühne . . längst gewünscht, daß man entweder die Trauerspiele gänzlich von der Liebe befreien, oder nur eine erlaubte oder tugendhafte Liebe darin einsehen möchte. Dieses Feld steht unsern tragischen Dichtern noch offen, und dieses Mittel haben sie vor sich, all ihre Nachbarn zu übertreffen und sich den alten griechischen Mustern zu nähern. Gegenwärtige Panthea macht einen glücklichen Anfang dazu …" In der Tat ist die Liebe dieser Heldin vom sittlichen Standpunkte aus unangreifbar. König Arabates liebt seine Gattin Panthea mit unwandelbarer Treue. Cyrus hat die Königin zu sich genommen und, getreu der Pflicht, will er sie ungesehen in des Königs Arme zurückführen lassen. Da macht ihm sein Feldherr Hystaspes den teuflischen Vorschlag, sie zu behalten und zu seinem Eigentum zu machen. Mit Entrüstung weist das Cyrus zurück, und der geschmähte Hystaspes beschließt dafür, die Werbung des jungen Araspes um die Hand der Panthea zu unterstützen. Als Panthea aber mit sittlicher Empörung den heißblütigen Jüngling zurückstößt, läßt dieser dafür den Arabates im Kampfe sterben, erhält aber von Cyrus den wohlverdienten Tod. Diese Handlung ist natürlich zu winzig, um selbst ein Trauerspiel nach französischem Schema auszufüllen, und vor allem verfehlt es durchaus den sittlichen Zweck. Denn freilich ist hier der Held von tadelloser Reinheit, aber gerade darum steht er auch im Hintergrunde der Handlung, und der schamlose Araspes drängt sich in den Vordergrund. Dadurch kommt es, daß hier nicht ein im Grunde sympathischer Held mit seiner Leidenschaft Mitleid erregend ringt, sondern daß ein wirklich schlechter Mensch mit seiner Intrige den Mittelgrund der Handlung einnimmt. Der völlig unverschuldete Tod des Arabates und das herzzerreißende Leid der schamlos zur Witwe gemachten Panthea können unmöglich in den Augen des Zuschauers wett gemacht werden durch die allzu wohlverdiente Hinrichtung des Araspes. Im Grunde genommen ist diese ganze Handlung noch unerquicklicher als die unerlaubten Liebesmotive der wälschen Tragödien. Geradezu „peinlich" sind die Szenen, in denen Araspes Liebe von der treuen Panthea erzwingen will, denn eben hier gibt es ja gar kein Motiv mehr als zügellose Sinnlichkeit. Schade, daß damals noch kein Lessing da war, um der guten Gottschedin zu beweisen, daß weder heilige Märtyrer noch Schurken geeignete Tragödienhelden sind. Frau Adelgunde hat beide: Ihr Arabates ist der Märtyrer, ihr Araspes der Schurke. Nur der „Mensch mit seinem Widerspruch" fehlt. In der Tragödie läutert sich der Dichter von den Stürmen seines Innern, wie er seine Zuschauer vor gleichen Stürmen warnen will. In Frau Gottscheds Seele aber hat es niemals

Stürme gegeben. Die Verse sind ganz fließend und für die damalige Zeit nicht schlecht, der Gang der Handlung aber ist unendlich schleppend, und eine Episode des Gobrias und seiner Tochter, die da hineingezogen wurde, um wenigstens etwas Handlung zu gewinnen, bleibt eben eine Episode.

Frau Gottsched hat denn auch das Gebiet der Tragödie nicht wieder betreten. In der wirklich hohen Kunst versagen ihr die Mittel, die in der alltäglichen Form der naturalistischen Karikatur ihr zur Verfügung stehen. So hat sie in der Komödie die „Hausfranzösin" einen Typus ausgewählt, der so recht mitten aus der Zeit gegriffen war. Die französische Erzieherin, die in die deutschen Bürgerhäuser, wie wir in der Einleitung sahen, mehr und mehr eindrang, ist hier zur Zielscheibe nicht nur ausgelassenen Spottes, sondern wuchtiger Keulenhiebe gemacht. Leider sind sie, wie in der „Pietisterei" und in der ungleichen Heirat, wieder allzu wuchtig ausgefallen. Anfangs setzt die Sache sich klar und scharf auseinander. Man könnte an die ausgelassenen und noch kunstlosen Jugendversuche Lessings denken, wenn man hier mit Frau Adelgunde in das Haus des reichen Kaufmanns Germann eintritt, der seine Kinder durch eine französische Erzieherin hat verbilden lassen und nun gerade im Begriff ist, den ganz jungen Sohn nach Paris zu senden. In wirkungsvollem Gegensatze steht ihm der deutschbiedere „Wahrmund" gegenüber. Dieser kann mit Recht nicht begreifen, wie ein deutscher Kaufmann so mit dem französischen Wesen gemeinsame Sache machen kann, und macht seinem Zorne unverholen Luft. Wieder sind die Gegensätze derb und billig gefunden aber kraftvoll. Die älteste Tochter Luischen ist frei von dem französischen Wesen und haßt solches, die jüngere Hannchen aber, die mit dem Bruder Franz zusammen erzogen ist, denkt wie dieser. Die Franzosen sind durch mehrere Figuren vertreten. Mit der „Hausfranzösin" ist ein alter „vorgeblicher französischer Obeistwachtmeister" in das Haus eingedrungen. Nicht nur vor ihm, sondern auch vor dem Kutscher „La Fleur" haben die französierten Kinder den größten Respekt und alle Franzosen schimpfen grundsätzlich auf alles, was deutschen Ursprunges ist. Desto derber gibt es ihnen der alte Wahrmund, wenn er gegen die aufgeblasenen Nachbarn losdonnert, wobei er wirklich stellenweise den Eindruck eines ganzen Menschen macht. Jungfer Luischen hat auf ihre Art das Franzosenvolk zum Besten. Und dabei passiert es nun der Verfasserin, daß sie ihre tolle Laune wieder über alles Maß hinausschießen läßt. So muß der alte französische Haudegen, wie er nach „Schnepfendreck" verlangt, ganz gewöhnlichen Taubenmist essen, und über die Kolik, die er sich damit zuzieht, wird ausführlich gehandelt. Er erscheint mit einem großen Kissen vor dem Leib, speit um sich, einmal sogar in die Tabaksdose, und schließlich schüttet ihm Jungfer Lieschen den Tee auf die Beine. Dies Lieschen ist überhaupt der starken Ausdrucksweise sehr zugetan, wenn sie sagt: „Sage Sie mir nur, Jungfer, warum die schweinische alte Mumie ihren Leichnam in allen Zimmern herumschleppen muß? Dies soll eine Putzstube heißen: sehe Sie nur, ob sie nicht aussieht, wie ein Ferkelkabinett; so voll hat es der Sotenville gespien, da er vorhin nur eine halbe Stunde darin herumgegangen ist." Bedenkt man, daß auch das kleine Hannchen sich auf der Bühne im Speien übt, so kann man allerdings begreifen, daß Lessing später von diesem Stücke sagte, es sei so ekel, daß man gar nicht begreifen könne, wie eine Frau es habe schreiben können. Auch wird die Tendenz wieder übertrumpft, wie gewöhnlich bei Frau Adelgunde. Denn mit dem schädlichen Einfluß, den die Franzosen auf die deutsche Erziehung haben, begnügt sich die Gottschedin nicht. Vielmehr macht sie aus den Franzosen eine Verbrechergesellschaft, die schließlich mit dem kleinen Hannchen davon gehen und Franzens gepackten Koffer stehlen. Der vermeintliche alte Soldat entpuppt sich als der Vater der Französin und als ein Erzgauner. Die Französin aber will das kleine Hannchen in Paris in ein Bordell bringen, wenn nicht der Vater unverzüglich dreißigtausend Taler sendet. Natürlich wird alles noch vereitelt, Hannchen wird gerettet und die Franzosenfreunde werden bekehrt.

Schade, daß der schädliche Einfluß der französischen Erziehung, der eigentlich getadelt werden sollte, nun durch so übertriebenen Angriff, fast wie ein Märtyrer erscheint. Der Zweck wird durch so verstiegene Übertreibungen leider teilweise verfehlt. Dabei hat die Gottsched in der Tendenz vollkommen recht: eins der größten Übel der damaligen Zeit waren die sogenannten Französinnen. Es waren nur selten gebildete Fräuleins aus Frankreich. Meistens schlichen sich ungebildete Abenteuerinnen in die Familien ein, wo sie vergöttert wurden, und man sich ihren lächerlichen Ansprüchen fügte. Die vollste Zustimmung muß daher der soziale Zweck von Frau Adelgundens Komödie erhalten. Ja, die brave Gottschedfrau war auch eine der ersten, die sich bemühte, deutsche Erzieherinnen zu schaffen. So schrieb sie einmal einer jungen Freundin: „Darf ich Ihnen einen Vorschlag tun? Nehmen Sie eine solche Stelle an, liebste Wilhelmine! Sie werden Ehre und Vorteil, sowie Ihre Untergebenen mehr Nutzen, als von den meisten geborenen Französinnen haben. Wie viele schlecht erzogene Personen kommen nach Sachsen, um einen reichlichen Gehalt zu beziehen und die Plage des Hauses zu sein, wo man ihre Mängel noch mit vielem Gelde bezahlet. Diese Klagen sind fast allgemein. Ich nehme diejenigen Personen von dieser Zahl aus, die ihre Stellen mit Ruhm bekleiden und würdige Gouvernanten sind. Ich kenne verschiedene derselben, die sich von der erwähnten Art ganz auszeichnen und vortreffliche Proben ihrer Erziehungskunst abgelegt haben, und für diese habe ich ebenso viel Achtung, als ich mit den jungen Personen Mitleid habe, die in schlechte Hände fallen. Oft habe ich denn gewünscht, daß rechtschaffene Prediger, Kaufleute oder auch Gelehrte, die in ihrem Beruf nichts weiter als ihr Auskommen vor sich bringen, und oft eine Anzahl hilfloser Töchter hinterlassen, soviel auf ihre Erziehung wendeten, daß diese hernach, wenn ihre Väter stürben, auf eine anständige Art ihren Unterhalt fänden. Dieses würde ungemein viel Nutzen stiften und unsere Landestöchter würden jenen Ausländern vorgezogen werden, die nur allzu oft schlechte Sitten, eine schlechte Aussprache und schlechte Neigungen ihren Untergeben beibringen. Machen Sie den Anfang, eine solche Stelle zu übernehmen." Wenn also Frau Adelgunde eine der ersten ist, die den deutschen Mädchen den Lehrberuf empfiehlt, so berührt sie sich dabei mit dem so von ihr geschmähten Francke, der ja durch die Anstellung der Patientia Schultin ein Beispiel in dieser Hinsicht gegeben hatte. Es ist für unsere Zeit, wo das Lehramt der weitaus häufigste Beruf des deutschen Mädchens gebildeter Klassen geworden ist, kaum noch zu verstehen, daß so viel Vorurteile überwunden werden mußten, ehe die Französin durch die deutsche Erzieherin ersetzt werden konnte; und auch heute sind ja die Fälle nicht selten, daß man in „gebildeten" Häusern die Kinder durch eine „Bonne" früher in die französische als in die deutsche Sprache einführen läßt. Wenigstens aber ist jetzt der andere natürlichere Fall der häufigere. Die deutschen Kinder nicht weniger als die deutschen Fräuleins danken es in erster Linie dem tapferen Bahnbrecher des Deutschtums in der Literatur, und seiner treuen Helferin. Unter solchen Gesichtspunkten muß man daher die Komödie der Frau Gottsched betrachten. Sie hat nie aus innerem Triebe gedichtet, also tut sie es auch hier nicht. Sie besitzt keine Phantasie, die ihr große Gestalten mit zwingender Gewalt nahe brächte; in ihrer Seele stürmen keine Leidenschaften, die mit der Wucht von Naturkräften nach Entfesselung in dramatischer Form strebten; ja, auch die stillen Leiden ihres Herzens verlangen nicht nach poetischer Wiedergabe bei ihr. Seit den Tagen, wo ihres Vaters Tod keinen Vers in ihr erlösen wollte, ist sie noch immer die Frau, die ihr heiligstes vor dem Schicksal der Profanierung durch erkünstelte Gedichte bewahren will. Sie arbeitet ihre Stücke, sie dichtet sie nicht. Aber sie arbeitet mit hellem Kopf und mit bravem Herzen. Die derben Typen, mit ihren aufdringlichen Charaktereigenschaften, mit ihren karikierten Verkehrtheiten oder mit ihrer nie in Versuchung kommenden Tugend stehen freilich neben dem, was das damalige deutsche Lustspiel hervorgebracht hat, noch immer in erster Reihe, aber sie konnten nur bis zu den Tagen Lessings ihr Scheinleben fortführen. Als der erste wirkliche Mensch die Bühne betrat, mußten sie zerstieben, wie Gespenster im Sonnenschein. Denn niemals war Blut in ihren Adern geflossen, aber was ihnen den Anschein des Lebens gegeben hatte, das war das tapfere Streben einer braven Frau: ihre ehrliche Überzeugung mannhaft zum Ausdruck zu bringen. Und sie hatte dabei mit scharfem Beobachtungsgeist die Gesetze der dramatischen Steigerung, des wachsenden Szenenbaus, der wirkungsvollen Aktschlüsse erforscht. Freilich wurde ihr auch das zum Verhängnis. Wir sahen ja, wie das Streben nach Wirkung das widerwärtige Sittlichkeitsverbrechen in die Pietistenkomödie und die ekelhaften Auftritte in die Hausfranzösin hineintrug. Allerdings dichtete Frau Gottsched ihre Komödien nach französischen Vorbildern, wobei sie zwischen dem hausbackenen Destouches und dem genialen Molière hin und her schwankte. Den großen Schöpfer des Menschenfeindes und des Geizigen konnte sie freilich nur halb verstehen, denn sie hatte nichts von seiner großen freien Weltanschauung. Seinen Tartüffe, der gerade gegen das Muckertum gerichtet war, verwandte sie in ihrer Pietistenkoniödie in vergröberter Form zum Schutze derer, die den Glauben in Fesseln legen wollten. Und aus dem köstlichen George Dandin, der wie fast alle Molière'schen Komödien die Standesvorurteile lächerlich macht, nahm sie Motive und Situationen für ein Lustspiel, das eines jener Vorurteile geradezu heilig spricht.

Auch am sechsten und letzten Band der Schaubühne ihres Mannes ist Frau Adelgunde noch beteiligt. Wieder ist es ein Lustspiel, das sie geliefert hat. Es heißt „das Testament". Diesmal fehlt die Satire gegen irgendeinen Stand. Es ist ein bürgerliches Lustspiel, das dartut, wie eine Erbtante von ihren Erben geradezu umlagert und auf Schritt und Tritt umlauert wird. Scheinbar ist sowohl die Nichte wie der Neffe, Herr von Kaltenborn, sehr besorgt um das Wohl der Frau Tante. In Wirklichkeit aber haben sie es nur darauf abgesehen, beim Testament bevorzugt zu werden. Die Einzige, deren äußeres Wesen rauh und abstoßend erscheint, Caroline, ist natürlich ein bravherziges Mädchen und meint es mit der Frau Tante gut. Diese Tante selbst aber ist nicht so töricht, wie es sonst bei Lustspielen Brauch ist. Sie durchschaut das ganze Spiel, erkennt das goldehrliche Herz der ältesten Nichte und nur um diese ganz gründlich auf die Probe zu stellen, tut sie so, als glaube sie den Schmeicheleien der Anderen. Zu guter Letzt versucht sie das gute Kind noch in der Weise, daß sie die anderen Geschwister bei ihr verklagt, aber Caroline hat hinter dem Rücken der Bescholtenen nur Entschuldigungen für die, denen sie täglich die Wahrheit ins Gesicht sagt. So ist denn dieses Mustermädchen zum Schluß auch die Einzige, die wirklich etwas erbt, nämlich ein schönes Gut und einen hübschen Batzen Geld, während die anderen leer ausgehen, weil die Tante — sich wieder verheiratet. Diese einfache Fabel gibt Gelegenheit, eine Reihe sonderbarer Charaktere vorzuführen, auch eine Kleinigkeit Spott über die Rechtsanwälte fällt noch ab, im übrigen aber ist auch dies Lustspiel kein hohes Meisterwerk. Die Charaktere zeigen das übliche Widerspiel zwischen Licht und Schatten, und der völlig korrekten Caroline widersprechen die anderen Geschwister als ebenso völlige Gegensätze. Dennoch zeugt manches Gespräch zwischen den Dreien und manch kluges Wort der Tante von der hübschen Fähigkeit der Verfasserin zur Beobachtung alltäglicher Dinge, und die derbe Heiterkeit, die über manchen Szenen liegt, macht es erklärlich, daß die Stücke der Gottschedin gespielt wurden zu einer Zeit, da die deutsche Bühne noch keine Meisterwerke besaß.

Endlich klingt der letzte Band der Gottsched'schen Schaubühne noch aus mit einem „Nachspiel", das auch aus der Feder Adelgundens geflossen ist. Der Witzling heißt es in der zweiten Ausgabe, die erste nannte es noch bezeichnender „Herr Witzling". Der Held, der später in einen Herrn „Vielwitz" umgetauft wurde, ist ein Vertreter der jungen Generation, die allmählich ihr Haupt erhebt. Es hängt das zusammen mit den Angriffen, denen sich Gottsched aussetzte.

Seine bisherigen Bundesgenossen, die Schweizer Professoren Bodmer und Breitinger, hatten nämlich im Jahre 1741 ihre Vorliebe für die religiöse Poesie der Engländer wieder auf das deutlichste gezeigt, indem sie nachdrücklichst auf den Dichter Milton und sein verlorenes Paradies hinwiesen. Ja, Bodmer machte den Deutschen geradezu einen Vorwurf daraus, daß sie seine Übersetzung dieses Werkes nicht eifriger lesen wollten, und Gottsched, der das „Wunderbare in der Poesie" nicht allzugut leiden mochte, belustigte sich über die Eitelkeit des Übersetzers, der gleich das deutsche Volk mit Vorwürfen überschütte, weil es seine Arbeit nicht kaufen wolle. Damit war das erste Zeichen zum Kampf gegeben. Mit maßloser Heftigkeit, schlagfertig in Wort und Witz, voll Laune und Spott aber auch voll Groll und Bitterkeit eröffneten die Schweizer ihren Kampf gegen die Leipziger. Denn auch die Festung des pedantischen Gottsched, auf die das Geknatter der schweizerischen Schnellfeuergewehre jetzt begann, war nicht bloß durch einen Mann verteidigt. Gottsched war nur der Höchstbefehlende in einem Kreise gleichgestimmter Genossen. Hatte doch sein Freund Johann Joachim Schwabe, der Lateinlehrer der Frau Adelgunde, eine Zeitschrift begründet, an der auch das junge Leipzig eifrig Anteil nahm. Es waren dies die „Belustigungen des Verstandes und

Witzes", deren erste Nummer im Jahre 1741 mit viel Hoffnung in die Welt hinausgesandt wurde. Als aber Schwabe darin mehr und mehr gegen die bei der Jugend nicht unbeliebten Schweizer zu Felde zog, sagten sich die jungen Teilnehmer los. Einer von ihnen, Gärtner, gründete eine eigene Zeitschrift, die sogenannten „Bremer Beiträge" und die anderen wie Gellert, Kästner, Rabener, die Brüder Schlegel u. a. gingen zu ihm über und wurden darum von Gottsched als Abtrünnige betrachtet, obwohl sie sich zunächst von dem Kampfe zwischen Zürich und Leipzig ganz fernhielten. Immerhin war der Bruch zwischen dem Meister und der Jugend vollzogen, und darum muß Herr Witzling die jungen Leute verkörpern, die sich nicht mehr streng an die Regeln binden wollen, kühne Satzbildungen lieben, gewisse Worte aus dem Auslande entlehnen, und die vor allen Dingen den Gedankengehalt der Dichtung betonen. So hat denn Frau Adelgunde, als treue Schildjungfrau ihres Mannes im Kampfe an seiner Seite stehend, folgendes Märlein ersonnen: Ein reicher Kaufmann hat die Tochter eines verstorbenen Freundes zu sich genommen, bemerkt aber nicht, daß dies, sein Mündel, sich mit seinem eigenen Sohne versteht; vielmehr will er sie dem Sohne eines Hamburger Geschäftsfreundes verloben. Dieser ist der Witzling, d. h. ein junger Mensch, der sich für einen großen Geist hält, der auf alle angesehenen Autoritäten schimpft, und der dabei nicht einen richtigen Satz sprechen kann. Er verwechselt in der gröbsten Weise „mir" und „mich" und ist im Grunde ein plumper Krämergeist, der die Preise von Kaffee und Zucker immer im Kopf herumträgt; aber er weiß sich unter der Jugend Ansehen zu geben, indem er behauptet, daß er Leibnizens Infinitesimalrechnung und die Poetik des Aristoteles gleichzeitig verbessern wolle, und nebenbei huldigt er auch noch der Dichtkunst. Er kommt in die Stube des jungen Mädchens, anmaßend, mit dem Hute auf dem Kopfe hinein, und, wie er zwei seiner jungen Genossen kennen lernt, geht das gegenseitige Renommieren los. Mit dem Dichter „Jambus" und dem Mathematiker „Rhomboides" — das sind die beiden Altersgenossen — schließt er endlich einen Bund. Sie wollen zusammen die „denkende Sprachschnitzergesellschaft" begründen. Aber bald zanken sie sich unter einander. Ihre auf der Verschiedenheit ihrer Nationalitäten beruhenden Sprachfehler finden sie schließlich gegenseitig lächerlich; der eine nimmt es dem anderen übel, daß er ein „Pasquill auf seine eigenen Eltern gemacht"; ein anderer verargt es dem Genossen, daß er ein „Schäferspiel" über die „Notzüchtigung" gedichtet. Ihr gemeinsames Bestreben, möglichst viel englische Wendungen in die deutsche Sprache hinein zu tragen, möglichst viel „partizipia" zu gebrauchen und möglichst „abstrakt" zu dichten, hält sie nicht zusammen. Ebenso wenig tut dies ihr gemeinsamer

Haß gegen Gottsched, von dessen „Deutscher Schaubühne" viel gesprochen wird. Der Vater des jungen Mädchens sogar liest sie mitunter abends, und Frau Adelgunde legt ihm die ehrlichen Worte in den Mund „Alle Stücke gefallen mir zwar auch nicht, aber einige sind doch recht hübsch und ich denke immer, was mir nicht gefällt, das kann doch wohl einem anderen gefallen." Und später verteidigt sein Sohn die Schaubühne in ähnlicher Weise gegen den jungen Witzling. Dieser äußert sich: „Nein! Ich hätte mich in einem solchen Werke doch bessere Sachen vermutet. Da wird unsere Zeit keine Ehre von haben." Und der junge Mathematikus fügt spöttisch hinzu „Sollen das Meisterstücke sein?" Darauf erwidert ihm der ideale junge Held des Stückchens: „Wo hat denn der Herausgeber welche versprochen?" Und auf den trotzigen Einwurf des Dichterlings Jambus „Aber wir fordern welche!" hat der brave Kaufmannssohn die Entgegnung: „Ganz gut. Wenn er einmal für Sie ganz allein eine Schaubühne herausgeben wird, so wird er sich vielleicht auf welche befleißigen, oder sich Ihre eigenen Arbeiten ausbitten, die Sie doch wohl für Meisterstücke werden gelten lassen. Anitzt aber ist seine Absicht gewesen, Stücke zu liefern, die nicht so sehr wider die Regeln verstießen, und den Komödianten Sachen zu liefern, die viel gesitteter und gescheiter wären, als das elende Zeug, was sie bisher fast überall gespielt haben. Das werden Sie doch den Stücken in der Schaubühne nicht absprechen können?" Gewiß nicht, muß der gerechte Leser auf eine so maßvolle und wahrheitsgetreue Verteidigung des Gatten durch die Gattin antworten. Desto mehr zu bedauern ist, daß die kluge Frau im ganzen auch in diesem Stück wieder in ihren unseligen Grundfehler der maßlosen Übertreibung verfallen ist. Wie die von ihr angegriffenen Pietisten gleich zu moralischen Schmutzkitteln gemacht wurden, wie die Hausfranzösin zu einem fabelhaften Ungeheuer an Scheußlichkeit gestempelt ward, so sind hier die jungen Neuerer als so entsetzlich rohe, dumme und plumpe Gesellen hingestellt, daß wiederum die Wirkung verfehlt wird. Frau Gottsched wird, wo sie witzig sein will, grob, und wo sie verurteilen will, da entstellt sie.

Jedenfalls ist ihr Charakter im Leben weit verschieden von dem Geist, der aus ihren Lustspielen spricht. Denn im Leben ist sie die tadellose Frau voll Takt und weiblicher Würde, voll Maß und Anmut. Aber, sowie sie für die Bühne schreibt steht sie unter dem Einfluß eines unheilvollen Doppelgestirns: der Vorurteile ihres Mannes und der Hast nach starken Wirkungen.

So war ihr denn das erste Jahrzehnt ihrer Ehe unter anregender Tätigkeit verstrichen. Freilich hatte ihr Körper darunter zu leiden gehabt. Schon nach wenigen Jahren sah sie ein, daß ihre Natur zu schwach und zart war, soviel anstrengende Arbeit zu leisten, aber sie wollte ihr Los standhaft weiter tragen. Der mit unerschöpflichen Kräften ausgerüstete Riese Gottsched konnte wohl nicht ermessen, daß seine Frau sich unter seinem Antrieb zuviel zumutete. Lieferte sie doch zur Schaubühne, noch während sie Originalstücke dichtete, weitere Übersetzungen, so von Destouches „Verschwender" und „poetischem Dorfjunker". Dann half sie ihrem Manne bei der neuen Ausgabe der Übersetzung von Leibniz „Theodice", und auch ihre Übertragung von Popes „Lockenraub" fällt noch in diese Zeit. In dem wohlgeglätteten, akademischen Pope sah nämlich Gottsched neben Addison den bedeutendsten englischen Dichter, während ihm der gefühlvolle Milton so wenig angenehm war, wie der leidenschaftlich große Shakespeare.

Dafür gab es allerdings auch Abwechselung durch Reisen. So vertrat Gottsched im Jahre 1742 die Leipziger Hochschule auf der Dresdener Universität. Frau Adelgunde durfte ihn hinübergeleiten, sah die Kunstschätze Dresdens, das grüne Gewölbe und die schöne Natur. Aber die unglücklichen Korrekturbogen von Bayles Wörterbuch begleiteten sie auch dahin, und als sie, entzückt von der anmutigen Hügellandschaft, sich einen solchen Punkt zur Arbeit ersehnte, mußte sie sich von Gottsched belehren lassen, daß die Ebene, in der Leipzig liegt, viel besser zur Sammlung des Geistes geeignet sei als zerstreuende Berggegenden. Er, ein Sohn des Flachlandes, konnte überhaupt das Gebirge nicht leiden, und hatte später sogar einmal mit den Pfälzern eine Art von literarischem Streit darüber; auch die Schweizer Schriftsteller mochten dazu beitragen, ihm Gebirge und Fels zu verleiden.

Aber einen weitergehenden Einfluß noch gewann Frau Gottsched auf die Heimat ihres Gatten: auf Königsberg. Auf der Hin- und Rückreise nach dort konnte sie ihre Verwandten in Danzig besuchen. In Königsberg selbst aber besaß Gottsched noch die festesten Gesinnungsgenossen und treuesten Freunde. Vor allem sollte hier Frau Adelgunde Triumphe feiern und ein weites Feld finden, ihre Wirksamkeit für Mädchenbildung zu entfalten. Da war unter anderen das töchterreiche Haus des Rechtsgelehrten Professor Sahme. Das älteste der vier Mädchen, die diesem Hause erblühten, Marie Charlotte, war bereits seit 1739 vermählt, und zwar mit dem Dr. juris Sigismund Christoph Jerks. Die nächst jüngere aber, Johanna Sophie, wird von Gottsched und seinem Königsberger Jünger, dem Professor Flottwell, als die „Präsidentin des Sahme'schen Parnasses" bezeichnet. Die dritte, Eleonora Luise, galt als die Sekretärin. Als „schlau und aufmerksam" wird sie charakterisiert, und um ihrer Anmut willen nennt Gottsched sie gar einmal „die schönste Muse, die es jemals gegeben". Auch die vierte im Bunde, Katharina Dorothea, war ein begabtes Mädchen. Und diese jungen lernbegierigen Fräuleins fanden ihre Freundinnen in den Töchtern des Doktors Hartmann, eines Arztes, dessen Vater zu den bekanntesten Naturforschern seiner Zeit gehörte. Seine beiden Töchter waren geistig sehr strebsam und vereinigten sich mit den Sahme'schen in begeisterter Verehrung der gelehrten und liebenswürdigen Frau Adelgunde. Die berühmte Professorin hatte aus Danzig auch ihre Schwester mitgebracht. In grellem Gegensatz erschienen hier die beiden. Die Jüngere warf ihre Augen kokett umher und suchte Eroberungen zu machen. Ein weltgewandter Herzensknicker L'Estocq spielte mit ihrer deutlich zur Schau getragenen Liebeständelei, während Gottscheds getreuer Flottwell, eine ernste und ehrliche Natur, sie nur auslachte. Dagegen erregte Adelgundes feines taktvolles Wesen überall das ungeheucheltste Entzücken. All die jungen Mädchen lauschten ihren Worten und ließen sich von ihr belehren, daß die Beschäftigung mit ernsten Wissenschaften auch dem weiblichen Gemüt nur nützlich sein könne. Und grade hier, wo das Familienleben mit norddeutscher Innigkeit gepflegt wurde, fielen ihre Worte als fruchtbarer Samen auf wohl vorbereiteten Boden.

Als aber Frau Gottsched unter schmerzlichem Jammer des ganzen Kreises Königsberg wieder verließ, war es Professor Flottwell, der das Angebaute weiter pflegte. Er vereinigte die jungen lernbegierigen Mädchen zu einer „Frauenzimmer-Akademie", die wohl in der Geschichte der weiblichen Bildung Deutschlands auf Beachtung Anspruch machen darf. Schreibt er doch selber an Gottsched: „Die Gegenwart ihrer Freundin hat fürwahr viel Gutes für die Mädchen gestiftet. Sie lesen gern, sie entschlagen sich des bisher gewöhnlichen schlechten und kindischen Zeitvertreibs, die Natur zeigt sich in ihren edlen Gedanken fruchtbar. Ich reize zum Lesen, Übersetzen und bin gar so verwegen und prüfe das Gedächtnis über das Gelesene. Wüßte ich nur ein Register leichter, vernünftiger und nützlicher Bücher für Frauenzimmer, wodurch ich ihren Verstand schärfen könnte, wer weiß, wie ich die guten Absichten meines edlen Gottsched und seiner verehrungswürdigen Freundin auch bezüglich des schönen Geschlechts fördern würde. Ihre „deutsche Philosophie" ist schon ein guter Klassikus und wenn wir uns über die Ursachen von Gründen der Begebenheiten unterhalten, stelle ich mich gern unwissend, um bei unserm Leipziger Philosophen Rat einzuholen." In den Königsberger Professorenkreisen stieß Flottwell mit solchen Bemühungen auf keinen Widerstand. Hatte doch Vater Sahme selber in einem seiner deutschen Aufsätze gesagt: „Ob nicht auch zuweilen kluge und vernünftige Damen ihren Ehemännern, die auf dem Richterstuhl sitzen, im Kabinett oder gar unter den Gardinen, wie des Pilati Weib, mit heilsamen Ratschlägen an die Hand gehen, lasse ich dahin gestellt sein, soviel aber bin versichert, daß, wenn mancher Nabol seiner klugen Abigail folgen würde, es sowohl in seinem Amt, als in seinem Heim besser stehen möchte." Nun, da konnte ihm ja das Bestreben, die klugen Abigaile zu erziehen, nur willkommen sein. Natürlich nahm das Ehepaar Gottsched auch aus der Ferne den regsten Anteil an der „Frauenzimmer-Akademie". Gottsched verspricht selbst eine „Frauenzimmerbibliothek" zusammenzustellen und äußert sich: „Euer Hochedlen aber müssen es an Dero Zuruf und Ermahnung und Wiederholung der gelesenen Sachen nicht fehlen lassen. Ja, sie sollten mir danken, daß ich Ihnen soviel Gelegenheit gebe, ein Glück zu genießen, welches Ihnen von ein Paar entfernten Landsleuten sehr beneidet wird." Als höchste Autorität aber galt Frau Adelgunde. Auch um ihren brieflichen Beistand bittet Flottwell einmal, und wie die Frau Professorin wirklich Briefe, Musikalien und Schriften in das Sahme'sche Haus schickt, ist die Freude ganz unbändig. Die Sekretärin Eleonora erhält den für die Schwestern bestimmten Brief zunächst, aber Flottwell meint, die ältere, Johanna, habe ihm einen Prozeß gemacht, daß sie ihn nicht bekommen. Nun geht ein Dankschreiben der Sahminnen an die Gottschedin, und auch die Hartmanninnen lassen nicht auf sich warten und befolgen das Beispiel der Freundinnen, um ebenfalls über einen Brief der großen Frau hoch beglückt zu sein. Eine Fülle von Anregung hatte die wackere Gottschedin hier gegeben.

Aber auch diese Mädchen waren darum zu Hausfrauen nicht verdorben und sollten auch auf die Liebe und Ehe nicht verzichten. Schon ein Jahr nach dem Besuch der Gottschedin ward die zweite Tochter Sahmes die Gattin des Hofrates und Hofgerichtsadvokaten D. Georg Theodor Schienemann; die dritte, ein ganz besonders musikalisches Mädchen, reichte dem Licentiaten Samuel Lilienthal, allerdings erst neun Jahre später ihre Hand, während die vierte unvermählt blieb. Von den Hartmann'schen Töchtern schloß die ältere, Amalie, im Jahre 1747 einen Ehebund mit dem Hofgerichtsrat Heinrich Lübeck, während die jüngere nur sehr kurze Zeit mit dem Stadtrat Geelhaar vermählt war und bald als junge Witwe in das Elternhaus zurückkehren mußte. Man sieht also, daß den Zöglingen der Königsberger Frauenzimmer-Akademie das Heiraten nicht verleidet worden war durch die Frau Adelgunde.

Drittes Kapitel.

Der Kampf der Frauen um Lorbeerkranz und Doktorhut.

Während so Frau Gottsched in echt weiblicher Weise durch unmittelbare Anregung wirkte, hatten die Äußerungen ihres Mannes den schon vorher so überaus regen Trieb des weiblichen Geschlechts zum Studium und zur Schriftstellerei weit und breit noch mehr entfacht. Daß die Ehrung die Künste nähre, ist ein alter, schon den Römern geläufiger Spruch, aber er hat nur teilweise seine Berechtigung. Das gründliche Wissen, das ehrliche Streben nach Bildung, wie es im Königsberger Kreise herrschte, verlangt keine äußere Auszeichnung, so wenig wie Frau Gottsched selber danach trachtete. Noch im Jahre 1752 schrieb sie an eine Freundin bei Gelegenheit der Dichterkrönung eines Herrn v. S. „Dergleichen Feierlichkeiten müssen vielleicht auf hohen Schulen nicht ganz in Vergessenheit geraten. Nur ich möchte nicht die Person sein, die sich dadurch unvergeßlich machte." Aber sehr viel andere wollten es gern, und namentlich Frauen. Die weiblichen Berühmtheiten schössen wie die Pfefferlinge aus dem Boden des Dichterwaldes. Unter diesen ist uns bisher am häufigsten der Name der jungen Hedwig Sidonia Zäunemann begegnet. Und mit Recht, denn sie ist die frischeste Erscheinung des neuen Frauentypus. Sie ist eine der ersten, die unter der Einwirkung der großen Frauenerfolge aufwuchsen. Am 15. Januar 1714 kam sie in Erfurt, jener damals hochberühmten, thüringischen Universitätsstadt zur Welt, war also achtzehn Jahr alt, als die Ziegler Mitglied in Gottscheds deutscher Gesellschaft wurde. Sie hörte bald darauf von der Promotion der Bassi in Bologna und ward schnell von dem Ehrgeize erfüllt, es diesen Beiden nachzutun. „Ihr Vorbild hat mein Blut erhitzt" hat sie selber später gesagt. Sie war, ganz im Geiste der Zeit, fromm und häuslich von einer strenggläubigen Mutter erzogen; aber, wie wir schon so oft gesehen haben, hieß „häuslich" damals durchaus nicht „unwissend". Auch hatte sie früh die Regungen des poetischen Talents in sich empfunden, und damit war in jenen Zeiten immer ein Streben und Wissen verbunden. Ihre ersten Versuche hatten natürlich der Bibel gegolten. Auch hier aber war sie eigenartig. Während sonst die Psalmen junge

Poetinnen zur Umdichtung reizten, blieb die Zäunemännin bei diesen nicht stehen, sondern fühlte sich von den historischen Büchern angezogen. Was sie aber aus „Esra" und „Nehemia", „Esther" und „Hiob" mit ihren vielen großen Gestalten ausgewählt und in dichterische Form gebracht hat, das vernichtete sie bald wieder. Dann verfiel sie auf die damals üblichen Gelegenheitsgedichte. Wir sahen, wie sie der Kulmus und der Ziegler nahe zu treten suchte, aber überall auf die Unreife ihrer Form hingewiesen wurde. Erst ein Carmen, das sie im Jahre 1732 auf den Statthalter Freiherrn von Waßberg sang, fand Anklang. Wir lasen ferner, wie sie am Hochzeitstage der Kulmus in glühenden Farben die Liebe zu schildern suchte, doch gelangen ihr nur rednerische Phrasen ohne Gefühlsinhalt. Sie war nicht zur Liebessängerin geschaffen, aber auch die bloße Gelegenheitsleierei wurde ihr zuwider. Der historische Zug ihrer ersten Versuche regte sich in ihr, und sie wurde plötzlich inne, daß eine so kriegerisch bewegte Zeit mit ihren Schlachten und Heldentaten doch wohl größere Vorwürfe für die Poesie biete, als die ewigen Hochzeiten, Kindtaufen und Begräbnisse, Jubelfeiern und Denkfeste. Als daher nach dem Tode Augusts des Starken der polnische Erbfolgekrieg ausbrach, und der alte Prinz Eugen mit den Truppen Kaiser Karls VI. nach dem Rheine zog, rief die Zäunemannin keck den Gelegenheitspoeten zu:

Ihr Dichter, wie so träg und kalt,
Den Helden jetzt ein Lied zu singen?
Kann denn ihr Adel und Gewalt
Den Kiel zu keinen Reimen bringen?
Soll Trauring, Wiege, Leichenstein
Nur bloß der Lieder würdig sein?
Fürwahr des großen Carls Husaren
Mit ihrer tapfren Tapferkeit
Verstatten nicht in dieser Zeit:
Mein Dichten langer zu verspüren.

Und so sang sie denn ihre „Ode auf die zu Dienst seiner römischen Majestät Carl am Rhein stehenden sämtlichen Herrn Husaren", die ihren Namen im Sturme berühmt machte. Bekam sie doch sogar ein schmeichelhaftes Anerkennungsschreiben von dem alten Helden und es zeugt von ihrem Taktgefühl, daß sie sich weigerte, diesen ihr persönlich übersandten Brief zu veröffentlichen. Freilich war ja ihr Gedicht auch nicht viel mehr gewesen, als eine „Ansingerei". Obendrein kam sie grade auf diesem We-

170

ge in ein Gebiet, das sie aus Erfahrung gar nicht kennen konnte, und so mußte sie sich anstatt frischer Anschauung mit allgemeinen Redewendungen begnügen, wenn sie in ihrer Soldatenkantate sagt:

Wo man die Trommel rühret,
Wo man die Schwerter führet,
Da ist mein Sinn gestellt,
So werd' ich in dem Feld
Ein Held.

Oder wenn sie den Soldatentod besingt:

Die Wahlstatt ist das Ehrenbette!
Wer darauf stirbt, der stirbet schön.
Nie allerstärkste Gnadenkette
Kann keinem nicht so herrlich stehn,
Als wie das Blut, das diesen schmücket,
Der hier den Geist zum Himmel schicket.
Die Wahlstatt ist das Ehrenbette,
Wer darauf stirbt, der stirbet schön.

Trotzdem waren diese kriegerischen Gefühle keineswegs bloß anempfunden. Vielmehr ging ein starker männlicher Zug durch ihre Persönlichkeit, der sogar bis zur tollen Verwegenheit sich steigerte, wenn sie in Männerkleidern und des Nachts weite Wander-Reisen unternahm, von denen sie in keckem Übermute singt:

Wenn mich ein Regenguß den ganzen Weg geführet,
Daß ich kein trockenes Fleck am ganzen Leib verspüret,
Wenn mich der Sturm gedreht, so hab ich doch gelacht.
Es hat mir nichts geschadet. Wenn mich die finstre Nacht,
Daß kaum vor Finsterheit die Pfützen zu erblicken.
Mich über Stock und Stein und über schmale Brücken
Und Berge hingeführt, nahm ich doch nie Gefahr
Noch Schrecken oder Furcht, noch Widrigkeiten wahr.
Der finstere Tannenwald hat mich gar nicht erschrecket,
Vielmehr sein sanft Geräusch die größte Lust erwecket;
Versucht's, es reiset sich des Nachts in Wäldern schön;
Ich hab's erst nicht geglaubt, nun hab' ich es gesehn.

So schließt sie recht naiv. Auch war sie stolz auf ihre Fahrt in das Bergwerk von Ilmenau, das sie gründlich untersuchte und in einem längeren Gedichte beschrieb, worin sie mit Genugtuung erwähnt, daß die Knappschaft ihren Mut anerkannt habe. Befriedigt über ihre Leistung sagt sie nicht ohne Eitelkeit: „Die Fahrt hat mich so sehr vergnügt, als keine Zeit in meinen Jahren."

Dagegen will sie nichts wissen von „Galanterie" oder gar von Liebesgedichten. Wenn sie auch einem Gelehrten gern das Recht zugestehen will, daß er „seine Freiheit und sein Herz dem auserkorenen Kinde gibt", so weist sie selbst noch den Gedanken an Liebe weit, weit von sich:

Niemand schwatze mir von Liebe und von Hochzeitmachen vor.
Cypripors Gesang und Liedern weih' ich weder Mund noch Ohr,
Ich erwähl zu meiner Lust eine Kutt' und Nonnenmütze,
Da ich mich in Einsamkeit wider mancher Lästern schütze,
Ich will lieber Sauerkraut und die ungeschmalzten Rüben
In dem Kloster, als das Fleisch in dem Ehestandshause lieben . .
Geht nur hin und sucht mit Fleiß Amors Pfeile, Amors Waffen,
Und gebärdet Euch dabei als wie die verliebten Affen.

Solche Gedichte mögen ebenso wie ihre tollkühnen Männerfahrten das jugendliche Mannweib in den Erfurter Kreisen unbeliebt gemacht haben. Doch verlangte sie auch nicht nach gewöhnlicher Geselligkeit und machte sich weidlich über die Kaffeeklatschereien lustig. Dagegen hing sie an der Heimat, und als ihr geliebtes Erfurt von einem furchtbaren Brande verheert wurde, dichtete sie „Das am 21. und 22. Oktober unter Glut und Flammen ächzende Erfurt". Tausende von Exemplaren wurden davon gekauft und man wußte ihr diese Verherrlichung der Heimatsstadt dank. Dieses Werk bezeichnet den Höhepunkt ihres Dichterruhms. Eine eifrige Mitarbeiterin wurde sie an den ihr sehr wohlwollenden „Hamburgischen Berichten von gelehrten Sachen". In dieser Zeitschrift war die „muntere Dichterin" seit ihrer Husarenode schon oft erschienen. Ja, mit der überschwenglichen Frauenverehrung jener Zeiten wurde die Zäunemännin bald als „eine der berühmtesten und geschicktesten Federn Deutschlands" gepriesen und der Briefwechsel, den sie mit der Hamburger Redaktion führte, trieft von Lob und gegenseitiger Verehrung. So mutig gemacht, versuchte sie sich auch in einem philosophischen Aufsatze, worin sie nachweisen wollte, daß ein Philosoph nicht immer ein Stoiker sein könne. Der Hof zu Weimar wollte ihr wohl, und wenn die Universität ihrer Heimatstadt die Prophetin im Vaterlande vielleicht nicht anerkennen mochte, so geschah dies von seiten des benachbarten Jena und vor allen Dingen von Göttingen, der neuen, den Frauen so außerordentlich zugetaner Hochschule. Dort krönte man sie am 3. Januar 1738 zur Poetin. Drei Gedenkmünzen erinnern an das Ereignis. Die eine, von der Größe eines Zweitalerstückes, weist auf beiden Seiten bezeichnende Figuren auf. Da sieht man einen Berg, eine Quelle und einen Schwan im Sumpfe. Darum sind die Verse geschrieben:

> Im Brunnen Hippocren' regt sich der edle Schwan,
> Man trifft das Gänsechor in Lethes Pfützen an.

Auf der Gegenseite der Münze erblickt man einen vor einem Lorbeer stehenden und einen mit einem Kranze fliegenden Genius. Die Umschrift lautet: „Hier stets zu glänzen aus Gerens Graentzen". Eine kleinere Münze zeigt auf einer Seite das Bild der Dichterin und auf der anderen Seite eine Sonne mit den Worten: „creata ex alto" und „e germine clare." Auch die dritte Münze, von der Größe der ersteren, bringt ihr Bild und ihren Namen. Natürlich regnete es auch bei dieser Dichterkrönung wieder Glückwünsche von allen Seiten. Aber der Ruhmgekrönten wurden ihre sonderbaren Stoffe nicht nur von Spießbürgern und Philistern, sondern auch von gelehrten Männern verdacht. So beschwerte sich ein Prediger bei ihr, daß sie gar keine geistlichen Lieder singe. Allerdings hatte sie damit eine Ausnahme von allen ihres Geschlechts in jener Zeit gemacht. Doch war sie um die Antwort nicht verlegen, und sie traf den Nagel auf den Kopf mit den Worten:

> Mein Beruf verlangt das nicht,
> Und zum Scheine geistlich schreiben
> Fordert nicht des Christen Pflicht.

Trotzdem scheint ihr daran gelegen zu haben, sich von dem Verdachte der Gleichgültigkeit in christlichen Dingen zu reinigen, denn sie setzte an die Spitze ihrer Gedichtssammlung vom Jahre 1738 einige geistliche Lieder. Als sie der Sammlung den hübschen Titel „Rosen in Knospen" gab, ahnte sie es nicht, daß diese Knospen nie zur Blüte reifen sollten. Denn schon zwei Jahre darauf zog sie sich durch ihre Tollkühnheit einen tödlichen Unfall zu. Sie reiste im Jahre 1740 wieder einmal nach Ilmenau zu ihrer Schwester und ertrank dort am 11. Dezember, wahrscheinlich aus Unvorsichtigkeit und Waghalsigkeit, in der aus ihren Ufern getretenen Ilm. — In ihrem Leben, Schaffen und Sterben war sie ein deutlicher Beweis für die große Veränderung, die mit den Frauen vorgegangen war seit dem Auftreten Gottscheds und seiner Helferinnen. Das waren jetzt nicht mehr die sanften Sängerinnen frommer Lieder, voll Bescheidenheit und stiller Demut, die auf dem Titel versicherten, daß sie nur zu ihrer eigenen Gottseligkeit dichteten, oder deren Werke heimlich, oft gar erst nach ihrem Tode, von Verwandten herausgegeben wurden, nein, das war jetzt eine ehrgeizige junge Schar, die mit den Männern wetteifern wollte, die nach Ehren und Auszeichnungen geizte. Man kann sagen, daß der Schritt nach der Seite der Emanzipiertheit hin, den die Zäunemann tat, schon weit über das hinausging, was Gottsched erstrebt hatte. Die Schülerinnen begannen der Zucht des Meisters zu entwachsen. Auch die literarischen Kampfgenossen Gottscheds gingen in ihrem Eintreten für Frauenstreben zum Teil über die Absichten ihres Führers hinaus. Ein Beispiel dafür bietet der Hofarzt Triller.

Daniel Wilhelm Triller ist geradezu ein typisches Beispiel für die damals auf den Gipfelpunkt gestiegene Verehrung für weibliche Dichtung. War Gottsched ein kampfesfroher Ritter des weiblichen Geschlechts, so möchte man den guten Triller als einen literarischen Weibergecken bezeichnen. Er nimmt keine sonderlich geachtete Stellung in der Literatur seiner Zeit ein. Als Mediziner hatte er es zu der Würde eines Weißenfelsischen Hofarztes gebracht. Aber er hielt ich auch für einen Dichter. So gab er im Jahre 1740 eine Sammlung „neue äsopische und moralische Fabeln in gebundener Rede" heraus. Diese Fabeln waren schon früher, als ihre ersten Vorläufer das Licht erblickten, von dem Schweizer Breitinger heftig angegriffen worden in dessen Werk über kritische Dichtkunst. Dafür rächte sich nun Triller, indem er in einer maßlos heftigen Vorrede den Schweizern zu Leibe ging. Doch wurde auf Anraten der Leipziger Freunde das Schlimmste davon unterdrückt. Dennoch geriet das Original der Vorrede in die Hände der Züricher Gelehrten, und nun erfolgte sofort ein neuer Angriff von dort.

So war Triller, eigentlich ohne es zu wollen, durch die gemeinsamen Feinde zum Bundesgenossen Gottscheds geworden. Er stand ihm allerdings in seinen Ansichten sehr nahe. Arbeitete er doch gerade an einer Ausgabe der Schriften des auch von Gottsched so geschätzten Martin Opitz, die im Jahre 1746 erschien, aber kein Meisterwerk ist. Inzwischen widmete er sich auch gleich Gottsched der Förderung der Frauenliteratur. Acht Jahre nach der Hochzeit der Frau Adelgunde gab er eine Sammlung von Liedern heraus, deren Verfasserin er selbst „entdeckt" hatte. Die Vorrede zu diesem Werke enthält einen Überblick über den damaligen Stand der Frauenliteratur, und da sie obendrein eine köstliche Probe für den Stil damaliger Bücherphilister ist, so wollen wir uns an der Hand des „Herrn Daniel Wilhelm Triller, philos. und med. D. auch hochfürstlich weißenfelsischen Hofrats und ersten Leibmedici" durch die Blumenauen damaliger Frauenreimkünste geleiten lassen. Einen begeisterteren Führer als ihn können wir nicht finden. Da heißt es: „Der kalte Norden bewundert noch den feurigen poetischen Geist seiner weit berühmten Frau von Brenner, welche sich durch ihre männlichen Gedichte weit über ihr Geschlecht empor geschwungen. Niedersachsen und besonders Hamburg prangten noch sonst mit den beiden Gräfinnen von Königsmark und von Löwenhaupt, als mit zwei heitern Sternen, welche ihrem hochgeborenen Stamme, durch die Poesie einen neuen Glanz mitgeteilt haben. Um dieselben Gegenden herum haben sich auch eine Eckardin und eine Curtia mit ihrem poetischen Triebe rühmlich hervorgetan; deren Gedichte nicht allein von hohen königlichen Händen gnädigst angenommen, sondern auch zum Teil königlich beschenkt worden. Dahin gehört auch die ehemalige Jungfer Wichmannin, welche durch ihre zierlichen Gedichte ihren berühmten Herrn Bruder, welcher sich durch seine gebundenen und ungebundenen Schriften in Deutschland soviel Ruhm erworben, aus einem löblichen Eifer nichts voraus haben wollen. Elbing in Preußen hat eine gelehrte Frau Fuchsin aufzuweisen, die durch ihre herausgegebenen Gedichte, das Lob einer Mollerin, welche im vorigen Jahrhundert in Königsberg geblühet, wohl nicht ganz übertroffen, doch zum mindesten sehr zweifelhaft gemacht hat. Breslau erhebt sich billig mit seiner sinnreichen Breßlerin, welche den Ruhm, welchen ihr der vortreffliche Günther hin und wieder beigelegt, durch ihre herrlichen Meisterstücke vollkommen verdienet. Erfurt, mein geliebtes Vaterland, bewundert den unerschöpflichen poetischen Geist seiner unvergleichlichen Zäunemännin noch itzo so sehr, als wehmütig es deren jämmerlichen Untergang beklaget, wiewohl diese erhabene Dichterin nicht dergestalt tief im Wasser untergesunken, daß nicht ihr unsterbliches Ehrengedächtnis allezeit noch oben schwimmen sollte. Ihre herausgegebenen „Rosen in Knospen" werden nicht verwelken; vielmehr nach Art dieser balsamischen Blumen auch auf die spätesten Zeiten den angenehmsten Geruch von sich geben und ihre Verfasserin vor aller modernen Verwesung kräftig verwahren. Altenburg hat nicht mehr Ursache, den Verlust seiner andächtigen Frau von Kuntsch zu beklagen; nachdem eine lieblich singende Löberin daselbst löblich aufgestanden, welche durch ihre wohlfließenden Gedichte, die sie bisher herausgegeben, jener Ruhm verdunkelt, wie den ihrigen verkläret. Deutschland hat sich von dieser jungen doch großen Dichterin künftig gar viel zu versprechen, sintemal sie nicht allein in der Weltweisheit und den gelehrten Hauptwissenschaften wohl erfahren, sondern auch vornehmlich der französischen, griechischen und lateinischen Sprache sehr mächtig, daß sie so viel Mut gehabt, die schwersten Stellen aus der Virgiliani'schen Äneis ins Deutsche zu übersetzen, davon wir künftig noch mehrere Proben begierig erwarten. Da ihr nun also nichts fehlet, was zur rechten Vollkommenheit eines Dichters gehöret, so wird sie in diesem Stücke den meisten Dichterinnen zuvor tun können, als welche insgemein keinen lateinischen, vielweniger griechischen Dichter zu lesen vermögen, woher doch die vornehmsten Schönheiten eigentlich zu entlehnen sind, wenn anders ein Gedicht Geist, Feuer, Nachdruck und Reizung haben soll, hingegen, wenn es hoch kommt, sich nur mit dem eitlen Französisch allein behelfen müssen, oder auch wohl gar nur ihre liebe Muttersprache so obenhin verstehen. Daher ist es folglich kein Wunder, wenn öfters schlechtes Wasser anstatt kräftigen Weines dem betrogenen Leser vorgesetzet wird. Weißenfels hatte ehedessen das sonderbare Glück, nun aber hat Sondershausen den Vorzug, die Frau Geheimrätin von Hesberg, eine geborene von Taubenheim, zu besitzen, deren Gedichte so lieblich schön und reizend sind, als schön ihre innerlichen Gemütseigenschaften, nebst der äußerlichen Leibesgestalt, in die Augen und Herzen fallen, daß also bei dieser vornehmen Dame alles in der größten Vollkommenheit zusammenstimmt. Ich habe vordem in Sachsen das unschätzbare Glück genossen, einiger poetischer Schreiben von ihren Händen gewürdiget zu werden, welche alle sinnreich und zierlich abgefasset sind, daß sie allerdings verdienten, in Druck zu kommen, woferne mir darinnen nicht soviel unverdientes Lob beigeleget worden, daß ich darüber zu erröten billig Ursache hätte, sintemal diese große Frau damit sattsam erwiesen, daß sie eine vollkommene Dichterin sei, indem sie meiner schwachen Muse so eine große Stärke angedichtet, welche sie niemals erlanget, noch jemals zu erlangen aus Mangel der Kräfte, vermögend sein dürfte; vielmehr muß ich offenherzig gestehen, daß dieselbe, indem sie also an mich zu schreiben beliebet, mich zwar genennet, sich aber selbst beschrieben und gemeinet habe. Ich weiß übrigens meine schuldigste Dankbegierde vor dero hohe Wohlgewogenheit gegen mich durch nichts anders an den Tag zu legen, als daß ich das preiswürdige Andenken dieser an Stand und Verstand erhabenen Poetin der gerechten und dankbaren Nachwelt hiermit nach meinem wenigen Vermögen eifrigst empfohlen haben will, damit sie künftig unter den vornehmen Dichterinnen von Deutschland nach Verdienst gerühmet werden möge. Leipzig hat an der Frau von Ziegler eine würdige Tochter, welche beides in gebundener und ungebundener Schreibart bisher ihr Vermögen gezeiget, welches auch ebendaselbst die Frau Prof. Gottsched, eine geborene Kulmus aus Danzig, nach dem Exempel ihres Eheliebsten, rühmlichst leistet, wie davon Proben am Tage liegen. Merseburg besitzt an der Jungfrau Weißin eine solche Dichterin, welche ihm Ehre bringet. Sie wird aber meines geringen Lobes so viel weniger nötig haben, je mehr sie durch das öffentliche Zeugnis ihrer Geschicklichkeit von dem unsterblichen Brockes, bereits erhoben worden. Ob ich gleich sonst wohl Ursache hätte, ihren verdienten Ruhm auszubreiten, weil sie mich nicht allein ihrer wertesten Freundschaft ehedessen in Sachsen gewürdiget, sondern auch mir so viel herrliche Gedichte von ihrer Arbeit gütig mitgeteilet, wodurch ich deren wohlgegründetes Lob gegen jedermann leichtlich behaupten könnte. Augsburg zeigt eine Frau Spitzlin, welche anfängt, den Parnaß zu besuchen, und sich in der edlen Dichtkunst nach ihren Kräften zu üben. Regensburg pranget mit der Frau Rätin von Keipff, welche in der Dichtkunst zu einer so ausnehmenden Stärke gekommen, daß, wo sie nicht eine allzu große Bescheidenheit, oder vielmehr Mißtrauen gegen sich selbst und billige Leser hätte, und dahingegen etwas beherzter Ware, ihre geistreichen Gedichte der begierigen Welt fürzulegen, sie unter die größten Dichterinnen Deutschlands mit höchstem Recht zu zählen sein würde. Ich habe von ihrer Gütigkeit einige untadelhafte Meisterstücke in Händen, woraus ihr erhabener poetischer Geist allenthalben prächtig herfürleuchtet. Sonderlich hat sie mir ein gewisses Sinngedicht geneigt mitzuteilen beliebet, welches dermaßen wohlgeraten, daß solches, wo es nicht auf mich selbst verfertiget worden und ich daher nicht den billigen Vorwurf einer strafbaren Eigenliebe zu befürchten hätte, allerdings ans Licht zu treten verdienete, und aller vernünftigen Leser und geschickten Kenner der Poesie allgemeinen Beifall unwidersprechlich erhalten würde. Ich nehme mir also hiermit öffentlich die Freiheit, diese große Dichterin inständig zu ersuchen, daß sie künftig gegen die lernbegierige Welt etwas mitleidiger und in Mitteilung ihrer auserlesenen Gedichte etwas freigebiger sein wolle, damit die große Sehnsucht so vieler wartender Leser und Bewunderer endlich befriediget werden möge. Zu Straßburg hat sich die Frau Prof. Linckin, eine geborene Flezin, durch eine wohlgeratene Übersetzung des französischen Trauerspiels, Polyeuct genannt, welches den berühmten Corneille zum Verfasser hat, rühmlich hervorgetan, welcher ihre Tochter, die Frau Professor Witterin, auch in diesem Stücke löblich nachgefolget ist, und durch ihr Beispiel erwiesen, daß der Apfel nicht weit vom Stamme zu fallen pflege, und wie dort der Prophet doch in anderm Verstände sagt, die Tochter wie die Mutter sei. Doch mag sie wohl nicht der mütterlichen Anleitung allein, sondern auch dem täglichen Umgang mit ihrem

Liebsten, welcher sich auch in diesem Stück der Gelehrsamkeit fleißig übet, wie unter anderm sein aus nur gedachtem Corneille übersetzter Mithridates bezeuget, veranlaßt haben in der edlen Dichtkunst ferner eifrig fortzufahren und nach und nach zu einer größeren Stärke und Vollkommenheit zu gelangen. In Zweibrücken lebte noch vor kurzer Zeit die Kammerrätin Lorchin. welche wie sie ein geistlich Leben rühmlich führte, also auch zur geistlichen Poesie insbesondere sowohl Lust als Glück hatte, wie ich dann in der Zeit, als sie noch in unserer Stadt gewesen, verschiedene gottselige Gedanken und andächtige Betrachtungen über geistige Dinge in gebundener Schreibart von ihr zu scheu die Ehre gehabt, welche eine feurige Andacht in der Glut zu erhalten, wie eine frostige anzufeuern, vermögend waren. Nauheim im Hanauischen, unweit Friedberg, beklaget noch nebst mir, den frühzeitigen Tod der Jungfrau Kochin, welche viel Fleiß und Zeit auf die Poesie verwendet; auch davon verschiedene Wohl ausgefallene Proben nach und nach einzeln in Druck erscheinen lassen. Sie hat so gelebet, wie sie geschrieben und ist endlich unter einem andächtigen Schwanengesang verschieden, welcher auch nach ihrem seligen Tode gedrucket worden. Nun, da sie dort vor des Lammes Stuhl das neue Lied zu singen gewürdiget worden, wird sie das elende Stückmerk unsrer irdischen Dichtkunst soviel besser einzusehen taugen, und den Verlust daher, den sie hier erlitten, soviel geschwinder vergessen können. In Hanau selbst ist unlängst eine geschickte Dichterin aufgestanden, deren Name mir itzo nicht beifallen will, doch habe ich derer wohlgeratene Proben mit sonderbaren Vorzügen rühmen hören. Auch ist die Frau Neuberin hier nicht zu vergessen, welche die deutschen Schaubühnen in großes Ansehen gebracht und auch nett dichtet. Dieses wären nun also diejenigen deutschen Poetinnen, soviel mir deren teils ans dem öffentlichen Gerüchte, teils aus ihren herausgegebnen Werken, teils aber auch selbst von Person und aus ihren gütigst mitgeteilten Handschriften bisher bekannt geworden; davon meines Wissens die meisten noch leben und nur wenige gestorben sind. Ich zweifle aber keineswegs, daß noch eben so viele, wo nicht mehrere, sonderlich in großen Städten, als Dresden, Zittau, Nürnberg, Ulm, Augsburg, Danzig, Berlin, Lübeck, Hamburg, Lüneburg, Hannover und dergleichen anzutreffen sein möchten, welche dieser Klasse mit einverleibt zu werden von Rechtswegen verdienen sollten. Allein alle diese werten und mir unbekannten Personen werden ergebenst ersucht, die Verschweigung derer preiswürdigen Namen nicht so wohl dem Mangel eines guten Willens, als vielmehr einer genügsamen Kundschaft beizumessen. Sintemal ich dieselben mit dem größten Vergnügen hier gleich angeführt haben würde, woferne ich nur die allergeringste Wissenschaft von ihnen zu haben die Ehre gehabt hätte."

Soweit der begeisterte Triller! Was für ein sonderbares Denkmal bildet diese Vorrede für die Art, wie so ein Gottschedianer damals den dichtenden Frauen gegenüberstand. Weitestes Entgegenkommen, freudige Bewunderung für jede Zeile, die einer weiblichen Feder entsprungen ist, aber völlige Unfähigkeit in der Beurteilung der Poesie überhaupt! In dem Nachahmen der antiken Werke sieht Triller das einzige Heil; die Schönheiten griechischer und römischer Poesien sollen gradezu hineingetragen werden in die neuen Werke. Woher die Alten aber ihre Kunst hatten, danach fragt man nicht, sonst würde man auf die wahren Quellen, auf Empfindung und Natur gekommen sein. Ein „Teil der Gelehrsamkeit" ist die Dichtkunst — man kann, ja man soll „sich darin üben", um sie zu erlernen! Gelegenheitsgedichte sind das Feld und zugleich das Ziel dieser Übung. Poetischer Briefwechsel ist das Zeichen der Zeit. Mit wie vielen Frauen schreibt Triller sich in Versen! Mit Frau Hesberg, geborenen Taubenheim in Weißenfels und Sondershaufen, mit der Keipff in Regensburg und mit der Frau, die er selber in die Dichtung eingeführt hat, der Frau Rieger! Und solche Vers-Briefe scheinen ihm unsterbliche Kunstwerke!

Wir wollen wirklich einen solchen Briefwechsel in Reimen näher ins Auge fassen. Da schreibt die Frau des Amtsvogts Rieger an den berühmten Doktor:

> Klug und berühmter Arzt, fürtrefflicher Poet,
> Laß eine gute Statt in Deinen Augen finden,
> Wenn sich ein schwäbisch Weib mit diesem untersteht,
> Nicht in gebundner Red' hier mit Dir anzubinden;
> Nein sondern, die allein von Deiner Ehre voll
> Die Wirkung Deiner Kunst an Dir nicht leugnen soll.

Sie erzählt in solchen Reimversen weiter, daß sie ihn in seinen Dichtungen als einen Wunderarzt für die Seele kennen gelernt habe und darum Vertrauen gefaßt, ihn auch für ihren körperlichen Zustand in Anspruch zu nehmen. Und nun schildert sie frisch darauf los ihr Leiden: Kopfschmerzen, Zahnschmerzen, Magenkrampf u. s. w. in fließenden Alexandrinern. Es scheint gar keine Grenze für ihre Verslust zu geben. Dann klagt sie, was sie alles bisher angewendet habe:

> Hier hilft kein Blasenziehn, kein abgezapftes Blut,
> Kein Egel, Überschlag, Beräuchern, Zähn'ausreihen,
> Und wie man sonst dem Leib auf Hoffnung wehe tut,

Und die von innen noch bewährten Mittel heißen,
Nicht Pulver, nicht Essenz, nicht teure Goldtinktur,
Kein Schwitzen und kein Bad und keine Wasserkur …

Kurz auf das ausführlichste werden alle angewandten Heilmittel und alle Krankheitserscheinungen besungen. Triller war sehr erfreut über das Schreiben und antwortete mit gereimten Heilvorschriften, und als in dem folgenden Briefe der Patientin ein „goldner Lohn" lag, da wehrte er sich dagegen, daß die Verse nicht allein Honorar genug sein sollten. Schnell wird die Freundschaft geschlossen. Er erbittet sich mehr Lieder von ihr und sie von ihm. Wie abgeschmackte Themen manchmal in diesen Briefen mit Reimen beklingelt wurden, zeigt sich, wenn Triller plötzlich eine Verteidigung des Kaffees gegen dessen ärztliche Feinde singt, und dieses in mehreren Briefen von beiden Seiten weiter bedichtet wird. Endlich muß die Riegerin dem Arzte auch ihre religiösen Lieder senden, und er dringt in sie, diesen poetischen Schatz zu veröffentlichen. Dazu schreibt sie dann noch eine gereimte Geschichte ihres eigenen Lebens. Auch hier springen ihre Verse durch Dick und Dünn; nichts entzieht sich ihnen. Wir erfahren, daß sie als die Tochter des Predigers und Klosterpräceptors Philipp Heinrich Weißensee und dessen Gattin, Frau Maria Dorothea Schreiberin zu Maulbronn, geboren ist; daß ihre Mutter noch während der Schwangerschaft vorübergehend vor den Franzosen hatte flüchten müssen, daß sie selbst als Kind fromm erzogen wurde, mit sieben Jahren in der Bibel zu lesen begann, früh zum Abendmahl geführt wurde, aber von Kindheit an schwächlich und kränklich war. Nach dem Tode zweier älterer Brüder wird sie vom Vater für seinen „Sohn" erklärt, und um so sorgfältiger erzogen. Der Vater ist inzwischen nach Blaubeuren versetzt worden, und hier hat die Tochter Kinderkrankheiten zu bestehen, und nimmt alles, die Blattern, eine Verletzung mit einem spitzen Eisen, einen Sturz ins Wasser u. s. w. mit in ihre Verse auf, bis wir sie, sehr jung und noch ein halbes Kind, vor den Altar treten sehen, um dem fürstlich württembergischen Stadt- und Amtsvogt Emanuel Rieger zu Blaubeuren ihr Jawort zu geben.

Ich trat dann jung vor den Altar
Schon einen Ehebund zu schließen,
Weil Gott und Eltern mich es hießen,
Es sind nunmehr bald zwanzig Jahr,
Mit einem Mann mich zu vermählen
Und für ein „W," ein „R." zu wählen.
Die Freiheit, die ich hier verlor,

Noch eh ich wußte, sie zu schätzen,
Die wußte Gott wohl zu ersetzen,
Und gab mir tausend Guts davor,
lind einen Mann nach meinem Herzen,
Ein Herz mit mir in Freud und Schmerzen.

Wir erfahren nun von vielen schweren Geburten, von ihren fünf lebendigen Kindern, vom frühen Tode eines hoffnungsvollen Sohnes; wir hören,
daß die Eltern erst nach Stuttgart versetzt werden, wohin der Vater als
Prälat zu Hirsau und als Consistorialrat berufen wird, und wie die Trennung noch vergrößert wird, da der junge Rieger als Rat und Vogt nach
Calwe kommt. Die dort nahen Quellen helfen der jungen Frau nichts gegen ihre Krankheit, dagegen wird sie mit ihren Eltern in Stuttgart wieder
vereinigt, als ihr Mann dorthin als Rentkammer-Expeditionsrat und Amtsvogt versetzt wird. Dort ist sie geblieben, während ihr Vater als Probst
und Generalsuperintendent in das Kloster Denckendorf geht, um dort an
den fürstlichen Alumnen sein bekanntes Lehrtalent auszuüben. Dagegen
lebt ihre Lieblingsschwester als Gattin des Oberstiftsdiakonus Stockmeier
in Stuttgart, und ebenso ihr Lieblingsschwager, der Spezialsuperintendent
und Hospitalprediger Georg Conrad Rieger. Von dem Glück, das sie mit
diesen und mit Neffen und Nichten genießt, berichtet sie in demselben
behaglichen Chronikstil trockener Reime wie von ihrer Kühnheit, als sie
aus einem Wagen mit durchgehenden Pferden sich hinausschwang. Das
einzige, was sich immer wieder als Gefühlsstimmung durch das Ganze
hindurchzieht, ist die Religion, die sie in allem, auch in dem schwersten,
die Führung Gottes erkennen läßt. Diese Selbstbiographie ist nun von
Rieger dem Schluß ihres Gedichtbandes angehängt worden, und der Band
selbst enthält eine ganze Reihe von Liedern zu den sämtlichen Sonntagen
des Jahres mit zu Grunde gelegtem Bibeltexte nach bekannten religiösen
Melodien. Wir glauben gerne, daß die Riegerin bei Abfassung dieser Gedichte nichts beabsichtigt hat, als ihrer andächtigen Stimmung Worte zu
leihen und sich in ihren schweren körperlichen Leiden zu trösten. Der
Gedanke sie zu veröffentlichen aber ging von Triller aus. Ganz entzückt
ruft er aus, wie er sie kennen lernt:

Die Zäunemännin scheint nun nicht mehr ganz verloren,
Die Zäunemännin ach, die so erbärmlich fiel!
Durch Dich, geehrte Frau, ist sie wie neugeboren.
Du erbtest, wie mich dünkt, von ihr das Saitenspiel.

Der Himmel wolle Dir dieselben Jahre schenken,
Die die erzürnte Flut ihr grausam weggerafft,
Und Dich mit steter Lust als einem Strome tränken,
Damit Dein Leben noch der Welt viel Nutzen schafft!

Und wie er, dachten damals viele Gelehrte. Im Jahre 1743 erschien das Buch mit Trillers Vorrede, den religiösen und einigen Gelegenheitsgedichten und der gereimten Selbstbiographie. Und am 28. Mai desselben Jahres bereits sandte der derzeitige Prorektor der neugegründeten Universität Göttingen, Johann Andreas Segner, ihr namens der Hochschule den Lorbeerkranz.

„Kraft der von Weiland dem Allerdurchlauchtigsten großmächtigsten und unüberwindlichsten Fürsten und Herrn Carolo des Namens dem VI. erwählten und gekrönten römischen Kaiser, allezeit Mehrer des Reichs u. s. w. u. s. w. einem jedesmaligen Prorektor der hiesigen Königl. und Kurfürstl. Georg August-Universität allergnädigst erteilten Privilegien, erkläre ich Johann Andreas Segner, der Philosophie und Medizin Doktor und ordentlicher Professor, als dermaliger Prorektor erwähnter Königl. Georg August-Universität, und Comes Palatinus, die wohlgedachte Frau Magdalena Sibylla Riegerin, geborene Weißenseein aus habender Macht und Gewalt in Kraft dieses offenen Briefes und durch beigelegten Lorbeerkranz zur gekrönten Poetin, und erteile derselben alle die Ehren und Ehrenbelohnungen ihres rühmlichen Fleißes, und als eine Reizung, ihre schönen Gaben ferner zur Ehre Gottes und Ausbreitung der Liebe zur Tugend anzuwenden. Urkundlich ist dies mit dem anhängenden Siegel der Universität und mit meiner eigenhändigen Namensunterschrift bekräftiget worden. So geschehen in Göttingen, den 28. Mai 1743.“

Nun ging es natürlich von neuem an ein Dichten. Sie sang Freudenlieder, von weit und breit trafen Glückwunschlieder ein und sie antwortete wieder mit Dankliedern.

Wo bin ich? Was geschieht? Ist's Wahrheit oder Wahn?
Ist's Wachen oder Traum? Hat Einfalt mich betöret?
Hab ich mir wohl den Kopf mit Fabelwert beschweret?
Was kommt mich für ein Dampf, welch Schwindel kommt mich an,
Ist's mehr als ein Gedicht, was von Parnas, Apollen,
Von Musen, Hippocren, die Alten sagen wollen? ….

Nein, es ist kein Gedicht, es ist kein leerer Traum!

Was mir nicht träumen möcht', ist offenbar geschehen,
Und was mein Auge kann aus Brief und Siegel sehen,
Glaubt billig auch das Herz und glaubt es dennoch kaum.
Ich bin gleich einem Bild vor dieser Ehrenpforte,
Die mir eröffnet ist, erstarrt und sonder Worte,

So geht es ellenlang weiter, aber uns widert dies alles an. Wir fragen uns, ob der Kranz auch hier nur vierzehn Taler gekostet haben mag und lachen der albernen Komödie.

Unter den Glückwünschenden treffen wir auch die um ihrer Sprachkenntnisse von Triller so gerühmte Traugott Christ. Dor. Löberin, und zwar auch schon als kaiserl. gekrönte Poetin und „der deutschen Gesellschaft in Göttingen Mitglied". Sie sang in der stehenden eitlen Überbescheidenheit, sie könne kein genügendes Lob für die gelehrte Frau ersinnen:

Der Weisheit Inbegriff, die tugendvollen Schriften,
Vermögen Dir schon selbst die Ewigkeit zu stiften.
Was gründlich, lehrreich, nett, vernünftig, reizend, schön,
Kann man bei Deiner Schrift in einem Bande sehn,
Hier gehen Silb' und Reim und Ausdruck und Gedanken,
Voll Feuer, Geist und Witz in reinen Tugendschranken , …

So also dichtete damals eine gekrönte Poetin die andere an. Wie unsterblich mögen sie sich beide damals vorgekommen sein, und wie viel Mühe muß man sich heute geben, um einzelne Spuren ihres Dichtens aus dem Schutt der Vergangenheit hervorzusuchen. Aber hätte man es all diesen „Sapphos" ihrer Zeit verdenken können, wären sie an Größenwahn erkrankt, wenn man all die hochwallenden Vergötterungen liest?! Da schreibt u. a. der hochfürstliche Hofprediger und Spezial-Superintendent zu Neuenstadt, Hochstetter mit Namen, der neu gekrönten Riegerin:

Darf sich ein Myrthenstrauch zu holden Ulmen wagen,
Naht sich ein Sperling oft zu einer Nachtigall:
Darf eine Feldmaus wohl auch je ein bißchen nagen,
Da, wo die Stadtmaus nagt; schickt sich ein heiserer Schall,
Von dürrem Schafgedärm zu Waldhorn-Klarinetten,
So soll auch meine Leier vor Sappho nicht erröten.
Wahr ists, mein stumpfer Kiel trinkt nicht aus Hippocrene,

Kein Lorbeer ist, der mir die welke Stirne ziert:
Ein Strohhalm gibt ja nur ein knarrendes Getöne,
Man schreibt gezwungnes Zeug, wo Furcht die Feder führt. .

Das merkt man! Aber gedruckt werden mußte es doch?

Fluten und Fluten also von Gedichten von Frauenhand! Greifen wir einige der Verfasserinnen, die von Triller erwähnt wurden, heraus!

Die Löberin war als Tochter des Altenburger Superintendenten Löber im Jahre 1725 geboren. Sie hatte, als Triller ihr Lob schrieb, schon zwei Sammlungen „vermischter deutscher Gedichte" herausgegeben. Bis zu ihrem Tode im Jahre 1788 ließ sie eine dritte Sammlung und eine solche von „Idyllen und Liedern" folgen. Daß der Kelch der Dichterkrönung auch an ihr nicht vorübergegangen ist, wissen wir bereits. Außer der in Göttingen erwählten, übrigens auch zu Helmstedt und Jena die „deutschen Gesellschaften" sie zu ihrem Mitglieds So weit hat es die freundschaftsfreudige Volkmännin nicht gebracht, die geborene Anna Helene Wolffermann. Recht bezeichnend lautet der Titel ihrer ersten Sammlung: „Die Erstlinge unvollkommener Gedichte, durch welche Hohen Personen ihre Untertänigkeit, Freunden und Freundinnen ihre Ergebenheit, vergnügten Seelen ihre Freude und Betrübten ihr Mitleiden gezeigt, sich selbst aber bei ihren Wirtschafts-Nebenstunden eine Gemüts-Ergötzung gemacht hat …" Später ließ sie „Erstlinge geistlicher und moralischer Gedichte" folgen. Es waren dies Umschreibungen der Sprüche Salomonis in Verse. Die von Triller erwähnte „Jungfer Maria Christiana Kochin" hatte bei Lebzeiten nur einzelnes herausgegeben. Erst vier Jahre nach dem Erscheinen der Triller'schen Vorrede kamen ihre „hinterlassenen poetischen Gedanken" ans Licht.

Trillers Meinung, daß außer den ihm bekannten weiblichen Sängerinnen noch mehr vorhanden seien, bestätigt sich insofern, als überall „Talente" emporschossen, und schon wenige Jahre nach dem Erscheinen jener Vorrede hätte ihr eine verbesserte und vermehrte Auflage folgen können. Im Jahre 1750 erschienen die „Schönheiten Pyrmonts, besungen von Wilhelmine Amalie von Donop" schon in zweiter Auflage, und drei Jahre später folgten von derselben Verfasserin „Gedanken über die ungleiche Austeilung der Schicksale". Ein Jahr darauf gab Eleonore Hoppe ihr Gedichte heraus. Im Jahre 1755 feierte in Göttingen der berühmte Geograph Anton Friedrich Büsching, eigentlich ein Theologe seines Zeichens, seine Hochzeit mit der gekrönten Dichterin Polyxena Christiane Auguste Dilthen, die für ihre „Proben poetischer Übungen eines Frauenzimmers", und für ihre „Übungen in der Dichtkunst" Mitglied der deutschen Gesellschaft daselbst geworden war. Sie war am 11. Dezember 1728 zu Cöthen geboren, folgte als Gattin Büschings diesem nach Berlin und starb am 22. April 1777. Ihre Göttinger Frau Kollegin, die Gattin des Professors Achenbach werden wir noch kennen lernen. Gleich ihr gehörte derselben gelehrten Gesellschaft Johanne Charlotte Unzer an, die auch von Helmstedt in den dortigen Verein gleichen Strebens berufen worden war, und die Krönung zur kaiserlichen Dichterin empfangen hatte. Einem Versuch in sittlichen und zärtlichen Gedichten hatte sie „Scherzgedichte" folgen lassen, deren Sammlung drei Auflagen erlebte. Sie war eine geborene Ziegerin, heiratete den Arzt Dr. Unzer in Altona und starb im Jahre 1782 am 29. Januar.

Ein ganz verändertes Aussehen scheint also die Frauenwelt seit dem Auftreten Gottscheds gewonnen zu haben. Was eine seltene Ausnahme gewesen war im Orden der Pegnitzschäfer — die Dichterkrönung einer Frau — das war seit dem Ruhmestage der Ziegler fast alltäglich geworden. Was einst „Preußens Mollerin" unbegehrt erhalten hatte, das begehrten und erhielten jetzt viele — den Lorbeerkranz. Was einer Schürmännin noch als ein unerreichbares Ziel erschienen war, die Anerkennung weiblichen Studiums durch akademische Behörden, das war zum mindesten in der spielenden Form der Zugehörigkeit zu gelehrten Gesellschaften den strebsamen Frauen etwas alltägliches geworden. Und nun sollte bald ein noch auffallenderes Ereignis beweisen, daß auch die höchste akademische Ehre den Frauen nicht mehr unerreichbar blieb: In Halle wurde im Jahre 1753 zum ersten Mal eine deutsche Frau in aller Form zum Doktor promoviert. Wenige Wochen nach der berühmten Bologneser Frauenpromotion hatte, wie wir schon hörten, in Quedlinburg ein braver Schulmann, Rektor Eckhard, seiner Schülerin einige lateinische Arbeiten korrigiert zurückgesandt, ihre Fortschritte gelobt und dabei den Wunsch ausgesprochen, es möge auch ihr einmal die Doktorwürde zuteil werden. Dieser Wunsch sollte sich erfüllen, wenn auch erst nach zweiundzwanzig Jahren. Die damals noch sehr junge Schülerin war Dorothea Christine Leporin, die am 13. November 1715 in Quedlinburg zur Welt gekommen war als die Tochter eines tüchtigen Arztes, des Dr. Christian Polykarp Leporin. Von frühester Kindheit an war sie so schwächlich gewesen, daß eine Krankheit bei ihr die andere ablöste, und das einzige, was sie ihr Übelbefinden vergessen ließ, war geistige Beschäftigung. Als der Vater das erkannte, erlaubte er ihr gern, dem Unterricht des älteren Bruders beizuwohnen. Diesen belehrte der würdige Herr selber, zunächst dem Geiste der Zeit entsprechend in Religion, sodann aber auch in anderen Wissenschaften. Die Schwester saß dabei und feuerte durch ihren Lerneifer den des Genossen an. Bald traten andere Lehrer hinzu, und Dorothea war um so aufmerksamer, als sie des Glaubens war — wie sie selbst erzählt — „daß alle begabten Mädchen zu den Wissenschaften ebenso wie zu den häuslichen Arbeiten erzogen zu werden pflegten" und da sie nicht einzusehen vermochte, daß ihr Geschlecht zum Studium ungeeignet oder desselben unwürdig sei." Und da gab es denn gelehrte Hausfreunde, die den Vater in dem Gedanken bestärkten, daß die Tochter in Zukunft mit noch größerem Fleiße sich den Studien widmen solle. Darunter war einer der einflußreichsten eben jener Rektor Eckhard. Dieser würdige Schulmann gab ihr die lateinischen Übungen der Schüler aus seiner ersten Klasse auf, korrigierte sie ihr, empfahl ihr Schriften und Briefe zur Nachahmung und sorgte auf jede Weise für den Fortgang ihrer Studien. Auch der Konrektor Prillwitz war ihr ein eifriger Förderer. Dann ging der Vater zur eigentlichen Fachwissenschaft über und lehrte beide Kinder gleichzeitig nach den Lehrbüchern Stahls, Albertis, Junkers, Heisters und anderer damals berühmter Autoritäten: Anatomie, Physiologie, Therapie und andere medizinische Wissenschaften, die er durch Beispiele aus seiner eigenen Praxis belebte. Dann aber kam für den Sohn der Augenblick, wo er die Universität Halle beziehen konnte — die Tochter war davon ausgeschlossen. Bitter empfand sie es, daß ihr Geschlecht es ihr unmöglich machte, die begonnenen Studien in der richtigen Weise zu vollenden. „O wenn es mir doch erlaubt gewesen wäre, so glücklich zu sein, daß auch ich in dem lieblichsten Musengarten, der emsigsten Biene gleich, Honig hätte sammeln und in meine Zellen tragen können." Der Vater allein konnte hier helfen. Er mußte der Tochter alle Professoren der Halleschen Universität zugleich ersetzen und er tat es. Sie kam so weit in Wissen und Geschicklichkeit, daß ihr Vater sie in seinem Namen zu Kranken schicken oder sich, wenn er verreiste, durch sie vertreten lassen konnte. Das einzige, was der Tochter die Freude an dieser Tätigkeit verkümmerte, war der Gedanke, daß sie sich die staatliche Anerkennung ihrer Tüchtigkeit zum ärztlichen Beruf nicht erwerben durfte. Da kamen beim Regierungsantritt Friedrichs II. Gesandte des Königs nach Quedlinburg, um den Huldigungseid zu fordern. Sie hörten und sahen voll Erstaunen, was die „geschickte" Doktorstochter hier trieb und versprachen ihr, beim König Fürsprache für sie einzulegen. In der Tat traf auch am 24. April 1741 ein huldvolles Schreiben des jungen Preußenherrschers ein, worin er, der Schirmherr des Geistes und der Freiheit, auch diesem weiblichen Sonderwesen seinen Schutz zusagte. Schnell dachte die Leporinin dies zu nützen. Sie wandte sich an die Universität Halle mit der Bitte um Zulassung zur Doktorprüfung. Das freundliche Schreiben des Königs in der Tasche und manches einflußreichen Gönners gewiß, glaubte sie kühn den Kampf wagen zu können. Da aber kamen ganz andere Hindernisse. Noch ehe man in Halle über den Fall schlüssig geworden war, verlor Fräulein Leporin ihr Herz an den Prediger Johann Christian Erxleben an der Nikolaikirche zu Quedlinburg, und im selben Jahre betrauerte sie den Tod ihres heißgeliebten Vaters. Sie zog nun ihr Gesuch zunächst zurück, faßte aber noch vor ihrer Vermählung ihre Gedanken über das Recht ihres Geschlechtes auf akademische Bildung in einem Schriftchen zusammen, das in Berlin 1742 erschien unter dem Titel „Gründliche Untersuchung der Ursachen, die das weibliche Geschlecht vom Studieren abhalten, darin deren Unerheblichkeit gezeiget, und wie nötig und nützlich es sei, daß dieses Geschlecht der Gelehrtheit sich befleiße, umständlich dargelegt wird." Der Vater hatte noch kurz vor seinem Ende eine Vorrede zu diesem Werke geschrieben. Das Büchlein behandelte zwar, wie wir wissen ein damals schon „abgedroschenes" Thema, fand aber entschieden guten Absatz, denn es erschien sieben Jahre später in zweiter und vermehrter Auflage.

Ihre Ehe brachte ihr viel Arbeit, aber sowohl die Erziehung der vier Kinder, die sie nach und nach ihrem Manne gebar, als auch die Verwaltung der Wirtschaft war ihr durchaus willkommen. Sie war kein Blaustrumpf, der mit Verachtung auf das Familienleben herabgeblickt hätte. Darum freilich vernachlässigte sie ihre Studien doch nicht. Sie hielt sich durchaus auf dem Laufenden, was die damals ja noch nicht allzugroßen Fortschritte der medizinischen Wissenschaft anbetraf, und leider bot ihr die Krankheit ihres Mannes traurige Gelegenheit genug, sich auch in der ärztlichen Kunst zu vervollkommnen. Aber der Gedanke wurmte sie unaufhörlich, daß sie verdammt sein solle, ihr Leben lang mit gewöhnlichen Kurpfuschern verwechselt zu werden. Sie faßte ich darum nochmals ein Herz und wandte sich mit einem demütigen Besuch an den großen König, der mittlerweile aus einem jungen Anfänger ein Meister in der Staatskunst geworden war, und sie erwirkte abermals ein gnädiges Schreiben, das der Universität Halle befahl, die Erxleben zum Examen zuzulassen. Und so erreichte sie denn ein lange ersehntes Ziel, als sie vor die strengen Richter zu Halle hintrat. Der damalige Dekan der medizinischen Fakultät, Johannes Junker, der von Leporin sowohl, wie auch von seiner Tochter oft als erste Autorität hingestellt worden war, ging sicher mit einem günstigen Vorurteil an die Prüfung heran. Zunächst galt es die Dissertation zu begutachten. Sie führt den Titel: de eo quod nimis cito ac jucunde curare saepius fiat causa minus tutae curationis (Darüber, daß ein zu eiliges und zu angenehmes Heilverfahren oft die Ursache einer unsicheren Heilung wird). Der Herr Dekan fand die Arbeit so anregend, daß er in seinem

„Programma" den Grundgedanken noch ein wenig ausführte. Die Erxleben geht nämlich von einem Grundsatz des klassischen Arztes Asclepiades aus, der alle medizinische Weisheit auf den einfachen Satz zurückführt, daß man eine Krankheit „cito, tuto, jucunde" schnell, sicher und auf eine angenehme Art heilen müsse.

Sie bestreitet nicht, daß hierin das Ideal aller Heilkunst beschlossen sei, aber sie legt den Hauptwert verständiger Weise auf die sichere Heilung und meint, ein zu eifriges Streben nach schnellen und angenehmen Heilmitteln könne der Gründlichkeit leicht Abbruch tun. Diesen scheinbar rein theoretischen Satz weiß sie geschickt auszubeuten, sodaß er tief in die damalige Heilpraxis hineinführt. Sie sieht eine Gefahr dann, wenn man zu viel Rücksicht auf die Wünsche des Kranken nimmt, obgleich sie nicht leugnet, daß mitunter ein Mittel schädlich wirken kann, weil es dem Kranken widerwärtig ist. Sie wünscht nicht, daß man sich allzusehr auf die allein selig machende Hilfe der Mittel verlasse, die schon in Molières „eingebildetem Kranken" so arg verspottet werden, die dreifache Art nämlich, den Körper zu entleeren. Sie wendet sich bei dieser Gelegenheit halb satirisch, aber doch mit wissenschaftlichem Ernst, gegen die Menschen, die ihrem Trieb zum Essen und Trinken keine Grenzen setzen wollen, in der sicheren Hoffnung, daß sie das „Zuviel" ja leicht wieder los werden können.

Aber nicht minder sieht sie eine große Gefahr darin, recht schnell mit starken Mitteln, so mit Opiaten und anderen „exotischen Giften", zu wirken. Freilich die ganzen Theorien, auf denen sie fußt, sind ja längst veraltet; die Anschauung, daß es einen Krankheitsstoff gebe, der bald dünn, bald dick sei, beherrscht sie und bewirkt, daß wohl nicht allzuviel wissenschaftlicher Wert ihren Ausführungen heute mehr innewohnt. Aber das geht deutlich aus der Arbeit hervor, daß sie eine Ärztin ist, die ihre „Paragraphos wohl einstudiert" hat aber trotzdem auch die eigene Erfahrung zu Worte kommen läßt, und immer wieder die menschliche Natur berücksichtigt wissen will. Sie ist eine überlegende und eine vorsichtige Ärztin, die durch kleine engen Scheuklappen irgendeiner Schule ihren Blick einengen läßt. Ihr ist die goldene Mittelstraße das rechte, und das hebt Junker auch hervor. Ja, der Dekan schildert, wie das Examen glänzend ausgefallen sei. Zwei volle Stunden lang habe man sie geprüft, und man sei über die Bescheidenheit und Schlagfertigkeit ihrer Antworten nicht weniger erstaunt gewesen, wie über ihre Beherrschung der lateinischen Sprache, die ja damals noch in der Prüfung vorgeschrieben war. Ja, man habe geglaubt, eine Frau aus dem alten Latium vor sich zu sehen. Nun, ein gewisses Starkauftragen der Farben war dem ganzen Stil der Lobschriften jener

Zeit eigen, aber selbst wenn man die königliche Fürsorge in Anrechnung bringt, ist doch nicht anzunehmen, daß der Dekan hier gegen seine Überzeugung geschrieben hat. Auch hebt er hervor, daß trotz alledem Bedenken vorhanden waren, eine Frau zum Doktor zu machen. Aber er sucht sie zu zerstreuen. Gesetzliche Vorschriften seien zwar nicht vorhanden, die den Frauen das Studium der Medizin verbieten. Denn, wenn auch nach einem Paragraphen die Frauen von allen öffentlichen Ämtern ausgeschlossen seien, so seien doch hier wesentlich nur forensische und kommunale Stellungen gemeint, und in diesem Sinne sei die ärztliche Praxis nicht als ein öffentliches Amt aufzufassen. Man könne ferner Bedenken tragen, weil in den kaiserlichen Privilegien betreffs der akademischen Promotionen nur von Männern die Rede sei. Aber daraus folge nicht, daß die Frauen, die ja gar nicht genannt seien, ausgeschlossen würden. Vielmehr könne man, da sonst in der Regel im Sprachgebrauch das weibliche Geschlecht stillschweigend als unter dem männlichen einbegriffen betrachtet werde, auch hier annehmen, daß die Bestimmungen sich auch auf Frauen erstreckten. Endlich wird auf geschichtliche Beispiele früherer Zeiten hingewiesen, und zuletzt rückt der Herr Dekan noch mit dem allertriftigsten Grund ins Feld: „Dieselben kaiserlichen Privilegien gestehen in einigen Akademien deren Prorektoren, so lange sie dem Amt eines Prorektors vorstehen, die Macht zu, geeignete Personen, die sich in der Poesie auszeichnen, zu gekrönten Poeten zu machen, von denen aber diese Privilegien im ganzen Zusammenhang nur im männlichen Geschlechte sprechen. Nun ist es aber sehr bekannt, daß in den letzten Jahren einige Personen aus dem weiblichen Geschlecht, deren hoher Geist und Ausübung der poetischen Kunst durch öffentlichen Beifall des Dichterlorbeers würdig erachtet wurde, mit eben diesem Dichterlorbeer geschmückt worden sind, nicht gegen die Bestimmung, sondern im Sinne eben der kaiserlichen Privilegien selbst". Aber trotz aller dieser allerdings höchst sophistischen Gründe entschloß man sich, doch noch eine bestimmte Entscheidung des Königs abzuwarten. Man berichtete ihm von dem wohlbestandenen Examen, und ein von Friedrich eigenhändig unterzeichneter Brief bestimmte, daß man nun die Promotion vornehmen solle.

Dies ganze Verfahren zeugt davon, wie wenig die gelehrten Herren an der Saale sich mit dem Vorfall abzufinden wußten. Ganz gewiß hatten die kaiserlichen Bestimmungen weder für die Dichterkrönung noch für den Doktorhut auf weibliche Kandidaten gerechnet, aber die Zeit war eben fortgeschritten. Es war auch sehr die Frage, was die gelehrten Herren in Saal-Athen beschlossen haben würden, wenn nicht ein königlicher Befehl vorgelegen hätte. So durften sie die alten Bestimmungen untersuchen, so viel sie Lust hatten, aber das Ergebnis der Untersuchung war ihnen vorgeschrieben. Der Wille eines genialen Herrschers, der das wirkliche Verdienst fördern wollte, wo er es fand, hatte die Frage kurzer Hand entschieden, allen vergilbten Papieren zum Trotz.

So wurde denn der feierliche Aktus am 12. Juni 1754 veranstaltet. Niemals hatten sich so viele Zuhörer und Zuhörerinnen zu einer Disputation eingefunden, und als die Erxleben ihren Eid geschworen, wurde ihr unter allgemeinem lauten Beifall die Doktorwürde erteilt und das Recht zuerkannt, ärztliche Praxis auszuüben.

Unter den lateinischen und deutschen Lobgedichten, mit denen man auch sie natürlich wieder eifrig feierte, sang der Mathematiker, Professor Johann Joachim Lange:

Olimpia ward der Ferrarer Zier,
Und lehrte, daß in jüngern Zeiten
Der Weiber Geist auch denken kann wie wir,
Ja, daß er mit uns könne streiten.
Nur Deutschland sah bisher dies traurig an:
Der Doktorhut war stets nur vor den Mann.

Gelehrte Frau mit männlich hohem Mut
Gehst Du zuerst die schweren Wege,
Und greifest kühn nach dem verdienten Hut.
Dein Geist, von Jugend auf nicht träge,
Erschuf ihn selbst durch wunderbaren Fleiß
Den, Schönen nicht bisher gegebnen, Preis.

Und nicht minder unbeholfen, aber nicht minder begeistert, beginnt Johann Friedrich Rahn aus Pommern sein Lied:

Du Schmuck der Frauen, Deutschlands Ehre!
Dir baut die Nachwelt einst Altäre:
Schon seh ich, wie Dein Muster reizt.
Muß mich nicht Friedrichs Beifall treiben,
Dein klugverdientes Job zu schreiben,
Um das die beste Schöne geizt? —

Die also Angesungene aber ging still nach Quedlinburg zurück und war bis zu ihrem Tode, am 13. Juni 1762, eine gesuchte und glückliche Ärztin. Daß sie der Welt „liberos et libros»„, Kinder und Bücher geschenkt habe, hatte der Dekan Junker rühmend hervorgehoben und in der Tat ihre beiden Söhne: Johann Christian Polykarp, der Naturforscher, und Johann Heinrich Christian, der Jurist, wurden bedeutende Männer, die mächtig angefeuert wurden durch das Beispiel des gelehrten Vaters und der gelehrten Mutter.

Viertes Kapitel.

Die jungen Dichter und die Weiblichkeit.

Während so die Frauen in der gelehrten Richtung ihre höchsten Ziele erreichten, schien es, als ob die Liebe und die Schönheit ganz ihren Wert verlieren sollten. Die Frauen, denen man den Lorbeerkranz der Universitäten auf die Locken drückte, verwahrten sich gegen die „eitle Liebespoesie", die ihnen nicht mehr würdig genug erschien. Die Breßler hatte früher verlangt, man solle die „wie Fastnachtsfüchse prellen, die ihre Feder läßt der Venus zinsbar sein". Die Zäunemännin, die in Männerkleidern reiste, sprach von „verliebten Affen", und die Erxleben, die mit dem Doktorhute geehrt wurde, war wohl eine brave Gattin und Mutter, aber nichts weniger als eine Schwärmerin. Es ging, wie in allen Zeiten, wo die Frauen nach männlichen Berufen und Würden ringen — sie vergessen eine Zeitlang, daß zwar die Weisheit ihnen nicht verborgen bleiben soll, aber daß darum Liebe nicht verschwinden darf aus weiblichen Herzen. Solche Zeiten sind immer vorübergehend. Es gehört zu den Kinderkrankheiten des Strebens nach Wahrheit, daß man die Schönheit für unerlaubt oder töricht hält. Schnell genug erfolgte immer der Umschwung, der die Ergänzung bringt. So reifte auch schon damals ein neues Geschlecht von Männern und Frauen heran, daß neben der trockenen Wissenschaft auch die Liebe wieder in ihre Rechte einsetzte.

Als Gottsched den Überschwulst der zweiten Schlesier bekämpfte, war er in das entgegengesetzte Extrem verfallen und ließ die Dichtung zur trocknen Gedankenabhandlung werden. Und auch andere, mehr zu Dichtern veranlagte Gelehrte blieben nüchtern. Immerhin war Christian Weise auch ein Sänger der Liebe gewesen, und mit leidenschaftlichem Feuer wußte der Student und Burschensänger Günther ihre Lust zu preisen. Aber sein Empfinden war zügellos bis zur Frechheit, ehrlich bis zur Roheit. Er war ein lyrischer Naturalist, der nicht zwischen Sinnenglut und Liebe zu unterscheiden wußte. Da er zudem in seinem achtundzwanzigsten Lebensjahre starb, vermochte er nicht, der Zeit des Gelehrtendünkels das Gegengewicht zu bieten. Aber von einer ganz anderen Gegend her erklang zum ersten Mal wieder ein wirkliches Lied der Liebe.

In der Schweiz reifte ein Mann heran, in dem, wie in Gottsched, und wie in so vielen damals, dichterische Neigung neben wissenschaftlichem Streben keimte. Aber die beiden blieben in ihm nicht nebeneinander, sie vermochten sich ihm zu einer gemeinsamen Seelenstimmung zu verschmelzen. Das Lehrgedicht war vertrocknet unter Gottscheds Herrschaft, wo höchst flache Gedanken in gequälter Form gereimt wurden, aber es mußte zu seiner ganzen ehrfurchtgebietenden Höhe wieder emporsteigen, wenn ein ringender Forscher, in seinen Gefühlen stets von seinen Gedanken beherrscht, und in seinem Forschen immer von seinen Empfindungen angefeuert, zum erstenmale wieder Natur und Liebe warm und tief zugleich, als Dichter-Denker verschmolz. Der philosophische Dichter war es, den das Zeitalter der Leibniz'schen Philosophie und der tastenden Ästhetik zuerst verlangte. Albrecht von Haller war der Mann, dies Verlangen zu befriedigen.

Er wurde am 16. Oktober 1708 zu Bern geboren als der jüngste Sohn des „Rechtsgelehrten und Fürsprechers" Emanuel Haller und seiner Gattin Anna Maria, geborenen Engel. Der Knabe zeigte von früh auf einen unersättlichen Wissensdrang. Seinen pedantischen Lehrer aus dem Waatland verspottete er, aber mit neun Jahren fertigte er hebräische und griechische Wörterbücher zum alten und neuen Testament an, schrieb eine chaldäische Grammatik und setzte — dies alles hat er seinem ersten Biographen berichtet — zahlreiche Biographien nach dem Vorbilde von Bayle und Moreri auf. Während dessen machte er eine Zeitlang das Gymnasium seiner Vaterstadt durch und kam vierzehnjährig zu einem Arzt in Biel in die Lehre. Dieser wollte ihm die Philosophie des Descartes beibringen, wodurch er sie ihm aber gerade verleidete. Ein Jahr später gings bereits zur Universität Tübingen. Dort fand der arme Junge Aufnahme in der Familie des Buchhändlers Cotta, konnte aber weder dem Studentenleben noch seinem Studium viel Geschmack abgewinnen. Eilig ging er nach Holland, wo ihn Börhave, der große Reformator der Heilkunde, medizinisch, philosophisch und religiös für sein ganzes Leben beeinflußte. Als er im Frühjahr 1728 in die Heimat zurückkehrte, wurde in ihm durch den schweizerischen Dichter Drollinger der poetische Drang seiner Jugend aufs neue angefacht, und der Physiker Stähelin führte ihn in die englische Dichtung ein, die nun ausschlaggebend für sein eigenes Schaffen ward. Bald darauf ließ ihn eine Bergreise neben botanischen und geologischen Entdeckungen auch sein herrliches Lied auf die Alpen finden, das ebenso wie die schon in Tübingen entstandenen „Morgengedanken" philosophische Tiefe mit klarer und schöner Form vereinigte. Mitten in das Geleier gedankenloser Gelegenheitsreimerei tönte es weihevoll und feierlich hinein wie eine Offenbarung. Haller war mit einem Schlage der berühmteste

Dichter seiner Zeit. Aber erst im Jahre 1731, als er um die Hand von Marianne Wyß warb, fand er den Ton des neuen Minneliedes. Die wirkliche Herzensneigung eines groß angelegten Mannes, der mit der Natur in heiligem Gedankenzusammenhange lebte, schenkte der deutschen Jugend das erste reine Liebeslied wieder. Bald sang man allerwärts:

Des Tages Licht hat sich verdunkelt,
Der Purpur, der im Westen funkelt,
Erblasset in ein falbes Grau;
Der Mond erhebt die Silberhörner,
Die kühle Nacht streut Schlummerkörner,
Und tränkt die trockne Welt mit Tau.

Komm', Doris, komm' zu jenen Buchen,
Laß uns den stillen Grund besuchen.
Wo nichts sich regt als ich und du!
Nur noch der Hauch verliebter Weste
Belebt das schwanke Laub der Aeste
Und winket dir liebkosend zu …

„Haller's Doris" verkündete der Welt als erste Ahnung, daß die kommende Dichtkunst dem Liebesideal wieder huldigen sollte. Aber in Bern nutzte dem Dichtergelehrten sein Ruhm nichts. Dort galten nur Beamte. Der gallige Voltaire erzählt den Ausspruch eines Berner Landvogts: „Aber der Teufel, Herr von Voltaire, warum machen Sie denn immer so viel Verse? All das Zeug führt zu nichts. Mit Ihrem Talent könnten Sie es sonst zu etwas bringen. Sehen Sie mich an. Ich habe es bis zum Landvogt gebracht!" Als Haller Spitalarzt werden wollte, schlug man ihm das ab. Er war ja Poet! Dann berief ihn (1734) die neu gegründete Universität Göttingen als Professor. Aber der Schweizer fühlte sich außerhalb nicht wohl und obendrein verlor er dort die geliebte Gattin.

Im dichtsten Wald bei finstren Buchen,
Wo niemand meine Klage hört,
Will ich dein holdes Bildnis suchen,
Wo niemand mein Gedächtnis stört.
Ich will dich sehen, wie du gingest,
Wie traurig, wann ich Abschied nahm,
Wie zärtlich, wann du mich umfingest,
Wie freudig, wann ich wieder kam.

Auch in des Himmels tiefer Ferne
Will ich im Dunkeln nach dir sehn
Und forschen weiter als die Sterne,
Die unter deinen Füßen drehn.
Dort wird an dir die Unschuld glänzen
Vom Licht verklärter Wissenschaft;
Dort schwingt sich aus den alten Grenzen
Der Seele neu entbundne Kraft,

Vollkommenste, die ich auf Erden
So stark und doch nicht g'nug geliebt,
Wie liebenswürdig wirst du werden,
Nun dich ein himmlisch Licht umgibt!
Mich überfällt ein brünstig Hoffen,
O sprich zu meinem Wunsch nicht nein!
O halt die Arme für mich offen,
Ich eile, ewig dein zu sein!

Auch dies Lied war bald Gemeingut aller Deutschen, und viel tausend Herzen klagten mit dem Witwer. Öfter wiederholen sich seine Schmerzensergüsse, bis er sich 1739 mit Elisabeth Bucher, der Tochter eines Berner Ratsherrn, in zweiter Ehe vermählte. Aber auch sie legte sich schon nach einem Jahre zum Sterben nieder und der seelisch tief geknickte Dichter sang noch ein letztes Lied mit ergreifender Klage:

Ich liebte dich allein von allen Wesen,
Nicht Stand noch Lust, noch Gold, dich suchte ich:
Ich hatte dich aus einer Welt erlesen,
Aus einer Welt erwählt' ich jetzt noch dich!

Gedichtet hat er seitdem nicht mehr, aber eine dritte Gattin fand er. Mittlerweile wurde die Sehnsucht nach der Heimat übermächtig in ihm. Mit größter Freude begrüßte er es daher, als man ihn im April 1745 in den großen Rat der Stadt Bern wählte. Von Gottsched und seiner Meute gehetzt, hatte er sein Auge längst auf die Heimatstadt gerichtet; er schwächte die Satiren ab, die er gegen seine Mitbürger geschrieben hatte, und schlug sogar eine Berufung nach Berlin aus, mit der ihn Friedrich der Große ehrte — freilich schauderte es ihn auch vor Berlins „Aufklärern und Atheisten". Dagegen griff er schnell zu, als man ihn im Jahre 1753 zum Saalinspektor und Stimmenzähler im großen Rat zu Bern mit 1400—1700 Franken Gehalt ernannte. Alle Welt lachte darüber, daß der größte Gelehrte seiner Zeit solch einen „Portierposten" annahm, aber der Schweizer zog freudig in seine Heimat, wo er langsam als Beamter aufrückte.

Schwermütig und düster, wie seine Lebenserfahrungen, waren des gedankenreichen Mannes Liebeslieder gewesen; leicht und lebensfroh aber, keck und ohne Gedankentiefe waren die seines größten Zeitgenossen, des Hamburger Patriziers Friedrich von Hagedorn. Fast gleichzeitig mit dem ersten Auftreten Hallers fiel auch das seine. Und, wie Haller aus der ernsten Schönheit der Alpenwelt seine ersten Lieder empfangen hatte, so erhielt der Sohn der Großstadt sie aus dem menschenreichen, lebenslustigen, genußfröhlichen Hamburg. In einem reichen Hause stand seine Wiege. Seine Mutter Anna Maria Schumacher hatte um das Jahr 1700 mit dem Konferenzrat Hans Stats von Hagendorn, dänischen Gesandten beim niedersächsischen Kreise den Ehebund geschlossen, aber dieser wohlhabende Sprößling eines alten Adelshauses geriet in Unglück und Not, und nach seinem plötzlichen Tode (1722) mußte die einfache brave Frau, für Unterhalt und Studium der Jünglinge sorgen und litt schwer unter dem Leichtsinn des flotten Jenenser Studenten Fritz, über den sie sich oft bei dem jüngeren Christian beklagte. Sie starb am 10. Oktober 1732. In demselben Jahre erhielt Friedrich eine gut besoldete Sekretärstelle in Hamburg. Horaz und Anakreon waren seine Vorbilder, und aus kleinen Anfängen wuchs er hinein in die poetische Erzählung, und wurde endlich als Verfasser von Rundgesängen und Trinkliedern, von Fabeln, Reimerzählungen und Gesellschaftsgedichten berühmt, und auch er feierte in seiner Art, unendlich mannigfaltig, das Liebeslied.

Beider Beispiel wirkte auf die Jugend, auch in Leipzig. Dort war seit Beginn der vierziger Jahre Gottsched mehr und mehr verwickelt worden in den Streit mit den schweizerischen Gelehrten. Aus kleinen Anfängen entstehend, nahm dieser immer größeren Umfang an. Wie viel Ähnlichkeit beide Parteien haben mochten in ihren Ansichten von der Dichtkunst, der Leipziger blieb der trockene Pedant, der nüchterne Rationalist, der Religion und Kunst von dem gleichen Standpunkt regeltreuer Rechtgläubigkeit aus umfassen wollte, wahrend die Züricher Herren für Beides den Standpunkt des Gefühls betonten. Daher schwärmten sie für das „verlorene Paradies", dies religiöse Epos des Engländers Milton; daher forderten sie Begeisterung für Religion; daher liebten sie das „Wunderbare", während Gottsched die verständige Wirklichkeit, in den Regelzwang von Rhythmus und Reim geschnürt, für Poesie hielt. Und so hatten die Schweizer die Jugend auf ihrer Seite.

Und schnell wuchs eine solche heran. Christian Fürchtegott Gellert war der Erste gewesen, der in Leipzig ein Jünger Gottscheds geworden war, — er blieb es nicht lange. Der fromm erzogene Pastorensohn aus Hainichen in Sachsen, der nach einer armen, streng überwachten Jugend auf die Leipziger Universität kam, hatte schon auf der Fürstenschule zu Meißen mit seinen Kameraden Gärtner und Rabener den Musen gehuldigt. Nach einer kurzen Zeit, die er als Erzieher eines Grafensohnes außerhalb zubrachte, kehrte er in das Athen an der Pleiße zurück und geriet hier schnell in den Strudel der beginnenden jung-poetischen Brandung. Aus einem Mitarbeiter an Gottscheds Übersetzung des Bayle'schen Wörterbuches wurde er allmählich innerlich dem herrschsüchtigen Manne entfremdet. Als Schwabe, der Lehrer der Frau Adelgunde, wie schon erwähnt wurde, im Gottsched'schen Sinne die „Belustigungen des Verstandes und Witzes" herausgab, war Gellert nur solange ihr Mitarbeiter, bis die den Schweizern feindliche Tendenz hervortrat. Da schied er mit seinen jungen Freunden Rabner, Elias, Schlegel u. a. aus der Reihe der Mitarbeiter, und unter der Leitung des urteilskräftigen Genossen Gärtner entstand eine Gegenzeitschrift: die „neuen Belustigungen des Verstandes und Witzes", die ihrem Bremer Verleger zufolge kurz die „Bremer Beiträge" genannt wurden. Gottsched hätte aus dieser schnell emporblühenden Gründung entnehmen können, daß seine Allmacht erschüttert war.

Und eine zweite Gruppe von jungen Leuten fand sich in Halle zusammen. Hier, in der Hochburg des Pietismus, scharte ein junger Sohn des Harzlandes, Wilhelm Gleim aus Halberstadt, heitere Genossen um sich. Er, der in entbehrungsreicher Jugend die Schönheiten von Berg und Wald früh bewundern gelernt hatte, fühlte sich mächtig hingezogen zu dem neuen fröhlichen Geist, der aus Hagedorns Liedern von Hamburg her herüber wehte. Mit seinen Studienfreunden Utz, Götz und Rudnik schwärmte er von Anakreons leichten Versen und sang in den Jahren 1744 — 45 seine „scherzhaften Lieder". Am Krankenbette des im Zweikampf verwundeten Offiziers Ewald v. Kleist las er diesem eine Probe seiner Kunst vor und begeisterte ihn gleichfalls zu fröhlichem Dichten. Mit seiner schwärmerischen Leidenschaft für Freundschaft ward er bald zu dem allgeliebten Liebhaber aller jungen Talente. Zu schwärmen, zu trinken und zu lieben ward der Grundsatz der jungen Dichter von Halle. Und als die Kämpfe Friedrichs des Großen um Schlesien begannen, zogen beide: Kleist als Offizier, Gleim als Kriegssekretär eines Prinzen selbander[4] hinaus, um beim Scheine des Wachtfeuers oft genug ihre Gedichte sich ge-

---

[4] Anmerkung: veraltet für „zu zweit"

genseitig vorzulesen. Als dann Gleim nach langem Kampfe und manchem Fehlschlag sehnender Hoffnung die behagliche Stelle als Domsekretär zu Halberstadt erhalten hatte, da machte er sein Haus zum willkommenen Rast- und Wallfahrtsort für aufstrebende Dichter und wurde der treue Helfer Aller.

Jünglings-Freundschaft war das Ideal der Jugend geworden, und von Frauenliebe sang man. Aber es war doch mehr eine dichterische Spielerei. Noch waren die jungen Dichter in Wirklichkeit nicht stark beeinflußt von Frauengunst und Frauenliebe. Wohl dichtete der Züricher Bodmer, der gern die sangesfröhliche schwärmlustige Jugend heranwachsen sah, scherzhaft von Gleim:

Mit Rost dringt einer durch, der die bewohnte Welt
Für nichts als einen Raum voll schöner Mädchen hält,
Der alles, was er sieht, in dem Gesichtspunkt siehet,
In welchem es voraus auf Mädchen sich beziehet;
Der alle Mädchen liebt, doch nur der Doris treu,
Als überzeugt, daß sie ihr aller Auszug sei!
O Unglückseliger, der nichts im Busen fühlt,
Wenn Doris scherzt und lacht, wenn ihr Poete spielt!
O Ehre des Geschlechts, wenn Doris ist und fühlt,
Fürtrefflicher Poet, wenn er für sie nur spielt!

Aber in Wirklichkeit war es nicht so schlimm mit Gleims Mädchenbegeisterung. Als er im Jahre 1750 nach Leipzig hinüber reiste, um die dortigen jungen Dichter persönlich kennen zu lernen, neckte man ihn mit der Schönheit der Leipzigerinnen, die ihn sicher besiegen würden. Aber es gelang ihm nicht, sich zu verlieben, obgleich er ernst mit dem Versuche machte. „Ich glaube," so schrieb er an Kleist, „Cupido spielt mir einen Possen, daß er die Mädchen sich mir so leicht ergeben läßt, weil er mich von der törichten Seite kennt, daß ich dann gleich aufhöre zu lieben.

Die mich nicht haßt, eh sie mich liebt.
Die mir nicht widersteht,
Die sich, wie Leipzig, leicht ergibt,
Die wird von mir verschmäht …

Sollte es nicht der Liebe zu den Mädchen hinderlich sein, daß ich so viele Freunde so zärtlich liebe? Ich wüßte sonst nicht, warum ich nicht bin wie andere Menschen, denen nichts leichter ist, als sich zu verlieben?" Dennoch verlobte er sich am 15. März 1753 mit einem Mädchen, für das er eine leidenschaftliche Neigung zu empfinden glaubte.

Wo Lieb und Huld aus jedem Tone spricht.
Wo Liebesgötter in den Blicken
Uns entzücken.
Empfindet man und zählet nicht!

Aber auch dieses Mädchen, die Tochter eines Bergrats, sollte ihn nicht dauernd fesseln. Eine krankhafte Eifersucht des zukünftigen Schwiegervaters brachte es dahin, daß das Verhältnis kurz vor dem festgesetzten Hochzeitstage gelöst wurde, und der bitter enttäuschte Gleim sang zornig:

Der ich der Schönen Lob in hundert Liedern sang,
Und ihre Küß' und ihre Tugend,
O wie bereu' ich jetzt die Sünden meiner Jugend,
O wie bereu' ich sie mein Leben lang!
Denn welch ein Tor war ich, ich sang
Der Schönen Lob in unerfahrner Jugend,
Pries ihre Küß' und ihre Tugend
Und kannte Kuß und Tugend nicht!

O wie bereu' ich jetzt ein jedes Scherzgedicht,
Das mit so freundlichen, harmonisch sanften Tönen
In manch' unschuldig Herz das Lob der Schönen,
Und ach! Zugleich das Gift der Liebe sang!
O wie bereu' ich es mein Leben lang!
Gib Jugend, gib den Liedern, den Sirenen,
Die ich dir sang, gib ihnen kein Gehör!
Sophie liebte mich, seitdem kenn' ich die Schönen,
Seitdem besing' ich sie nicht mehr!

Und in der Tat hat er nie wieder ein weibliches Wesen geliebt. Dagegen nahm er im Jahre 1753 eine Tochter seines älteren Bruders, Sophie Dorothea Gleim, zu sich in sein Haus auf, und sie ist als die Gebieterin über Küche und Keller in dem so gastlichen Hause umso beliebter geworden, als sie auch durch klaren Verstand und empfindungsvolles Herz eine Genossin bei den fröhlichen Sitzungen der Dichter wurde. Später hat sie Georg Jakobi, Gleims treuer Freund, besungen. „An Gleiminden, als von Kritikern die Rede war.

Wenn sonder Falschheit die Kritik,
Wie du mit Silbertönen redte;
Bei Lob und Tadel deinen Blick
Und dein getreues Lächeln hätte,
So könnte sie der Musen Schwester sein,
Die Herzen alle sich gewinnen;
So ladeten die Huldgöttinnen
Sie selbst zu ihren Tänzen ein."

So war also der Führer der „anakreontischen Jugend" ein Hagestolz geblieben, und zu einem tieferen Verständnis des weiblichen Charakters kaum durchgedrungen. Nicht viel anders war es inzwischen dem Häuptling der jungen Schar zu Leipzig ergangen. Aber das schwärmerische hatte in Gellerts Seele nie gelegen. Er war eine schlichte, bürgerliche Natur, bescheiden und sittsam, fromm und ohne Feuer. Er ist der erste gewesen, der neben die Komödien der Frau Gottsched seine eigenen rührungsfreudigen Stücke setzte. Seine „Betschwester" und sein „Loos in der Lotterie" sind Versuche, brav und rein das Rührstück der Franzosen, die Mittelgattung zwischen Tragödie und Komödie, nach Deutschland zu verpflanzen. Die schlichte, bürgerliche Auffassung der Frau ist es aber, die hier im Vordergrunde steht.

In seinen „Fabeln", die in den „Bremer Beiträgen" zuerst erschienen und gleich ungeheures Aufsehen machten, trifft er ebenfalls überall den Ton des engen, aber treuherzigen Bürgertums, und die Frauen, die sich da mit ihren Männern harmlos zanken über den blau gekochten Hecht, oder künstlich krank werden, die bald als böse Sieben, bald als treue Gefährtinnen erschienen, entsprechen ebenfalls der Auffassung des guten Mittelschlages. Im Jahre 1746 gab er einen Roman heraus „Das Leben der schwedischen Gräfin von G ..." Hier wird von der guten und sorgfältigen Erziehung der jungen Heldin geredet, aber der sonderbar verwickelte Gang der Handlung, der aus einer jugendlichen Treulosigkeit des Gatten eine ganze Kette der schrecklichsten Verwirrungen entstehen läßt, bringt auch keine Förderung der dichterischen Frauenauffassung. Und doch erschien nun bald in Leipzig unter der Schar der Jünglinge der große Erwecker der zuerst die ideale Frauenbegeisterung wieder in die Poesie hineintragen sollte.

Dem Kommissionsrat Klopstock in Quedlinburg schenkte seine Gattin, eine geborene Anna Maria Schmidt, am 2. Juli 1724 einen Sohn, der die Namen Friedrich Gottlieb erhielt. Fromm und in freier Übung seiner Kör-

perkräfte wuchs der Knabe heran, und namentlich während der Jahre, wo
sein Vater das Amt Friedeberg im Mannsfeldischen in Pacht hatte, übte er
sich in wilder Ausgelassenheit mit seinen Geschwistern auf dem Felde
und im Hofe. Dem Ideal des Vaters entsprach ein junger Mann, dessen
Körper so fest wie sein Geist, der frei und stolz, aber auch gottesfürchtig
und felsenfest in seinem Glauben sei. Alles das ist in dem Sohne zur
höchsten Blüte gereift. Auf der strengen klassischen Schule zu Pforta bei
Naumburg schloß er den Freundschaftsbund mit seinem Vetter Schmidt
und faßte innerhalb der Mauern der Anstalt noch den Plan, ein Heldenlied
zu dichten; denn das Epos schien ihm, wie seinen Zeitgenossen überhaupt,
der Höhepunkt der Poesie zu sein. Den ursprünglichen Helden, Heinrich
den Vogler, den Gründer der Abtei zu Quedlinburg, ließ er aber bald fallen, um den religiösen Welterwecker, um Jesus Christus selbst an seine
Stelle zu setzen. In Prosa legte er seine ersten Gesänge an, auf der Universität Jena ließ er sie langsam reifen, aber erst in Leipzig, wo er ein Zimmer mit Schmidt teilte, kam er dazu, in eifriger Arbeit daran zu schaffen.
Ursprünglich hatte er bis zu seinem dreißigsten Lebensjahre mit dem Beginn warten wollen; dann wieder gelobte er sich, seine Zeile zu veröffentlichen, ehe das ganze Werk vollendet sei; aber jetzt, als er sich in Leipzig
inmitten so vieler dichtender Jünglinge sah, da gab es kein Halten mehr.
Schmidt teilte den Genossen der „Bremer Beiträge" etwas von dem Heldenliede mit, dessen erste Gesänge mittlerweile in Hexameter umgegos-
sen waren — die ersten echten der deutschen Sprache überhaupt. Die er-
staunten Dichter, die sich hier einer ganz neuen hinreißenden Erscheinung
gegenüber sahen, sandten den Anfang des „Messias" an den väterlichen
Freund in Zürich, und Bodmer war der Erste, der dem Jüngling Klopstock
seine Unsterblichkeit vorausverkündigen konnte. Mit unermüdlicher Arbeit sorgte er für die Verbreitung des Gedichtes, das in allem so ganz seinem Geschmacke entsprach, das von glühender Begeisterung, von tief
innerlichster Frömmigkeit, von Mut und Kraft zeugte, und das den so
vielfach abgeleierten Reim verdrängte und den stolzen Vers des Homer an
seine Stelle setzte. Während langsam der Sturm des Jubels in der Welt
anzuschwellen begann, der nach wenigen Jahren den jungen Klopstock an
die Spitze des deutschen Geisteslebens hob, ging dieser traurigen Herzens
nach Langensalza — denn dort winkte ihm eine kümmerliche Tätigkeit als
Hauslehrer in einer kleinen kunstfremden Stadt; und dort keimte in seiner
Seele die unerwiderte Liebe zu seiner Ba se, zu der Schwester Schmidts,
seiner „göttlichen Fanny", das schöne große Mädchen stand ihm ver-
ständnislos gegenüber. Halb spröde, halb kokett, seine Werbungen nicht
ablehnend und auch nicht ermunternd, so stand in friedlicher Gelassenheit

vor dem Dichter das erste Mädchen, das in der neuen deutschen Dichtung den Reigen so unzählig vieler Dichtermusen eröffnete. Marie Sophie, kleinstädtisch erzogen und im Hause kleinstädtischer Eltern erwachsen, sah wohl gar in der Armut des Richters einen Grund zur Weigerung, während dieser seine zärtlichsten Oden an sie verschwendete — die ersten wirklichen Oden, voll Feuer und Wahrheit, die der neuen deutschen Literatur bekannt wurden; er verzehrte sich in Leidenschaft um sie, er klagte aller Welt seine unerhörte Liebe, und alle Welt fing an, sich damit zu beschäftigen. Bodmer selbst richtete aus Zürich einen Brief an das Mädchen, und stellte es ihr als einen heiligen Beruf dar, dem Dichter sein Lebenswerk zu erleichtern. „Das ist das himmlische Vorrecht der Tugend, daß sie die Herzen der Jünglinge durch Blicke, durch süße Reden, durch kleine Gunstbezeugungen zu erhabenen Unternehmungen geschickter macht. Dadurch bekommen Sie, an dem Werke der Erlösung Anteil. Die Nachwelt wird den Messias nie lesen, ohne mit dem zweiten Gedanken auf Sie zu fallen und dieser Gedanke wird allemal ein Segen sein. Ganze Nationen, die ihre Lust am Messias finden, werden Ihnen dann nicht das Gedicht allein, sondern die Seligkeit mit danken, welche sie durch das Gedicht gefunden haben. Welche Last von Glückseligkeit ist daran gelegen, daß der Poet das große Vorhaben vollende! Wie kostbar ist sein Leben. Welten, die noch nicht geboren sind! Was für eine Verantwortung liegt auf denen, die ihn durch unwitzige Geschäfte, durch widrig, Sorgen, durch eine stumme Wehmut in seinem Umgange mit der himmlischen Muse stören, die das göttliche Gedicht dadurch an seinem Wachstum verzögern. Wenn das Werk der Erlösung durch den Poeten nicht zu Ende gebracht würde, so würde es bei mir einen Kummer verursachen, als wenn dem Satan seine finstere Entschließung gelungen wäre, den Messias zu töten und die Befreiung des Menschengeschlechts zu hintertreiben … .“ doch Bodmer tröste sich mit der Hoffnung: „Der Poet hat sich und sein Werk in gute Hände vertraut, da er sie Ihrer Aufsicht, Mademoiselle, vertraut hat. Es ist nicht möglich, daß Sie nicht mit einem sorgfältigen, wachenden Auge auf dasselbe schauen. Da dieselben die Freundin seiner Seele sind, da Sie in dem vertraulichen Umgänge mit ihm öfters Ihre Gedanken von dem großen Messias vereinen, so ist Ihre Person und Ihr Leben mir so schätzbar, als er selbst oder als ihm selbst, und es wäre ein Verbrechen gewesen, wenn ich Ihnen diese Empfindungen nicht in einigen Zeilen entdeckt hätte.“ In diesem Briefe, den Bodmer an Klopstock zur Weiterbeförderung sandte, und den jener an Schmidt gab entwirft der Schweizer Gelehrte das Ideal einer Dichterbraut, wie es in der jungen Literatur später so oft erscheinen sollte. Aber Marie Sophie Schmidt sah diesem Ideal nicht ähnlich.

Da mittlerweile die Aussichtslosigkeit des Dichters in Bezug auf seinen Unterhalt immer beängstigender wurden, da er immer leidenschaftlicher dem Schweizer Gönner den Wunsch entdeckte, sich ganz sorglos der Vollendung seines Werkes widmen zu können, so faßte dieser den edelmütigen Entschluß, selbst rettend in das Leben Klopstocks einzugreifen. Nachdem er zunächst nach einem förmlichen Feldherrnplan nochmals für die weitgehendste Bekanntschaft des Messias nicht nur in Deutschland sondern auch in fremden Ländern Sorge getragen, lud er den Dichter zu sich nach Zürich ein und sandte selbst das Reisegeld. Ja, er machte es seinem Landsmanne Sulzer, der gerade durch Gleims Vermittlung eine Gynmasialprofessur in Berlin erhalten hatte, zur Pflicht, auf einer genanten Reise in die Heimat den Messiasdichter mitzubringen. Auch einem Freunde Schluteß, der nach Deutschland reiste, gab der eifrige Jugendförderer Briefe und Poesien für Klopstock mit, und die beiden Schweizer sollten ihn im Triumphe nach Zürich führen. Nach einigen in der Heimatstadt Quedlinburg verlebten Wochen, und nach manch fröhlichem Beisammensein mit Gleim in Halberstadt bei Wein und Rosen trat der Dichter seine Reise an, die zu einer großen Bekümmernis für alle Beteiligten führen sollte. Je ungeduldiger Bodmer den Freund erwartete und noch während der Reise mit Briefen und Gedichten herbeirief, desto furchtbarer mußte jene Enttäuschung werden, und nicht zum kleinsten Teile spielte die verschiedene Auffassung der Frauen bei Beiden ihre Rolle.

Klopstock kam aus Leipzig, der Stadt des Genusses und der „Galanterie". Er gehörte zu der jungen Dichterschar, die Hagedorns Lieder gern sang, Anakreon liebte und mit Haller von dessen „Doris" schwärmte. Ihm war das Weib nichts Sündliches. Seine Erziehung, in ihrer Richtung auf Körperkraft und Mannhaftigkeit, ließ ihn für das schöne Geschlecht erglühen. Ebensoweit wie von zynischer Sinnlichkeit war er entfernt von stubenhockerischer Gelehrtenart und von zimperlicher Weiberverachtung. Er glühte zwar nur für eine, aber das ganze Geschlecht war ihm, dem Dichter, lieb. Nicht versündigen wollte er sich an ihm, es nicht besudeln, aber lieben wollte er es.

In den Schweizer Städten aber war alles pedantisch, das gesellschaftliche Leben sowohl wie die kirchlichen Regeln. Hier in Zürich, wo Zwingli, in Genf, wo Calvin gelebt hatte, galt alles für unzüchtig, was nicht jeden Schein äußeren Übermuts vermied. Demokratisch war die Verfassung des Staates und der Gesellschaft, aber darum war sie nicht freiheitlich. Die Geschichte aller der kleinen städtischen Republiken weist denselben Gang auf. Immer sind es schließlich einzelne Familien bei denen das Recht auf alle Würden hängen bleibt, ja die ganz besondere Achtung verlangen. Vor dem Magistrat hatte sich die Bürgerschaft zu beugen, die angesessenen Familien blickten auf die zugewanderten herab, und der Städter verachtete den Bauer auf dem Lande. Dazu kamen starre Vorschriften für die Gesellschaft. Wo nur das Beamtentum etwas gilt, da herrscht die Etikette. War sie auch nicht verschnörkelt wie in Versaille, so war sie doch streng und pedantisch.

„Hier ist es Mode, daß die Mädchen die Mannspersonen ausschweifend selten sprechen, und sich nur unter einander Visite geben", so berichtet Klopstock. Aber seine Ankunft benützte man, um solche starre Formen zu durchbrechen. Am Montag den 30. Juli fand die berühmte Fahrt über den Züricher See statt. Da nichts bezeichnender für die Züricher Weiblichkeiten von damals sein kann, als diese Fahrt, so lernen wir sie aus dem Briefe eines der Beteiligten an Ewald von Kleist kennen, der mittlerweile der Sänger des Frühlings geworden war. „Unser neun Freunde entschlossen uns Herrn Klopstock durch eine Lustschiffahrt die Schönheit der Gegenden am Züricher See und zugleich die Schönheit unserer Mädchen kennen zu lernen. Jeder von uns verband sich, ein Mädchen auszusuchen, welches freundschaftlicher Empfindungen fähig wäre, und die Schönheiten der Natur und des Geistes fühlte. Wir waren in der Auswahl glücklich. Die meisten hatten den „Frühling" mit ihnen gefühlt, einige kannten den Wert unseres teuersten Klopstock schon aus seinem göttlichen Gedichte. Die süße Harmonie achtzehn edler Seelen macht diesen Tag zu einem der glücklichsten unseres Lebens … Klopstock würdigte meine zärtliche Doris an seiner Hand zu führen. Ihre redenden blauen Augen zeugen von dem edelsten Gemüte, welches lieber stillschweigend den Witz in anderen bewundert, als den seinigen zu zeigen sucht. — Werdmüller, eine Geißel der Lächerlichen, fähig der edelsten Freundschaft, dessen Geist mit dem lebhaften Witze der Franzosen geschmückt ist, begleitete eine ehrwürdige Dame, in welcher die Tugend mit feinem Verstande, durch den edelsten Witz und den besten Geschmack auch in Kleinigkeiten selbst den niedrigsten Seelchen süßer Herren reizend wird, und so viel auf sie vermag, daß sie schöne Sentiments auswendig lernen, um wenigstens diese Sprache führen zu können. — An meiner Hand ging die Gemahlin des zärtlichsten Ehegatten, die kein menschliches Unglück ohne Tränen ansehen kann. — Mein liebster Bruder (Salomon Hirzel), der mehr denkt als spricht, und nie vergnügter ist, als wenn er am wenigsten sagt, brachte mit sich die würdige Gemahlin unseres W..rs, eine stille Schöne; ihr reizendes Lächeln drückt die Ruhe der sanften Seele aus. — Wolf, der Bewunderer der Vollkommenheit in der besten Welt des Schöpfers, vielleicht der einzige Schüler des Hallensischen Lehrers, dessen Empfindungen mit den Lehrsätzen übereinstimmen, Wolf wählte sich eine seiner würdigsten Schülerinnen zur Gesellschaft aus; sie war weise genug, den edlen Geist und das noch edlere Herz in dem schlechtesten Körperbau nicht zu verkennen. — Schultheß, ein gelehrter Geistlicher, den sein ehrliches Gemüt und seine Wissenschaft sehr empfehlen, war der glückliche Gefährte der würdigen Gattin meines W …, mit ihrer Menschenfreundlichkeit gewinnt sie die Herzen, und, von einem philosophischen Bruder und Gatten gebildet (Brug), ist sie, ohne gelehrt zu scheinen, selbst in den schweren Teilen der Weisheit zu Hause. — Schinz, ein Kaufmann, der nie von den Messen nach Hause kommt, ohne einen Gewinn von moralischen Erfahrungen; der meinem Bruder ein Freund ist, wie Sie waren, kam in Begleitung einer lebhaften Schönen, die aus eigenem Trieb ihren Geist durch das Lesen der besten Schriftsteller angebaut hat. Ihre sprechenden Blicke fordern dreist unsere Hochachtung, die wir ebenso ungefordert ihren Vorzügen opfern. Sie hat alle die hohen Empfindungen, die Sie mein Teuerster, in ihrem Gedichte schildern, mit Ihnen gefühlt, und achtete mich hoch, nur weil Sie mich würdig fanden, in Ihrem Gedichte mich anzureden. — Rahn, der nach Ihnen mein Herz besitzt, der mir meine Fehler frei vorhalten darf, ein dem Pöbel lächerlicher Mensch, weil er das Äußere eines unglücklichen Petitmaitre an sich hat, und alle seine Gedanken, die von den gewohnten so sehr abweichen, daß sie öfters bei dem ersten Anblick auch Vernünftigen ausschweifend scheinen, allenthalben frei heraus sagt; im Grunde der redlichste und tiefsinnigste Mensch, der die feinsten Regeln der Kritik in seinem empfindenden Herzen trägt, und mit dem Vorurteil der Franzosen für ihre Dichter eingenommen, doch unparteiische Einsicht genug hatte, beim ersten Anblick den wahren Wert des deutschen Dichters zu schätzen: war so glücklich, Schinzens, des edlen Kaufmanns Schwester, mit sich zu bringen. Sie hatte Reize genug, Klopstock seine erste Liebe, die er im zwölften Jahre für ein ihr ähnliches Mädchen fühlte, wieder rege zu machen. — Keller, ein Kenner des Schönen, den die musikalische Harmonie, deren Vertrauter er ist, nicht mehr rührt, als die göttliche Harmonie der Freundschaft, kam in Gesellschaft eines Mädchens, das, des Sieges seiner Blicke gewiß, sein größtes Vergnügen darin findet, die Überwundenen ihrer Hoffnung spröde zu berauben; ihre Reden und Handlungen sind kunstlos und voll Grazie …"

Ein wie lebendiges Bild gibt diese Schilderung von der jungen gesellschaftlich revolutionären Welt, von diesen Mädchen und Frauen mit ihrem Bildungsstreben, mit ihrer Verehrung für die kaum geborene deutsche Dichtung, neben diesen jungen Männern mit dem französischen Schliff, die sich doch schnell unter den deutschen Geist beugen, wie er in Klopstocks Persönlichkeit seine Fesseln abwirft.

Und schnell drängen die Frauen und Fräulein mit empfindsamen Fragen sich an den Dichterjüngling. „Wer wird uns, rief jenes Mädchen, das den Frühling mit Ihnen gefühlt hat, die Schönheit dieser glänzenden Wasserfläche und dieser reizenden Landschaft würdig schildern?" Klopstock aber lehnte es ab mit der Schönheit der Natur zu wetteifern. Um fünf Uhr Morgens war man abgefahren, das Frühstück nahm man in dem Landhause von Kellers Eltern. Das greise Paar hieß den Dichter willkommen; eine „simple, ernste, wahrhafte und weise Frau" nannte Klopstock noch nach Jahren die Frau Keller. Überhaupt fesselte ihn die Mannigfaltigkeit der menschlichen Charaktere mehr als die Schönheit der Gegend. „Wie ein munterer junger Keller sich an den Flügel setzte, belauschte Klopstock auf den Gesichtern unserer Mädchen den Eindruck, den die Musik machte; er schien danach bestimmen zu wollen, welche die Zärtlichste wäre." Endlich stieg man wieder zu Schiff, von den Segnungen der alten Leute begleitet. „Von munteren Scherzen begleitet schlich die Vertraulichkeit sich in unsere Gesellschaft. Die Mädchen waren bekannter miteinander geworden. Klopstock hatte durch seine einnehmenden Sitten und geistvollen Reden ihre allgemeine Hochachtung gewonnen, und sie wünschten alle, aus den Fragmenten zum vierten und fünften Gesang (des Messias natürlich) etwas zu hören". Und so folgte die Vorlesung, die „in unsere Seelen noch nie gefühlte Wehmut senkte". Nach lustig neckendem Gespräche ward eine zweite Vorlesung verlangt. „Er willfahrtete und las uns jetzt die hohe Liebesgeschichte von Lazarus und Cidli (Mess. IV. Gesang, Vers 619—889) vor, wo er seine eigene Liebe für die göttliche Fanny im Auge gehabt zu haben scheint. Unsere Schönen fanden sich in einer ganz neuen Welt. Solche Gedanken hatte ihnen noch keiner ihrer Verehrer eingeflößt; sie belohnten unseren göttlichen Dichter dafür mit Blicken voll Liebe. Man wagte nicht, über jene himmlische Liebe zu sprechen, bis Einer von der Gesellschaft das Stillschweigen mit der gelehrten Anmerkung unterbrach: nirgends hätte er noch die platonische Liebe so prächtig geschildert gesehen! Klopstock verwarf diesen Beifall und versicherte, daß er hier ganz eigentlich die zärtliche Liebe im Auge gehabt habe, die ungleich höher wäre, als die platonische Freundschaft; Lazarus liebte seine Cidli ganz und gar! — Wir stimmten ihm aus vollem Halse bei, und Plato war nicht unser Mann. Die süßesten Gefühle waren in uns rege und beseelten die Unterhaltung." Als man dann an den Ort des Mittagsmahles gekommen war, zeigte sich Klopstock als eifriger Becherheld, brachte Gesundheiten auf anwesende und abwesende Freunde aus, und nach Tisch auf einer kleinen Halbinsel, als jeder seinem Vergnügen nachging, hüpfte der Dichter „von Freude belebt mit seinem Mädchen durch den Wald und half meiner Doris das Lied auf Hallers Doris singen." Aber bezeichnend ist es für ihn, daß er den Mädchen nur über sein Herz, nicht aber über sein geistiges Schaffen Macht gab. Als sie ihn, nämlich baten, in seinem „Messias" den edlen Teufel Abadona doch selig werden zu lassen, lehnte er, den schon die Schönen von Magdeburg darum angefleht hatten, den weiblichen Einfluß auf seine Dichtung ab. Abends auf der Heimfahrt erspähte er eine Insel zu neuer Liebeslust; diese besetzten fünf der Freunde mit ihren Mädchen und nahmen, da die Insel sehr klein war, den ganzen Raum ein; „Gleims Schöpfung ist nicht schöner als jetzt unser Inselchen war; hier endlich eroberte Klopstock von dem sprödesten der Mädchen einen Kuß; und wir eroberten auch Küsse, denn wie wollten sie sich retten, die zarten Mädchen, ohne ihre Füße zu benetzen?" Als aber Hirzel wünschte, mit der scheidenden Sonne in die Ewigkeit zu fahren, fand Klopstock diesen Wunsch „zu ausschweifend" und wünschte sich nur „eine Ewigkeit von vier Tagen". Er wirkte überhaupt der sentimentalen Stimmung stets entgegen, stimmte Hagedornsche Lieder an, um wieder Heiterkeit zu verbreiten und bat wiederholt um den Gesang von Hallers „Doris".

Klopstock selber hat in einem Briefe an seinen Freund Schmidt auch seinerseits die Fahrt und namentlich die Frauen geschildert. Ergänzen wir uns daraus das Bild: „Hirzels Frau, jung, mit vielsagenden blauen Augen, die Hallers Doris unvergleichlich wehmütig singt, war die Herrin der Gesellschaft; Sie verstehen es doch, weil sie mir zugefallen war. Ich wurde ihr aber beizeiten untreu. Das jüngste Mädchen der Gesellschaft, das schönste unter allen und das die schwärzesten Augen hatte, Mademoiselle Schniz, eines artigen jungen Menschen, der auch zugegen war, Schwester, brachte mich sehr bald zu dieser Untreue. Sobald ich sie das erste Mal auf einige zwanzig Schritt sahe so schlug mir mein Herz schon: denn es sah derjenigen völlig gleich, die in ihrem zwölften Jahre zu mir sagte, daß sie ganz mein wäre. Diese Geschichte muß ich Ihnen nicht auserzählen. Ich habe dem Mädchen dies alles gesagt und noch viel mehr. Das Mädchen in seiner siebzehnjährigen Unschuld, da es so unvermutet so viel, und ihm so neue Sachen hörte, und zwar von mir hörte, schlug sein schwarzes schönes Auge mit einer sanften und liebenswürdigen Ehrerbietung nieder, während es öfters große und unerwartete Gedanken sagte, und einmal in einer entzückenden Stellung und Hitze erklärte, ich sollte bedenken, wie hoch derjenige von ihm geschätzt werden müßte, der es zuerst gelehrt hätte, sich würdigere Vorstellungen von Gott zu machen. (Ich muß hier die Anmerkung machen, daß ich dem guten Kinde auch sehr viele Küsse gegeben habe, die Erzählung möchte ihnen sonst zu ernsthaft erscheinen.) ... " Und der Schluß des Briefes lautet: „Madame Muralt ist diejenige, bei der ich künftig Frauenzimmergesellschaft antreffen werde." Frauengesellschaft war dem jungen Dichter nötig, und das begriff Bodmer nicht. Aber auch die Frauen und Mädchen von Zürich waren nicht wenig erschrocken über den heiligen Sänger des Messias. Fräulein Schinz, die erst viel später sich mit dem Antisthes Heß vermählte, mag nicht wenig überrascht gewesen sein über die Küsse des frommen Dichters, den sie sich als eine Art Mönch erträumt haben mochte. Am Tage nach der berühmten Seefahrt sahen sich Bodmer und Klopstock mit Breitinger, Schultheß, Sulzer, Heß, Waser und Künzli in Winterthur und während ihres dortigen achttägigen Beisammenseins überraschte der Dichter die Männer mit der Ode über den Zürichsee. Wir finden alle Empfindungen darin wieder, die aus jenen Briefen hervorgingen.

> Schön ist, Mutter Natur, deiner Erfindung Pracht,
> Auf die Fluren verstreut, schöner ein froh Gesicht,
> Das den großen Gedanken
> Deiner Schöpfung noch einmal denkt!

Da haben wir den Poeten, der die Natur des Sees über den Mädchengesichtern vergaß; der später, wenn seine Gastwirte ihre Tuben nach den Alpen lenkten, den seinen nach den Fenstern der Stadt richtete; ja der nicht einmal den Drang empfand, in die Berge zu steigen, die er immer vor sich sah. Er verlangte nach Menschen.

> Komm und lehre mein Lied, jugendlich heiter sein,
> Süße Freude, wie du, gleich dem beseelteren
> Schnellen Jauchzen des Jünglings,
> Sanft der fühlenden Sch ... gleich.

Für dieses Sch, was wohl eher Schinzin als Schmidtin bedeuten sollte, schob der Poet später Fanny ein. Er gab damit der alten Geliebten das Lied, zu dem die neue Freundin ihn begeistert hatte. Und wie sich nun das schwungvolle Gedicht, die Landschaft nur kurz streifend, über Freude und Freundschaft, Wein und Liebe verbreitet und in der Sehnsucht nach den fernen Freunden ausklingt, da sehen wir den ersten deutschen Schwärmer vor uns, damals eine so neue, heut eine so „überlebte" Erscheinung. Das Liebchen im Arm, den Blick über die Landschaft hinaus gerichtet ins Blaue, eingesummt von Wellenplätschern und wehmütigem Gesang, gleich weit entfernt von der platonischen Liebe der „Ätherischen" wie von der zynischen Sinnlichkeit, mit den feurigen Küssen zugleich Poesie und Himmelglauben auf den Lippen , — das ist die Liebesschwärmerei des „idealen deutschen Jünglings". Klopstock hat sie nicht nur in die prüde, bigotte Gesellschaft von Zürich, er hat sie auch in die deutsche Dichtung eingeführt.

In der Dichtung fand sie auch schnell Nacheiferung, in der Schweizer Stadt freilich nicht. Im Gegenteil: Klopstock, der die Scheinheiligkeit dieser oligarischen Republikaner verachtete und sich bei Bodmers Gedichten langweilte, erregte überall Anstoß. „Erst ward er gesprächiger, wenn er von einem Mädchenbesuch heimkam, oder fröhlich getrunken hatte," So meinte Bodmer enttäuscht. Auch in einem anderen Briefe des Gelehrten heißt es wieder von dem Dichter: „Am vergnügtesten war er, wenn er beim Mädchen gewesen war. Er sagte, er hätte ein großes Vergnügen, die Charaktere der Mädchen auszuforschen. Auf der Seefahrt hatte er ein Mädchen kennen gelernt, deren Unschuld und natürlichen Witz er ungemein bewunderte. Es schien, daß er in rechtem Ernst verliebt wäre. Er gab es nur für Galanterie, die mit seiner Liebe zu Langensalza sich sehr gut vertrüge. Er hat in diesem Ort eine Geliebte, die ihn, wie er sagt und schreibt, vor Liebe schwermütig mache und undankbar gegen seine Liebe sei; und doch begegnet sie ihm, das Eheversprechen ausgenommen, ganz freundschaftlich. Sie schreibt verständig und geistreich". Ja, die Liebe in Langensalza lebte immer wieder frisch auf in dem Jüngling, der das Bestreben der Freunde, ihn durch eine reiche Heirat an Zürich zu ketten, durchkreuzte, und den Ruf des Königs von Dänemark an den Hof nach Kopenhagen annahm. Ehe es aber zur Abreise am, war er längst aus Bodmers Hause geschieden und wohnte bei Hartmann Rahn, einem jungen Kaufmann, dessen sonderbare Erfindungen und phantastische Ideen seine Freunde belächelten, während Klopstock daran glaubte. Der Kaufmann, entzückt darüber, beschloß, den Götterjüngling an Liebe noch zu übertreffen, nahm ihn zu sich und versprach ihm Beteiligung an dem Gewinn aus seinen Unternehmungen, wofür Klopstock nur sein ästhetisches Urteil über die Seidenwaren abzugeben brauchte. Freilich wurde aus all diesen Plänen nicht viel, und die Stunde des Abschieds schlug. Vorher war durch Vermittelung der Freunde eine Versöhnung zwischen Klopstock und Bodmer herbeigeführt worden. Sein Abgang von Zürich war ein gesellschaftliches Ereignis. Lange hat man noch die Erinnerung an seine Ruderfahrten auf der Limmat, an seine Reiterkunststücke vor dem Münsterplatz und an sein kühnes Eislaufen in Zürich bewahrt. Die Frauen, wiewohl von seinem wildzugreifenden Wesen erschreckt, lernten doch durch ihn auch die feinen Leipziger Salonmanieren der Galanterie kennen, und sogar in einem Nonnenkloster, wo der Probst ihn zu einer Vorlesung des Messias eingeladen hatte, haben die frommen Schwestern gewiß lange das Bild des berauschenden Dichters im Gedächtnisse behalten, dessen Lied sie zum ersten Male die allabendlichen Betstunde hatte vergessen lassen. Wie ein Komet, den man mit Angst und Bewunderung zu gleich anblickt, entschwand er so schnell wie er gekommen war. Er ging vom Süden nach dem Norden, von der Schweiz nach Dänemark.

Ein halbes Jahr war er in Zürich gewesen. Kein einziger Brief von seiner Fanny oder von deren Bruder hatte ihn daselbst erfreut. Er wollte deshalb Langensalza nicht wiedersehen, sondern fuhr schnell nach Quedlinburg, um den Vater zu sprechen, der seinen großen Sohn voller Bewunderung über die Huld des Dänenkönigs in seine Arme schloß. Die gute Großmutter aber war alt und stumpf geworden und saß tagaus tagein teilnahmslos in ihrem Sessel. Nur einen kurzen Gruß konnte ihr alltäglich der einst von ihr so geliebte Enkel gönnen, für den sie einst stündlich gesorgt, gebangt und gebetet hatte. Als dieser aber auch beim Abschiede von der Heimat flüchtig von ihr scheiden wollte, erhob sie sich plötzlich, und voll heiliger Weihe und Inbrunst erteilte sie ihm den Segen, im Bewußtsein, daß es ein Abschied bis zum Wiedersehen in der Ewigkeit sei. Tief ergriffen war der Jüngling über dies „Wunder", das er noch als 76jähriger Greis in einer Ode „Der Segen" besungen hat. In Halberstadt bei Freund Gleim machte er noch einmal Rast, dann in Braunschweig, wo Gieseke ihm eine Adresse nach Hamburg mitgab an eine junge Verehrerin des Messiassängers, Margarethe Moller.

Klopstock ersehnte in Hamburg freilich ganz andere als Frauen-Bekanntschaft. Er wollte den liebenswürdigen geselligen Dichter Hagedorn kennen lernen, dessen Lieder er so oft im Kreise froher Jünglinge gesungen. Da aber der fröhliche, wohlbeleibte Herr gerade nicht anwesend war, so ließ Klopstock sich einstweilen bei Fräulein Moller melden. Diese stand gerade mit ihrer Schwester im Waschraume, aber die Freudenbotschaft von der Ankunft des Messiassängers ließ alle Wirtschaftsgeschäfte vergessen. Die Wäsche wurde in einer Kammer verstaut, und man wartete in fieberhafter Ungeduld auf den Allgefeierten. Er kam — es war am 4. April 1754 als Meta ihren Klopstock zum ersten Male sah, und in zweistündiger Unterhaltung umso lieber gewann, da der Große sich so menschlich liebenswürdig gab. Auch er war sogleich gefesselt. Während des viertägigen Aufenthaltes in der Elbstadt kam er täglich wieder, ja, auch als einst Hagedorn mit von der Gesellschaft war, wandte Klopstock sich mehr an seine Meta als an diesen. Es erging also der Berühmtheit von

Hamburg wie es der von Zürich ergangen war: „Schöner ein froh Gesicht, das den großen Gedanken deiner Schöpfung noch einmal denkt!" Und Meta war ganz dazu geschaffen, den Gedanken des großen und des kleinen Schöpfers, des der Welt und des der Messiade, inbrünstig nachzudenken. War doch in ihrem Herzen so viel innige Frömmigkeit, so viel kindliche Gottergebenheit, so viel poesievolle Religiosität, daß kaum ein weibliches Geschöpf mehr zur Gefährtin des Weihe erweckenden Dichters geeignet schien. Aber, während sie heimlich das Zuckerwerk als Heiligtum aufhob, das seine Finger in achtlosem Spiel zerbrochen hatten, ahnte er noch nichts von der tiefen Liebe, die ihn einst an das seelenvolle Mädchen fesseln sollte. Vielmehr stieg noch immer wieder das Bild der spröden Fanny vor seinen Augen auf und bereitete ihm unendliche Sehnsuchtsqualen. Aber, als er davon ging, knüpfte er einen Briefwechsel mit Meta Moller an, ganz ähnlich, wie einst Gottsched mit seiner Adelgunde getan, die dieser ja ebenso flüchtig in Danzig gesehen hatte. Leider sind die Briefe größtenteils später vom Dichter verbrannt worden; aber daß sie weltenweit verschieden gewesen sind von denen des Leipziger Gelehrten, das wird niemand bezweifeln. Noch saß Gottsched auf seinem Katheder, aber die geistige Welt gehorchte ihm nicht mehr. Schon knüpfte sich hier das zarte Band zwischen seinem genialen Nachfolger in der geistigen Herrschaft und einer der rührenden, zarten Gestalten, an denen die neue weibliche Jugend so reich war. Und auch Meta sollte die „geschickte Helferin" ihres Klopstock werden, aber freilich in ganz, ganz anderem Sinne als Adelgunde es Herrn Gottsched war. Im Jahre 1754 wurde sie die Gattin des Dichters und mit tiefster Ehrerbietung schaute sie zu dem Manne auf, den sie gleichzeitig innigst liebte und völlig verstand. An ihr hatte er seine immer freundliche Kritikerin zur Hand, die nicht nach gelehrten Regeln, sondern nach ihrem feinen weiblichen Empfinden ihr Urteil abgab. Jeden Vers las er ihr vor. In der Einleitung zu einem Versuche, das Leben ihres Mannes zu beschreiben, sagt sie: „Alles, was Klopstock angeht, und alles, was er tut, ist mir so wichtig, daß ich dem Einfalle nicht länger widerstehen kann, was ich an ihm bemerke und was mir bemerkenswürdig scheint, aufzuschreiben. Meine Absicht ist eigentlich nur, mich bei dem, was seinen Charakter betrifft, und was einige Verbindung mit dem Messias hat, aufzuhalten. Aber, da ich ihn so liebe, wie ich ihn liebe, so werden wohl mancherlei Kleinigkeiten, welche unsere Liebe, unsere Ehe und mich betreffen, mit vorkommen. Daß ich keine Zeitordnung beobachten werde, das versteht sich. Was mein Herz itzt eben fühlt, was ich itzt eben bemerke, oder was ich schon oft, schon lange bemerkt habe und woran ich itzt eben wieder erinnert werde, werde ich aufschreiben … . Weil er weiß, daß ich so gerne höre, was er macht, so liest er mir auch immer gleich vor, wenn es auch oft nur einige Verse sind. Er ist so wenig eigensinnig, daß ich ihm auf dies erste Vorlesen gleich Kritiken machen darf, so wie sie mir einfallen … ." Und der Gatte versichert zu dieser Stelle: „Wie völlig ausgebildet war ihr Geschmack, und von welcher lebhaften Feinheit ihre Empfindung. Sie bemerkte alles gleich bis auf die kleinste Wendung des Gedankens. Ich durfte sie nur dabei ansehen, so konnte ich jede Silbe, die ihr gefiel oder mißfiel, in ihrem Gesichte entdecken. Und wenn ich sie zum Erweise ihrer Anmerkungen veranlaßte, so konnte kein Erweis wahrer und richtiger sein, oder mehr zur Sache gehören, als der ihrige. Doch wir machten dies gewöhnlich nur sehr kurz, denn wir verstanden einander, wenn wir kaum angefangen hatten, uns zu erklären." — Wie wunderbar führt diese kleine Skizze in das Leben der beiden ein. Wie Dacier und seine Gattin, wie Gottsched und Adelgunde, so kannte auch dies Paar den Gedankenaustausch in gemeinsamer Arbeit, aber sie waren beide keine Gelehrtennaturen, sie schöpften beide aus der Empfindungswelt. Und wie reich bewährte sich an Meta das, was Bodmer einst der spröden Sophie so rosig ausgemalt hatte: Wie unendlich förderte sie des Dichters großes Werk durch solche Anregung! Während er sie in seinen tiefst empfundenen Versen als seine „Cidly" besang, dichtete er eifrig an seinem Heldenliede vom Erlöser weiter und kam in den fünf kurzen Jahren der Ehe bis zum zehnten Gesänge. Auch der dramatischen Dichtung wendete er sich zu und schuf seinen allerdings höchst undramatischen aber gedankenreichen „Tod Adams", und auch seine ersten Prosaschriften sandte er als glücklicher Ehemann in die Welt.

Doch nicht nur anregend für das Schaffen des Mannes wirkte die Frau, sondern — und wie könnte das in solchem Falle und bei solchen Anlagen anders sein — auch sie selbst lernte Dichten und Singen an der Seite des geliebten Sängers.

Wie völlig ihre Grundstimmung zu der des Gatten paßte, zeigt schon eines ihrer geistlichen Lieder, wo die Liebe Gottes gepriesen wird:

Gott ist die Liebe!
Freu' Dich Deines Daseins, o Seele,
Der Dich schuf ist die Liebe!
Du darfst beten!
Darfst zum großen Schöpfer, Selige, beten!

Wie das Stammeln seiner Geborenen
Ein Vater hört,

Hört er Dein Stammeln!
Sieht mit Gnade, Lieb' und Erbarmung
Auf die Seele,
Die zu ihm betet, herunter.

O du, zu dem ich flehen darf,
Höre mein Fleh'n!
Laß, wie meine Seele nur kann,
Sie vom Leibe sich reißen!
Sie die Welt nicht mehr fühlen!
Und nur Dich, nur Dich,
Du Unerschaffner, empfinden!

Die Liebe warst Du, eh' Du die Welten erschufst,
Eh Du höhere Geister,
Als sie der Mensch zu denken vermag,
Eh Du sie schufst.

Die Liebe warst Du,
Da Du unserer Welt
„Werde!" gebotest,
Gott ist die Liebe!
Er ist's! sagt jedes Gestirn,
Jede Sonne der andern.

Er ist's, sagt der Wurm, der kriecht,
Den unser Fuß zertritt,
Ohne daß das Aug' ihn sieht.

Harmonisch singen im Walde die Vögel:
Gott ist die Liebe!
Ihnen hallet der Wald nach:
Gott! Gott! Gott ist die Liebe!
Die Berge bringen's zurück:
Gott! Gott! Gott ist die Liebe!

Alles, was Odem hat, sagt,
Alles, was wächst und grünt,
Alles, was lebt und sich regt,
Alles, was Deine Hand,

Du großer Schöpfer geschaffen hat,
Sagt: Der uns schuf ist die Liebe!

Oben am Throne,
An Deinem Throne, Jehova!
Singt's mit feiernder Stimme der Seraph,
Und der Mensch
Stammelt's nach:
Er stammelt: „Gott ist die Liebe!"

Mag der Anfang dieses Gedichtes trocken erscheinen, die rechte Stimmung findet sich allmählich ein, und endlich wirbelt es sich zu einem Sturm echter Begeisterung hinauf, die erfrischend wirkt, wenn man eben aus den Alexandriner-Wüsten der Frauen des Gottsched'schen Kreises daher kommt. So wohltuend, wie Klopstocks heiße Leidenschaft auf die verdorrten Felder der Poesie gewirkt hatte, so fühlen wir hier auch die Frauendichtung belebt. Die Schülerin, ja die Nachbildnerin des Messiassängers verleugnet sich nicht, will sich auch gar nicht verleugnen, aber das ist da, was Frau Ziegler in ihrer Abhandlung über den Unterschied zwischen Dichter und Reimeschmied vergaß, das heiße, fortreißende Empfinden. Es ist Rhetorik, was diesem Gedicht den Schwung leiht, aber es ist nicht mehr die Verstandesrhetorik, die man aus Frau Gottscheds Übersetzung des Sieges der Beredsamkeit erlernen kann, sondern es ist warm sprudelnde Gefühlsrhetorik — es ist Poesie.

Und einen ähnlichen Unterschied findet man auch zwischen den berühmten Schauspielen der fleißigen Gottschedin und dem schwachen dramatischen Versuch der sanften Meta. Für Frau Gottsched sahen wir zwei Welten in der Kunst existieren: die eine, aus der ihre Panthea hervorging, die des tragischen Pathos, oder, sagen wir lieber, die der Bühnenzeremonie, wo alles verpönt war, was gegen den „Wohlstand" verstieß, wo alles sich in Zwang und Regel knechten lassen mußte. Die andere Welt — das gerade Gegenteil — die der Lustspiele und satirischen Possen, die Welt, in der alles erlaubt war, jede Derbheit, ja auch die anstößige Roheit, wenn sie nur zum Thema des Lachens paßt, und in der es keine Kunstgesetze mehr gab. Eines aber gab es auch in diesen beiden Welten nicht: wiederum die Empfindung.

Frau Meta kann nichts von dem, was Frau Adelgunde kann. Sie vermag nicht bühnengerecht aufzubauen, zu spannen, derb zu charakterisieren—ihr „Tod Abel's" ist ein nichts, wenn man es vom Standpunkte des Theaters aus ansieht. Die Aufführung aller drei Akte würde kaum eine halbe Stunde dauern, und der Zuschauer würde nicht mehr, sondern weniger sehen, als ihm die Bibel überliefert. Aber, wer es liest, den durchdringt wohltuend das Gefühl, daß diese körperlosen Figuren empfunden sind von einer ihnen verwandten Seele. Die erste „Handlung" zeigt uns erst Abel mit Zilla — seiner Gattin und Schwester — im Gespräch, auf das Opfer am Gedächtnistage der Weltschöpfung sich freuend. Kain geht flüchtig über die Szene, verdrossen, unwirsch, von seinen Geschwistern so wenig verstanden wie von seiner Dichterin. Die zweite „Handlung" bringt die Vorbereitungen zum Opferfest. Das Elternpaar erscheint: Adam, gottergeben, in stiller überwindender Reue — Eva, von Ausbrüchen der Verzweiflung heimgesucht über ihr Verschulden, aber nach göttlichem Frieden ringend. In das allgemeine Gejubel zur Ehre Gottes, das mit Gesang den Akt beschließt, stimmt Kain nicht ein. Er hat nur zwei Sätze gesprochen, aber sein ganzer Charakter, soweit ihn die Dichterin selbst verstehen kann, steht darin vor uns. Auf des Vaters Frage, warum er sein Opfer nicht mitbringe, antwortet er barsch: „Ich hab's auf den Altar gelegt" und auf den freundlichen Zuspruch, warum er denn so finster aussehe, erfolgt die mürrische Auskunft: „Weil ich mich nicht freuen kann." Die dritte Handlung findet nach vollendetem Opfer statt. Kain tritt auf, nachdem er schon den Brudermord begangen. Sein wortkarger Trotz löst sich erst in zitternde Angst auf, wie sein Verbrechen bekannt wird. Plötzlich bebt er vor dem Donner, plötzlich stammelt er den Namen seines Vaters, fragt bang nach der Mutter und klagt, daß er nicht weinen und nicht beten kann. Und seine letzte angstvolle Rede zeugt von echt dramatischem Empfinden der Dichterin: „Ach, Eva, dein bester Sohn … Abel! (indem er sich umwendet, sieht er den Altar.) Furchtbarer Altar! (er will entfliehen und sieht Abel) Ach, da ist er! … Tot, erschlagen! Abel! Abel! Mein Bruder! Blut, Blut von meinen Händen, du schreist! … Richter! Rächer! … Keine Erbarmung! Unstet und flüchtig mein Lebelang . .. Tötet mich nicht! Erschein', Zeichen des Herrn, daß mich nicht erschlage, wer mich findet! Wendet euer Angesicht, daß ich entfliehe und mich verberge!" Die nun ahnungslos hereinkommende Zilla, die plötzlich zur Leiche ihres jungen Gatten wanken muß, schließt das Stück mit dem Seufzer: „O du Richter der Welt — Abel!" In kurzer dramatischer Sprache und in knapper Szenenführung hat sich das schreckliche Schicksal vor uns erfüllt. Freilich fehlt jede psychologische Vertiefung. Nicht einmal der Schmerz der Eltern ist ergreifend zum Ausdrucke gebracht. Und vor allem mangelt jede Erklärung für den Brudermord, der sich hinter der Szene abspielt. Frau Meta selber brachte ihm kein anderes Verständnis entgegen als das, was in den Worten Kains spricht: „Weil ich mich nicht freuen kann!" Er kann sich nicht freuen an Gott und der Schöpfung, und darum ist er der Sünde verfallen. Er kann nicht mitjubeln: „Gott ist die Liebe!" denn er kennt die Liebe nicht. Und darum scheint auch seine Charakteristik ganz befriedigend, wenn man das kurze Stück liest. Über dem ganzen ist die heilige Sabbathruhe des Gottesfriedens ausgebreitet; die morgenschöne Schöpfung läßt sogar den zur Arbeit Verurteilten, aus dem Paradiese gewiesenen Menschen sich freuen — er hofft ja auf Gott, er weiß sogar schon, daß seinem Samen einst der Messias entspringen wird, nur einer nimmt keinen Teil an der Freude und er ist darum verdammt zum Sünder.

Bei Frau Meta selbst war diese Freude an allem Erschaffenen vollkommen zur zweiten Natur geworden. Ihr Glaube ist daher nicht schwermutsvoll und nicht asketisch, sondern frisch und fröhlich wie bei ihrem Gatten. Und dennoch denkt sie viel an den Tod, aber auch dieser schreckt sie nicht, denn er ist ihr nur, was er ihrem Manne auch ist, die ersehnenswerte Wiedervereinigung mit Gott. Ja, hier ist der Punkt, wo ihr religiöses Gemütsleben oft in Schwärmerei ausartet. Wie jene Fürstentochter im siebzehnten Jahrhundert hätte sie singen können: „O komm geliebte Todesstund", wenn nicht die Trennung von dem Gatten sie beängstigt hätte. Deshalb erflehte sie, daß jener vor ihr sterben möge, weil ihr das Überleben das schlimmere zu sein schien; dies begehrte sie daher für sich. Klopstock selbst hat ähnliche Gedanken ausgesprochen. Solche Stimmungen veranlaßten Frau Meta zu ihrer merkwürdigsten Arbeit, zu den „Briefen Verstorbener an Lebendige". Es sind Briefe aus Himmel und Hölle, an Erdenbewohner abgesandt. Glühende Phantasie dürfen wir hier nicht erwarten. Anschaulich die Räume des Schreckens und der Seligkeit auszumalen, wie es Meister Dante so glücklich vollbracht, das liegt nicht in dem Wesen einer Klopstockschülerin. Nur von Empfindungen kann sie schreiben, und in dem ersten Brief, den ein seliger Bruder an den überlebenden Genossen sendet, heißt es: „O Semida, itzt fehlt Euch die Sprache. Vom Anschauen des Unerschaffenen vermag sie nichts zu sagen. Fürchte ihn, liebe ihn! Fahre fort zu leben, wie Du lebst, und werde stets willkommener. Dann wirst Du fühlen, was auch ein seliger selbst nicht ausdrücken kann, was Gott bereitet hat denen, die ihn lieben." Verzichtet Meta so darauf, das, was sich der Wahrnehmung entzieht, den Sinnen deutlich zu machen, so vertieft sie sich dagegen mit inniger Anteilnahme in die Seelenstimmung eines kleinen Knaben beim Sterben. Sie läßt diesen in einem Briefe an die Mutter seinen eignen Tod folgendermaßen beschreiben: „Liebenswürdige Mutter, ich sehe Dich noch immer vor mir, wie Du mich auf Deinem Schoße liegen hattest, da ich starb. Ich wußte nicht, was es war, sterben; ich fühlte nur Schmerzen, wie ich sie nie gefühlt hatte, und ich sah Dich weinen. O wie empfand ichs, daß Du weintest! Ich wollte „meine Mutter" sagen, und ich konnte nicht mehr sprechen. Ich schlang meine beiden Arme zitternd um Deinen. Du wirst es wohl noch wissen, denn Du weintest darauf heftiger. Nun wards mir dunkel und ich konnte Dich nicht mehr sehen. Ich wußte nicht, wie mir war, aber ich hörte Deine Stimme. Du betetest für mich zu meinem Erlöser. Ich betete Dir nach, denn ich hatte ja oft mit Dir gebetet. Nun drückte es mich mit einmal aufs Herz, und nun konnte ich wieder sehen. Aber wie war mir doch so ganz anders, als vorher. Ich lief auf Dich zu und umarmte Deine Knie, aber Du merktest es nicht. Ich sagte: „Beste Mutter", aber Du hörtest es nicht. Mir war so leicht, ich schwebte, wenn ich gehen wollte. Endlich sah ich gar meinen eigenen kleinen Körper. Du legtest ihn aufs Bette, knietest, hobst Hände und Augen gen Himmel, mit einer Mine, wie meine jetzigen Freunde, die Engel. Nun weintest Du nicht mehr, Du warst ganz heiter und gelassen. „Du hast ihn gegeben, Du hast ihn genommen, Dein Name sei gepriesen!" hörte ich Dich sagen. Ich hörte auch, was Du zu meinem Vater sagtest, dennoch folgte ich Dir. „Sunim ist tot. Sunim ist bei Gott", sagtest Du, und mein Vater fing an laut zu weinen und sagte: Der einzige Erbe seines Namens und seines Vermögens wäre tot; nun wäre alles für ihn verloren. Wie brachtest Du ihn zurück! Wie schön sprachst Du, von Gott und von der Ewigkeit. Ich hörte nun, daß ich tot war, aber ich wußte noch nicht, was das sagen wollte, wenn nicht eine himmlische Gestalt gekommen wäre, und mich sanft weg geführt hatte. Denn ich dachte an nichts, als nur immer bei Dir zu bleiben. Diese himmlische Gestalt war mein Salem, den ich liebe, wie Dich, und der mich in die Welt führte, die ich jetzt bewohne. Es ist ein Gestirn, worauf alle Seelen der Kinder kommen, wenn sie gestorben sind, und wo der himmlische Salem uns zu jener großen Seligkeit zubereitet …" Und nun beschreibt das Kind die Wonne des dortigen Lebens, wo es noch „feine Sinnlichkeiten gibt" (wie es allerdings recht unkindlich berichtet) und bereitet die Mutter darauf vor, daß auch der zweite Sohn, den Gott ihr an seiner Stelle geben werde, früh sterben muß. Und nun bittet das Kind die Trauernde, sich still in Gottes Willen zu ergeben. Mehr in irdische Verhältnisse greift der dritte Brief ein, wo eine verstorbene Mutter ihre überlebende Tochter davor warnt, eine Ehe ohne Liebe einzugehen, wie sie zu tun im Begriffe ist. Der vierte Brief ist von einem seligen Jüngling aus dem Himmel an einen irdischen Freund geschrieben, der durch seinen Unglauben Gefahr läuft, die Seligkeit zu verlieren. In ähnlicher Weise mahnt im fünften Briefe eine Verstorbene ihre lebende Schwester, nicht allzusehr „an der Erde zu kleben", wahrend im sechsten Brief die Heldin eines damals be-

liebten Romans des Engländers Richardson, Clarissa, aus dem Himmel
her ihre Freundin Norton auf das ewige Glück vorbereitet. Einen anderen
Ton schlägt der siebente Brief an. Ihn sendet ein Verdammter aus der
Hölle. Er berichtet seinen Spießgenossen auf Erden von seinen ewigen
Qualen, die ihrer auch warten, und die er ihnen in verzweifelter Schaden-
freude auch wünscht. Der achte Brief endlich rührt von einem Manne her,
der im Duell tödlich verwundet ward, aber in den Tagen seines letzten
Leidens noch zum Glauben bekehrt wurde. Und am Schlusse der ganzen
Sammlung überrascht uns ein Brief — Klopstocks an seine Meta! Klopstock ist, dem Wunsche Metas entsprechend — so erfindet die Dichterin
— zuerst gestorben und sendet der Gattin auf Erden Trost und Gruß. „Daß
weiß ich wohl, daß meine Cidly nicht murrt, daß weiß ich wohl! Ach, ich
sehe es, daß Du es auch gelassen erträgst. Aber meine Cidly, Du bist zu
niedergeschlagen. Der Gram, die Traurigkeit, die jetzt in deinem Herzen
wohnt, die suchst Du nicht zu hemmen, Du nährst sie vielmehr, so viel Du
kannst. Weinen ist jetzt Dein Vergnügen, und Du glaubst, du habest genug
getan, wenn Du nur stille weinst. Aber das ist nicht genug! Du mußt Dich
von Deinem Weinen erheitern, und aus Deiner Einsamkeit Dich losreißen.
Du mußt teil an der Schöpfung und an dem schönsten Geschöpfe, dem
Menschen, nehmen. So lange Du in der Welt bist, hört Deine Pflicht zu
nützen nicht auf, und Du, Cidly, kannst nützen. Meinst Du itzt, da ich tot
bin, und da Gott uns die große Freude der Ehe, die Glückseligkeit der
Erde, nicht gegeben, weil er uns ohne Kinder gelassen hat, Deine Verbindung mit der Welt habe jetzt aufgehört? Geh, suche Dir Kinder, suche Dir
Freunde! Laß alle, die Du lehren kannst, den Unendlichen lieben, Dir
Mann und Kinder sein!" So mahnt der tote Klopstock die lebende Cidly,
und schwärmt dann lieber von ihr in alter Liebe. Und echt Klopstock'sch
lautet es dann: Gehe hin, Cidly, und lehre auch das die Welt, die nicht
glaubt, daß man zugleich lieben und beten könne. Lehre sie, daß die reine
Liebe die Tugend ist, die Gott gefällt. Aber Cidly, wie liebe ich Dich itzt!
So liebe ich Dich, daß sogar im Himmel mein Herz sich nach Dir sehnt!
O, wenn Du erst hier bist! wenn Du erst mit mir anbetest! hier anbetest!
von Angesicht zu Angesicht! O Cidly, ein heiliger Schauer faßt mich. Wer
kann vom Anschauen des Ewigen sprechen? Ein Endlicher zu einer so
sehr Endlichen? wie wird Dir sein! .."

Aber diesen Brief hat ja nicht Klopstock geschrieben, sondern seine
Meta. Kurz vor ihrem Geburtstage hat sie ihn für ihren lebensfrischen
Mann verfaßt. Welch ein eigenartiges Spielen mit seligen Empfindungen.
Meta versetzt sich in die Seele ihres verstorbenen Mannes, der in Wirk-
lichkeit noch auf Erden wandelt. Sie antwortet ihm sogar auf das Schrei-

ben, das sie in seinem Namen an sich selbst gerichtet hat. Sie bittet ihn, ihr zu helfen bei ihren schweren Pflichten. „Ach wärest Du noch bei mir, Du Einziger, wärest Du noch in Deinem irdischen Leibe bei mir, mich zu halten, wenn ich straucheln will. Dies sollte aller Männer Geschäft bei den schwachen Gefährtinnen ihres Lebens sein! Und wie liebreich war es Deines! Du weißt es, ich darf Dich daran erinnern, wie gern ich Dir folgete, wie es mein Stolz war, Dir zu gehorchen, und welche Frau würde Dir nicht gehorcht haben, Du Bester, Du Rechtschaffner, Du Christ! Aber ich habe Dich nicht mehr, nicht Deine Ermahnungen, nicht Dein Beispiel, nicht Deine Hilfe! — Ich Einsame! Mein Wunsch ist erhört, der Wunsch meiner Zärtlichkeit, wenn sie am gereinigtsten zu ihrer höchsten Stufe stieg: Du bist vor mir gestorben! — Jetzt weiß ich erst, was ich gebeten habe, aber auch jetzt noch dank' ich dem, der mich erhört hat, dank' ich ihm, daß Du nicht leiden mußt, was ich leide. — Du littest auch, ja Du Geliebtester unter den Geliebten." Und nun malt sie sich den Todeskampf des Gatten aus, der doch noch in rüstigster Gesundheit vor ihr steht.. „mitten unter Deinem Todeskampf, mitten unter Deinem Vorschmack der Seligkeit, sah ich Deinen Schmerz um Deine itzt so verlassene Cidly. O wie kann ich michs erinnern, und doch nie, nie kann ich das Bild von meiner Seele entfernen! Wie kann ich mich Deiner Todesstunde erinnern, wie Deiner brechenden Augen, Deiner weichenden Stimme, Deiner zitternden, im kalten Schweiße fließenden Hand, mit der Du mich noch drücktest, da Du nicht mehr sprechen konntest! Nun ward er schwach, der sanfte Druck, ach ich fühl ihn noch! Und nun noch schwacher — und nun starrte der Druck! — Ich kann nicht, ich kann nicht, ich unterliege dem Bilde! Ach Dein letzter Segen, nur der soll mich ermuntern, Dein letzter Segen: komm mir eilend nach! Wie betete ich ihn mit Dir, Du da schon Seliger! Und wie unaufhörlich bete ich ihn jetzt! Ach Du starbst! — Nun hatte ich Dich nicht mehr, und auch nicht mehr Deinen Körper, an dem ich unaufhörlich hing, als Deine himmlische Seele ihn verlassen hatte, nun auch den nicht mehr! Ich Einsame! — Wie wenig kann ich das ertragen, ich, die keinen Tag Abwesenheit von Dir ertragen konnte! — Ach, ich habe keinen Sohn, den ich lehre, wie sein Vater werden, keine Tochter, die mit ihrer Mutter weint. Ich Nachgebliebene! Ich Einsame!" Und von neuem bittet sie den „himmlischen Geliebten", ihr tröstend und helfend nahe zu sein.

So quält sie sich mit reger Dichter-Phantasie über einen Verlust, den sie in Wirklichkeit nie erleiden sollte. Denn nicht ihrem Manne, sondern ihr selbst war das Los zugedacht, das sie für das leichtere hielt. Grade in dem Augenblicke, als ihr ein lange gehegter Wunsch erfüllt zu werden

schien — als das von ihr so heftig vermißte Kinderglück sich einstellen
wollte — starb sie. Während der kurz vorhergehenden Wochen war sie
von ihrem Manne getrennt gewesen. Ein Briefwechsel, der vom 2. August
bis zum 26. September 1758 reicht, zeigt uns die Gattin in Hamburg in
schnell zunehmender Schwangerschaft, den Gatten aber in Dänemark. In
ihren Briefen kämpft mit dem Schmerz über die Trennung in rührender
Weise ein kindlicher Humor, wenn sie sich etwa selbst ein Zeugnis aus-
stellt über ihr standhaftes Benehmen. Bald will sie ihren Gatten zurückha-
ben, bald beschwört sie ihn, nicht zu reisen, ehe sein Hals nicht besser ist,
oder nicht mehr zu reisen, wenn die Zeit der widrigen Winde eingetreten
ist. Man sieht ihr tief in das von bangen Ahnungen gequälte Herz, wenn
sie der Stunde gedenkt, die kommen soll mit all ihren Gefahren, und sie
erschaudert bei dem Gedanken, daß sie sterben könnte, ehe ihr Liebster
wieder zu ihr zurückgekehrt ist. Und dann wieder erscheint ihr das Geschick des Überlebenden als das schlimmste. „Ich weiß wohl, daß alle
Stunden nicht gleich sind, und vor allen die letzten. Denn der Tod einer
Wöchnerin ist nichts weniger, als ein leichter Tod. Doch laß die letzten
Stunden keinen Eindruck auf Dich machen. Du weißt zu sehr, wie viel der
Körper da auf die Seele wirkt. — Nun, Gott mag mir geben, was er will;
ich bin immer glücklich, ein ferneres Leben mit dir — oder ein Leben mit
Ihm! Aber wirst Du mich auch so leicht verlassen können, als ich Dich?
Da Du in dieser Welt bleibst und in einer Welt ohne mich! Du weißt, ich
habe immer gewünscht, die Nachbleibende zu sein, weil ich wohl weiß,
daß das das schwerste ist." Also auch beim Herannahen der Todesgefahr
bleibt sie bei ihrem festen Glauben. Und bald sollte das, was in den Briefen der Verstorbenen Spiel der Phantasie war, bitterer Ernst werden.
Klopstock kam noch rechtzeitig zu ihr, aber er klagt, daß ihm die kurze
Zeit des letzten Beisammenseins nur wie eine Minute in der Erinnerung
erscheine. „Es war diese eine von den Vorstellungen, vor denen ich am
meisten auf der Hut sein mußte. Sie riß mein Herz zu einer solchen Wehmut fort, daß ich es nicht aushalten konnte." Das Wochenbett gestaltete
sich zu einem Folter- und Marterbett. Wie sich nach ihrem Tode ergeben
hat, war sie so gebaut, daß sie nie ein Kind hätte zur Welt bringen dürfen.
Am 28. November 1758 wurde sie von ihren endlosen Qualen erlöst. Sie
starb so standhaft, wie sie gelebt hatte und bewies durch ihren mutigen
Gang in den Tod, daß es ihr heiliger Ernst mit allen ihren Überzeugungen
gewesen war. In der letzten „Beichte", die sie sich selbst christlich abgelegt hatte, steht der Satz „Gott lasse mir die Ruhe, die er mir schenkt, eine
Welt voll Glückseligkeit mit einer noch glückseligeren Ewigkeit verwechseln zu können". Sie hat sich diese Ruhe allerdings bewahrt.

Klopstock selber schildert acht Tage später ihre letzten Augenblicke in einem Briefe. Sie hatte ihn gefragt: „Kann ich in der Operation sterben? — Du kannst in der Operation sterben, aber ich fürchte Deine Schwäche noch viel mehr, an der Du hernach sterben kannst. Sie nüssen nicht glauben, daß ich Ihnen Alles wiederholen kann. Weder den ganzen Inhalt von dem, was wir sprachen, noch alle Worte, kann ich Ihnen wiederholen. So viel weiß ich, daß es mir recht zuströmte, was ich ihr sagte. Auch sie hörte wieder völlig und redete ohne den geringsten Anstoß. Ich nannte den Namen des Vaters, des Sohnes und des heiligen Geistes über ihr. „Ich fürchte nicht, daß Du in der Operation stirbst, aber es kann geschehen. Nun, der Wille desjenigen, der Dir unaussprechlich hilft, geschehe! Ja, wie Er will, wie Er will!" — „Er mache es wie er will, sagte sie, und er wird es gut machen!" dies letztere sprach sie mit einem besonders starken Tone der Freude und der Zuversicht aus … Beim Abschiednehmen sagte sie sehr süß zu mir: „Du wirst mir folgen!" — Mein Ende sei wie ihr Ende! — Ach möchte ich itzt einen Augenblick an ihrem Herzen weinen können! Denn ganz kann ich mich des Weinens nicht enthalten. Und das fordert auch mein Gott nicht von mir".

Trotz aller Fassung konnte er die Tränen nicht bergen, und die verzehrenden Schmerzanfälle auch nicht. Um sie zu bändigen, verbrannte er ihre Briefe aus der Brautzeit. „Ich wurde von dem Gedanken hingerissen, daß ich darüber herfallen, sie lesen und mir dadurch zu sehr schaden würde! Nur einige hatten sich in einem andern Versteck gerettet." Aber ein Trost war es ihm, die hinterlassenen Werke der Gattin zusammenzustellen und herauszugeben. Bei dieser Gelegenheit vervollständigte er die Briefe „Verstorbener an Lebendige" durch einen Brief, den er, der Lebende, an die tote Freundin schrieb. Es ist, als ginge die Gedankenspielerei in Wirklichkeit über, wenn unmittelbar auf die erfundenen Briefe des toten Klopstock an die lebende Meta und deren Antwort an ihn, nun seine zwölf Seiten langen Herzensergüsse an sie, die Tote folgen:

„Ich habe den Vorsatz, etwas an Dich aufzuschreiben, das Dir vielleicht noch vor meinem Tode bekannt werden kann, deswegen bisher aufgeschoben, weil ich befürchtete, daß mich diese Empfindungen zu stark angreifen würden. Aber itzt, da ich eben meine letzten Briefe an Dich durchgelesen habe, kann ich diesem Gedanken nicht mehr widerstehen. Allein, wo soll ich anfangen, meine nun ganz himmlische Geliebte? Sollte es wohl ein kleiner Teil Deiner itzigen unaussprechlichen Glückseligkeit sein, daß Du an mich denkst? Ach, ich armer Übriger, war und bin ein Sünder und noch diesseits vom Grabe. — Gleichwohl hat auch mich das Wesen der Wesen gewürdigt, mein Schicksal sogar vorauszusehen. Davon bin ich völlig gewiß, daß es zu Deiner itzigen Glückseligkeit gehört, daß Du Dich erinnerst, welche für mich unvergeßliche Gnade mir damals widerfuhr, da ich von Dir Abschied nehmen mußte. Du hast gewiß die Freude, die mir Gott gab, in meinem Gesichte gesehen. Weißt Du, wie mir war, meine Meta? (Ja, ich will Dich noch mit diesem süßen Namen nennen!) Meine Seele war hoch in die Höhe gehoben. Ich sah den Tod auf Deinem Gesichte nicht mehr. Ich fühlte die Kälte Deines letzten Schweißes nicht mehr. Ich kann meinen Zustand zwar nicht völlig beschreiben, aber das weiß ich wohl, daß ich einem Märtyrer, über dem ich den Himmel offen gesehen hätte, mit keinen anderen Empfindungen zugerufen haben würde". Und so plaudert der „arme Übrige" fort mit der nach seinem festen Glauben Verklärten, und findet einen süßen Trost in dem Gedanken, daß sie vielleicht Kenntnis nimmt, von dem, was er schreibt. Zu ihrer Charakteristik weist er auf die Gattin des Pätus hin, die sich erdolchte, um ihrem Manne zu beweisen, daß der Tod nicht schmerzhaft sei.

Noch im Todesjahre Metas gab Klopstock ihre „nachgelassenen Schriften" heraus, zugleich mit ihren und seinen Briefen, und mit vielen Beileidsschreiben. Wer darin eine Profanierung heiliger Empfindungen sehen sollte, der vergesse nicht, daß es der Zeitsitte entsprach: Lobgedichte auf verstorbene Ehefrauen waren schon im siebzehnten Jahrhundert gebräuchlich. Es waren dadurch in der gelehrten Welt manche Dichtergattinnen berühmt geworden. Schon der Berliner Hofdichter von Besser hatte in vielen Gedichten seine „geliebteste Kühlweinin" beklagt. Diese Frau, Catharina Elisabeth Kühlwein (auf Raschwitz geboren 14. Mai 1662), war eine von jenen männlich-kühnen weiblichen Gestalten, die in jener Zeit nicht selten waren. Geübt im Reiten, Schießen und Tanzen, sprach sie auch mehrere Sprachen und war auf Besser aufmerksam geworden, als dieser durch einen vornehmen Zögling in einen lebensgefährlichen Handel verwickelt wurde. In einem Zweikampf bei Leipzig wurden Lehrer und Schüler von verräterischen Offizieren überfallen. Der Heldenmut, den Besser bewies, als der ihm anvertraute Jüngling unter seinen Augen erschossen wurde, verschaffte ihm die Liebe des reichen und vornehmen Fräuleins, das er aber erst später heimführen konnte als ihm in Berlin die Gunst des großen Kurfürsten lächelte. Gerade im Jahre des Regierungsantrittes des Gemahls der philosophischen Königin, wo mancherlei Kabale und Ränke für Besser überwunden waren, starb seine Frau. Sechs Trauerlieder hat er ihr gewidmet und ihr mutvolles Sterben darin verewigt. Sieben Jahre später starb seinem Freunde Canitz, der gleichfalls in preußischen Diensten stand, seine erste Gattin. Dieser, selbst ein gefeierter Dichter, bat den Freund Besser, ihm eine Trauerode zu machen, und beide wechselten mehrfach Briefe über eine einzelne Strophe, die endlich nach langer Zeit von Besser hergestellt wurde. Für das vollendete Gedicht erließ ihm Canitz eine Schuld von fünfhundert Talern. Aber auch Canitz selber widmete einer Dorothea Emerentia, geborenen von Arnim, ein langes Gedicht, worin er sie als „Doris" feierte. Das Lied galt in der Gelehrtenwelt als eines der berühmtesten. Auch der Dichter und dänische Kanzleirat Umthor betrauerte als vierundzwanzigjähriger Witwer im Jahre 1702 eine Anna geborenen Görlitz im Liede. Der berühmte Komponist und Musiker Telemann schildert bei dem Tode seiner „herzgeliebtesten Luise im Jahre 1711 seine glückliche Braut- und Ehezeit mit ihr, und auch er gibt in Versen eine eingehende Beschreibung ihres Todes, dem sie mit großer Fassung entgegen ging. Ihr Abschied von ihm, ihre Hoffnung auf den Himmel, ihre Freude mit der Mutter und dem Vater vereinigt zu werden, ließ sie über den Abschiedsschmerz siegen. Als man ihr zureden wollte ein wenig zu schlummern, begann sie, fromme Lieder zu singen. „So sang sie voller Lust mit ausgestreckten Armen, und ehrte himmelwärts ihr lachend Angesicht". — Zu zornigen Klängen aber fühlte sich der Generalsuperintendent und Oberhofprediger D. Christian Händel bewogen, bei dem Tode seiner Gattin. Er war Beichtvater seines Landesherrn, des Markgrafen Wilhelm Friedrich von Brandenburg-Ansbach gewesen, aber von diesem seines Amtes entsetzt worden. Als er sich in Wort und Schrift dagegen wehrte, sollten ihn auf seinem Gute nachts Dragoner aufheben, trafen aber nur seine Gattin an, die durch den Schreck in eine tödliche Krankheit gestürzt wurde. Der grimmige Huttenzorn, der deswegen in Händels Liedern erklang, kostete ihm die Freiheit.

Als Gottscheds Lehrer Pietsch seine Gattin verlor, wünschte er von dem Hamburger Brockes ein Gedicht zum Trost, ließ sich aber von diesem überzeugen, daß er selbst dichten müsse, und so tat er dies denn, in dem er schlecht und recht sich ein Carmen und eine Kantate abzwang. Brockes selber aber hatte am 15. November 1736 den Tod seiner Lebensgefährtin Anna Ilsabe Lehmannin zu beklagen. Ein Zeitgenosse rühmt von ihr: „Die Verehrer von Tugend, Artigkeit, Gottesfurcht und Schönheit kennen sie als eine Person, bei der alle diese Stücke mit einer äußerlichen Geschicklichkeit in der Musik und französischen Sprache vereinigt sind." Dies reich begabte Wesen aber verfiel mehr und mehr einer einseitigen Religiosität. Gewissensängste verbitterten ihr das Leben. Frei und offen schildert Brockes in den „Ernsten Gedanken" in Versen, die er ihrem Andenken widmet, diesen Zustand seiner Frau und beklagt ihn, denn er selbst vertritt ja die Anschauung, daß der Mensch an Gott ein irdisches Vergnügen finden müsse. Um so mehr beweinte er also seine „Belise", die nur

Angst und Furcht vor Gott empfunden. —

Das alles sind Proben von den Trauergedichten namhafter Poeten über ihre Gattinnen. Sie beweisen zur Genüge, wie in jener, ganz im Gelegenheitsgedicht aufgehenden Zeit auch der Verlust der Ehefrauen stets zum Gegenstande vieler Lieder gemacht wurde. Man dichtete selbst, man ließ sich Leidlieder dichten, man dichtete für den verwitweten Freund. Ähnlich wie bei Dichterkrönungen und Promotionen, wie bei Hochzeiten und Taufen, liefen auch bei Todesfällen Gedichte in Menge ein. Das aber der Witwer selbst zur Feder greifen mußte, ja, daß man es ihm geradezu verdachte, wenn er nur andere für sich singen ließ, beweist, wie sehr man solches für eine Pflicht der Pietät hielt. Ja, im Jahre 1743 erschien in Hannover ein ganzes Buch: „Zeugnisse treuer Liebe nach dem Tode tugendhafter Frauen, in gebundener deutscher Rede abgestattet von ihren Ehemännern." Die Sammlung ist sehr merkwürdig. Sie enthält außer all' den soeben angeführten Gedichten auch noch viele von minder bekannten Persönlichkeiten, von Schulrektoren, von Geistlichen. Wenn der Verfasser in der weitschweifigen Vorrede unter anderem anführt, daß auch für die Kenntnis der menschlichen Seele diese Sammlung Stoff biete, so hat er Recht. Die vielen Beschreibungen der letzten Augenblicke sterbender Frauen, die mannigfache Weise wie der Schmerz der Männer sich äußert, ist nicht ohne tieferes Interesse. Am wenigsten hat natürlich die Dichtkunst dabei zu gewinnen. Manche frostige Kantate, deren Verfasser vielleicht tiefen, ehrlichen Schmerz empfand, beweist, wie wenig der Dichtung Quell bei so trauriger Veranlassung sprudeln will. Aber freilich ist auch manch ergreifender Vers darunter, so namentlich in den uns schon bekannten Klage-Gedichten Albrecht von Hallers, die natürlich auch in der Sammlung enthalten sind. Manchmal reimt schon die Überschrift, wie in dem Schlußlied eines Bräutigams auf die verstorbene Braut: „Schlaf wohl erblaßte Theodore, schlaf auserwählte Böttcherin, und nimm von meinem Dichterrohre, dies Klage-Trauerlied noch hin. Schlaf wohl mein treu und keusches Lamm, so seufzt und girrt Dein Bräutigam. M. Samuel Seidel, des Lauban-Lycei Conrector und der deutschen Gesellschaft in Leipzig Mitglied im Jahre 1733". Er gehörte also zu Gottscheds Kreisen. Das ganze Buch ist auch einem tätigen Odendichter des Leipziger Kreises, dem v. Paul Gottlieb Werlhof gewidmet, einem königlich großbritannischen Leibarzte in Hannover, als Trostbuch für den Tod seiner Gattin, geborene Plohr, die von dem Herausgeber in einem langen Einleitungsgedicht als das Muster aller Tugenden gepriesen wird. Die Sammlung ist sechzehn Jahre vor Klopstocks Gedenkbuch an Meta erschienen. Und wie ganz anders ist dies Gedenkbuch des Messiassängers ausgefallen, als alle die früheren. Wie schlicht ist sein Titel, wie sachlich sein Inhalt! Das Charakterbild der Verstorbenen zu entwerfen, gibt er nach kurzem Hinweis auf Patus wieder auf. Er findet in seinem Schmerz nicht die Sammlung, auch nur ihren Tod zu schildern, und stellt daher die Beschreibung aus Gedichten und Briefstellen zusammen, und er beginnt das ganze Buch mit den Worten: „Ich habe diejenige durch den Tod verloren, die mich durch ihre Liebe so glücklich machte, als ich durch die ihrige war. Unsere Freunde wissen, was das für eine Liebe war, mit der wir uns liebten. Man wird aus dem Folgenden sehen, warum ich mir jede Klage verbieten muß und gern verbiete. Diese ist eine von den Ursachen, daß ich kein Gedicht, welches so viele von mir erwartet haben, auch alsdann nicht auf sie machen werde, wenn ich mehr, als ich es itzt bin, dazu fähig sein werde. Meine anderen Ursachen sind diese: Ich halte dafür, daß man vor dem Publico beinahe mit eben der Bescheidenheit von seiner Frau, als von sich selbst sprechen muß. Aber wie nachteilig würde die Ausübung dieses Grundsatzes dem Schwunge sein, den man von Gedichten fordert. Dazu kommt, daß sich die Leser nicht ohne Ursache für berechtigt halten, dem Lobredner seiner Geliebten nicht völlig zu glauben. Und ich liebe diejenige, die mich so sehr glücklich machte, viel zu sehr, als daß ich meinen Lesern auch nur den geringsten Anlaß hierzu geben möchte. Es ist noch ein Umstand, der Gedichte von dieser Art uninteressant macht: Wir haben zu viel!"

Klopstocks Verhältnis zu Meta ist typisch für die ganze Zeit der Empfindsamkeit, die jetzt anbricht. Religion und schwärmerische Begeisterung für das Übersinnliche leiten die große Zeit der neuen Dichtung ein. Klopstock hatte schnell seinen Jünger gefunden. Schon nach seinem Fortgange von Zürich sollte die Stelle, die er einst im Herzen Bodmers eingenommen hatte, nicht lange unbesetzt bleiben. Zunächst kam Ewald von Kleist in seiner Eigenschaft als preußischer Werbeoffizier nach Zürich, und schnell schloß sich die Freundschaft mit Bodmer. Das mag diesen wieder etwas vertrauensvoller gestimmt haben, denn als ihm ein halbes Jahr nach Klopstocks Scheiden ein Päckchen poetischer Blätter zuging, worin ein junger Studiosus Theologiae Christoph Martin Wieland sein Urteil erbat, da erkundigte er sich nach diesem neuen Dichter freilich mit der denkbar größten Vorsicht, lud aber dann auch diesen zu sich ein, wie einst den Messiassänger.

Wieland ist im Gegensatze zu Klopstock von jeher ein Zögling der Frauen gewesen. Während dieser die Frauen liebte, ohne sich ihnen zu beugen, war jener immer weiches Wachs in den Händen seiner Musen. Daher mag es gekommen sein, daß Klopstock frei und groß bis in sein

Alter ein Verklärer des Frauen-Ideals war, während Wieland, der Frauen-schule entwachsen, zum Zyniker wurde. Wielands Vater war ein pietisti-scher Prediger zu Biberach, der sein Söhnchen Christoph Martin in dem-selben Geiste erzog. Der junge Versemacher, auf der Stadtschule vorge-bildet, dann in Klosterberge bei Magdeburg flüchtig in Zweifel verfallen, schlürfte mit wahrem Entzücken die neue Dichtung Klopstocks ein und war voll von Begeisterung für den Heiland der Poesie, als er im Jahre 1750 ins Elternhaus zurückkehrte und, siebzehnjährig, seine reizende Base Sophie dort vorfand, um sich sogleich sterblich in sie zu verlieben.

Marie Sophie von Guterman war am 6. Dezember 1731 geboren als die Tochter eines frommen Fanatikers, so ungefähr mag man den Mann bezeichnen, dessen Gläubigkeit sein sonst gutes Herz zu Stein erstarren ließ, wo sie in Streit mit anderen menschlichen Pflichten kam. Seine Gat-tin, eine geborene Schnedlin, war sanft und zart, aber ihr Einfluß ging nicht allzuweit bei ihrem Manne. Aus Kaufbeuren war er nach Augsburg gezogen und zwölf Mädchen und ein Knabe erblühten in seinem Hause. Die älteste, Sophie, galt ihm als eine Art erzieherischen Versuchstieres, wie wir die Gelehrtentöchter dieser Zeit vielfach bezeichnen können. Ihr Vater trug sie schon in ihrem zweiten Lebensjahre in seine Bibliothek, und mit drei Jahren konnte sie flüssig lesen. Die Bibel hatte sie schon im fünften Jahre vollständig durchforscht. Kurze Spaziergänge mit der Mut-ter waren die Erholung in diesem unterrichtlichen Dampfbetriebe. Bei des Vaters gelehrten Dienstagsgesellschaften schleppte sie die großen Bücher-folianten herzu, selbst las sie eifrig, was ihr behagte und bedauerte nur, daß sie kein Knabe war, da sie dann noch mehr lernen könnte. Sogar in der Astronomie unterwies sie der Vater auf ihren Wunsch willig, da er gern mit ihr im Sternenscheine auf dem Altane stand. Aber vor allen Din-gen galt es, jeden Sonntag zur Kirche zu gehen und nachher eine zweite Predigt aus Arndts wahrem Christentum oder einen Abschnitt aus Brockes irdischem Vergnügen in Gott zu lesen. In einer Selbstbeschreibung in ihrem späteren so berühmten Romane „Das Fräulein von Sternheim" schildert sie wohl ihr eigenes Bild aus damaliger Zeit: „Sie war etwas über die mittlere Größe, vortrefflich gewachsen, ein längliches Gesicht voll Seele; schöne braune Augen voll Geist und Güte, einen schönen Mund, schöne Zähne. Die Stirne hoch und um schön zu sein etwas zu groß, und doch konnte man sie in ihrem Gesicht nicht anders wünschen. Es war so viel Anmut in allen ihren Zügen, so viel Edles in all ihren Gebärden, daß sie, wo sie nur erschien, alle Blicke auf sich zog. Jede Kleidung ließ ihr schön, und ich hörte Mylord Sehmor sagen, daß in jeder Falte eine eigene Grazie ihren Wohnplatz hätte. Die Schönheit ihrer lichtbraunen Haare, welche bis auf die Erde reichten, konnten nicht übertroffen werden. Ihre Stimme war einnehmend, ihre Ausdrücke fein, ohne gesucht zu scheinen. Kurz, ihr Geist und Charakter waren, was ihr ein unnachahmliches edles und sanft reizendes Wesen gab." So hat sie selbst in ihren reiferen Jahren das Bild der eigenen Jugend, wie es ihr in der Erinnerung war, und wie es aus den Äußerungen anderer ihr entgegentrat, zu einer Romanfigur idealisiert. Es mag manche echte Züge haben. Wenigstens hatte sie schon im fünfzehnten Lebensjahre, als Frucht des ersten Ballbesuches, die Verehrung eines Gelehrten eingeerntet, dessen Antrag sie aber ausschlug. Er war ihr nicht hübsch genug und war ihr „zu klug". Aber bald darauf sollte sie einen noch klügeren Mann glühend lieben, bei dem allerdings die Gelehrsamkeit durch ein südländisch reizvolles Äußere gemildert erscheinen mochte. Das war der Italiener Johann Ludwig Bianconi, der als siebenundzwanzigjähriger Mann nach Augsburg kam in der Eigenschaft eines fürstbischöflichen Leibarztes. Diesem Manne schwebte als Ideal der Typus der schönen und gelehrten Frau vor Augen. Wir kennen ja hinreichend das Frauenstreben jener Zeit. Erfüllte doch damals Frau Gottsched schon die deutschen Bühnen mit ihrem Ruhme als Dramatikerin, hatte doch die Erxleben schon zum erstenmal vom Preußenkönige die Erlaubnis zur Promotion erhalten, winkte doch der Lorbeerkranz der Universitäten schon den dichtenden Frauen. Eine deutsche Bassi wollte nun auch Bianconi aus Sophien erziehen. Anfangs freilich glückte alles. Manconi, ein begeisterter Altertumsschwärmer, führte seine Schülerin in die Welt Griechenlands und Roms ein, erklärte ihr antike Kunstwerke, lehrte sie Weltgeschichte und las mit ihr italienische Schriftsteller. Auch die Mathematik erschloß er ihr an der Hand eines französischen Lehrbuches, denn des Deutschen war er selbst nicht mächtig. Endlich wollte er sein Werk krönen und das Mädchen heimführen. Da trat der Unterschied der Konfessionen hindernd dazwischen. Der Vater, ein pietistischer Protestant, verabscheute das Bekenntnis des welschen Katholiken. Doch schien es vorübergehend durch Vermittlung der Mutter als sollten die Schwierigkeiten überwunden werden, ja, Gutermann, der Vater, reiste sogar auf ein Jahr mit dem jungen Freunde nach Italien, um dessen Familie kennen zu lernen. Aber leider starb inzwischen die Mutter im sechsunddreißigsten Lebensjahre, und als der Vater endlich heimkehrte, scheiterte schließlich im letzten Augenblicke alles an der Frage, welcher Konfession die Kinder zugeführt werden sollten. Der freidenkende Italiener war zu stolz, der Deutsche ein zu engherziger Protestant, und den kühnen Vorschlag Bianconis, mit ihr zu entfliehen, verschmähte Sophie aus Liebe zu dem Vater. Der freilich lohnte ihr übel. Er befahl ihr nicht nur, den Geliebten zu vergessen, sondern forderte auch alle seine Andenken von ihr, und zerschnitt, zerfeilte und verbrannte schließlich Bild und Ring vor ihren Augen. In ihrer Verzweiflung legte sie den innerlichen Schwur ab, nun auch ihre geistige Ausbildung dahinzugeben, und sie verschloß von Stund' an ihre Kenntnisse vor jedermann. Das Pfarrhaus in Biberach, an das sie verwandtschaftliche Verhältnisse ketteten, war ihr schon einmal ein Zufluchtsort gewesen. Jetzt kam sie in ihrer verzweifelten Stimmung wieder dahin, und so sah sie der Vetter Wieland. Der weichherzige Siebzehnjährige begann sogleich, sie schwärmerisch zu verehren. Sie nahm seine Huldigungen wohlwollend und endlich mit Herzlichkeit hin. Kein Wort verriet sie ihm von ihrer ersten Liebe, aber eine zweite, minder verehrungsvolle und doch innerlich warme faßte sie zu ihm, dem sie eigentlich mehr eine Lehrerin wurde, wie sie selbst bei Bianconi die Schülerin gewesen war. Ihr frommes Gemüt, das damals sogar an ein ewiges Begraben im Kloster dachte, machte auf Wieland den tiefsten Eindruck. Mit Feuer und Flamme war auch er nun wieder fromm, und sie schwärmten in allen Himmeln. Für sie dichtete er, ein moderner Lucrez, das Lied von der „Natur der Dinge“, das er anonym an den Professor Meier in Halle schickte und von diesem zu seiner Freude dem Druck übergeben sah. Sein Heldensang „Hermann“ brachte ihn bei Bodmer in Zürich in Gunst, und im Jahre 1752 nach Beendigung seiner Studien lud dieser ihn ein. Wieland hatte während er in Tübingen die Rechte studierte, mit Sophie in Verbindung gestanden, sie auch wohl wieder gesehen. Beim Abschied betrachteten sie sich als verbunden für ewig, obwohl der Vater Gutermann die Verlobung mit dem jungen Studenten für ein Hirngespinst ansah.

Die ganze schwarmselige, seraphische Stimmung der Liebe in damaliger Zeit äußert sich in Wielands Liedern:

Dich, Sophie, dich gab der Himmel mir,
Mich der Tugend liebreich hinzuführen,'
Ja, ich war bereit mich zu verlieren,
Gott, du sah'st es und du gabst sie mir!
Jetzo dring' ich sicher durch verwachsne Hecken,
Denn ihr redlich Herz verläßt mich nie;
Gott und Weisheit, Tugend und Sophie
Sind bei mir, welch' Unfall kann mich schrecken?

Die Liebe ist der Sinnlichkeit entkleidet, sie ist eins mit der Tugend, sie entstammt dem Himmel, sie eint sich mit der Religion. So empfand Wieland, als er nach Zürich reiste.

Im Jahre nach Klopstocks Weggang traf er dort ein. Es erging ihm besser bei Bodmer und Breitinger, als seinem Vorgänger. Das Duckmäuserhafte seiner damaligen Persönlichkeit sagte den Schriftgelehrten der neuen Richtung besser zu, als das Hinreißende in der Erscheinung des jungen Klopstock. Aber das Verhältnis zu Sophie mußte darunter leiden. Die vielen neuen Anregungen in Zürich ließen Wieland die Liebe daheim allmählich leichter nehmen. Seine Briefe an die Wartende wurden unregelmäßiger, seltener; Versäumnisse der Post kamen dazu und Intriguen spielten ihre Rolle. Sophiens Vater hatte sich wieder verheiratet und die Stiefmutter wollte die unbequeme Tochter möglichst bald unter die Haube bringen; der Vater hatte die Verlobung mit dem Studenten nie anerkannt und in Biberach, wo das traute Pfarrhaus das Asyl der geängstigten Braut gewesen war, verfiel die Mutter Wielands sonderbaren Eifersuchtszuständen und bemühte sich, Unfrieden zwischen die beiden Verlobten zu säen, die sie einst gern zusammengegeben hatte. So mußte die verlassene Sophie an allem verzweifeln und nahm endlich die Hand eines sehr angesehenen Freiers, der, obwohl Katholik, merkwürdigerweise von ihrem Vater nicht zurückgewiesen wurde: Michael Frank von La Roche. Eigentlich hatte er Georg Michael Frank geheißen, aber als ein Waisenknabe war er von dem Grafen Stadion adoptiert worden. Nie konnten zwei entgegengesetztere Welten einander begegnen als hier in La Roche und Sophie. Hatte das Mädchen noch vor kurzem mit Wieland „mitsammen auf den Knien gelegen" und Gott als Herrn der Liebe gepriesen, so war La Roche früh in die Geheimnisse des leichtfertigen Lebemanntums eingeweiht worden. Hatte er doch als Sekretär des Grafen dessen Liebesbriefe schreiben müssen, während jener bei der Herrin seines Herzens weilte. Kaum heimgekehrt, sandte Stadion dann die Kunstwerke seines Gehilfen an die Dame seiner Wahl, mit der er noch eben zusammen gewesen war, und erregte stürmische Bewunderung durch solch leidenschaftliche Beflissenheit. Aber Stadion war bei alledem ein gebildeter Mann und La Roche, für den er den Adel ausgewirkt hatte, war auch dieser Bildung teilhaftig geworden. Es war die der französischen Aufklärung. Voltaire, der Spötter und Freidenker, herrschte hier im Reiche dieser galanten Aristokraten. Aber La Roche tat seiner Erwählten keinen Zwang an. Sie blieb ihren religiösen Empfindungen treu, er seiner freien Weltanschauung. Seine tadellose Ritterlichkeit, sein tiefes Wissen, sein edelmännisches Feingefühl ließen keine Mißstimmung aufkommen; und doch herrschte hier die Wahrheit, denn keiner machte vor dem anderen ein Hehl aus seiner Empfindung. Das junge Paar ging nach Mainz, wo La Roche die Oberleitung über alle Güter Stadions versah und obendrein noch im kurfürstlich-

erzbischöflichen Kabinette arbeitete. An dem prächtigen Hofe dieses Kir-
chenfürsten herrschte ein freier Geist. War doch der Freiherr Karl von
Dalberg, der Mainzer Statthalter in Erfurt, ein eifriger Förderer der Künste
und Wissenschaften; gehörte doch der Maler Tischbein zu dem dortigen
Kreise; war doch der alte Graf Stadion, ein stattlicher Siebziger von feinen
Formen, mit seiner nunmehr verstorbenen Gemahlin Eufemia Freiin von
Sickingen ob ihres allzufrommen Wesens zerfallen gewesen. Ja, der feinsinnige Epikuräer[5] war dabei ein Freund seiner Bauern, und wollte diesen
nicht einmal den freien Pirsch auf Schweine und Hirsche beschränken. So
kam das solange gequälte Augsburger Kind am Rheine in freie Luft. Drei
Kinder blühten an ihrer Seite empor, und ihr Mann sowohl wie der Graf
waren ihre aufrichtigsten und nächsten Freunde. Als Graf Stadion sich aus
den Geschäften nach seinem Schlosse Warthausen zurückzog, nahm er
den geliebten La Roche mit, und, während dieser die Verwaltung der Güter besorgte, wanderte die schöne geistreiche Frau mit dem geistreichen
alten Herrn auf dem Rasen vor dem Herrenhause in lebhaftem Gespräche
auf und ab, und fühlte sich täglich mehr reifen. Aber auch ihren Wieland
hatte sie noch nicht vergessen.

Diesen hatte die Nachricht von Sophiens Verlobung und baldiger
Vermählung schwer getroffen. Sophie selbst hatte nicht die Kraft gefunden, es ihm zu schreiben; die Stiefmutter mußte dem entthronten
Schwiegersohne das Schreckliche mitteilen. In furchtbarer Aufregung
warf er das Bild Sophiens an die Erde und zertrat das Glas. Die schreckliche Nacht nach jener Kunde schildert er in seinem Gedichte „Gandalin
oder Liebe um Liebe":

Nun denket, was für eine Nacht,
Der gute Ritter in solcher Lage,
So trostlos einsam zugebracht!
Es war die längste, bitterste Nacht,
Die je vor seinem Todestage
Ein armer Sünder durchgemacht.
Dem Manne, der mir Schaf' und Rinder
Und Haus und Hof und Weib und Kinder
Geraubt, geschändet und umgebracht
Hätte — ich wünsch' ihm weder Acht,
Noch Kirchenbann, auch nicht von Mäusen

---

[5] Anmerkung: bezeichnet Anhänger der Lehre des Philosophen Epikurs; hat auch eine negative Bedeutung im Sinne von "Genussmensch"

Gefressen zu werden im Mäuseturm,
Wie Bischof Hatto, noch von Läusen,
Wie König Herodes, noch im Sturm,
Von tausend grinsenden Toden umgeben,
Sechs Tage in einer rastlosen Jacht
Auf Wogenspitzen im Meer zu schweben;
Ich wünsch' ihm nur eine solche Nacht.

Aber bald kittete er das zertretene Bild wieder und acht Tage darauf, als er
einen eigenhändigen Brief Sophiens erhielt, in dem sie ihm die Hauptschuld gab, schrieb er in ruhigem Tone: (Zürich, den 12. Dezember 1752.)
„Erlauben Sie mir, meine Werteste, Sie zu erinnern, daß wir uns tausendmal in dem Angesichte Gottes zugesagt haben, uns so lange zu lieben, als
wir die Tugend lieben würden, und wir meinten damals, daß das soviel
sei, als ewig. Sollte diese Zusage itzt ungültig sein? Sollte Ihre neue Verbindung die zärtliche Zuneigung unserer Seelen, die sich auf die wahre
Liebe des Guten und Schönen gründet, hinwegnehmen? Nein, das halte
ich für unmöglich. Sie müßten aufhören, die unschuldige, großmütige,
scharfsinnige und erhabene Sophie zu sein, oder ich müßte mich in das
Gegenteil verwandeln, wofür Sie mich einst hielten. Wenigstens kann mir
diese ewige Freundschaft, die ich Ihnen so oft gelobte, dadurch nicht zeit-
lich werden, daß Sie mit einem braven Manne verheiratet sind; was hat
Ihre Vermählung wider unsere Freundschaft, daß eine die andere aufheben
sollte? Lassen Sie also denen, welche sich nach ihrer niederen Art zu denken, einbilden, unsere Liebe höre jetzt auf, ein tätliches Dementi geben,
und ungeachtet wir uns, wie ich hoffe, in dieser Welt nimmer sehen werden, mit dem Herzen und durch unsere gemeinschaftliche Liebe zur Tugend, und durch redliche Wünsche für unser beider Wohl, vereinigt bleiben, damit wir uns in jenen seligen Gegenden wieder sehen mögen, in
denen Ihre Seele sich selber und mich wieder erkennen und, wenn Engel
weinen können, noch alsdann eine zärtliche Träne weinen wird, daß Sie
Ihrer Bestimmung in dieser Welt unvorsichtiger Weise ausgewichen. Es
ist nichts, was mich wehmütig macht, als der Verlust solcher Hoffnungen,
die vielmehr jenes als dieses Leben angehen, mit denen ich mir in der
angenehmsten Zeit schmeichelte, da mir die Vorsicht Ihre Bekanntschaft
und Liebe gegeben hat. Und so leben Sie denn wohl, meine Geliebte, leben Sie wohl! Seien Sie immer so glücklich als Sie ohne Zweifel jetzt
sind, ja wenn es zur Zufriedenheit Ihres Herzens gehört, so möge Ihr Gewissen Sie immer auf dem Gedanken lassen, daß ich zuerst das Band gebrochen, das uns einst verbunden hat. Leben Sie glücklich mit Ihrem

künftigen Gemahl, und erlauben Sie mir, daß ich mit unveränderter Hochachtung und Freundschaft mich unterschreibe Ihren ergebensten Freund
und Diener Wieland."

Es dauerte auch nicht lange, so bahnte sich im Briefwechsel eine Bekanntschaft zwischen dem unglücklichen und dem glücklichen Rivalen
an. Auf ein freundliches Schreiben des weltmännischen Grafen antwortete
der junge Schwärmer versöhnt:

„Aber eben weil ich sie selbst und ihre Glückseligkeit liebte, konnte
ich darüber nicht gleichgültig sein, wie es ihr gehe, und an was für ein
Ufer sie das Schicksal auswerfe. Wie sehr haben Sie mich nun erfreut, da
Sie mir durch die tugendhaften, klugen und edlen Gesinnungen, die Sie
mir in Ihrem Brief entdeckten, eine Gewißheit gegeben, daß meine ewig
teure Serena bei Ihnen wohl angebracht sei, und durch Sie glücklich werden könne. Dieser Gedanke ist mir so angenehm, daß er mich an meinen
Eigennutz nicht denken läßt … …

Erlauben Sie mir noch hinzuzusetzen, daß Sie mich durch nichts angenehmer verbinden könnten, als durch das, was Ihnen selbst das leichte-
ste und angenehmste ist, wenn Sie Ihre Geliebte so sehr, als sie es wert ist,
das ist unendlich viel, hochschätzen, denn die Vorsehung hat Ihnen ein
sehr seltenes Kleinod anvertraut. Ich hoffe mit gutem Grund, daß die gute
Sophie für alle ihre Leiden und Widerwärtigkeiten, an denen größtenteils
auch meine Liebe eine unglückliche, obwohl unschuldige Ursache gewesen ist, nun durch Sie, mein Herr, werde belohnt werden …" Man möchte
nach dem Wortlaute dieses Briefes sagen, daß sich ein großes Herz nicht
schöner und edler fassen kann, als es hier Wieland tat. Freilich läßt sich
die eigentliche Schuldfrage nicht gut entscheiden. Frau von La Roche war
ebensowenig wie Wieland ein eigentlich seraphisches Geschöpf. Sophies
eigentliche Liebe hatte einem anderen gegolten, und Wieland war wohl
ein lebhafter aber kein leidenschaftlicher Liebhaber. Die großen Frauen
schwärmte er in seiner religiösen Jugendzeit mehr in seiner Phantasie an,
sah mehr Leiterinnen in das Land der Tugend in ihnen als wirkliche Geliebte. Ohne solche Leiterinnen aber konnte er sich nicht glücklich fühlen.
— Zwei Jahre lebte er im Ganzen in Bodmers Hause, dann nahm er eine
Hauslehrerstelle bei der Witwe Grebel an, und kam hier in einen Kreis
frommer alter Jungfern. Keinen größeren Gegensatz gegen Klopstocks
geniales Schwärmen kann man sich denken, als hier Wieland in seinem
„Serail" von lauter mehr als vierzigjährigen „Schönen", über die er sich,
nicht ohne Stolz, als Herr fühlt. So schreibt er noch aus dem Grebel'schen
Hause an einen älteren Freund, den Arzt Zimmermann in Brugg: „Es ist
keine Sophie mehr, wenigstens nicht für mich. Ich kann kein Frauenzim-

mer angenehm finden, das in ihrem Charakter, in ihrer Gemütsart, in ihren Empfindungen, oder in ihrer Person nicht eine starke Ähnlichkeit mit einem Engel hat. Junge Mädchen sind mir meistens verächtlich oder höchstens so hoch geachtet, als Papillons; Affektation, Prüderie, Koketterie und dergleichen kann ich nicht leiden; ein ehrliches arbeitsames Bauernmensch ist in meinen Augen eine vortrefflichere Kreatur, als eine brillante Kokette; zum Umgang aber wünsche ich mir die letzte so wenig als die erste. Die wenigen Damen, mit denen ich hier einigen Umgang habe, sind alle über vierzig Jahre, keine davon ist jemals eine Beauté gewesen; alle sind einer unverstellten Tugend wegen hochachtungswürdig, eine davon hat viel Witz und Lebhaftigkeit, sie ist sehr belesen, ohne es gegen Leute, die nicht ihre intimen Freunde sind, anders als durch vorzügliche Bescheidenheit merken zu lassen — eine andere hat eine recht englische Unschuld und Güte des Herzens, alles was man unter dem Wort Schönheit der Seele versteht, mit einer Demut, die den Wert ihres Herzens und ihrer vielen natürlichen Fähigkeiten und Vorzüge halb verhüllt; diese ist Eulalia und die „Ungenannte" der Sympathien. Die Cyane in den Sympathien ist auch eine wirkliche Person, nach dem Leben geschildert, sie wohnt aber nicht hier. Noch eine meiner liebsten Freundinnen ist ein satirischer Kopf, ein halbe Philosophin, ein „Thinker", ein naseweises, spitzfindiges Geschöpf, das sich sehr geschickt albern stellen kann, um einem jeden andern seine Torheit zu insinuieren. Wissen Sie nicht bald genug von meinem Serail? Ich bin in der Tat gewissermaßen der Großtürk unter ihnen, ich gebe ihnen wenig gute Worte und zwinge sie durch die natürliche Superiorität meines Genie über die ihrigen, mich bongré malgré zu lieben. Das war sehr groß gesprochen, nicht wahr. Ich muß ihnen aber auch törichte Einfälle schreiben, damit Sie nicht abgeschreckt werden, mich mit den ihrigen zu regalieren. Die Ungenannte in den Sympathien ist die obige Königin meines Herzens. Das war sie und wird es allezeit sein. Ach! sie war es so sehr, daß sie mich, gleich der Circe, etliche Stunden lang sogar in einen anakreontischen Dichterling verwandeln konnte. Leider! — P. S. „Apropos! Vous avez bien deviné! Ich kann kein rechtes Kompliment machen und bin ein ziemlich tölpischer Kerl. Und doch wurde ich einmal so sehr als möglich ist, von einem Frauenzimmer geliebt, welches an guten Manieren und dem, was man savoir vivre heißt, von niemand übertroffen und von jedermann bewundert wurde. Was mag die Törin an dem Pedanten gesehen haben?"

Diese Geliebte Wielands, die englische „schöne Seele" war eine Witwe Grebel, eine Verwandte des Hauses, dessen Söhne er erzog. Für Wieland, der vom Studium Platos aus den Weg zur christlichen Askese und zur

Mystik gefunden hatte, war die neue Bekanntschaft mit dieser Witwe aus mehreren Gründen anziehend. Sie hatte selbst in einer Ehe gelebt, in der die Sinnlichkeit ganz ausgeschlossen gewesen war. Der Triumph der reinen Freundschaft über die sinnliche Liebe schien hier verwirklicht. Die feingebildete, geistig rege, körperlich wohlerhaltene Witwe in ihrem sauberen Trauergewande fesselte den jungen Poeten bald, aber es dauerte lange, ehe sie sich unter vier Augen sprechen durften, denn an einen Besuch Wielands bei der Witwe war bei den prüden Gesellschaftsverhältnissen Zürichs nicht zu denken. Kühn genug war es schon, daß er als Fremder das Recht für sich in Anspruch nahm, sie aus Gesellschaften nach Hause zu begleiten, aber nicht einmal fand der junge Platoniker den Mut, der Heißverehrten beim Abschiede die Hand zu küssen. Doch vermittelte der junge Neffe Lochmann, der bald bei Wieland philosophische Stunden erhielt, die weitere Aussprache, denn in einem versiegelten Buche der Tante, das er stets zur Stunde mitbrachte, lag immer ein Zettelchen. So ging es ihm wie seinem Helden Amadis, von dem es im neunten Gesange heißt:

> Denn selbst die kleine Hand
> Zu küssen war schon mehr als man ihm zugestand.

Dennoch hätte die Sache gefährlich werden können. Denn einstmals hatten sie in einer alle Himmel durchschwärmenden Unterhaltung sich so verstiegen, daß sie, wieder auf der Erde anlangend, beide in die Worte ausbrachen: „Ach, warum können Sie mir nicht zwanzig Jahre geben." So war der Wunsch nach einer Heirat doch rege geworden. „Ich galt damals (so schrieb Wieland später, als alter Mann, an die Fürstin von Wied) in Zürich bei einer nicht sehr zahlreichen Klasse für eine Art von Genius, der vom Himmel herabgestiegen wäre, und sich nur gerade mit soviel irdischer Masse beladen hätte, um den Menschen sein Licht und seine Wärme mitteilen zu können, ohne sie zu verzehren. Wir befanden uns beide, die Dame sowohl als ich, in einer mehr als gewöhnlichen Stimmung zu der Art von Schwärmerei, die sich das Übersinnliche gern versinnlichen möchte. Kurz, unsere Seelen zogen einander an, unvermerkt entspann sich eine Art zärtlicher Freundschaft zwischen uns, unvermerkt verwandelte sich diese in eine platonische Liebe, und zuletzt würde auch diese trotz meiner mir anklebenden Schüchternheit, sich in rein menschlicher Art zu lieben herabgestimmt haben, wenn die Dame nicht besonnener als ich gewesen wäre, und … in ihrer Weisheit beschlossen hätte, mich allmählig auf gute Art zu entfernen, und — die zweite Frau eines Züricher Magnaten zu werden, der sie nach einigen Jahren so wohlbehalten hinterließ, daß ich sie im Jahre 1795, in ihrem fünfundachzigsten Jahre, noch als eine stattliche, wie wohl um ein großes Teil weniger geistige Person, als sie vor vierzig Jahren gewesen war, wiederfand, und daher auch nicht zum zweiten Male besuchte." — Dieser Magnat war ein Witwer von sechsundfünfzig Jahren, ein Lebemann, der Aussicht hatte, Statthalter zu werden. Das prosaische Ende dieses schwärmerischen Verhältnisses ist charakteristisch für den ganzen Einfluß, den die würdigen Matronen seines Harems auf Wieland übten. Da war namentlich noch eine „schöne Seele", von Wieland als die „Devotin" bezeichnet, für die der fromme Jüngling seine „Empfindungen eines Christen" schrieb. Über sie und ihre Einwirkung auf ihn hat er später in Weimar geäußert: „Als mir später die Schuppen von den Augen fielen, ergrimmte ich besonders über diese heilige Prüderie und affektierte Züchtigkeit, und die Marter, die mir damals jene tantalisierende Fromme, mit der ich unter einem Dach wohnte, angetan hatte. Die Erfahrungen, die ich damals gemacht habe, haben gewiß vorzüglich viel dazu beigetragen, daß ich später zu meinen Gedichten dem Anschein nach so wollüstige und lockende Themata genommen und con amore (aber immer mit dem reinsten Sinne) ausgemalt habe. Ich wollte gewissen Tartüffen und Keuschheitskrämerinnen dadurch wehe tun, und konnte mich herzlich freuen, wenn ich dachte, wie diese sich grade bei diesem oder jenem dünn verschleierten Gemälde gebärden würden. Ich weiß wohl, daß ich mir dadurch selbst geschadet habe, aber verführen, reizen wollte ich gewiß nicht."

So gesteht der weiche Wieland selbst ein, was für einen bestimmenden Einfluß die Züricher bigotten und prüden Altjungfern und Witwen auf ihn gehabt haben. Der starke, in sich selbst ruhende Klopstock hatte unangefochten und unbeirrt seine reine Schwärmerseele aus Zürichs Mauern wieder fortgetragen und erhielt sie unbeirrt und rein auch im deutschen Norden. Er hatte geliebt und geküßt, wie es dem Jüngling ziemt, aber nie in Wollust und Sinnlichkeit sich versinken lassen, grade weil er auch nie einen seraphischen Engel hatte vorstellen wollen. Der sanfte Wieland aber, der sich zum Heiligen zwingen wollte und mit koketten Frömmlerinnen süßen Tee schlürfte, schlug schließlich ein bitteres Lachen über sich selbst an, und dieses Lachen vergiftete all seine spätere Dichtung; er ist die Folgen des Schiffbruchs seiner Jugendideale nie wieder los geworden. Und ihn hielten die Buchstabengläubigen von Zürich für die reinere Wiederholung des allzu menschlichen Klopstock! Freilich mußte Bodmer bald wieder den Kopf schütteln, als schon im Cyrus-Epos und vor allen Dingen in der Tragödie Johanna Gray der neue Ton Wielands zum Vorschein kam. „Freuen Sie sich mit mir, rief aus der Entfernung der nüchterne Lessing, Herr Wieland hat die ätherischen Sphären verlassen und wandelt wieder unter Menschen." Und bald nach der Aufführung der Johanna verließ Wieland auch das „ätherische" Zürich und nahm den Posten eines Erziehers der Söhne des Ratsherrn Sinner in Bern an. Als er schied, glaubte Bodmer zum zweiten Mal einen ungeratenen Sohn zu entlassen, und diesmal mit mehr Recht.

Dem Meister entrang sich also der junge Wieland, aber der Frauenschule nicht, und er ist ihr erst spät entwachsen. In sehr charakteristischer und sehr verschiedener Weise haben also Klopstock und Wieland des Frauenideals in ihrer dichterischen Entwicklung bedurft. Beiden tritt der dritte unter den großen Dichterjünglingen der Zeit fremd gegenüber: Lessing. Fünf Jahre jünger als Klopstock, vier Jahre älter als Wieland, steht er in der Mitte zwischen ihnen an Alter sowohl, wie an Charakter. Von der Kinderstube an hat er den Einfluß der Frauen wenig gekannt. Seine Mutter, die Predigeistochter Justine Salome Feller, hatte an der Seite des kümmerlich besoldeten starkgeistigen Pastors Primarius Johann Gottfried Lessing in dem kinderreichen Hause schlicht und recht ihre Pflicht getan, ohne sonderliches Verständnis für den genialen Sohn zu bezeigen. Als dieser, der Fürstenschule zu Meißen entwachsen, auf der Universität Leipzig allzuviel Umgang mit Literaten und Schauspielern hatte, ließ ihr besorgtes Mutterherz sich zu einer wenig frommen Lüge hinreißen. Damit er eilends heimkäme, wurde dem Sohne gemeldet, die Mutter sei erkrankt. Und als dann kaltes, stürmisches Winterwetter hereinbrach, wurde die gute Frau von nagenden Gewissensbissen geplagt, und dankte ihrem Gotte, daß sie den halb erfrorenen Sohn wieder erwärmen und laben durfte. Die Zurechtweisungen und Vorhaltungen aber besorgte der Vater. Eine Schwester Gotthold Ephraims, Dorothea Solome, die sich selbst einmal ein „krankes und miserables Geschöpf" nennt, verkümmerte in der Lebensnot und dem Daseinskämpfe zum beschwerlichen Plagegeist des großen Bruders. Dagegen war freilich Leipzig der Ort, wo auch dem unerfahrensten Jüngling der Trieb zur Liebe erwachen konnte. Und der junge Lessing empfand auch hier in den ersten Tagen schon seine provinziale Unbeholfenheit auf das drückendste. Er, der in der strengen Fürstenschule wie im Kloster aufgewachsen war, und von Kindheit an nur den Büchern gelebt hatte, sehnte sich hier, das ihm unbekannte Leben kennen zu lernen. Er suchte gesellschaftliche Gewandtheit zu erlangen und sang in seinen Jugendversen nach der Art des galanten Leipzig. Merkwürdigerweise aber trat er zu den jungen Poeten, die dort eben ihren Bund schloßen, in keine Beziehung. In den Kreis der „Bremer Beiträge" einzutreten, hinder-

te ihn sein leichsinniger Landsmann und Vetter, der verbummelte spott-
süchtige junge Mylius, der sich mit dieser Partei nach kurzer Bundesgenossenschaft überworfen hatte. Und so kam es, daß Lessing auch die Bekanntschaft mit dem unlängst in Leipzig eingezogenen Studiosus Klopstock versäumte. Während er so die jungen Vorkämpfer der großen Dichtung abseits ihrem Treiben überließ, gab er sich doch der allgemeinen
„anakreontischen“ Begeisterung hin, und begann von Wein und Liebe zu
dichten. Mit seinen unbedeutenden Freunden, Naumann und Ossenfelder,
mag er auch wirklich von dergleichen Genüssen gekostet haben, aber sicher nicht allzu eifrig. Seine Gedichte sind ohne Leidenschaft und huldigen mehr der Mode und dem „Zeitgeschmack“.

So singt er wohl:

An Eurem Leichtsinn mich zu rächen.
Will ich frech wie mein L .. .. zechen,
Und meinem O … . gleich,
Bin ich ein Held in Venus Reich.
Wißt Euren Mangel zu ersehen,
Will ich für beide mich ergehen.
Berauscht trink ich des Einen Wein;
Des andern Mädchen schenkt mir ein.

In dem bekannten Liede, „Gestern Brüder, könnt Ihrs glauben“, erzählt er,
wie er den Tod genasführt habe. Der Knochenmann, der ihn vom Trinkge-
lage wegführen wollte, hat ihm versprochen, erst wieder zu kommen,
wenn der Poet sich satt geküßt und satt getrunken habe, und Lessing
schwört lachend, daß das niemals der Fall sein werde:

Ewig soll mich Lieb' und Wein,
Ewig Wein und Lieb' erfreun.

Den Schwur hat er wahrlich nicht gehalten, wenigstens nicht im Dienste
der Liebe. Bis in sein reifes Alter hinein hat er nie das Bedürfnis nach
weiblicher Anregung empfunden. Auch in den weinfröhlichen Jünglingsjahren in Leipzig ist er dort nur zwei Schauspielerinnen näher getreten,
und nicht zu innigerem Verhältnis. Die eine war die Neuberin, die seinen
„jungen Gelehrten“ zur Aufführung brachte. Sie hat sich in ihren alten
vergrämten Tagen noch den Ruhm erworben, einen Lessing zum ersten
Mal auf die Bühne zu bringen. Die andere war das junge Fräulein Lorenz,

auf das sich einige Verse Lessings beziehen, und dem einer alten Überlieferung zufolge, seine Liebe gegolten hat. Eine tiefere Wirkung auf sein Leben und Schaffen hat aber diese Neigung nicht ausgeübt. Die Künstlerin hieß Christiane Friederike mit Vornamen und war am 17. Mai 1729 in Zittau zu Welt gekommen, stand also im selben Lebensalter wie ihr Verehrer. Ihre Jugend war so recht die eines Komödiantenkindes damaliger Zeit. Mit zwölf Jahren schon stand sie auf den weltbedeutenden Brettern in Wien, dann zogen die Eltern mit ihr nach Danzig, endlich fand sie bei der Neuberin ein Unterkommen, um ihr junges Talent in Spiel und Tanz tändelnd zu entwickeln. Sie hatte damals noch eine große Zukunft vor sich. Denn später faßte sie in Wien festen Fuß und hat dort von 1748—1799 nicht nur als Schauspielerin, sondern auch als Bearbeiterin von Dramen sich großen Ruf erworben. Hat sie doch später noch die „Miß Sara" Lessings sonderbar umfrisiert für die Bühne. Sie hat erst einen Herrn Huber, dann einen Herrn Weidner geheiratet. Lessing aber hat wohl nur eine flüchtige Jünglingsschwärmerei für sie empfunden. Und seine gefährlichen Verse sind wohl, wie es damals Brauch unter den Jünglingen war, ohne Veranlassung nur im Modegeist ersonnen. „Ich kenne etliche neue Anakreons, welche beständig mit Burgunder und Champagner in ihren Liedern um sich herumwerfen, und ihr Lebtag weder Burgunder noch Champagner gesehen haben. Das sind nur solche poetische Weine, bei denen nichts wirkliches ist, wie bei meiner Phyllis." Dies Wort des jungen Mylius besagt genug. Auch Lessing hat später seine „Phyllis", „Laura" und „Corinna" für Wesen der Einbildung erklärt, als er in seinen „Rettungen des Horaz" diesen vor einer falschen Auffassung poetischer Phantasien bewahren will. Und er hat sich bei derselben Gelegenheit als „Laie in Sachen der Erotik" bezeichnet. Und dennoch war er es, der in die deutsche Dichtung zuerst wieder lebensvolle Frauengestalten einführen sollte — mindestens in die der Bühne.

Gleichweit entfernt also von frivoler Sinnlichkeit wie von idealer Frauenvergötterung verließ er Leipzig, um in Berlin neuen literarischen Zielen entgegenzueilen. Von der Versumpfung, der das Spree-Athen Friedrichs unter dem Einflusse der vielen Franzosen entgegenging, hielt sich der junge Sekretär des zynischen Voltaire fern. Nur seine Freunde wechselte er. Als er nach kurzem Aufenthalte in Wittenberg zurückkehrte, genügte ihm der leichtfertige Mylius nicht mehr, der die mittlerweile unter Eulers und Sulzers Führung entstandene Gesellschaft zur Beförderung naturwissenschaftlicher Reisen betrog, die Großmut des edlen Albrecht von Haller mißbrauchte und das Geld, das er für eine Reise nach Surinam erhielt, in Europa verbummelte. Lessing hat ihm kein sonderlich schönes

Ehrendenkmal nach seinem frühen Tode gesetzt. Dagegen schlossen sich um den schnell berühmt werdenden „Kritikus" andere Elemente, denen allen die „Berliner Nüchternheit" anhing. Der pedantische Ramler ward sein Genosse. Zwei Jünglinge, der ihm gleichaltrige sanftmütige Popularphilosoph Moses Mendelssohn und der um vier Jahre jüngere trockene Buchhändler Nikolai wurden seine Jünger, obwohl der letztere zum mindesten in seiner großsprecherischen Trivialität eines Lessing wenig würdig war. Sein zigeunerhaftes Junggesellenleben ließ ihn wohl die Weinstube von Bauman kennen lernen, nicht aber die eigentlichen Frauenkreise Berlins. Auch die „Montagsgesellschaft", die von dem Schweizer Schultheß gegründet war, und in der der andere helvetische Klopstockprophet Sulzer eine bedeutende Rolle spielte, konnte ihn nur mit männlichen Mitgliedern bekannt machen. Dagegen beschäftigte sich seine Phantasie, immer wieder angeregt durch das Streben für die Bühne, eifrig mit dem Frauencharakter. In seinen Jugendlustspielen aus der ersten Leipziger Zeit waren seine Frauen leblose Bühnenschemen nach französisch-römischem Muster gewesen, wie die „alte Jungfer" und andere. Jetzt hatten die englischen Romane sich seiner Phantasie bemächtigt. Richardson war damals der beliebteste Tränenerpresser. Seine tugendhafte Clarissa, die über alle bösen Nachstellungen triumphiert, war die Lieblingsheldin der damaligen Menschheit. Auch ein englischer Dramatiker, Lillo, hatte damals grade mit seinem „Kaufmann von London" die Welt erregt, ein Stück, in dem ein schwankender Jüngling die Warnungsstimme der guten Maria verschmäht und sich von der wilden Millvood in Sünde und schmachvollen Tod jagen läßt. Aus der Atmosphäre dieser Werke heraus entstand Lessings erstes Drama „Miß Sara Sampson". Die furchtbare Tragödie der griechischen Medea wurde in seiner Phantasie zu einem bürgerlichen Trauerspiel umgestaltet. Ein romantisches Erlebnis des englischen Satirikers Swift mochte gleichfalls die Anregung zu dem Stücke gegeben haben, in dem der schwankende Mellefont zwischen der sanften Sara und der wilden Marwood steht, dieser im Herzen sich zuneigend, an jene aber durch Jugendsünden unlöslich festgebannt. Das grade der von Frauenkünsten ungerührte, für Frauenreize nie entflammte mannhafte Lessing einen solchen Frauenhelden zum Gegenstande seines ersten Dramas machte, ist ein neuer Beweis für die Tatsache, daß die Dichter ihre Helden gern im Gegensatze zu ihrem eigenen Wesen wählen. Der Riesenerfolg der Sara bewies, daß Lessing seine Zeit richtig beurteilt hatte.

Weitschweifig, wortreich, im Grunde ohne eigentliches dramatisches Leben, rührselig und schwankend in seiner Moral, war es doch ergreifend für die damaligen Zuschauer. Ja es bedeutet einen gewaltigen Fortschritt des deutschen Dramas. Gottsched hatte das Theater von Wust und Unsinn gereinigt, aber nur die strenge Regel ohne lebensvollen Inhalt an seine Stelle gesetzt, diese konnte dem heiß hervorbrechenden Gefühl der Jugend aber nicht mehr genügen. Von den Engländern hatte Deutschland die Anregung für die religiöse Gefühlsdichtung erhalten. Nun kam ihm aus demselben Lande eine Roman- und Schauspieldichtung, die sich wieder an das warme Empfinden wendete, die wieder Herzenstöne anschlug, die im heißen Drang des Gefühls den Zwang der französischen Regelrechtigkeit überwältigte. Und wie Klopstock in das Epos und die Ode dieses heißes Empfinden hineinströmen ließ, so öffnete ihr Lessing mit seiner Sara das Theater. Die Tränenströme, die alt und jung bei diesem weichherzigen Liebesschauspiel vergoß, lehrten alle Welt wieder, daß man im Theater mehr empfinden könne als nur „kalt staunende Bewunderung".

Zwei Frauengestalten standen hier im Vordergrund, eine sanfte und eine wilde. Für beide mußte es Darstellerinnen geben, die das warm empfundene feurig wieder zu geben verstanden. Hatten nun die Frauen der deutschen Bühne gleichen Schritt gehalten mit den Frauengestalten in der Dichtung?

Fünftes Kapitel.

Unter fahrendem Volke.

Als die Neuberin nach Rußland gegangen war, der deutschen Heimat grollend, und wunderbare Erfolge an der Neva erhoffend, da meldete sich, wie wir bereits sahen, ein junger Bandenführer bei Gottsched, der aus allen erdenklichen bürgerlichen Berufen seine Schauspieler zusammengetrommelt hatte, und der dabei von seltenem Glück begünstigt gewesen. Einen Eckhof, einen Ackermann und eine Sophie Schröder durfte er in die Bühnenwelt einführen — alles unbekannte Namen, deren Träger bald die berühmtesten Stützen des Theaters werden sollten. In Sophie Schröder tritt uns wieder eine von den großen weiblichen Kraftgestalten entgegen, an denen die Jugendgeschichte der deutschen Schauspielkunst so reich ist. Sie war eine geborene Biereichel, eines Goldstickers Tochter aus Berlin, und am 10. Mai 1714 in der preußischen Hauptstadt geboren. Zwanzigjährig reichte sie ihre Hand dem Organisten der Berliner St. Georgen-Kirche Johann Dietrich Schröder. Es war eine unglückliche Ehe. Der Mann, der vielleicht früher von hohen Kunstzielen geträumt, hatte sich Gott weiß aus welcher Veranlassung dem Trunke ergeben und schleppte sich nur noch kümmerlich dahin. Vielleicht hatte seine stattliche Erscheinung die junge schöne Biereichel bestochen, aber nur vier Jahre hielt sie es an der Seite des unwürdigen Gatten aus. Ihr Versuch, durch Begründung einer Nähschule den zu Trümmern gehenden Hausstand zu retten, war gescheitert, und so trennte sie sich von dem Verlorenen und eilte nach Schwerin, um an dem dortigen Hofe die väterlichen Beziehungen auszunützen und feine Stickarbeiten zu liefern. Aber es fand sich da kein Boden für sie, und so wandte sie sich nach der großen Handelsstadt Hamburg, wo sie in einem Dachkämmerlein kümmerlich ihren Unterhalt erwarb. Doch tröstete sie der Umgang mit einem Schreiberlein, das sie schon in Schwerin kennen gelernt haben mochte — Konrad Eckhof mit Namen. Der sonderbare Rechtsanwaltsgehilfe, der mit seinen hohen Schultern und anderen körperlichen Mängeln wenig vorteilhaft aussah, trug sich mit einem kühnen Gedanken. Sein Stand war ihm zu enge, sein Geist beschäftigte sich gern mit Dichtung und namentlich mit den Bühnenwerken Gottscheds, sein Herz empfand die wunderbare, unstillbare Sehnsucht nach dem Theater, von der niemand sagen kann, woher sie kommt, und die sich bei manchem bis zur Krankheit steigert. Er übertrug diese Neigung auf die geistvolle junge Frau, mit der er gern plauderte, und eines Tages gingen beide desselben Weges, zur Truppe Schönemanns. Ähnlich also, wie einst die junge Weißenbornin zum Theater geflohen war, um sich unerträglichen Verhältnissen zu entziehen, so gesellt sich jetzt auch die Schröderin zu dem fahrenden Volke auf gutes Glück und ohne von ihrer Begabung selbst etwas wissen zu können. Aber sie lief freilich nicht aus väterlicher Zucht mit einem jungen Studenten sittenlos davon, sondern sie ging ehrbar und als berechtigte Herrin ihrer Entschlüsse zur Bühne, mit Eckhof nur durch ein Freundschaftsband verknüpft. Schönemann warb beide an.

Dieser selbst hatte sich kurz zuvor mit Anna Rachel Weigler (oder Weitzler) vermählt, einer stimmbegabten und liebenswürdigen Schauspielerin, die früher Kammerjungfer einer Fürstin mecklenburgischen Bluts gewesen war. In Lüneburg eröffnete er, unterstützt durch den Landschaftsdirektor von Grote, seine Vorstellungen mit der Aufführung einer deutschen Übersetzung des Racine'schen Mithridates. Gleich damit wollte der junge Herr beweisen, daß das „regelmäßige" Schauspiel das Ziel seines Bühnenstrebens werden sollte. War er doch unter dem Zepter der Neuberin künstlerisch aufgewachsen, hatte er doch die großen Zeiten der Truppe der Harlekinsfeindin mitgemacht. Noch in Lüneburg wurde eine Anzahl weiterer Mitglieder gewonnen, darunter eine interessante Frau, nämlich die Witwe desselben Spiegelberg, unter dem einst die Neuberin ihre ersten künstlerischen Gehversuche gemacht hatte. Diese Frau war ein rechtes Bühnenkind. Ihr Vater — Denner — hatte schon unter dem Magister Velthen mitgemimt, ihr Bruder war der erste deutsche Harlekin. Sie brachte zwei Töchter mit, die sich gleichfalls der Bühne widmeten.

Neben diesen Damen wurde noch ein Fräulein Hanna Rudolphi für „Naive" und die junge Frau des Geckenspielers Erler, geborene Berger für „Liebhaberinnen" bestimmt. Die Frau des Inspizienten Reimer besaß ein Töchterchen, das später eine Frau Gantner wurde, damals aber Kinderrollen gab. So stattlich diese Reihe von Schauspielerinnen für damalige Zeiten war, trug sie doch den Keim des Verderbens in die Truppe. Diese erste Gesellschaft namhafter Bühnenkünstlerinnen litt nämlich schon an der Krankheit, die heute noch die Frauen auf dem Theater entstellt, nämlich an gegenseitigem Neide und an unersättlicher Rollensucht, und schon damals verknüpften sich diese trüben Neigungen mit dem Spiel der weiblichen Reize. Grade als Schönemann sein kühnes Ziel erreicht zu haben schien, platzten die Minen, die von allen Seiten ohne sein Wissen angelegt worden waren. Er hatte nämlich die stolze Absicht, zu vollenden, was seine Lehrmeisterin, die Neuberin, begonnen und unfertig liegen gelassen. Denselben Grundsatz: die Bühnenkunst zu veredeln, wollte er vertreten. Auch er verehrte in Gottsched noch den Mann der Zukunft. Und wieviel besser war Schönemann gestellt, als einst seine Vorgängerin in der Gunst des Leipziger Professors. Damals hatte man noch sehr wenig Schauspiele der neuen Richtung gehabt — heute bot sich eine ziemliche Fülle von Übersetzungen und eignen Arbeiten Gottscheds dar. Damals fehlte es der Neuberin noch an darstellenden Kräften. Schönemann aber hatte mit glücklichem Griffe eine kleine auserlesene Schar um sich vereinigt. Ähnlich, wie Cäsar, der seine Truppen erst in Gallien prüfte, blieb er zunächst in kleineren Städten, um seine Leute kennen zu lernen und einzuspielen, dann erst erschien er in Leipzig, und zwar grade in dem Augenblicke, wo die Neuberin nach Rußland ging. Und schnell gewann er den dichtenden Gelehrten. War somit Leipzig erobert, so sollte nun auch die zweite Festung der Kunstwelt gestürmt werden, die von der Neuberin so lange vergeblich belagert worden war: Hamburg!

Hatte doch hier schon seit dem Ende des siebzehnten Jahrhunderts eine „deutsche Oper" bestanden. Viele bedeutende Namen in der deutschen Musik jener Zeit ketten sich daher an Hamburg. Hier bestand sogar ein Bühnen-Haus, seit Nürnbergs Vorgang das erste Operngebäude in Deutschland. Der Rechtsgelehrte G. Schott und der Lizentiat Lütjens hatten es im Vereine mit dem Organisten der St.Katharinenkirche, dem berühmten Johann Adam Reinken, am Gänsemarkt erbaut, und das rege Musikleben der Stadt fand hier seinen Mittelpunkt. Denn in Hamburg ehrte man eigene und fremde Tonkünstler, gewann erste Kräfte als Organisten der Kirchen, holte sie feierlich ein und spendete den Musikern reiche Gehälter. So kam natürlich auch die Oper in Blüte, wenigstens äußerlich. Aus den Begriffen der alten Mysterienbühne entwickelte sie sich: Weltschöpfung, Messiasleiden und den Kampf zwischen Himmel und Hölle versinnlichend. Dann zog die griechische Götterwelt ein. Aber der rohe Volksgeschmack verlangte nach stärkeren Reizungen, nach Sensation und Skandal, nach Mord und Totschlag, bei dem für Menschenblut Kälberblut fließen mußte. Dabei aber gab es auch wirkliche musikalische Genüsse. Der graziöse Keiser ließ seine Musik hier ertönen; der große Händel wanderte als Jüngling daher, und seine erste Oper zeigte sich auf dieser Bühne; der vielbeschäftigte Beamte und Sänger Mattheson war hier einer der ersten gefeierten Tenore deutscher Abkunft; Georg Philipp Telemann, der beliebte Komponist, ward hier noch in der Verfallszeit Kapellmeister.

Aber gering war freilich die Mitwirkung der Frauen. Gab es außer

Mattheson schon wenig Sänger, so mangelte es noch mehr an Sängerinnen. Marktweiber und verrufene Frauenzimmer mußten vielfach ihre Stelle vertreten. Eine Ausnahme aber machte die Gattin Keisers, eine Tochter des Ratsherrn Oldenburg. Sie selbst und auch ihre Tochter werden als vortreffliche Sängerinnen gerühmt, und daneben die „Demoiselles" Rischmüller, Schober und Conradi. Die letztgenannte war die Gefeiertste von allen, aber ihre Bildung ragte nicht über den tiefen Pegelstand hinaus, mit dem die anderen sich begnügten. Nicht einmal die Noten verstand sie zu lesen. Mattheson las ihr ihre Partie so lange vor, bis sie sich ihr einprägte.

Seit dem Jahre 1738 war die deutsche Oper ganz verfallen, und italienische Truppen traten an ihre Stelle. Aber die deutsche Schauspielkunst kehrte öfter als Gast ein in dem Hause am Gänsemarkte. Wir haben ja die Neuberin öfters nach Hamburg begleitet, wissen aber auch, wie sehr sie über den rohen Geschmack daselbst zu klagen hatte, den die Ausschreitungen der deutschen Oper vielfach verschuldet hatten. Wir sahen, wie die kühne Mitkämpferin Gottscheds sich zurücksehnte zum kunstsinnigen Leipzig, ja, wie sie sich mit einer Strafrede von den Bürgern der Kaufmannstadt für immer verabschiedete! Dennoch eröffnete Schönemann mutig am Dienstag den 7. Juni 1741 seine Schaubühne mit Corneilles Cid und einem Nachspiel, in dem Hanswurst sein Wesen treiben durfte. Der Zulauf des Publikums befriedigte anfangs durchaus, namentlich da neben den Tragödien in viel größerer Anzahl die Komödien des Molière, des Holberg und anderer erschienen. Auch ein Lustspiel von örtlichem Interesse, der Bookesbeutel von Heinrich Borkenstein und die republikanische Tragödie Timoleon von dem Hamburger Vehrmann tat große Wirkung. Nebenbei ward der Briefwechsel mit Gottsched gepflegt, ward manche Übersetzung der Frau Adelgunde gegeben, und es gelang wirklich, das Ansehen des Theaters in Hamburg zu heben. Fanden doch Komödianten — ein unerhörter Fall! — sogar Aufnahme in den angesehenen Familien des Dichters Brockes und des biederen Behrmann, der schon ein Ratgeber der Neuberin gewesen war. Ja, trotzdem der Besuch sich später verschlechterte, namentlich als es an Neuheiten zu mangeln begann, trug sich Schönemann sogar schon mit dem Gedanken, eine Art von stehendem Theater in Hamburg zu begründen, wofür er ein Abonnement von zehn Reichstalern für die Spielzeit als Grundlage forderte; aber Plötzlich traf ihn ein unvorhergesehener Schicksalsschlag. Die Minen der Komödiantinnen platzten.

Die Schröder hatte große Triumphe geerntet. Als Darstellerin der jungen Heldinnen und Liebhaberinnen war sie der Liebling des Publikums geworden, und der Weihrauch, den man ihr streute, hatte sie völlig der Fassung beraubt. Sie glaubte sich alles zutrauen zu können, und ein angeborenes Herrschergefühl trieb sie, selbst die Herrin zu werden. Dabei glaubte sie sich benachteiligt, denn sie meinte, die eine Jungfrau Spiegelberg werde vom Bühnenleiter bevorzugt. Sie sandte eines Tages die ihr zuerteilte Rolle im „poetischen Dorfjunker" Destouches zurück, da ihrer Meinung nach die Rolle der Spiegelbergin für sie geeigneter sei. Schönemann sah sich gezwungen, das Stück wieder abzusetzen, aber das beruhigte nur äußerlich die Gärung. Es bildeten sich zwei Parteien. Ackermann, der große abenteuerliche Gesell, der mittlerweile zum sehr wohl angesehenen Charakterspieler geworden war, und Uhlich, halb Poet und halb Mime, hielten zu Frau Schröder. Auch Hanna Rudolphi, die junge „Naive" gehörte dazu, denn sie war die Verlobte Uhlichs. Dagegen blieb Eckhof dem Direktor treu, denn er schwur bereits zur Fahne der Georgine Spiegelbergin, die bald seine Braut wurde. Also ein richtiger Weiberputsch! Niederschmetternd wirkte es auf Schönemann, als ihm grade am Vorabend des ersten Advent, also am Beginn der vorgeschriebenen Spielpause, Ackermann und die Schröder kündigten. Vergebens suchte er sie durch Erhöhung ihrer Einkünfte zu fesseln — sie bekamen damals schon die höchste Gage von zwei Talern auf die Woche! — es blieb bei dem Bruche, und zwei Tage später verließen ihn auch Uhlich und die Rudolphi. Schwach und lässig, wie er war, fühlte er sich ganz gebrochen, legte sich für acht Wochen auf das Krankenlager und verlor nach monatelangem Kampfe auch noch das Operngebäude. An dem Besitze dieses Hauses mußte der Schröderin natürlich alles gelegen sein, da sie ohne Dekorationen und Kostüme war, dort aber einen herrlichen Fundus erhoffen konnte. Hatte doch die Hamburger Oper ihre Seitenkulissen sechsunddreißigmal, den Hintergrund aber mehr als hundertmal zu wechseln vermocht. Die Pracht der Ausstattungen bildete hier einst das Staunen der Zeitgenossen.

Da nun der einflußreiche Besitzer des Opernhofes (freilich nicht des darauf stehenden Bühnenhauses), Resident Willers, selbst zu den Verehrern der aufsässigen Bühnenheldin gehörte, so errang sie auch hier den Sieg, und Schönemann mußte als geschlagener Mann abziehen Was half es ihm, daß er sich bei Gottsched bitter beschwerte? Der Leipziger Professor konnte hier nicht helfen und die Verschwörer beeilten sich, ihrerseits den Schönemann als einen lässigen Jünger des Meisters zu verklatschen und für sich selbst besseres zu versprechen. Gehört doch Uhlich unter die Autoren in Gottscheds Schaubühne! Und in der Tat machte die Schröder Ernst mit einem künstlerischen Programm. Aber kluger Weise legte sie den Hauptwert nicht auf die Tragödien, sondern auf die komischen Werke der höheren Kunstgattung. Sie erklärte, daß die lustige Seite der echten Kunst noch zu wenig betont sei, daß auch hier die Natur zur Geltung kommen müsse, und sie ließ sich wesentlich von Holberg, dem Dänen, und Molière, dem Franzosen, ihren Spielplan bereichern. Aber, trotz alledem sollte ihr zu Unrecht begonnenes Werk nicht gedeihen.

Sie hatte noch zu wenig Erfahrung auf dem geschäftlichen Gebiete, und sie mag es bald genug bedauert haben, daß sie die Sorgen und Ängste einer Leiterin auf sich geladen hatte. Was sie Schönemann zum Vorwurfe gemacht, daß er sich nämlich zu sehr nach dem Geschmacke des Publikums richte, das konnte man jetzt von ihr in noch höherem Maße sagen. Denn nicht nur Schäferspiele und Feerien, nein, auch die wüstesten Harlekiniaden drangen immer mehr in den Spielplan der Frau ein, die in Gottscheds Augen die Fortsetzerin des Neuber'schen Werkes sein wollte. Sie litt auch wirklich Mangel an Neuheiten und mehr noch an Darstellern. Außer ihr selbst war ihr Genosse Ackermann die einzige Kraft von Wert, und auf seinen Schultern lastete ja auch die wesentlichste Verantwortung grade in den Charakterkomödien, die sie wohl seinetwegen so bevorzugte. Sie, die einst unter Schönemanns Leitung sich über Vernachlässigung bei der Rollenverteilung beschwert hatte, nahm jetzt für sich selbst den kleinsten Teil des Spieles in Anspruch, denn ihre Kraft hätte ja ein stärkeres Betonen der hohen Tragödie verlangt.

Hatte sie einsehen gelernt, daß die Direktorialgeschäfte sich schlecht mit dem Spielen vereinigen lassen? Sie tat alles, um sich den Hamburgern zu empfehlen, sie ließ es weder an schmeichelnden Vorreden noch an Vorspielen mangeln, aber die Einnahmen sanken immer mehr. Ein kleiner Streifzug nach Rostock und Lübeck entriß sie zwar der schlimmsten Bedrängnis, aber als sie nach Hamburg zurückkehrte, wurde es schlimmer als je. Der Versuch, von der Bühne herab den Wettbewerb der italienischen Operngesellschaft zu verspotten, führte dazu, daß sie den Schauplatz im Opernhause aufgeben mußte, und auf ihrer neuen Bühne, in dem „Hofe von Holland" in der „großen Fuhlentwiete" ging es nur noch eine kurze Zeit vorwärts. Dann ließen die lächerlich kleinen Einnahmen die Gesellschaft auseinander laufen. Schönemann war gerochen. Wie er einst Hamburg hatte verlassen müssen, verdrängt durch die Frau, die er selbst der Bühne zugeführt hatte, so mußte auch sie jetzt gehen. Am 10. Juli 1743 schloß sie ihre Schaubude. In demselben Jahre hatte ja auch die Neuberin nach einem kurzen Kampfe gegen ihren einstigen Bundesgenossen Gottsched ihre Truppe entlassen müssen. Einzelne von ihren Mitgliedern hatten noch während der letzten Monate bei der Schröder mitgespielt. Dabei waren die beiden Frauen, die in demselben Jahre Bankrott machten, dennoch nicht nur begabte Darstellerinnen, sondern auch beide geniale Herrschernaturen. Nur: die Neuberin war schon über die Zeit ihrer Kraft hinaus, und die Schröderin stand noch in ihrer Entwicklung. Die eine war vor der Zeit alt geworden, die andre war noch zu jung, um ihren kühnen Plänen gewachsen zu sein. Grade in dem Augenblicke, wo sie den Herrscherstab niederlegte und der Bühne wieder Lebewohl sagte, erschien bei ihr ein unerwarteter Besuch — ihr Mann aus Berlin. Ob den charakterschwachen Kantor Sehnsucht nach seinem Weibe ergriffen; ob er sie in glänzender Lage geglaubt hatte und bei ihr Hilfe suchen wollte? Jedenfalls fand er sie im Augenblicke, da ihr alle Hoffnungen zu Scheiter gegangen waren, und konnte nur einige Zeit bei ihr verweilen. Als er aber nach Berlin zurückkehrte, war seine Organistenstelle, die er ohne Urlaub im Stiche gelassen hatte, anderweitig besetzt, und kein Bitten und Flehen verschaffte sie ihm wieder.

Er ist bald darauf verschollen. Seine Frau aber flüchtete sich wieder nach Schwerin, wo sie nunmehr vom Hofe als fleißige Goldstickerin beschäftigt wurde, und in behaglichen Verhältnissen schenkte sie einem Sohne das Leben, der ihren Namen als den seiner Mutter unsterblich machen sollte: Friedrich Ludwig Schröder. Sie selbst glaubte wohl nicht, daß dies Kind von frühester Jugend auf unter den Drangsalen und Abenteuern des wandernden Komödiantenlebens zu leiden haben sollte. Denn sie schien mit ihrer kurzen Bühnenlaufbahn abgeschlossen zu haben, und in Briefen an den ihr immer noch wohlwollenden Residenten Willers spottete sie behaglich einstiger Freunde, des Uhlich, der mit seiner Braut zu der italienischen Oper gegangen und auch des „Herrn Ackermann". Sie ahnte damals noch nicht, wie nahe sie ihm im Leben treten sollte. Sie feierte also ein paar Jahre, ebenso wie die Neuberin. Auch der Gegner dieser gestürzten großen Reformatorin, der früher erwähnte Müller, der Gatte der Susanne Katharina Haack hatte seiner Zeit in Leipzig dem Schönemann das Feld gelassen, und nahm später in Liefland ein ruhmloses Ende.

Schönemann aber führte, nachdem ihn die Schröder aus Hamburg verdrängte, ein unstetes Wanderleben. Er war erst in kleine Städte der Umgegend gezogen, dann aber hatte er auf größeren Zügen den Mut gewonnen, nach Berlin zu gehen und den Schutz des jungen Preußenkönigs anzurufen. Hier in der schnell wieder zu Ruhm gelangten Hauptstadt, war die Schauspielkunst bisher nur durch einen Mimen vertreten gewesen, der so recht das Gepräge der vergangenen Zeit an sich trug, durch Eckenberg, der sich den „starken Mann" nennen ließ. Hatte dieser zwar neben seinen gymnastischen Darbietungen auch ernstere Kunst gepflegt und seit dem

Jahre 1731 im königlichen Theater wirkliche Schauspiele, darunter Holberg und Molière auf die Bühne gebracht, so war es doch ein gewaltiger Fortschritt, als sich Schönemann in Berlin festsetzte. Ja, es schien sogar, als solle auf seine Anregung König Friedrich ein deutsches Schauspielhaus in Berlin errichten lassen. Das war mehr, als man erwarten konnte, denn die kurze Zeit, da das deutsche Wesen unter dem rauhen Soldatenkönige im Leben und auf der Bühne Berlins bevorzugt worden, war schon wieder gewichen. Der große Friedrich war ein ebenso eifriger Franzosenverehrer in Literatur und Kunst, wie es sein Großvater gewesen, und er sprach ebenso gern und eifrig französisch, wie einst die philosophische Königin.

Auch zerschlug sich der Plan des Theaterbaues bald wieder; Schönemann erhielt dafür ein Privilegium für alle preußischen Lande, spielte abwechselnd mit dem Hanswurst-Schützer Schuch in Breslau, dehnte seine Züge bis nach Königsberg und Danzig aus, und fand schließlich seine wesentlichste Stütze an zwei kunstsinnigen Fürsten, an Karl von Braunschweig und an Christian Ludwig II. von Mecklenburg-Schwerin. Dieser Herzog pflegte das Theater mit besonderer Vorliebe, und er war der erste Fürst, der eine deutsche Truppe dauernd in Dienst nahm. Seit dem 28. November 1747 saß er als Nachfolger seines Bruders Karl Leopold auf dem Thron des kleinen Landes, den er bis zum 30. Mai 1756 inne gehabt hat. Schon früher hatte er als kaiserlicher Administrator Mecklenburgs Schönemanns Truppe begünstigt. Eine Reihe nicht unbedeutender Frauen kennzeichnen in jener Zeit den Schweriner Hof. Der Herzog selbst war vermählt mit Gustave Karoline, Tochter des Herzogs Adolf Friedrich II. von Mecklenburg-Strelitz.

Seine Schwester Sophie Luise war seit dem 19. November 1708 mit dem König Friedrich I. in Preußen vermählt gewesen als Nachfolgerin der philosophischen Königin. Sie hatte ihren Gatten lange überlebt, denn erst am 29. Juli 1735 starb sie, im fünfzigsten Lebensjahre. Die Ehe war keine glückliche gewesen. Aber ein noch weit traurigeres Geschick hatte die Schwester des Herzogs Elisabeth Katharina betroffen, die von ihrer Tante, der Kaiserin Anna von Rußland mit dem jungen Anton Ulrich von Braunschweig vermählt und zur dermaleinstigen Herrscherin der Russen bestimmt worden war. Doch hatte sie unter dem Namen Anna Karlowna nur ein Jahr die Regentschaft geführt, als Elisabeth sie vom Throne stieß und samt ihrem Gatten in die Nähe von Archangel in die Verbannung schickte, wo sie im Wochenbette starb. Schwermütiger Ernst lagerte über der Tante des Herzogs, der Herzogin Augusta in Dargun, und diese hatte ihre pietistischen Neigungen so völlig auf den jungen Erbprinzen Friedrich übertragen, daß der Vater, Christian Ludwig II., um die Gemütsentwicklung seines Sohnes ernstlich besorgt wurde und ihn auf Reisen sandte. Aber weder in England, noch in Berlin vermochte man den Sinn des Erbprinzen aufzuheitern, und nur der Gedanke an eine Heirat gab noch Hoffnung. Der Prinz selber erwählte sich auch schon im Jahre 1744 zur Braut die reiche und viel umworbene Prinzessin Louise Friederike, die Tochter des Erbprinzen Friedrich Ludwig von Württemberg. Sie war am 3. Februar 1722 in Stuttgart geboren, hatte ihren Vater früh verloren, und war von der Mutter, einer geborenen Prinzessin von Brandenburg-Schwedt, auf dem Schlosse zu Göppingen erzogen. In Schwedt verlobte sie sich mit Friedrich von Schwerin und heiratete ihn zwei Jahre darauf. Aber den gewünschten Erfolg für die Änderung im Gemütsleben des jungen Thronfolgers hatte diese Verbindung auch nicht. Mehr als je hielt er sich fern von dem fröhlichen Festgeräusch des Hofes und in beschaulicher Stille legte er sich ein menschenfreundliches aber freud- und freiheitsloses Programm für seine künftige Regierung zurecht. Um so auffallender war jetzt sein Wesen, da Louise Friederike im Gegensatze dazu mindestens für die Schauspiele am Hofe des Schwiegervaters das allerregste Interesse bekundete. Sie fand am Schweriner Hofe eine Geistesgenossin in der Prinzessin Ulrike. Beide sprachen trefflich französisch und scheuten sich nicht — der Zeitsitte entsprechend — Liebhaberaufführungen französischer Stücke am Hofe zu veranstalten, in denen sie mitwirkten. Ja, sie übersetzten auch französische Stücke ins Deutsche, so Louise den „Liebhaber seiner Frau" von Boissy und Ulrike den „Undankbaren". Louise erfreute sich ganz besonders an Eckhofs Spiel und sie schloß seine Kunst für alle Zeit in ihr Herz.

Dieser rief damals eine Schauspieler-Akademie ins Leben, in der alle vierzehn Tage Sonnabends von zwei bis vier Uhr Dinge besprochen wurden, „die geschickt sind zur Aufnahme des Theaters und eines jeden insbesondere etwas beizutragen." Da finden sich unter der Rubrik „Namen der Frauenzimmer" fünf: nämlich Anna Rachel Schönemann, G. E. D. Schönemann, Georgine Eckhoffin, A. Rainern, Johanna Christiane Starkin. Von diesen ist uns Frau Schönemann, die geborene Weigler, schon bekannt als eine feinsinnige Schauspielerin nach französischem Geschmack, die mit Heldenmütterrollen begann. So spielte sie die Mutter der Makabäer in de La Mottes Tragödie, Voltaires Alzire, vielleicht auch die Zaire und Elias Schlegels Dido. Über die letztgenannte Rolle schreibt Uhlich „die Frau Schönemannin würde sie sehr gut vorstellen, wenn sie nur fleißiger lernte", in dem Hamburgischen Stück „Bookesbeutel" kam ihr die niederdeutsche Aussprache zu Gute, da sie ja aus Lüneburg stammte. Ihrer „Liese" im „Bauer mit der Erbschaft" wurde „ländliche Naivität und Ungezwungenheit" nachgerühmt. So scheint sie über ein vielseitiges Kunstvermögen verfügt zu haben. Auch mußte sie öfters die gereimten Aussprachen, sogenannten Reden an das Publikum halten, symbolische Figuren darstellen u. s. w. Außerdem scheint sie eine treue Frau und gute Hausmutter gewesen zu sein, der es nur nicht gelang, den Sohn in verständige Bahnen zu geleiten.

Dagegen vererbte sie ihre Begabung auf die Tochter Elisabeth Lucia Dorothea. Diese war am 10. November 1732 geboren. Sie übte sich früh in Kinderrollen. Bei dem Dreyer'schen Festspiel „Hamburgs Vorzüge", mit dem sich Schönemann in die Gunst der Hamburger einführen wollte, stand sie als „Zärtlichkeit" neben der Mutter, der „Freiheit". Heranwachsend wurde sie zu einer vortrefflichen Darstellerin großer und bedeutungsvoller Rollen. Sie heiratete später den Sekretär des Prinzen Ludwig von Mecklenburg-Schwerin, mit Namen Löwen, dem wir in der Geschichte der Schauspielkunst noch einigemal begegnen werden. Die Frau Eckhof sahen wir als Jungfer Spiegelberg einen bedeutungsvollen Anfang nehmen. Sie blieb bekanntlich dem Schönemann treu in dem Augenblicke, da diesen die Schröder im Stiche ließ. Aber sie war bedeutend älter als Eckhof und plagte diesen später sehr mit ihrer Rollensucht, namentlich als er in Sophie Schulz eine junge Schülerin gewann. Im Jahre 1754 trat diese zum ersten Mal bei Schönemann auf, der damals schon anfing, es mit seiner Bühnenleitung sehr leicht zu nehmen und lässig zu werden. In koketten und affektierten Mädchenrollen bestand ihr Hauptgebiet. Auch Hosenrollen waren ihr sehr genehm, so daß sie anfangs den „Chevallierspieler" Bubbers bei Schönemann ersetzte. Im Jahre 1758 hat sie den Schauspieler Bock geheiratet, und blieb eine treue Begleiterin Eckhofs auf seinen späteren Wanderzügen,, Aber die bedeutendste Darstellerin der Schönemann'schen Glanzzeit war die Frau Starkin. Johanna Christiane Gerhard wurde im Jahre 1748 in Heidelberg die Gattin des Schauspielers Starke, einer bewährten Kraft Schönemanns. Der Gemahl führte seine Frau gleichfalls der Bühne zu, und sie hat dieser ein halbes Jahrhundert lang angehört: „Voll innigster Empfindung in zärtlichen, voller Naivität in unschuldigen Rollen, hat sie frühzeitig gerührt und entzückt. So oft sie die leidende Unschuld spielt, werden alle Zuschauer durchdrungen. Ihre erste wichtige Rolle war Lottchen in den zärtlichen Schwestern" So schreibt ein Zeitgenosse über sie. Auch ihre hübsche Gestalt wird gepriesen und namentlich ihre „Taille zum Umspannen". Schon im Jahre 1752 bildete sie das Entzücken der Hamburger. Begeistert pries man sie in Gedichten und Kritiken. So brachte ein Blatt folgende „Frage an das Publikum" (1753):

Zaire ist Dein Werk,
So sprach einst Frankreichs Heldendichter
Zur Gossin. Jeder sagt: Des Ruhmes ist sie wert,
Ihr, die Ihr das Verdienst nicht nur in Frankreich ehrt,
Sprecht, wie Ihr pflegt als unbestochne Richter
Beurteilt die, die selbst auch das noch reizend zeigt,
Wo sich Voltaire verdeutscht zum Untergange neigt.
Die, wo den großen Geist ein kleiner Geist umhüllet,
Euch noch durch eigne Kraft mit Schmerz und Wut erfüllet.
Die Frau, aus welcher nur Verstand und Tugend spricht,
Die Starken nenn ich Euch, Entscheidet! Sagt man nicht
Bei uns mit mehrerm Recht: Zaire ist ihr Werk.

Damit konnte die Schauspielerin zufrieden sein. Auch ist dies Zeugnis keineswegs vereinzelt. Gewaltigen Ruhm erntete sie später in Hamburg, als sie am 6., 7., 11. und 21. Oktober 1756 die Miß Sara Sampson Lessings spielte, wobei ihre Partnerin, die Marwood, von Demoiselle Schulz und der Mellefont von Eckhof meisterlich gegeben wurde. Aber dies waren nicht die ersten Darsteller der Lessing'schen Tragödie. Das große Verdienst, die Sara der Bühne erobert zu haben, gebührt vielmehr der Truppe Ackermanns und der Frau Schröder, zu der wir daher jetzt eilends zurückkehren.

Die idyllische Ruhe in Schwerin hatte für die Schröder nicht lange gedauert. Ihr alter Freund Ackermann führte sie wieder in die Welt hinaus. Schon im Jahre 1746 trat er mit einem Bürger Danzigs in Verbindung, mit dem Goldschmied Dietrich, der, als ein Theaterenthusiast, eine Truppe auf seine Rechnung durch Ackermann anwerben ließ. Im folgenden Jahre schon gesellte sich auch Frau Schröder wieder zu dem alten Kumpan. Freilich waren da die Danziger Vorstellungen schon beendet. Die Geburtsstadt der Frau Gottsched war jetzt ganz für die regelmäßige Tragödie gewonnen, und die Possenreißer fanden leere Häuser; dagegen vergötterte man den Ackermann. Und das Dietrich'sche Unternehmen gewann jetzt immer großartigeren Umfang, Ackermann ging nach Rußland hinein. Bis nach Petersburg und Moskau folgte ihm die Schröderin mit ihrem kleinen Söhnchen, und auch Fritz betrat schon die Bühne. Ja ein ganz besonderes Wohlwollen der mächtigen Kaiserin Elisabeth gewann er sich mit sechs Worten einer kleinen Rolle in einem Festspiel seiner Mutter; überhaupt verstand sie es, durch ein Paar eingestreute Verse ihrem Söhnchen passende Röllchen zu schaffen, und der begabte Knabe — man weiß ja wie leicht Kinder auf der Bühne zu gefallen pflegen — half den Ruhm der Mutter früh vergrößern. Diese nahm in Petersburg ihren Genossen zum Manne. Einer alten Überlieferung zufolge hätte die Heirat folgende Urfache gehabt: Zu vertraulich geworden durch den langjährigen kameradschaftlichen Umgang mit der Schröderin, sei ihr Ackermann einst in Gegenwart anderer mit einer leichtfertigen Redensart zu nahe getreten und habe dafür eine Ohrfeige von ihr erhalten. Die geschwollene Backe des treuen Kumpans aber habe die schlagfertige Freundin an ihr Unrecht gemahnt, und sie habe ihm Genugtuung gewährt, indem sie seine Frau ward. Ob das wahr ist oder nicht — jedenfalls wird das lange Zusammensein bei derselben Theatergesellschaft es ratsam gemacht haben, ihr gegenseitiges Verhältnis zu klären. Eine große Hochzeit wurde veranstaltet, eine Menge von Standespersonen war zugegen — darunter auch der Abenteurer Trenck — und alles nahm einen sehr lustigen — vielleicht zu lustigen Verlauf. Dabei gab es große Hochzeitsgeschenke, und mit dem, was der gesellschaftlich wie künstlerisch gleich beliebte Ackermann erworben hatte, machten sie ein ganz hübsches Sümmchen aus. So dachte denn das neu vermählte Paar daran, in der Heimat von neuem das Glück zu versuchen. Unter unsäglichen, mit Lebensgefahr verbundenen Anstrengungen erreichte man über Kurland die Stadt Danzig wieder, und während Ackermann dort eine Zeit lang noch für Dietrich weiter mitspielte, erwarb er sich unter der Hand das Recht, in Königsberg auf dem „Creutzischen Platz" ein „Comedienhaus" zu errichten. Kühn wollte der vom Glück begünstigte Direktor das erste stehende Theater schaffen, denn alle Truppen begnügten sich sonst auch in den intelligentesten Städten mit Buden oder vorhandenen Räumen; war doch selbst die Truppe Christian Ludwigs von Mecklenburg-Schwerin noch mit einem Saale des Schlosses zufrieden. Dennoch schien auch dies Wagnis für Ackermann gut auszuschlagen. Königsberg war längst die regelmäßige Komödie gewöhnt. Hier hatte vor kurzem Schönemann gewirkt, und er war sogar persönlich zusammengetroffen mit Gottsched zu der Zeit, als Frau Adelgunde die Frauenzimmer-Akademie dort ins Leben rief. Der treue Flottwell, der diese weiter gepflegt, hütete auch das Ansehen des Altmeisters in der deutschen Gesellschaft, deren Mitglieder nur spärlich und schüchtern einen Bodmer oder einen Klopstock zu loben wagten. Und Ackermanns Ruhm war bereits auch hierher gedrungen. Dazu stand ihm seine tatkräftige Frau zur Seite, die nicht nur als eine gute Schauspielerin, sondern vor allem als eine umsichtige Leiterin in geschäftlicher und wirtschaftlicher Hinsicht sehr zu schätzen war. Sie war, der Neuberin gleich, eine geborene Herrschernatur, doch litt sie nicht, wie jene, an übertriebener Hast, an Jähzorn und Überhebung. Sie war eine kühl besonnene Frau und befolgte das Programm der Neuberin nur in gutem Sinne. Wie jene war auch sie eine Mutter ihrer Schauspielerinnen, beriet diese in schwierigen Fragen und hielt mit strenger Hand die Unsittlichkeit fern von ihrem Reiche. Dabei war sie eine vortreffliche und anregende Lehrerin, wußte die Jugend heranzubilden und den echten Kunstgeist wach zu halten. Nicht leicht aus der Fassung zu bringen, den Kampf mit den Widerwärtigkeiten des freien Lebens gewöhnt, fest auf die eigene Kraft vertrauend, stark und Praktisch bis zur Kälte und Härte, überschaute sie mit freiem Blick die geschäftliche wie die künstlerische Lage und sorgte für den Bestand dessen, was ihr Mann begründet hatte.

Dieser war mehr der Künstler. An Begabung überragte er seine Frau, und mit seinem liebenswürdigen Wesen machte er häufig wieder gut, was jene durch rücksichtslose Strenge hätte verderben können. Und diese Liebenswürdigkeit durchdrang auch sein Spiel. Treffend charakterisiert ihn mit wenigen Worten sein Biograph Litzmann: „Das Lachen mit der Träne im Auge, was den Triumph seiner Kunst darstellte, entsprach der Grundstimmung des ganzen Menschen, und das verlieh den Rollen, in welchen sie zum Ausdruck kam, eine überzeugende, überwältigende Lebenswahrheit". Leider nur versäumte auch er es, der Gattin da das Gegengewicht zu halten, wo sie am meisten versah. Die große Schröder, die ihrer Truppe eine so treffliche Mutter war, versäumte nämlich ihre Mutterpflichten gegenüber dem Sohne. Zwar hatte sie es nicht an Ausbildung fehlen lassen. Wir sahen, wie früh sie ihn die Bühne betreten ließ; trotzdem schickte sie ihn auch zur Schule, sogar unter den erschwerenden Umständen in Rußland. Aber sie verstand es nicht, sein Vertrauen zu erwerben, und sie überließ der bösartigen „Einhelferin" (Souffleuse) der Truppe, Clara Hoffmann, die eigentliche häusliche Erziehung fast vollständig. Diese, eine Ränkeschmiedin und Trübfischerin schlimmster Art, bemühte sich, Unfrieden zwischen Mann und Weib und zwischen Eltern und Kindern zu säen. Alle Jungenstreiche bauschte sie zur Bosheit auf, und die Eltern waren töricht genug, ihr blind zu glauben. Der arme Kleine, der auf der Bühne beklatscht wurde, mußte daheim hören, daß er nur den Beifall „dummer Jungen" zu erwerben im stande sei. Er mußte am Tische der Eltern stehend seine Nahrung zu sich nehmen oder gar mit dem Gesinde essen. Bei einem Ausfluge nach Warschau, suchte er sich der elterlichen Macht ganz zu entziehen. Ackermann hatte ihn in eine Jesuitenschule gebracht, und die schlauen Väter wußten sich des freudenarmen Knabenherzens zu bemächtigen. Es gelang ihnen auch so gut, daß der Knabe am Tage der Abreise zu ihnen flüchtete, und sich dort so lange versteckt hielt, bis ein Schauspieler der Truppe in das Zimmer des Paters eindrang und durch lautes suchendes Rufen das Ehrgefühl und die Reue des Knaben erweckte. Es erging ihm natürlich bei den Eltern nun nur noch um so übler.

Diese erwarben mittlerweile ein Privilegium für das ganze preußische Land und setzten von Königsberg aus ihre Kunstreisen bis nach Halle und Berlin fort, was sie dazu zwang mit den berühmten Truppen von Schönemann und Koch in Wettbewerb zu treten. Außer dem Leiter nebst seiner Frau und dem Knaben, der auch schon den Beifall der Beurteiler errang, waren unter den Männern hervorragend zwei Schüler der Neuberin: Schröter, der Väterdarsteller, und Antusch, der besonders im Lustspiel glänzte, sowie der leidenschaftlich wilde Döbbelin. Unter den Frauen sind von einiger Bedeutung außer Frau Ackermann selbst nur wenige zu nennen. Die Frau Antusch war eine temperamentvolle Lustspielnaive, konnte aber für die Tragödie nach der Meinung eines Zeitgenossen schon ihrer immer „lustigen Augen wegen" keine Verwendung finden, — dagegen war unter der von Kochs Truppe herübergekommenen Familie Hartmann, einer Mutter und zwei Töchtern, die älteste „Demoiselle" ein starkes Talent. Die übrigen verdienen nicht die Erwähnung. Namentlich auch Tänzerinnen und Sängerinnen brauchte die Truppe, denn Ackermann pflegte das Ballett und das Singspiel. Schon das war ein starkes Abweichen von dem Programm Gottscheds. Aber dessen Herrschaft war ja überhaupt gebrochen und hatte schon längst nur für die Bühnenwelt noch eine Bedeutung gehabt. Man wußte es ihm noch Dank, daß er mit dem alten Wust auf dem Theater ein Ende gemacht hatte. Aber die regelmäßige Tragödie und die Nachahmung des Franzosentums konnten das Zeitalter Klopstocks und Wielands nicht mehr befriedigen. Aus England her hatte der erfrischende Hauch geweht. Gottsched selbst verdankte den Engländern sein journalistisches Wirken, die Schweizer hatten an den Engländern gelernt, Miltons Beispiel hatte ein Klopstock erstehen lassen. Aber ehe der große Brite in Deutschland einziehen konnte, eilte ein Vorläufer ihm den Weg zu ebnen. Das war das bürgerliche Schauspiel der Engländer. Es führte nicht zurück, denn es wollte den alten Wust nicht wieder erneuern, aber es brach mit der Starrheit der Regeln. Der erste Schritt vorwärts hatte aus der Haupt- und Staatsaktion und der Hanswurstiade zur regelmäßigen Alexandrinertragödie und zum regelmäßigen Lustspiele geführt. Der zweite leitete zum bürgerlichen Rührstück, das immerhin der Natur näher stand. Wir unter seinem Einflüsse sich Lessings erste Tragödie entwickelte, haben wir gesehen. In Berlin, wo die Ackermanns gegenüber dem spaßhaften Spielplan des Genossen Schuch kein Glück hatten, gewannen sie dafür die Achtung des jungen Dramatikers. Bald darauf vertraute er ihnen seine Miß Sara zur ersten Aufführung an, und in Frankfurt an der Oder wurde am 10. Juli 1755 im Exerzierhause zum ersten Male ein deutsches bürgerliches Schauspiel, eben das erste größere Bühnenwerk Lessings gegeben. Groß war der Andrang des Publikums, höhnisch der Bericht des Gottschedianers Grillo in Frankfurt an den Gottschedianer Schönaich, über das Stück des Herrn „Gnissel", aber durch nichts zu verdunkeln war der Erfolg: „Die Zuschauer haben 3 1/2 Stunde zugehört, stille gesessen wie Statuen und geweint," so schreibt, der Wahrheit entsprechend, Ramler an Gleim. Die Ehre, die ersten Darstellerinnen der beiden weiblichen Hauptrollen zu werden, war der Frau Ackermann (Marwood) und der Jungfer Hartmann (Sara) zu Teil geworden. Den verliebten Mellefont gab Ackermann, den alten Sampson wahrscheinlich Schröter.

Daß wenige Jahre darauf auch die Schönemann'sche Gesellschaft das Stück in Hamburg gab, hörten wir schon. Lessing hat keine der beiden Vorstellungen gesehen, wir kennen also sein Urteil nicht.

Dagegen kennen wir über die Hamburger Aufführung ein Urteil des Schöngeists Löwe, des Schwiegersohns Schönemanns. Er schreibt begeistert von der Darstellung der Starke: „Welche Kenntnis, mit der eine Starkin die Sara vorstellt. Auch nicht die geringste Nuance des Charakters und der Situation, in der sie sich befinden muß, entwischen ihr. Die Angst, die Unruhe, das Zittern und die halbe Verzweiflung unter der sie arbeitet, da Marwood sich ihr entdecket; wen rührt es nicht bis in das Innerste der Seele! Auch die Marwood war in der Person der ehemaligen Demoiselle Schulz bei Schönemann — mit vieler Geschicklichkeit vorgestellet." — Aber außer der Schönemann'schen und Ackermann'schen Truppe gab es damals noch eine dritte, deren Leiter wie Schönemann, der Schule der großen Neuberin entwachsen war. Das war Koch, der einst so viel beschäftigte Schauspieler, Dekorationsmaler und Alexandriner-Dichter der Frau Caroline. Er war mit seiner Gesellschaft in Leipzig im Jahre 1750 eingezogen, also als unmittelbarer Nachfolger Schönemanns, der damals ja nach Mecklenburg-Schwerin gerufen wurde. Er führte sich mit einem sehr literarischen Prolog ein, den seine Frau sehr wirkungsvoll sprach. Diese, eine geborene Merleck, hatte ihren nunmehrigen Gatten zwei Jahre vorher in Wien kennen gelernt und war auch dort seine Frau geworden. In komischen Rollen, die „eine auffahrende Munterkeit erforderten" und in leidenschaftlichen und tragischen Partien lag ihre Stärke, aber auch als Prologsprecherin und in Hosenrollen erntete sie Beifall. Koch bewarb sich anfangs auch um die Gunst Gottscheds, ja er zog den wohlgelehrten Professor noch zu Rate, als er sich im Quandt'schen Hofe ein neues Theater bauen ließ, das die heute noch übliche Form eines halbkreisförmigen Zuschauerraumes aufwies. Da er aber den „Harlekin" wieder zu Ehren brachte durch das Engagement eines ehemaligen Hofnarren, des „kleinen Leppert" so wich er schnell von den Bahnen seiner eigenen Lehrerin und des einstigen Diktators ab. Vollends aber brachte er diesen in den Harnisch, als er eine Bearbeitung einer englischen Operette, Christian Felix Weißes Singspiel „Der Teufel ist los" zur Darstellung brachte. Der Professor und die Professorin ließen ihn Zorn und Spott fühlen. Aber dies Paar hatte keinen Einfluß mehr, und ungehindert konnte Koch sich den Neueren zuwenden. So ließ er denn auch die Ackermann'sche Darstellung der Sara in Frankfurt dreiviertel Jahre später eine solche in Leipzig folgen. Dabei spielte seine Frau die Marwood, die Rolle der Sara aber wurde von der Jungfer Steinbrecher gespielt, die bald darauf mit Mutter und Schwester zur Truppe Schönemanns überging. So sehen wir, daß das erste bürgerliche Schauspiel, dessen Wirkung auf weiblichen Charakteren beruhte, gleich eine ganze Reihe bedeutender Darstellerinnen vorfand. Die Frauen in der Schauspielerwelt hatten Schritt gehalten mit den Idealen der Dichter.

Übrigens waren für alle drei Gesellschaften die Aufführungen der Sara der Glanzpunkt vor einer Periode des Niederganges. Kochs Gesellschaft löste sich bald danach auf. Wir sahen, daß seine ersten Darstellerinnen zu Schönemann flüchteten. Dieser selbst hatte die Höhe seines Glückes überschritten. In Schwerin starb (30. Mai 1756) der ihm so wohlwollende Christian Ludwig, und sein Nachfolger, Friedrich der Fromme, bestieg den Thron. Da war es mit dem Komödiespiel vorbei. Der tiefangelegte aber einseitige Fürst glaubte es mit der Not der Zeit des siebenjährigen Krieges nicht vereinigen zu können, daß er sich eine Truppe halte. Die theaterfreudige Herzogin Louise Friederike aber, mußte von dieser Zeit an nach Hamburg reisen, wenn sie ein Theater besuchen wollte. Sie ist auch viel später bei einer solchen Fahrt gestorben, blieb also ihrer Theaterneigung treu bis in den Tod. Schönemann aber, der durch das Glück verwöhnt war und sein Geschäft vernachlässigte, ging einer traurigen Zukunft entgegen, als sein Schutzherr ihn verließ. Auch Ackermanns zerstörten leichtsinnig ihr Glück. Sie eröffneten mit bester Aussicht ihr neues Haus in Königsberg. Als aber der siebenjährige Krieg ausbrach, ergriff sie eine ganz törichte Angst vor einem Einfall der Russen, der ihnen eine Art Weltuntergang zu bedeuten schien, und ohne Grund ließen sie in kopfloser Flucht ihr neues Haus, den teuren Theaterfundus und — den Knaben im Stich, der vor Kurzem auf dem Kollegium Friedricianum untergebracht war. Doch haben alle drei, Stief-Vater, Mutter und Sohn, noch später eine bedeutende Rolle in der Geschichte des deutschen Theaters gespielt und werden uns bald wieder begegnen. Vorderhand überblicken wir noch einmal, was die Frauenwelt seit dem Auftreten der Neuberin auf der Bühne geleistet hat, und können nur freudig ein reiches und ein rasches Wachsen der Frauenkunst auf dem Theater feststellen. Frau Caroline hatte an Gottscheds Hand den Weg aus der rohen Kunstlosigkeit in die Welt der Regeln und Gesetze gefunden, und ihn ihren Jüngern gewiesen. Aber diese vereinten jetzt die gespreizte alte Art der „donnernden" Rede mit den rhetorischen Deklamationen der Franzosen. Auch die Schönemann'sche Schule litt an dieser Geziertheit. Aber Ackermann als Künstler und seine Frau als Lehrerin wiesen den Pfad zur Natur und Wahrheit in der Menschendarstellung.

Sechstes Kapitel.

Die Stillen im Lande.

Aber wieviel Ehrgeiz und Streben in der Literatur und auf dem Theater die Frauenwelt erregen mochte, auch die Generation der stillen und frommen im Lande, die im siebzehnten Jahrhundert auf soviel kleinen Fürstenthronen die Davidsharfen hatte erklingen lassen, war keineswegs ausgestorben. Nicht nur waren die gekrönten Poetinnen auch vielfach Sängerinnen geistlicher Lieder, sondern auch die junge Schar der Dichtermusen war ja, wie Klopstocks und Wielands Jugendgeschichte beweist, vollkommen durchdrungen von dem Geiste der Frömmigkeit, aus dem sich das Gefühlsleben in der Kunst entwickelte, und so lebte denn auch der Geist im weiblichen Geschlechte noch fort, der einst die Schürmannin selber mit Geringschätzung auf ihr reiches Wissen hatte zurückblicken lassen. Auch die frommen Schwärmerinnen erneuten sich immer wieder. Aus dem Pietismus war schon wieder eine neue Art sektiererischer Frömmigkeit hervorgewachsen und auch hier hatten, wie einst in jenem, die Frauen ihre Rolle zu spielen.

Ja, der eifrigste männliche Anreger auf diesem Gebiete war selber so ganz aus den Kreisen hervorgegangen, in denen fromme und gelehrte Frauen herrschten. Nikolas Ludwig Graf von Zinzendorf, der Sprößling eines alten Niederösterreichischen Adelsgeschlechts, ist, wie sein Lehrer Francke, ein richtiger Frauenzögling. Seine Großmutter, die Dichterin Henriette Katharine von Gersdorf, die uns schon bekannt gewordene Verfasserin geistlicher Lieder, die auf ihrem Gute Großhennersdorf saß, wurde seine eigentliche Erzieherin, als ihre Tochter, nach dem frühen Tode des Grafen Johann Georg, mit dem kleinen Söhnchen zu ihr kam. Diese Tochter der dichtenden Gersdorf war selbst eine Frau nicht nur von Bildung sondern von Gelehrsamkeit. Sie las französisch, lateinisch und griechisch — ein Beispiel mehr dafür, wie die Frauengelehrsamkeit aus dem siebzehnten Jahrhundert in das achtzehnte hineinwuchs. Sie hieß Charlotte Justine von Gersdorf und war die zweite Frau des Grafen Johann Georg gewesen. Das poetische Talent der Mutter hatte sich auf sie vererbt, wie deren frommer Sinn, und wie auf diese Weise Großmutter und Mutter den Geist des kleinen Nikolas Ludwig früh auf die Religion hinlenkten, so tat dies fast noch eifriger die Tante Henriette. Außer einem Onkel übten die Frauen allein die Erziehung, und es gelang ihnen so trefflich, den Knaben zu ihren Anschauungen zu leiten, daß sie später fast vor ihrem eigenen Werke erschraken, als das leidenschaftliche religiöse Sehnen in dem jungen Sprößling des alten Hauses allen Ehrgeiz und Tatendrang, alles Streben nach Ämtern und Würden ertötete. Der Pietismus hatte hineingespielt in die Erziehung des Knaben, dessen gleichfalls sehr frommer Vater mit Spener befreundet gewesen war, und dessen Großmutter mit Francke und seinem getreuen Helfer von Canstein in Verbindung stand. Als dann gar im Halleschen Waisenhause die eigentliche Ausbildung erfolgte, als der fromme Mutterknabe den verlockenden jungen Wildlingen die strengen Weisungen der Tante und Großmutter gegenüberstellte und seine Kameraden zu einem jugendlichen Gebetsvereine sammelte, da erschien es dem Onkel, der damals noch lebte, dringend geboten, den Neffen nicht in dem pietistischen Halle, sondern in dem orthodoxen Wittenberg studieren zu lassen, aber die Folge war, daß der Herr Studiosus frisch weg die Wittenberger Theologen zu den Hallischen Glaubenslehren zu bekehren suchte. Ja, er war schon im Begriffe, mit einem namhaften Vertreter der Lutheruniversität zu Francke in die Pietistenstadt zu reisen, als das Verbot der Mutter hindernd eintrat. Und dieser seiner Mutter, die mittlerweile mit dem königlich preußischen Feldmarschall Dubislaw Gneomor von Natzmer eine zweite Ehe schloß, blieb er immer in unbedingtem Gehorsam ergeben. Aber, wiewohl er sich auf Reisen schicken ließ, und, ungern gehorchend, mit dem Kavalliersäbel nach Utrecht und Paris zog — er blieb der großmütterlichen Frömmigkeit treu; und auch Frau Lise-Lotte in Paris, die sich gern mit ihm unterhielt, stellte ihre Neckereien ein, als sie den tiefen Ernst des jungen Frömmlings erkannte. Noch unlieber folgte er der Mutter, als sie ihn für den sächsischen Staatsdienst bestimmte, und bald genug gab er diesen auf und wußte es der Großmutter Gersdorf Dank, daß sie ein paar Übriggebliebene von den mährischen Brüdern, den einstigen Schutzbefohlenen des großen Comenius, auf ihrem Gute aufgenommen hatte. Aus den kleinen Anfängen entwickelte sich, als Zinzendorf selbst die Leitung übernahm, die erste seiner Brüdergemeinden zu Herrnhut am Fuße des Hutberges. Im Vereine mit treuen Freunden — darunter seinem Jugendgenossen Friedrich von Watteville aus Genf — zog er die große Gemeinde heran, die schließlich die alte Verfassung der mährischen Brüder annahm und sich im Laufe der Jahre unter Kamps und Verleumdung, Erfolgen und Anerkennungen fast über die ganze Erde ausdehnte. In all dem Sturm und Drang war seine Gemahlin seine treueste Freundin. Er hatte einst als Jüngling die Hand seiner schönen Base Julie von Castel begehrt, aber diese Geliebte seines Herzens neidlos seinem Jugendfreunde, dem Grafen Reuß von Plauen zu Ebersdorf abgetreten. Dieser fromme junge Standesherr, der auch schon in seinen frühen Jugendjahren mit Zinzendorf zusammen nach Gottesliebe und Jesusfreundschaft gerungen hatte, befaß zwei tief religiöse Schwestern, die beide als Dichterinnen auf diesem Felde zu nennen sind. Die ältere, Regina Maria, Gräfin zu Reuß Ebersdorf, (geb. 15. Dezember 1695, gest, 1. August 1751) hat sich bekannt gemacht durch ein Lied, das ganz im Sinne Zinzendorfs lautet: „So ruht mein Mut in Jesu Wunden," die jüngere aber war nicht nur eine Liedersängerin im Geiste dieser frommen Zeit, sondern sie wurde die tapfere Frau des Grafen Zinzendorf. Denn Mut gehörte zu dem, was Zinzendorf erstrebte, mag man es sonst beurteilen wie man will. Der tätige Mann, der erst unsäglichen Vorurteilen zu trotzen hatte, der aus Sachsen verbannt ward und bis nach Westindien und nach Nordamerika seinen Wanderstab trug, der in beständigen Reisen nach Dänemark, nach England und nach dem Haag in aller Welt Gemeinden nach seinem Geiste gründete, leitete und beriet — er brauchte eine Frau, der er einst von einer Reise aus die schönen Worte schreiben konnte: „Wenn ich nicht da bin, so sei Du ganz da und tue meine Treue doppelt!" Ja, diese Frau, die so ganz im Geiste mit ihrem Manne zusammenstimmte, nahm es mit ihm an Tatkraft auf, wagte weite Reisen für seine Sache, folgte ihm oder verwaltete seine Schöpfungen daheim, setzte sich Mißdeutungen und Verketzerungen aller Art aus, hauste mit ihm zeitweise auf der verfallenen Ronneburg und dichtete in das Liederbuch der Brüdergemeinde hinein im Sinne des Gatten. Dieser schilderte sie im Jahre 1738 mit den nach seiner Gewohnheit plauderhaften Liederversen:

Ihre wichtge Rede,
Die sie an mich tut,
Und so manche Tode
Lieblich nennt und gut,
Ihres Geistes Weide,
Was sie innen schmerzt.
Macht mein Herz voll Freude,
Munter und beherzt.

Meine Herzensschwester,
Du bist wirklich so
Wie die Fürstin Esther,
Deines Stands recht froh;

Unter Zentnerlasten
Stehst Du aufgericht
Als wenn sie Dir paßten,
Ja, sie drücken nicht!

Einen Blick der Freude
Und der Innigkeit
Sah man, wenn wir beide
Eine kurze Zeit
Von einander waren,
Und uns wieder sahn
In den sechszehn Jahren
Dir beständig an.

Und deutlicher als in dieser gereimten hat er in ungereimter Prosa ihre
Verdienste gerühmt in seinen „naturellen Reflexionen" (1747), allerdings
in einem Deutsch, das allen Sprachreinigungsversuchen der Dichterverei-
ne des siebzehnten Jahrhunderts und der Gottsched'schen Bestrebungen
des achtzehnten Jahrhunderts spottete: „Ich habe fünfundzwanzig Jahre
aus Erfahrung gelernt, daß die Gehilfin, die ich habe, die Einzige gewesen, die von allen Enden und Ecken her in meinen Beruf paßt. Wer hatte
sich in meiner Familie so durchgebracht? Wer hätte vor der Welt so unan-
stößig gelebt? Wer hätte mir in Ablehnung der trocknen Moral so klug
assistiert? Wer hatte den Pharisäismus, der sich alle diese Jahre hindurch
immer herbei gemacht, so gründlich gekannt? Wer hätte die Irrgeister, die
sich von Zeit zu Zeit so gern mit uns vermengt hätten, so tief eingesehen?
Wer hätte meine ganze Ökonomie so viele Jahre so wirtschaftlich und so
reichlich geführt, wie es die Umstände erfordern? Wer hätte mir das De-
tail des Hauswesens so ungerne und doch so ganz abgenommen? Wer
hätte so ökonomisch und doch so nobel gelebt? Wer hätte so apropos
niedrig und hoch sein können? Wer hatte bald eine Dienerin, bald eine
Herrin repräsentiert, ohne weder eine besondere Geistlichkeit zu affektie-
ren noch zu mundanisieren? Wer hätte in einer Gemeinde, wo sich alle
Stände beeifern, einander gleich zu werden, aus weisen und realen Ursachen eine gewisse Distinktion von außen und innen zu maintenieren gewußt? Wer hätte einem Ehegatten solche Reisen und Proben passieren
lassen? Wer hätte zu Land und See solche erstaunliche Mitpilgerschaften
übernommen und foutieniert? Wer hatte die Welt so apropos zu ehren und
zu verachten gewußt? Wer hätte unter so mancherlei fast erdrückenden
Gemeindeumständen sein Haupt immer emporgehalten und mich unter-

stützt? Wer endlich unter allen Menschen hätte, ereignenden Falles, ein wahreres, ein plausibleres, ein überzeugenderes Zeugnis von meinem inneren und äußeren Privatleben ablegen können, als eine Person von ihrer Kapazität, von ihrer Noblesse zu denken, und von ihrer Unvermengtheit mit allen den theologischen Vorgängen, in die ich verwickelt worden!" Neun Jahre nachdem der Gatte ihr dieses lobende Zeugnis ausgestellt, starb sie am 19. Juli 1756. Der Tod ihres Sohnes Christian Renatus — eines irrend ringenden Jüngers seines Vaters, der sich in Seelenkämpfen aufgerieben hatte — und der drohende Zusammenbruch der ökonomischen Verhältnisse der Herrnhuter Gemeinde hatten ihre letzten Jahre verdüstert. Aber sie starb als standhafte Christin und wurde weit und breit betrauert. Zinzendorf aber, der ganz eigentümliche Vorstellungen von dem „Sakrament" der Verbindung zwischen Mann und Weib hatte, und der seine Auffassung der Ehe Mißdeutungen aussetzte durch seine dichterische Verklärung auch des Sinnlichen in solcher Gemeinschaft, konnte nicht ohne Lebensgefährtin sein und trat schon am 27. Juni 1757 wieder vor den Altar. Es war eine alte treue Mitkämpferin seiner Lebenstaten, der er diesmal die Hand reichte: Anna Nitschmann. Sie war selbst die Tochter eines mährischen Emigranten — geboren zu Krunewalde im Jahre 1720 — und hatte es in der Herrnhuter Gemeinde des Grafen, der sie ihre Bildung und eigentliche Erziehung verdankte, bereits zur Würde einer sogenannten „Ältesten" gebracht. Mehr als zwanzig Lieder von ihr enthält das neue Brüder-Gesangbuch. Aber schon nach dreijähriger Ehe starb ihr Gatte und sie folgte ihm sehr bald darauf (19. Mai 1760). Aber neben den Frauen Zinzendorfs nahmen auch seine Töchter regen Anteil an den Werken des Vaters; namentlich die Älteste, Henriette Benigna Justina (geb. 28. Dezember 1725). Folgte sie doch dem Vater und Gatten nicht nur dreimal nach dem neuen Weltteil, sogar zu wilden Indianerstämmen, sondern dem letzteren einmal sogar nach Grönland. Die jüngere, Maria Agnes wurde später die Gattin des preußischen Generalleutnants Moritz Wilhelm, Burggrafen zu Dohna; und Elisabeth, die jüngste, heiratete den Freiherrn von Watteville. Zinzendorfs Tante Henriette folgte dem Neffen zwar nicht in seiner Entwicklung, versuchte aber selbst eine Ansiedelung böhmischer Brüder auf dem Stammgute Großhennersdorf, und auch die Dichterin Maria Spangenberg, geb. 8. März 1696 zu Rappoltsweiler im Elsaß, war eine treue Herrnhuterin und starb in der Stammkolonie im Jahre 1754. Aus der Familie der Gersdorf sind noch mehrere Sängerinnen geistlicher Lieder hervorgegangen. Sie alle teilen mit Zinzendorf die Sehnsucht nach einem persönlichen Verhältnis zu Jesus und im Gegensatz zu der Gewissensangst der Pietisten singen sie von ihm in brautlicher Liebe. Doch waren die Familienmitglieder der Zinzendorfs nicht alle auf Seiten ihres Verwandten. Eine der Frömmsten des Geschlechtes stand sogar im Gegensatz zu den Brüdergemeinden, weil sie ihr — nicht fromm genug waren! Der Neffe des Gründers von Herrnhut nämlich, Graf Karl von Zinzendorf, hat von seiner Erziehung durch die Mutter, einer geborenen Christina Sofia von Callenberg folgendes interessante Charakterbild entworfen:

„Dem Geiste der damaligen Zeiten, und insbesondere den gebieterischen Grundsätzen ihrer Freundin, einer Gräfin von Einsiedel angemessen, war der Gräfin Kinderzucht aus der Maßen strenge, sehr andächtig, von allen auch unschuldigen Vergnügen entfernt, nicht auf dieses, sondern lediglich auf ein anderes Leben gerichtet. Alles Kartenspielen, selbst Schach und Damenbrett, waren untersagt, ja sogar viel Spazierengehen ward für Zeitverlust angesehen. Ihre Kinder wurden nicht alle gleich behandelt, bei einigen hatte Vorliebe statt. Die Predigten an Sonn- und Feiertagen in der Kirche nachzuschreiben, auch zum Gebet, wurden der Frau Gräfin Kinder sorgfältig angehalten. Auf die göttliche Vorsehung sich verlassend, war sie für das zukünftige Schicksal ihrer zahlreichen Kinder wenig besorgt, machte auch ihren Gemahl darauf nicht aufmerksam und hielt dergleichen Pläne für Sünde. Ihr genügte, ihre Kinder zu geistigen Geschöpfen für ihr ewiges Wohl besorgt zu machen, und ihnen solche Gesinnungen einzustoßen, daß sie dieses Leben nur als einen Durchgang nach dem ewigen Vaterlande betrachten sollten. Für das geräuschvolle und geschäftliche Leben der großen Welt, für die in demselben unvermeidliche Bekanntschaft mit heftigen Leidenschaften und Begierden, war eine solche Erziehung eben keine Vorbereitung … Die meisten unter der Gräfin Kindern gewannen mittels einer solchen Erziehung nach Unterschied ihrer natürlichen Anlagen mehr oder weniger tiefen Eindruck von Religion, Tugend und Reinheit der Sitten. Manche gewöhnten sich an anhaltenden und unermüdeten Fleiß, an lobwürdige Verwendung ihrer Tage. Fast allen hing eine ungeheure Schüchternheit an (um o mehr als auch der Herr Vater diesen Naturfehler hatte) und blieb ihre lästige Begleiterin durch das ganze Leben. Bei jenen unter ihnen, denen ohnedies Hang zum Nachdenken angeboren war, nahm diese Neigung, der ernsthaften Erziehung halber, fast zu sehr überhand, um ihnen in der großen Welt ihren Gang nicht allzu mühsam und beschwerlich zu machen, um ihre Lehrjahre in der Weltkenntnis nicht ungemein zu verlängern …." Die Gräfin hat auch später Gelegenheit gehabt, die Einseitigkeit dieser Erziehung, die obendrein noch teilweise durch „Hofmeister und Instruktoren" verdorben wurde, zu bereuen. Sie hing dem Pietismus an, und obwohl aus diesem ja die Richtung des Grafen Zinzendorf hervorgegangen war, so trennten sich beide Parteien doch später scharf von einander, und auch ein flüchtiger Besuch des Grafen auf dem Schlosse Berleburg führte zu keiner dauernden Verbindung zwischen den dortigen Frommen und den Herrnhutern.

Ja, ein Sitz offener Feindschaft gegen die neue Sekte des Grafen war die alte Reichsstadt Frankfurt am Main, die ja eigentlich als die Wiege des deutschen Pietismus gelten kann. Sonderbar, die beiden Richtungen, die sich von der kirchlichen Orthodoxie getrennt hatten, um das christliche Leben zu betonen, gerieten nun mit einander in den heftigsten Streit. Hier wo einst (1670) als Senior der Geistlichkeit Spener seine ersten Versammlungen abhielt, die man als den Anfang der ganzen pietistischen Bewegung bezeichnen kann, war jetzt in derselben Stellung der Gelehrte Dr. Fresenius: „ein sanfter Mann von schönem, gefälligem Ansehen, welcher von seiner Gemeinde, ja von der ganzen Stadt als ein exemplarischer Geistlicher und guter Kanzelredner verehrt ward, der aber, weil er gegen die Herrenhuter aufgetreten, bei den abgesonderten Frommen nicht im besten Rufe stand, vor der Menge hingegen sich durch Bekehrung eines bis zum Tode blessierten freigeistlichen Generals berühmt und gleichsam heilig gemacht hatte." So hat uns kein Geringerer als Goethe, der ihn in früher Kindheit noch gekannt hat, sein Bild gemalt. Aber einen „eingefleischten Teufel" nannte ihn Graf Zinzendorf, denn der sonst so sanfte Geistliche donnerte gegen das Herrenhuter-Wesen mit fanatischem Eifer und warf in seinen Schriften den stillen Brüdergemeinden die unerwiesensten Dinge beleidigend vor. Und natürlich waren es wieder fromme Frauen, die in diesen Streit verwickelt wurden, die aber zum großen Teile auf Seite der Angegriffenen standen. Aus ihrem Kreise ist eine unsterblich geworden, eine die es gewiß nie erwartet und kaum gewünscht hat, denn sie lebte weltabgeschieden und schaute nur nach dem Himmel. Aber das Schicksal führte sie mit einem Kinde zusammen, das sie heranwachsend nie vergessen hat: mit dem Knaben Goethe. Als reifer Mann hat ihr dieser in seinem Roman „Wilhelm Meister" ein unvergängliches Denkmal gesetzt. Denn in den „Bekenntnissen einer schönen Seele" wird in verklärter dichterischer Form das Leben jenes schlichten Weibes erzählt, des Fräuleins von Klettenberg.

Sie war als Tochter des Arztes Remigius von Klettenberg und seiner Frau Susanne Margarethe geborene Jordis, ebenfalls einer Doktorstochter, am 19. Dezember 1723 geboren. Zwei jüngere Schwestern wuchsen mit ihr heran: Marianne Franziska (geb. 16. Jan. 1725) und Maria Margaretha (20. Aug. 1726). Die älteste war von Kindheit an kein kräftiges Geschöpf, in ihrem achten Lebensjahre wenigstens warf sie schon ein Blutsturz auf ein neunmonatliches Krankenlager. Die Mutter, eine Tante und der Vater suchten sie zu erheitern in dieser Zeit des Siechtums und zwar jeder auf seine Art: Die Tante, wahrscheinlich eine Schwester des Vaters, durch Märchenerzählen, die Mutter durch Mitteilungen aus der Bibel und der Vater durch eine Art von gelehrtem Anschauungsunterricht. Er brachte ihr aus seinem Naturalienkabinett alles Erdenkliche, sogar anatomische Präparate „Menschenhaut und Mumie" an ihr Bettchen und erklärte es ihr kundig und anregend. Dadurch wurden alle Triebe in ihr erregt: der romantische, der religiöse und der wissenschaftliche. Ja, es scheint ihr ergangen zu sein, wie den meisten Gelehrtentöchtern jener Zeit, sie wurde fast wie ein Knabe erzogen. Ihr Wissensdurst und ihre Vorliebe zu den Büchern wurde so groß, das die Mutter sich bewogen fühlte, einzuschreiten. Bei dieser verblieb sie ohnehin jetzt mehr, da der Vater ein Amt im Rate erhielt; aber sie half gern in der Küche, wenn sie dafür beim Aufschneiden eines Huhnes oder eines Ferkels die herausgenommenen Gedärme zum Vater tragen und sich medizinische Erklärungen darüber ausbitten durfte. Sie scheint dann, um in die Gesellschaft eintreten zu können, von einem alten Informator in das Französische eingeführt worden zu sein — entsprechend der Sitte der Zeit — und gleichzeitig erlebte sie wohl einen kindlichen Roman mit zwei hübschen jungen Kavalierssöhnen, die aber früh starben. Dann lenkte ein großes historisches Ereignis ihre Aufmerksamkeit von ihrer Gefühls- und Geisteswelt ab auf die Stadt und die Gesellschaft. Im Jahre 1740 starb Carl VI., der Mann, in dessen Namen so viel Frauen zu Dichtern gekrönt worden waren, und dem dafür so viel Dankeshymnen erklangen; dessen Husaren die Zäunemännin angesungen und der selbst in seiner pragmatischen Sanktion zum ersten Male die weibliche Nachfolge in das habsburgische Hausgesetz eingeführt hatte. Aber gegen diese erhob sich Widerspruch und der Kurfürst Karl Albrecht von Bayern wurde als Karl VII. zum Gegenkönig gewählt. Da gab es Einzüge und Feste bei der Gelegenheit der Krönung des neuen Kaisers, dem nur eine kurze Regierung beschieden war.

Während die schöne und gewinnende Erscheinung des jungen Herrn der Welt ein anderes Mädchen Frankfurts, von dem wir bald zu reden haben werden, in förmlicher Liebe entstammen ließ, so sah sich die junge Klettenberg nur mittelbar durch ihn in einen Rausch von Festen und Vergnügungen gedrängt, und in fröhlichem Weltleben entschwanden ihr die religiösen Eindrücke aus den Bibelvorlesungen der frommen Mutter. Mit einem gelehrten jungen Kavalier — wahrscheinlich Dr. Johann Daniel von Olenschlager — der anfänglich für ihre jüngste bildschöne Schwester geschwärmt hatte, ging sie eine Verlobung ein. Die letzte Veranlassung dazu gab eine Raufszene von unglaublicher Rohheit, bei der mitten in einer harmlos fröhlichen Gesellschaft ein eifersuchtswütender Offizier den allzu galanten Gelehrten mit dem Degen überfallen hatte. Das hilfreiche Mitleid, das die kleine Klettenbergin ihm dabei bewies, rührte sein Herz und er erbat und erhielt ihre Hand. Aber grade in diesen Jahren bereitete sich langsam ein Umschwung in dem jungen Mädchen vor. Ihre Religiosität erwachte wieder, sie zog sich gern zu einsamen Gesprächen mit Gott in ihr Kämmerlein zurück. Sie flehte im Gebete, daß ihr Bräutigam bald eine Anstellung erhalte, und als sich dies nicht erfüllte, fühlte sie sich dennoch wohl durch ihre innerliche Verbindung mit dem Unsichtbaren. Der seelische Vorgang, wie sie allmählich der Welt abstarb, wie sie mit Gott in ein inniges Verhältnis zu treten glaubte; wie sie alle zerstreuenden Vergnügungen, namentlich aber den Tanz als unerfreuliche Störung ansehen lernte, und wie sie durch solche veränderte Welt- und Lebensanschauung allmählich ihrem Bräutigam gegenüber erkaltete, — das alles ist von Goethe in seiner dichterischen Verklärung dieses Frauentypus mit solcher Meisterschaft der Seelenmalerei klar gelegt worden, daß die „Bekenntnisse einer schönen Seele" gradezu als eine Urkunde von wissenschaftlichem Wert für derartige Charakterentwicklungen gelten können, die ja in damaliger Zeit so häufig waren. Vor die Wahl gestellt, ihren Bräutigam oder ihren neuen innerlichen Verkehr mit Gott aufzugeben, zog sie es vor, den ersteren seines Wortes zu entbinden. Aber, wenn sie sich nach Ruhe und Stille sehnt, so will sie darum keineswegs auch auf geistige Nahrung verzichten. Wir sahen ja in diesem ganzen Zeitraum die pietistischen Strömungen mit Gelehrsamkeit Hand in Hand gehen, und die Klettenbergin war durchaus ein junges „Frauenzimmer" von vielem Wissen. Goethe läßt sie sagen: „Nun schien mir nach einem stürmischen März und April das schönste Maiwetter beschert zu sein. Ich genoß bei einer guten Gesundheit eine unbeschreibliche Gemütsruhe; ich mochte mich umsehen, wie ich wollte, so hatte ich bei meinem Verluste noch gewonnen. Jung und voll Empfindung wie ich war, deuchte mir die Schöpfung tausendmal schöner als vorher, da ich Gesellschaft und Spiel haben mußte, damit mir die Weile in dem schönen Garten nicht zu lang wurde. Da ich mich einmal meiner Frömmigkeit nicht schämte, so hatte ich Herz, meine Liebe zu Künsten und Wissenschaften nicht zu verbergen. Ich zeichnete, malte, las und fand Menschen genug, die mich unterstützten; statt der großen Welt, die ich verlassen hatte, oder vielmehr, die mich verließ, bildete sich eine kleinere um mich her, die weit reicher und unterhaltender war. Ich hatte eine Neigung zum gesellschaftlichen Leben, und ich leugne nicht, daß mir, als ich meine älteren Bekanntschaften aufgab, vor der Einsamkeit graute. Nun fand ich mich hinlänglich, ja, vielleicht zu sehr entschädigt. Meine Bekanntschaften wurden erst recht weitläufig, nicht nur mit Einheimischen, deren Gesinnung mit den meinigen übereinstimmten, sondern auch mit Fremden. Meine Geschichte war ruchbar geworden, und es waren viele Menschen neugierig, das Mädchen zu sehen, die Gott mehr schätzte als ihren Bräutigam. Es war damals überhaupt eine gewisse religiöse Stimmung in Deutschland bemerkbar. In mehreren fürstlichen und gräflichen Häusern war eine Sorge für das Heil der Seelen lebendig. Es fehlte nicht an Edelleuten, die gleiche Aufmerksamkeit hegten, und in den geringeren Ständen war durchaus diese Gesinnung verbreitet."

In der Tat sollte das fromme Fräulein bald in Frankfurt einen größeren Anhang von Gesinnungsgenossen finden. Namentlich erwähnt sie die Familie eines Grafen, die sie durch ihren ehemaligen Bräutigam kennen gelernt hatte, und in der sie jetzt, ein etwa dreiundzwanzigjähriges Mädchen, die wärmste Aufnahme fand. Ja, durch ihre jüngere Schwester, die eine Anstellung an einem kleinen Hofe erhielt, wurde sie sogar in die Kreise der Hofgesellschaft hineingezogen, und gleichzeitig scheint sie Namen und Einkünfte eines Stiftsfräuleins erhalten zu haben. Sie fühlte sich durch nichts mehr zerstreut oder von ihren eigentlichen inneren Zielen abgelenkt. Fremd ging sie durch die geräuschvollen Festlichkeiten hindurch, und blieb sich immer gleich. Dabei fühlte sie sich aber innerlich auch von der Anschauungsweise der Pietisten durchaus getrennt. Sie ergab sich zwar vorübergehend dem „hallischen Bekehrungssystem", aber ihr ganzes Wesen wollte nicht dazu passen. „Nach diesem Lehrplan muß die Veränderung des Herzens mit einem tiefen Schreck über die Sünde anfangen; das Herz muß in dieser Not bald mehr, bald weniger die verschuldete Strafe erkennen und den Vorgeschmack der Hölle kosten, der die Lust der Sünde verbittert. Endlich muß man eine sehr merkliche Versicherung der Gnade fühlen, die aber im Fortgange sich oft versteckt, und mit Ernst wieder gesucht werden muß. Das alles traf bei mir weder nahe noch ferne zu. Wenn ich Gott aufrichtig suchte so ließ er sich finden, und hielt mir von vergangenen Dingen nichts vor. Ich sah Hintennach wohl ein, wo ich unwürdig gewesen, und wußte auch, wo ich es noch war; aber die Erkenntnis meiner Gebrechen war ohne alle Angst. Nicht einen Augenblick ist mir eine Furcht vor der Hölle angekommen, ja die Idee eines bösen Geistes und eines Straf- und Quäl- Ortes nach dem Tode konnten keineswegs in dem Kreise meiner Ideen Platz finden." ... So unterschied sie sich glücklich von mancher ihrer Zeitgenossinnen. War doch erst vor wenigen Jahren (1736) die Gattin des Dichters Brockes in Hamburg gestorben, von der ihr Mann in Versen berichtete: wenn sie hörte von der Qual

> Verdammter Seelen in der Höll', entstund ein solches Marterbild
> In ihrem schüchternen Gehirn, das sie mit steter Angst erfüllt.
> An jedem Ort, zu aller Zeit, voll Furcht sich gleichsam selber nagte
> Indem sie sich ohn' Unterlaß mit grämlichen Gedanken plagte.
> Es kam in diesem Zustand ihr
> Der Schöpfer aller Ding' allein, als ein gestrenger Richter für,
> Der nichts als Straf' und Rache droht. Was man von seinem ew'gen Lieben
> Ihr sagt, erzählt, verwies, war alles zwar angehört, doch gleich vertrieben
> Aus ihrer gar zu bangen Seel', bis das sie allen Mut verlor.
> Was sie erblickte, tat und hörte, kam ihr als lauter Sünde vor.
> Sie liebte nur die Einsamkeit, und aus den vorgestellten Ketten
> Nahm sie sich endlich ernstlich vor, durch vieles Beten sich zu retten.
> An allen Orten, wo sie war, war sie auf Beten nur bedacht;
> Sie betet früh, sie betet spät, sie betete die ganze Nacht:
> Bis das sie endlich dergestalt den abgezehrten Körper schwächte,
> Das sie ins Sterbebette fiel. Anstatt nun, daß sie denken sollte,
> Wie sie den schwachen Körper stärken und Ruhe sich verschaffen wollte.
> So ächzte, seufzt' und betete sie unaufhörlich ganze Nächte,
> Voll Sorg' und Grämen, daß zuletzt sie ganz von allen Kräften kam,
> Und, ob sie kurz vor ihrem Tode, zuletzt annoch gleich für ihr Leben,
> Um länger auf der Welt zu sein, gar gern, ich weiß nicht was gegeben,
> Doch, wie sie sähe, daß ihr Gott, dem sie gedient, sie zu sich rief,
> Sie in beständ'ger Zuversicht auf seine Gnade sanft entschlief.

Und ähnlich furchtbare Seelenzustände hatte der Einfluß des Pietismus bei Frauen angeregt, die im persönlichen Verkehr mit Francke standen, wie etwa die Angstbriefe der Dichterin Chatarina Auguste Dorethea Schlegel, am Hofe zu Anhalt-Köthen an ihren „Herrn Vater" im halleschen Waisenhaus bewiesen. Dagegen lebte die Klettenberg ein ganzes Jahrzehnt in vollster Seelenruhe. Da trat eine neue Störung für sie ein. Im Jahre 1751 kam der junge Diplomat und Diplomatensohn Friedrich Carl von Moser nach Frankfurt am Main um die Streitfälle zwischen den Bruderstaaten Hessen-Homburg und Hessen-Darmstadt beizulegen. In dem erstgenannten Lande war er angestellt. Selbst ein frommer Jüngling, damals von achtundzwanzig Jahren, nur um einen Tag älter als die Klettenbergin, trat er zu dieser bald in ein näheres Verhältnis. Die amtliche Tätigkeit des

Vater Klettenberg mochte ihn mit diesem zusammenführen. Mit der Tochter aber fühlte er sich in regster Seelenübereinstimmung. Das Fräulein war mittlerweile mit einer Anzahl von gleichgesinnten weiblichen Wesen zusammengekommen, mit denen sie aber doch nur teilweise übereinstimmte. So mußte sie namentlich einer Frau ein weiteres Einwirken versagen, die in der glücklichen Seelenruhe Susanne Katharinas einen Abfall vom Wege erblickte. Das war Frau Prediger Griesbach aus Gießen. Sie war nämlich die Tochter eines der eifrigsten Pietisten seiner Zeit, des hallensischen Professors Johann Jakob Rambach, eines der treuesten Schüler Franckes. Sie war ganz so auferzogen worden, wie wir es schon in diesen Kreisen kennen, hatte lateinisch und griechisch getrieben, um die Bibel im Original lesen zu können und trat nun eifrig ein in den Streit der Meinungen. Begeistert von dem Bilde ihres Vaters erzog sie in Gemeinschaft mit dem Gatten ihren Sohn, gleichfalls einen bedeutenden Theologen. Auch ihre jüngere Schwester, Charlotte Elisabeth, schloß sich diesem Kreise an, die später als Gattin des Wormser Predigers Nebel im Jahre 1761, vierunddreißigjährig, starb. Sie ist eine fruchtbare Dichterin auf dem geistlichen Gebiete geworden. Ihr überlebender Mann hat ihr nach der Sitte der Zeit ein literarisches Denkmal gesetzt, worin auch diejenigen ihrer Gedichte gedruckt sind, die er nicht schon in die Anhänge zu seinen eigenen Werken aufgenommen hatte. Noch eine Dichterin stand dem Kreise nahe, Sophie Eleonore Walther, die Tochter eines Theologen, die eine Altersgenossin der Klettenberg war (geb. 6. Januar 1723) und die später (24. Mai 1754) den Göttinger Professor Achenwald heiratete. Auch sie war fromm und gelehrt zu gleicher Zeit erzogen, beherrschte das Französische und Lateinische und hatte Kenntnis vom Griechischen und Hebräischen. Überall also die Erziehungsrichtung Franckes aus seinem Gynäceum. Erst im Jahre 1750 wurden ihre, der Frömmigkeit und der Freundschaft gewidmeten Gedichte ohne ihr Wissen gedruckt. Sie beteiligte sich lebhaft an einer Wochenschrift „Sammlung der Meisterstücke" und eignete sich auch soviel Kenntnisse im Englischen an, daß sie aus dieser Sprache Übersetzungen anfertigen konnte. Die deutschen Gesellschaften von Göttingen, Helmstedt und Jena, also an den uns als frauenfreundlich längst bekannten Universitäten, wählten sie zu ihrem Mitgliede.

Diesem ganzen Kreise trat nun auch Moser nach und nach näher. Im Jahre 1754 erschien ein anonymes Buch von ihm unter dem schlichten Titel „Der Christ in der Freundschaft". Die einzelnen Aufsätze waren nur mit kleinen Buchstaben bezeichnet. Es rührte in Wahrheit von Moser und den beiden Schwestern Klettenberg her. Susanna Katharina hat dort mit einem „c", Maria Magdalena mit einem „x" und Moser selbst mit einem

„p" gezeichnet. Ein Schreiben Mosers an den hannoverschen Kanzleidirektor Falke, das dieses Geheimnis aufdeckt, versagt dem Freunde gleichzeitig, diesem stillen Seelenbunde beizutreten. „Beneiden Sie mich nicht, wenn ich Ihnen gradeaus schreibe, daß nach der Verfassung dieses teuren Hauses der Mitgenuß dieser Freunde unmöglich sei. Sie befinden sich in so vielen andern Glücksumständen, daß Sie mir diese Apanage wohl gönnen können. Es ist eine besondere Gnadengabe von Gott —, die Bekannt- und Freundschaft dieser auserwählten Personen erlangt zu haben; und unsere Freundschaft ist wirklich so, wie Sie es gedruckt lesen." Die Überschriften der älteren Klettenberg verraten schon den Sinn des Inhalts, wenn es da heißt: „Der Charakter der Freundschaft", „Von der Freundschaftstreue", „Von der Beobachtung der sittlichen Pflichten bei einer christlichen Freundschaft", „Von der den Kindern Gottes unanständigen Tändelei mit Freunden", „Vom billigen und unzeitigen Nachgeben", „Von dem Himmel und der himmlischen Freude". Das übrigens diesem ideal angelegten Freundschaftsbunde auch andere nahe standen, geht daraus hervor, daß bald nach jenem obigen Briefe Moser den Tod der als „Olorene" bezeichneten Frau Professor Achenwald (23. Mai 1754) mit einem Klagegedichte an die jüngere Klettenbergin betrauerte. Diese jüngere Klettenberg hatte in ihrer Abhandlung „Über die sündliche Anhänglichkeit der Kreaturliebe" ihren entsagungsvollen Standpunkt gekennzeichnet. Es steht in der genannten Sammlung, in der sie auch über das „freundschaftliche Gebet" geschrieben hat. Sie starb später als Frau von Trümbach in Gießen. Ihre ältere Schwester aber sollte bald in ein neues Entwickelungsstadium treten. Sie lernte nach einer vertrauensvollen Unterredung mit Moser, der ihr geheime Tiefen seines Herzens enthüllte, plötzlich die Fähigkeit der menschlichen Natur zur Verderbtheit kennen, sie erfuhr an sich die von den „Hallischen" verlangten Angstgefühle, und nun, von Verzweiflung zu neuen Gebeten getrieben, glaubte sie erst den wahren Glauben in einer leidenschaftlichen Sehnsucht nach Christus zu erfahren. „Ein Zug brachte meine Seele nach dem Kreuze hin, an dem Jesus einst verblaßte; ein Zug war es, ich kann es nicht anders nennen, demjenigen völlig gleich, wodurch unsere Seele zu einem abwesenden Geliebten geführt wird, ein Zunähen, das vermutlich viel wesentlicher und wahrhafter ist, als wir vermuten. So nahte meine Seele dem Menschgewordenen und am Kreuz gestorbenen und in dem Augenblicke wußte ich, was Glaube war." .. Es war ihr nun, als seien ihrem Geiste Flügel gewachsen, sie blickte auf ihren bisherigen zehnjährigen Christenlauf zurück, wie auf etwas unvollkommenes, aber sie fühlte sich auch von Stunde an in der sonst so eifrig besuchten Kirchen nicht mehr wohl. „Die Prediger stumpften sich an den Schalen die Zähne ab, indes ich den Kern genoß." Und darum dachte sie auf einen Ersatz. Das führte sie dem Herrenhuterwesen näher, das sie sonst ganz im Sinne des Dr. Fresenius für eine arge Ketzerei gehalten hatte. Zinzedorf aber ließ ja gerade in seinen Litaneien und Gedichten, die poetisch wertlos waren, dieselbe schwärmerische Stimmung walten, wie sie jetzt der Klettenberg eigen war. Er hatte auch umständlich den gemarterten Leib des Erlösers geschildert, hatte die von den Lanzknechten an der Seite aufgerissene Wunde höchst unschön als das „Seitenhöhlchen" angeschwärmt und äußerst geschmacklos von dem „Vögelchen" gedichtet, daß sich darin behaglich fühlte. Auch die beständige Bezeichnung Jesu als des „Lammes" ist von ihm mit eingeführt worden. Ganz ähnlich sagt die Freundin der Klettenberg, die oben erwähnte Frau Nebel:

Verbirg mich recht in Deinen Ritzen,
Darinnen laß mich ewig sitzen …
Nimm mich in Deine hohle Seite
Als Dein verlocktes Täubelein.

Dieselben Geschmacklosigkeiten finden sich auch bei der Klettenbergin und es fehlt ihr auch sonst keineswegs an unschönen Bildern mitten in ihrer religiösen Stimmung. So sagt sie:

Laß, was irdisch ist verschwinden,
Mach mich von dem Liebsten frei.
Komm mein Herze recht zu binden,
Das ich Deine Magd nur sei;

Jesu, hier sind meine Ohren,
Laß des Wortes scharfen Stahl
Sie an Deiner Tür durchbohren
Als der Knechtschaft Ehrenmahl,

Nichts in Eigenheit besitzen,
Nirgends ruhen als in Dir—,
Will mich fremde Glut erhitzen.
Halte Deinen Fluch mir für;

Dir allein Hab ich geschworen,
Jetzo schwör ichs Dir noch zu,

Unter allen auserkoren
Bleibst Du meiner Seelen Ruh,

Und sie sehnt sich nach dem Tode als dem Eingange zur Ewigkeit:

Eilt, Stunden, eilt, flieht schnelle Augenblicke
Und macht die kleine Zahl von meinen Tagen voll;
Wenn ihr dahin genieße ich das Glücke,
Das ein erlöster Geist mit Jesu erben soll.

Aus diesen Proben geht hervor, das sie wohl ein frommes Gemüt, keineswegs aber eine Dichterin gewesen. In Privatkreisen, wo sich nunmehr die „Stillen im Lande" auch in Frankfurt trafen, ging es immer mehr herrenhutisch zu. Der Prediger Johann Andreas Claus, der, ein geborener Frankfurter, im Jahre 1757 daselbst als Predigamtskanditat merkte, sagt: „Zu der Zeit hielt sich der rechtschaffene und in dem Glaubenswege erfahrene Herr von Bülow in Frankfurt auf, wo er bis ins Jahr 1763 blieb. Dieser hielt sonntägliche Versammlungen mit rechtschaffenen jungen Leuten von allerlei Stand … Zu eben dieser Zeit blühte eine sonderbare Verbindung einiger guter Christen aus den höheren Ständen, zu welcher die Frau Pfarrerin Griesbach geborene Nambach, Fräulein von Klettenberg und andere Frauenzimmer neben dem obengedachten Herrn von Bülow, Herr Hofrat Moritz und Herr von Moser gehörten. Wir alle neigten uns auf die Seite der Brüdergemeinden, sangen ihre Lieder, lasen ihre Schriften und überlegten oft, was wir von ihr zu denken, wie wir uns gegen sie zu benehmen und ihretwegen zu verteidigen hätten. Wer die Lage der Sache in den damaligen Jahren kennt, wird mich am besten verstehen. Wir wollten den Namen Herrnhuter nicht auf uns kommen lassen; insofern wir aber Freunde von ihnen waren, so tat man uns eben nicht großes Unrecht, wenn man uns diesen Namen gab." Als aber der Senior Fresenius dahinter kam, erging es namentlich dem jungen Kandidaten übel, der infolgedessen lange vom Predigtsamt fern gehalten wurde und noch nach seiner Rückkehr zur Orthodoxie „Quarantäne halten" mußte, Er verreiste auf kurze Zeit und lebte dann im Hause einer frommen Witwe, bei der ebenfalls Versammlungen abgehalten wurden. „Es bildete sich bei ihr eine kleine Hausgemeinde, welche ich oft mit derjenigen zu vergleichen pflegte, von welcher wir in der Apostelgeschichte 12, 12 und ferner Spuren finden. Wir blieben stets gegeneinander in der gehörigen Achtung und Liebe und ein jedes arbeitete mit einer Treue an seinem Teil; täglich kamen wir zu Unterredungen, Beratschlagungen, Vorlesungen, vornehmlich aber zum Lobe Gottes, mit Tröstungen und Ermunterungen zusammen. Auch wurden kleine Reisen zu guten Christen in der Nachbarschaft vorgenommen, z. B. nach Darmstadt, Hanau, Homburg, Wiesbaden, Schwalbach u. s. w." Diesen Versammlungen stand die Klettenberg'sche Familie ebenfalls nahe — lernte doch Claus seine spätere Frau als ein frommes Mädchen in der Gesellschaft dieser beiden Häuser später kennen. Er schreibt selbst darüber in seiner Selbstbiographie: „Der alte ehrliche Petsch, Bürger und Posthalter allhier, hatte unter Anderen eine Tochter, welche aber nicht bei ihm, sondern von früher Jugend an bei einer Tante erzogen worden war. Sie lebte bei ihrer frühzeitigen Herzensanhänglichkeit an Gott und ihren lieben Heiland ganz in der Stille. Erst im Jahre 1764 wurde sie in dem Hause und in der Gesellschaft, in welcher ich lebte, bekannt und in der Folge bei der von Klettenberg'schen Familie, bei welcher wir wohnten, und mit der wir eines Sinnes waren; eine Hausgenossin."

Und noch eine andere Frau stand diesem Kreise nahe — die Rätin Goethe.

„Wenn ich so gerne schriebe, wie Du, so könnte ich Dir erzählen, wie elend die Kinder zu meiner Zeit erzogen wurden — danke Du Gott und Deinen lieben Eltern, die Dich alles Nützliche und Schöne so gründlich sehen und beurteilen lernen — daß mehrere die dies Glück nicht haben, im dreißigsten Jahre noch alles vor Unwissenheit anstaunen, wie die Kuh ein neues Tor." So schrieb Goethes Mutter als Greisin an ihren Enkel August. Sie erklärt in diesem Briefe, sie schäme sich nicht zu bekennen, daß ihr Enkelchen mehr wisse als sie selbst. Sie hat das häusliche Wesen ihrer Kindheit borniert genannt, und bildete in ihrem ganzen Wesen: in der Fülle ihrer Talente und der geringen Masse wirklichen Wissens, in dem ihr angeborenen richtigen Urteil und der geringen Fähigkeit zum Ausdruck desselben ein beredtes Beispiel dafür, was an den Kindern des ungelehrten Bürgerstandes — namentlich den Mädchen — vernachlässigt wurde, in der Zeit, da sie jung war. Die aufklärende Erziehung der späteren Zeit ihres Sohnes in Weimar stellt sie dem als Muster gegenüber, keineswegs aber die Erziehung des französischen Zeitalters. Eine Auslassung der Olympia in Goethes Singspiel Erwin und Elvira, daß er später als stolzer jungberühmter Haussohn zu Frankfurt am Main geschrieben hat, wird wohl mit Recht von Erich Schmidt und Anderen als ein Selbstbekenntnis der Mutter angesprochen, das in die Dichtung des Sohnes hineingeraten ist. Wenigstens macht diese Schwärmerei für die gute alte Zeit in dem Jugendwerk des hoffnungsfreudigen Zukunftspoeten ganz den Eindruck, als seien dies Äußerungen, die er oft von der Mutter gehört habe. Wenn es da heißt: „Wie ich jung war, wußte man von all den Verfeinerungen nichts, so wenig man von dem Staate wußte, zu dem man jetzt diese Kinder gewöhnt. Man ließ uns lesen lernen und schreiben und übrigens hatten wir volle Freiheit und Freuden der ersten Jahre. Wir vermengten uns mit Kindern von geringerem Stand, ohne daß das unsere Sitten verderbt hätte. Wir durften wild sein und die Mutter fürchtete nicht für unsern Anzug, wir hatten keine Falbalas zu zerreißen; keine Blonden zu beschmutzen, keine Bänder zu verderben; unsere leinenen Kleidchen waren bald gewaschen. Keine hagere Deutschfranzösin zog hinter uns her, ließ ihren bösen, Humor an uns aus und prätendierte etwa, wir sollten so steif, so eitel, so albern tun wie sie. Es wird mir immer übel, die kleinen Mißgeburten in der Allee auf- und abtreiben zu sehen. Nicht anders siehts aus, als wenn ein Kerl von der Messe seine Hunde und Affen mit Reifröcken und Fantangen mit der Peitsche vor sich her in Ordnung und auf zwei Beinen hält und es ihnen mit derben Schlagen gesegnet, wenn die Natur wiederkehrt und sie Lust kriegen, einmal à leur aise auf allen Vieren zu trappeln … . Dein Vater hat weder Schande an mir in der großen Welt erlebt, noch hatte er sich über mein häusliches Leben zu beklagen. Ich sage Dir, die Kinderschuhe treten sich von selbst aus, wenn sie einem zu eng werden; und wenn ein Weib Menschenverstand hat, kann sie sich in alles fügen. Gewiß! Die besten, die ich unter unserm Geschlechte habe kennen gelernt, waren eben die, auf deren Erziehung man am wenigsten gewandt hatte … Eure Kenntnisse, eure Talente, das ist eben das verfluchte Zeug, daß Euch entweder nichts hilft, oder Euch wohl gar unglücklich macht. Wir wußten von all der Firlefanzerei nichts, wir tappelten unser Liedchen, unser Menuett auf dem Klavier und sangen und tanzten dazu.“

Allerdings klingen diese Äußerungen stark an Rousseau an, und der junge Dichter, der dies in den siebziger Jahren schrieb, mag an die Lehren des großen Schweizers ebenso gedacht haben, wie an die seiner Mutter, mit der wir es hier zunächst zu tun haben.

Die Familie der Frau Elisabeth Goethe entstammte, die der Textors, hatte der freien Reichsstadt stets brave Männer gestellt, — aber diese waren immer echte Bürgersleute gewesen. Auch Elisabeths Vater, der Schultheiß von Frankfurt, hielt sich von der sogenannten „großen Welt“ fern. Und sicherlich wäre es kein Vorteil für Frau Elisabeth gewesen, wenn sie ihre Jugend unter französischem Drill verlebt hätte. Immer noch weit besser die einfache, geistlose aber gesunde Erziehung bei fröhlicher Freiheit und in gesunder Einfachheit, als die gedrillte, aus Frankreich herübergetragene, mit der französischen Bonne, dem Schnürleib und den unverstandenen Wissensbrocken. So kam es, daß Katharina Elisabeth

Textor, die Schultheißentochter (geb. 1731), eine einfache Erziehung erhielt, bei Spiel und Frohsinn und bei der Bibel aufwuchs, denn diese war das einzige Buch, das man den heranwachsenden Mädchen in den schlichten Familien gab, das aber sollten sie auch fast auswendig wissen. Frau Elisabeth ist das beinahe gelungen. Sie hatte aber starke Neigung, auch anderes zu lesen und wenig Lust zu häuslicher Beschäftigung. Schöne Kleider liebte sie unbeschadet ihrer Frömmigkeit und bekam deshalb von der Mutter und den zahlreichen Geschwistern den Beinamen Fräulein „Prinzeßchen". Innig war ihre Verehrung für den würdigen Vater, an dessen vielbezeugte Sehergabe sie fest glaubte, ohne doch darum mystische Neigungen in sich aufkommen zu lassen. Eine kindliche Schwärmerei ließ sie für den unglücklichen Kaiser Karl VII., für den Gegner der Maria Theresia, erglühen, seit sie seine Krönung in Frankfurt gesehen hatte. Und diese romantische Liebe scheint die einzige ihres Lebens gewesen zu sein. Zum mindesten war es keine Leidenschaft, die sie (20. Aug. 1748) in die Arme des braven und strebsamen, aber pedantischen und trockenen Rates Goethe führt. Dieser kaiserliche Rat, der stolz darauf war, eines Schneiders Sohn zu sein und aus eigner Kraft so stolz empor zu steigen, paßte zu den Textors zwar schlecht in politischer Hinsicht, denn der Schultheiß hielt es mit dem Kaiserhaus und der junge Rat war „gut Fritzisch" gesinnt, stand also auf Seiten des großen Preußenkönigs. Aber in ihrer Lebensauffassung stimmten sie prächtig, denn auch Rat Goethe haßte das Protzentum und die Üppigkeit zusamt der Verschwendung. Von dem Wesen eines Weibes aber hatte er eine viel fortgeschrittenere Ansicht. Ihm dürfen wir getrost die berühmten Verse in den Mund legen, die später der Löwenwirt, sein Abbild, in seines Sohnes Epos „Hermann und Dorothea" über seine Schwiegertochter sprechen mußte:

> „Spielen soll sie mir auch das Klavier, es sollen die schönsten,
> Besten Leute der Stadt sich mit Vergnügen versammeln,
> Wie es Sonntags geschieht im Hause des Nachbars. ."

So war es denn auch sein Bestreben, die Lücken im Wissen seiner Frau nach Kräften zu ergänzen. Hatte sie als Kind — für damalige Zeit etwas unerhörtes in einem wohlhabenden Hause — nicht einmal Französisch sprechen gelernt, so unterrichtete er sie jetzt auch im Italienischen, im Klavierspiel, im Singen und im Schreiben. Im übrigen herrschte der Ton frommen Bürgertums in dem Hause am Hirschgraben. Die Mutter war nach wie vor fröhlich und gottergeben, bibelgläubig und plauderlustig, und so erzog sie ihren Sohn Wolfgang und ihre Tochter Cornelia, die bei-

den einzigen von ihren vielen Kindlein, die am Leben blieben. Es hat sich
ein ganzer Kreis von Sagen und Legenden um die Frau Rat gebildet, denn
die meisten und liebenswürdigsten Mitteilungen über sie hat in viel, viel
späterer Zeit eine junge Verehrerin des bereits alternden Goethe, Bettina
von Arnim, gegeben. Es läßt sich in den wenigsten Fallen mit Sicherheit
feststellen, was davon einfache Wahrheit, was Ausschmückung oder gar
freie Erfindung ist. Daß bei der Geburt des scheintoten Knaben Goethe die
alte Großmutter Lindheim ausgerufen hat: „Räthin, er lebt!" ist in alle
Goethebiographien übergegangen. Ob aber die vielen Schilderungen aus
der Erziehungsgeschichte des Sohnes als bare Münze zu fassen sind, ist
mehr als fraglich. Nur das Gesamtbild der vortrefflichen Frau tritt immer
vor unsere Augen: ein junge Mutter, die im achtzehnten Lebensjahr, am
28. August 1749, ihr ältestes Kind, den Knaben Wolfgang, zur Welt
bringt, und die sich jung und heiter in ihre schwierige Stellung als Gattin
eines nörgelnden Pedanten findet! Während das Alter und die Eng-
herzigkeit den Vater innerlich weit von den Kindern trennt, die er täglich
um sich hat und selbst unterrichtet, so gewinnt der heitere Sinn und die
kindliche Unbefangenheit der jungen Mutter die Herzen der Kleinen. Sie
ist eine entzückende Plaudererin, eine prächtige Geschichtenerzählerin,
die selbst gern in ihren Phantasien aufgeht und sich auf das Märchen-
stündchen ebenso freut, wie ihre Zöglinge. Daß er die „Frohnatur und
Lust am Fabulieren" vom Mütterchen ererbt habe, hat Goethe selbst gesagt, und daß die Mutter oft genug durch die vorahnenden Fragen des
lebhaften Knaben sich bestimmen ließ, ihre Märchen nach seinen Wünschen umzuplaudern, ist nichts Unwahrscheinliches. Innig wurde daher
das Band, das Mutter und Kinder vereinigte, aber trüb waren die Erfahrungen der jungen Frau. So manches Kleine starb früh dahin, und mit der
Tochter Cornelia wollte sich kein Verhältnis anbahnen. Aber der älteste
Knabe, der in ihrem Herzen schließlich die Alleinherrschaft ausübte, ward
dafür immer mehr ihr größter Stolz. Gewiß mag sie ihm manchmal von
der guten Stellung der Sterne bei seiner Geburt erzählt, auch wohl mit ihm
von seiner großen Zukunft geträumt haben, aber die lächerliche Groß-
mannssucht des Kindes, von der Bettina einige Proben mitteilt, mag auf
Erfindung beruhen oder sie hat zum mindesten der naturwüchsigen
schlicht bescheidenen Mutter nicht gefallen. Da waren auch noch drei
Schwestern der Hausherrin, deren eine, Johanna Maria, die spätere Frau
Meller (seit 1750) — als die „leidenschaftliche Tante" aus Goethes
Selbstschilderung bekannt— ihres Schwagers Gesinnungsgenossin in dem
Streit zwischen Fritz von Zollern und Maria Theresia, und die zugleich die
treueste Freundin der Frau Elisabeth war. Die zweite, Anna Maria, heira-

tete später (1756) einen Prediger Stark und die dritte, Anna Christine, hatte den von Goethe seiner Häßlichkeit wegen belachten Leutnant Schuler erwählt. Die Mutter überließ es dem Vater, die gelehrten Kräfte der Kinder zu üben, sie aber erweckte das Gemüt. Bei Wolfgang gelang es ihr, bei Cornelia nicht. Deren verschlossenes, trotz edelster Absichten verletzendes Wesen hat nie jemand verstanden außer dem Bruder, dem ihre Gesellschaft mit den Jahren immer angenehmer wurde. Schwer lag die Hand des Vaters auf den Kindern, der ein Erziehungspedant war und seine Liebe verbergen zu müssen glaubte, damit die Strenge keinen Abbruch erleide. Er lehrte die Kleinen und lernte mit ihnen. Die Religion aber überließ er der Mutter, die nicht damit kargte. Frau Elisabeth hatte selbst längst keine Befriedigung mehr in der trockenen Orthodoxie damaliger Zeit gefunden und sich — wie wir es bei so vielen bedeutenden Frauen schon fanden — den „Separatisten" zugeneigt, die das Leben durchchristlichen wollten. Durch sie kam der „Messias" Klopstocks in das Haus am Hirschgraben. Freilich mußte er heimlich eingeschmuggelt werden, denn der Vater liebte nach Gottscheds Geschmack nichts, was in ungereimten Versen geschrieben war. Daß die Entdeckung von der Kinder heimlichem Lesen in diesem Buche gerade erfolgen mußte, als der Barbier vor Schreck über Cornelias ungeahnte Rezitation das Seifenbecken auf des Vaters Brust goß, war ein neuer Grund den verderblichen Sänger wieder zu verbannen. Wie tief in des Knaben Wolfgang Seele aber sich auf diesem innerlichen Wege die Religion eingrub, und wie wenig klar ihm doch seine Bedürfnisse wurden, beweist sein mißlungenes Räucheropfer auf des Vaters Musikpult beim Sonnenaufgang nach alttestamentarischem Brauch. Frauenhände waren es gewesen, die den Glauben in seine Seele gepflanzt hatten, und dann weckten weibliche Einflüsse auch seine Liebe zum Theater. Mit den französischen Soldaten waren im siebenjährigen Kriege auch die französischen Komödianten nach Frankfurt gekommen. Der zehnjährige Knabe erwirkte durch die Fürsprache der Mutter die Erlaubnis zum täglichen Besuche der Vorstellungen, und der Vater war einverstanden, als er sah, wie schnell sein Sohn dadurch französisch sprechen lernte. Der junge Herr hatte Gelegenheit, diese Künste zu zeigen, als das Goethe'sch' Haus selbst Einquartierung aus Paris erhielt in der Person des Grafen Thoranc. Nun wurde auch sein Kunstverständnis in ihm durch die Maler geweckt, die der Bilder liebende Graf in das Haus zog. Neben solchen äußeren Einwirkungen in den kriegerischen Zeiten gab es nun auch stillere innerlichere Anregungen. So muß Fräulein von Klettenberg dem Goethe'schen Hause schon früher nahe getreten sein, denn schon das erste Gedicht des jungen Goethe ist nach dessen eigener

Angabe auf Veranlassung dieses Fräuleins geschrieben worden, und zwar im Jahre 1762. Goethe hat es in seiner Selbstbiographie so dargestellt als sei seine Mutter erst später, als der Sohn schon in Leipzig auf der Universität war, aus Langerweile zu dem Umgange mit der Klettenberg gekommen. Das kann nicht richtig sein, wenn das andere wahr ist. Ja, wahrscheinlich kannten sich Fräulein von Klettenberg und Fräulein Textor schon als Mädchen. Früh jedenfalls muß das eingetreten sein, was Goethe von seiner Mutter erzählt: „Das Gemüt der guten, innerlich niemals unbeschäftigten Frau wollte auch einiges Interesse finden, und das nächste begegnete ihr in der Religion, das sie um so lieber ergriff, als ihre vorzüglichsten Freundinnen gebildete und herzliche Gottesverehrerinnen waren." Und unter diesen Freundinnen treffen wir nun dieselben wieder, die wir in den frommen Kreisen Frankfurts bereits kennen lernten. Hören wir, in welcher Weise sich der alte Goethe noch der Eindrücke erinnerte, die sie in seiner Jugend auf ihn machten. So schreibt er von der Klettenberg:

„Sie war zart gebaut, von mittlerer Größe, ein herzliches, natürliches Betragen war durch Welt und Hoffart noch gefälliger geworden. Ihr sehr netter Anzug erinnerte an die Kleidung herrnhutischer Frauen. Heiterkeit und Gemütsruhe verließen sie niemals. Sie betrachtete ihre Krankheit als einen notwendigen Bestandteil ihres vorübergehenden irdischen Seins; sie litt mit der größten Geduld, und in schmerzlosen Interwallen war sie mitteilsam und gesprächig. Ihre liebste, ja vielleicht einzige Unterhaltung waren die sittlichen Erfahrungen, die der Mensch, der sich beobachtet, an sich selbst machen kann; woran sich dann die religiösen Gesinnungen anschlössen, die auf eine sehr anmutige, ja geniale Weise bei ihr als natürlich und übernatürlich in Betracht kamen … . Bei dem ganz eigenen Gange, den sie von Jugend auf genommen hatte, und bei dem vornehmen Stande, in dem sie geboren war, vertrug sie sich nicht zum besten mit den übrigen Frauen, welche den gleichen Weg zum Heile eingeschlagen hatten. Frau Griesbach, die vorzüglichste, schien zu streng, zu trocken, zu gelehrt; sie mußte, dachte, umfaßte mehr als die Andern, die sich mit der Entwicklung ihres Gefühls begnügten und war ihnen daher lästig, weil nicht jede einen ebenso großen Apparat auf dem Wege zur Seligkeit mit sich führen konnte noch wollte. Dafür aber wurden die meisten freilich etwas eintönig, indem sie sich an eine gewisse Terminologie hielten, die man mit jener der späteren Empfindsamen wohl vergleichen könnte. Fräulein von Klettenberg führte ihren Weg zwischen beiden Extremen durch und schien sich mit einiger Selbstgefälligkeit in dem Bilde des Grafen Zinzendorf zu bespiegeln, dessen Gesinnungen und Wirkungen Zeugnis einer höheren Geburt und eines vornehmern Standes ablegten."

Man muß sie sich also nicht als eine grämliche Frömmlerin vorstellen. Nein, wie Mutter Goethe war auch sie eine „Frohnatur." Sie nahm später eine Stellung in seiner Schätzung ein, die fast der Mutter gleich kam. Hat er doch als Jüngling die beiden als „Rat und Tat" von einander unterschieden. Freilich wirkte sie am stärksten in den späteren Entwicklungsjahren auf ihn — wo wir ihr wieder begegnen werden. Das aber auch schon der Knabe stark von ihr beeinflußt wurde, beweist eben das erste, allerdings noch sehr wenig versprechende Gedicht seines Lebens, das uns erhalten ist: „Gedanken über Christi Höllenfahrt". Auf Verlangen ist es niedergeschrieben und Goethe selber hat später beim Anblick der längst vergessenen Jugendarbeiten geäußert, dies Verlangen könne nur von Fräulein von Klettenberg ausgegangen sein. So ist also die Frau, die er später als „schöne Seele" gefeiert hat, auch die erste Erregerin seines Talentes gewesen.

Das Gedicht entstand im Jahre 1762, also in dem Jahre, da der siebenjährige Krieg im Frieden von Hubertusburg beendet wurde. Dies Jahr bedeutet einen Wendepunkt nicht nur in der Geschichte der Staatenbildung und der Kriege, sondern auch in dem Geistesleben. Es ist die Schwelle zu einer neuen Zeit, aber bevor wir sie überschreiten, müssen wir noch einmal umkehren. Denn wir haben bisher nur unter den bürgerlichen Frauen unsere Umschau gehalten und müssen noch einen Blick auf die gekrönten Genossinnen ihres Geschlechts in dem zuletzt durchmessenen Zeitraume werfen.

Siebentes Kapitel.

An den Höfen geistreicher Fürstinnen.

Zu keiner Zeit haben wohl in Europa Frauen einen größeren Einfluß auf die Geschicke der Staaten und Völker gehabt als um die Zeit des furchtbaren Krieges, der Preußen zu einer Großmacht werden ließ. Daß er sich mit drei Weibern herumschlagen müsse, hat König Friedrich spottend beklagt in jener schweren Zeit seines Herrscherlebens, da die Tochter Peters des Großen auf dem Russenthrone beständig das Feuer des Krieges mit der Leidenschaft ihres persönlichen Hasses schürte und, gemeinsam mit der feilen Königsdirne in Paris, der Frau aus dem Stamme der Habsburger ihr Recht auf Schlesien verfechten half. Und diese selbst, Maria Theresia, hat nicht mit Unrecht eine Kaiserkrone getragen in diesem Zeitalter großer Frauen.

Hatte sie doch dem Jahrhundert zum ersten Male wieder mit Heldensinn bewiesen, was eine Frau durch ihre bloße Erscheinung vermag. Ein kaum verheiratetes junges Weib, stand sie bei dem Tode ihres kaiserlichen Vaters einer tosenden Welt gegenüber, die ihr das Erbe entreißen oder schmälern wollte. Als die letzte Habsburgerin hatte sie von ihrem Erzeuger das Recht der Thronfolge zugesprochen erhalten, und der wunderliche Herr hatte sich eine Sammlung beschriebener Pergamente unter Freunden und Feinden angelegt, welche diesen seinen letzten Willen, seine „pragmatische Sanktion" anerkannten. Als ob der ganze Bettel leichtfertiger Diplomatenversprechen irgendeinen Wert gehabt hätte; als ob der Kaiser, wollte er in dieser schlechten Welt seine Tochter über das Grab hinaus schützen, ihr nicht vielmehr Geld und Soldaten, statt gleichgültigen Papiers hätte sammeln müssen! Da war Maria Theresia es gewesen, sie ganz allein, in ihrer persönlichen Erscheinung, die ihr schon verlorenes Land wieder gewann. Schon hatte der gute kurfürstliche Tropf, der sich für wenige Augenblicke als Karl VII. die Krone aufsetzen durfte, sein schönes Bayernland verlassen und Österreich weit und breit mit seinen Truppen überschwemmt; schon schlug der junge Löwe Friedrich aus Preußenland ehrgeizig seine Pranken in das schöne Schlesien, schon gab die europäische Politik das Weibchen auf dem Kaiserthrone dem Gelächter preis — da rief sie mit ihrer mutvollen Persönlichkeit die Begeisterung der Ungarn in den Kampf, da ward Österreich zurückerobert für die schnell beliebt gewordene Herrin, da entfesselte sich jener furchtbare Krieg, in dem sie sich allerdings beugen mußte vor dem Größten, der je in Deutschland ein Schwert geschwungen und ein Zepter geführt hat. Als aber im dritten heißen Ringen um Schlesien der große Friedrich wieder den Sieg behielt, da schob sie ihr Schwert in die Scheide mit dem Schwure, daß sie es nie mehr ziehen wollte. Denn, sie war ja im Rechte gewesen im Kampfe um die ihr entrissene Provinz, aber sie hatte einsehen gelernt, daß das Recht der Untertanen auf Ruhe und Frieden noch mehr galt, als das der Herrscher auf ein Stück Länderbesitz. Vor allem aber haßte sie das, was damals an den Höfen für das Natürlichste galt, das Rauben eines Nachbarlandes. Treu und fest war sie in ihrem Leben, wie sie auch ihrem nicht sonderlich treuen Gemahle die Liebe bewahrte, und bei seinem Tode sich ihr Haar abschneiden ließ, um von Stund' an auf allen Glanz und auf alle Frauenpracht zu verzichten. So galt ihr auch ein einmal gegebenes Kaiserwort für ewig bindend, so haßte sie das Gieren nach Land und so verabscheute sie später den Krieg. Ihr junger, von Menschenliebe erfüllter Sohn, der geliebte Joseph, war ihr, wie sehr er sie sonst an Geist übertraf, hier nicht gewachsen an Erkenntnis und Einsicht. Wie das gute Gewissen Europas warnte sie ihn in den letzten Tagen ihres Lebens vor dem Unrecht der Teilung Polens, und nur mit schwerem Herzen gab sie schließlich, gedrängt von allen Seiten, ihre Unterschrift dazu. Sie wehrte sich vergebens gegen Josephs immer wiederholte Türkenkriege, und freute sich nicht über den Erwerb aus einer Politik, die ihr treulos erschien. In höchste Empörung brachte sie Josephs Streben nach dem erledigten Throne von Bayern, und in Verzweiflung geriet sie, als ihr ehrgeiziger Sprößling gar einen Krieg mit dem großen Friedrich aus diesem Grunde verschuldete. Unbekümmert um des Mitkönigs Meinung schloß sie mit dem Preußenhelden Frieden, so sehr es den Sohn empören mochte, und sie glaubte damit ihre Herrschaftszeit am ruhmreichsten beschlossen zu haben. Freilich stand sie dem Sohne nach in ihrer Fähigkeit, das große Neue mitzudenken, freilich scheute sie sich vor Verbesserungen, willigte nur langsam in die Abschaffung der Folter und in die Bauernbefreiungsversuche. Aber ihr herrlicher, immer wiederholter Grundsatz läßt sie doch eines unverwelklichen Kranzes würdig erscheinen: ob denn das, was man sonst als das natürliche Recht erkenne, keine Anwendung zu finden brauche auf dem Throne? Nach diesen Grundsätzen versuchte sie Europa zu erziehen, es gelang ihr nicht; nach diesen Grundsätzen versuchte sie auch — freilich auch nur mit teilweisem Erfolg — ihre Kinder heranzubilden zu großen Menschen. Sie ist die eifrigste Erzieherin, die je auf einem Throne gesessen hat. Sieht man die vier dicken Bände, die Arneth aus ihren Briefen an ihre Kinder zusammengestellt hat, legt man daneben die von demselben Gelehrten sorgsam zusammengetragenen zwei Bände des Briefwechsels mit Joseph II., und läßt man sich dann von demselben Arneth belehren, daß trotz alledem der größte Teil ihrer Familienbriefe verloren gegangen ist, dann allerdings wundert man sich, daß diese Frau in ihrem Leben noch etwas anderes tun konnte, als ihren Kindern Briefe schreiben. Und doch war das nur die Beschäftigung ihrer Mußestunden. Freilich, sonderlich viel Abwechslung findet sich nicht in diesen Briefen. Jedem ihrer Söhne gab sie in dem Augenblicke, wo er vor einem neuen Lebensabschnitte stand, eine „Instruktion" mit, wesentlich des Inhalts, daß er fromm und brav bleiben solle.

Aber dennoch erzog sie im gewissen Sinne jeden ihrer Söhne anders. Dem Thronfolger gab sie von jeher den ersten Rang unter den Geschwistern. Ehrfurcht vor ihm prägte sie allen anderen ein. Den zweiten Sohn, Leopold, von dem sie nicht ahnen konnte, daß er auch einmal Kaiser werden würde, gab sie eine Unterweisung, als er sich vermählte und mit der jungen Frau nach Toskana reiste. Da er krank wurde inmitten der Hochzeit, so schrieb sie ihm viele Seiten über die Art, wie er seine Gesundheit zu pflegen habe. Als bald darauf der Tod ihres Gatten sie an den Rand der Verzweiflung brachte, ließ sie eine ausführliche „Instruktion" über des Sohnes religiösen Pflichten folgen. Dem dritten Sohne, Ferdinand, dem Statthalter der Lombardei, hat sie eine große Anzahl von Briefen geschrieben, aus denen man sieht, wie sehr, bis ins kleinste hinein, sie auf sein Wohl bedacht war. Dreimal gab sie dem jüngsten, Maximilian, derartige Denkschriften, wie er auf Reisen ging oder seine militärische Dienstzeit begann. Bis auf die Haltung seines Körpers erstreckten sich ihre Wünsche, in der Einschärfung der Tugend und Frömmigkeit gipfelten sie. Von ihren zahlreichen Töchtern blieben Marianne und Elisabeth unvermählt in Wien. Amalia heiratete den Herzog von Parma, aber die mütterliche Instruktion rettete sie nicht vor dem sittlichen Verfall, den die Kaiserin auf das tiefste beklagte; Johanna und Josepha, die als Kinder starben, wurden wie Karoline, die spätere Königin von Neapel, von der Gräfin Walburgis von Lerchenfeld erzogen und die mütterlichen Unterrichtspläne zeugen von größter Strenge und Umsicht. Als Karoline nach Neapel ging, schärfte ihr die Mutter das ein, was immer wieder ihre Lehre an ihre Töchter war, daß sie sich nicht in die Herrschergeschäfte mischen solle, daß ihr Mann zu gebieten habe, sie aber zu gehorchen. Ja, sie verlangte von Marie Antonie, der Jüngsten, von vornherein für den französischen Hof bestimmten Tochter nicht nur dasselbe, sondern sie forderte von diesem fünfzehnjährigen Kinde, das in der Gesellschaft von Ludwigs XV. Dirnen sich entrüstet an die Mutter wandte, auch hier völlige Unterwerfung. Mit der schamlosen Dubarry, einer öffentlichen Dirne, durch die der widerwärtige König den Thron von Frankreich entweihte, will Marie Antoinette sich nicht stellen. Die Kaiserin- Mutter aber verlangt es von ihr, denn ihre Tochter sei nur Gattin und nicht Herrin, sie müsse mit den Frauen verkehren, die ihres Schwiegergroßvaters Gesellschaft bilden, ohne zu urteilen. „Du hast nichts zu befehlen", ruft sie ihr zu. Es sind das kleine Züge in dem Bilde der großen Frau. Sie glaubte, die Töchter glücklich zu machen, wenn sie Urteilslosigkeit und blinde Unterwerfung von ihnen verlangte, aber sie vergaß, daß deren Männer widerwärtige Hohlköpfe waren und daß begabte Frauen sich ihnen unmöglich unterwerfen konnten. Vielleicht hätte Karoline von Neapel ihren Thron nicht mit so viel Wut entweiht, vielleicht Marie Antoinette das Schaffot nicht bestiegen, hätte ihre Mutter ihren Geist von früh auf mehr auf das richtige, selbständige Urteilen hingelenkt. Das aber entsprach nicht den Vorstellungen, die sich Maria Theresia, wie wohl selbst eine Herrennatur, von dem Ideale einer deutschen Frau machte. Alles in allem Paßte es aber wohl zu den Ansichten Fénelons von weiblicher Bildung. Die Kaiserin war eine Hausmutter auf dem Throne. Mutig, wie man es sonst nur vom Manne erwartet in Augenblicken der Gefahr, aber nicht von zügelloser Kühnheit; vom hellsten Verstand, aber ohne sprühenden Geist; gewandt im Schreiben und Lesen und eine Meisterin im Rechnen, in ihrem eignen wie im Staatshaushalte, aber ohne Trieb nach freier geistiger Betätigung; sittenstreng und tief religiös — so glich sie in jedem Zuge dem, was der große Franzose für das Ideal der weiblichen Zukunft erklärt hatte, aber die gärende Zeit verlangte mehr, obwohl sie meist weniger besaß. So ist Maria Theresia, obwohl sie selbst gut unterrichtet war, französisch, italienisch und spanisch geläufig sprach und das lateinische gut beherrschte, und obwohl sie für Universitäten und Schulen das ihrige tat, wohl ein vorbildlicher Charakter, keineswegs aber eine Förderin der weiblichen Geistesbildung, ja nicht einmal eine Teilnehmerin an den ihr verhaßten geistigen Richtungen der Zeit gewesen. Aber dennoch ließ ihre deutsche Gesinnung sie in manchem Sinne zur fördernden Helferin auf geistigem Gebiete werden. So war sie eine der ersten Fürstinnen, die der deutschen Schauspielkunst ihren Schutz gewährte. Aber sie selbst war des Deutschen weit weniger mächtig als der fremden Sprachen, und mit ihrem Hofdichter Metastasio liebte sie die italienischen Verse mehr als die in ihrer Muttersprache. „Damals — so sagt die Tochter ihrer treuesten Dienerinnen — galt noch von den meisten Einwohnern Wiens in den höheren Ständen, was ein

Dichter von sich sagt:

Ich spreche Wälsch wie Dante
Wie Cicero lateinisch,
Wie Pope und Thomson englisch,
Wie Diderot französisch
Und deutsch — wie meine Amme!"

Und daß auch die Kaiserin hier keine Ausnahme machte, beweist folgende Anekdote, die von derselben kundigen Zeugin berichtet wird. „Selbst die Kaiserin bediente sich des ganz gemeinen österreichischen Jargons und folgende zwei Anekdoten, die ich oft aus dem Munde meiner seligen Mutter hörte, werden dienen, jene Zeit zu charakterisieren, von der ich spreche. Ein Fräulein aus Sachsen wurde als Kammerdienerin bei der Kaiserin angestellt, und meine Mutter, welche ihr damals schon mehrere Jahre gedient hatte, bekam den Auftrag die „Neue", so hieß jede letzteingetretene unter den Fräuleins, zum Dienst abzurichten. Das sächsische Fräulein nahm also in zweifelhaften Fällen immer ihre Zuflucht zu meiner Mutter, als ihrer Lehrerin. Eines Tages kam sie ganz verlegen und ängstlich zu ihr, und bat sie, ihr zu sagen, was sie zu tun habe. Ihre Majestät die Kaiserin habe das „blabe Buich" verlangt. Meine Mutter mußte lächeln, sie gab der Sächsin ein blaues Buch, in welchem die Kaiserin eben zu lesen pflegte, mit dem Bedeuten, es der Monarchin zu überreichen. Lange wollte die Andere es nicht glauben, daß mit jener Bezeichnung ein „blaues Buch" gemeint sein sollte; — indes meine Mutter beharrte darauf, Fräulein M. überreichte das Buch, und sieh! — es war das Rechte. Diese Anekdote erklärt hinreichend, warum in den glänzenden Zirkeln französisch oder italienisch und nie deutsch gesprochen wurde."

Aber die Künste galten etwas am Hofe Maria Theresias, namentlich in ihren jüngeren Jahren, weil sie dem Frohsinn dienen halfen, und bis zum Tode ihres geliebten Franz war Maria Theresia eine lustige Fürstin, wenngleich der Geist des Familienlebens nie von ihr verletzt wurde. Noch im Jahre 1760 berichtet der sächsische Prinz Albert, der mit seinem Bruder Clemens zum Besuche in Wien war, daß er von der ersten Audienz der großen Fürstin, „welche die Bewunderung von ganz Europa genoß", voll „Enthusiasmus" geschieden sei. Unter den Töchtern entzückte diesen, vom Glück in seiner Jugend nicht verwöhnten Prinzen besonders die zweite, die damals achtzehnjährige Maria Christine, denn, „sie hatte einen so schönen Wuchs und ein so edles, geistvolles Gesicht, daß ich mich vom ersten Augenblick an in sie verliebte." Und weiter schildert uns dieser begeisterungsfreudige Jüngling: „Im Ganzen war in Wien bei Hofe und bei dem Adel trotz des Krieges viel Vergnügen und Lust. Die Neigung des Kaisers dafür, die Liebe der Kaiserin für ihren Gemahl und die junge Familie trug dazu bei. Die Zahl der schönen Frauen in Wien ist groß. Ich sah auch die schöne Auersperg, für welche der Kaiser unverhohlen seine Leidenschaft an den Tag legte. Es machte einen schönen und würdigen Einbruch wenn der Kaiser und die Kaiserin zur Kirche gingen und ihnen eine Reihe der alten adeligen Familien folgte. Dazu trug damals alles noch das prachtvolle spanische Kostüm, welches erst Kaiser Joseph abschaffte, und dafür das militärische Kleid einführte …“

Sechs Jahre vor dem Besuche dieser Prinzen war Frau Gottsched von ihrem Manne an den Wiener Hof geführt worden und die ganz außerordentliche Aufnahme, die sie dort fand zu der Zeit, da die junge Welt nichts mehr von ihr und ihrem Gatten wissen wollte, ließ noch einmal in der gelehrten Welt den Glanz ihres Namens aufleuchten. Von der Königsberger Reise heimgekehrt hatte sie, unbekümmert um die Verschwendung von Lorbeer an minderbedeutende Frauen, ihres Mannes Bibliothek geordnet und die Rücken der Pergamentbände mit sauberen Titeln beschrieben. Sie hatte für ihres Gatten „Nötigen Vorrat zur Historie der deutschen dramatischen Dichtung“, den größten Teil des Stoffes geordnet, hatte, reaktionär wie ihr ganzes Schaffen nun einmal war, ein Buch gegen die Freimaurer übersetzt und französische Dramen verdeutscht, und außerdem ein ganzes eigenes Werk über die „Geschichte der lyrischen Dichtung von Otfrids Zeiten bis zum Ende des siebzehnten Jahrhunderts“ ausgearbeitet, das aber keinen Verleger fand: Nun ging sie auf die Anregung ihres Mannes daran, ein Riesenübersetzungswerk zu beginnen: sie verdeutschte nämlich die Geschichte der Französischen „Akademie der Inschriften und schönen Künste“. Als der erste Band davon frisch von der Druckerei gekommen war, hatten Gottscheds gerade eine Kur in Karlsbad beendet, und nun wollte der Gelehrte, der sich mehr und mehr von Feinden umdroht sah, einen Hauptstreich ausführen. Er wollte Wien für wissenschaftlichen Gedanken erobern und bei dieser Gelegenheit sich und seine Frau der Kaiserin Maria Theresia vorstellen, die ja damals — im Jahre 1749 — auf der Höhe ihres jungen Ruhmes stand.

Die Reise brachte mancherlei Erlebnisse von Bedeutung. Auf der Universität Erlangen, die das Paar berührte, wurde der gelehrten Professorin, die sich so sehr gegen akademische Ehren sträubte, dennoch eine solche zuteil. „Da wir nun in Begleitung Herrn D. Huts die akademischen Gebäude, die Bibliothek und die Hörsäle gesehen hatten, führte dieser wackere Theologe als damaliger Dechant seiner Fakultät — so erzählt Gottsched — an seiner Hand die Wohlselige, alles ihres Weigerns ungeachtet, in den zum Disputieren bereits angefüllten theologischen Hörsaal und nötigte sie, neben dem ansehnlichen Direktor der Universität, Herrn Hofrat von Meiern, Platz zu nehmen. Der hochehrwürdige Präses der gelehrten Unterredung ermangelte auch nicht, ihr in seinen Anreden die höflichsten Erklärungen zu tun: die ihm und ihr zu gleicher Ehre gereichten, von ihr aber jedes Mal mit den geziemenden Zeichen der Erkenntlichkeit und Demut beantwortet wurden, sodaß ihre Kenntnis der gelehrten Sprachen auch bei schweigenden Lippen jedermann ins Auge fiel". — Das kleine Erlebnis ist ein neues Zeichen dafür, wie freudig damals die Gelehrten aller Orten den Frauen ihre Heiligtümer öffneten.

Zu Nürnberg galt es, eine gelehrte Dame zu sehen, mit der Frau Adelgunde schon eine Zeit lang Briefe gewechselt hatte, nämlich das Fräulein Thomasius auf Wiedersberg und Troschenreut. Diese war aber nicht etwa die Tochter des unsterblichen Rechtslehrers, des ersten Vorkämpfers des Deutschtums, sondern der Hofrat und Leibarzt Gottfried Thomasius war ihr Erzeuger. Innige Freundschaft verband bald die beiden Frauen. „Freundin meiner späteren Jahre" nannte die Thomasius ihre neue Herzensschwester, und diese pries an der neuen Freundin das gute Herz und die Gelehrsamkeit, die den Ruhm des Vaters noch erhöhe. Die Thomasius ist später in die deutsche Gesellschaft an der Universität Altdorf aufgenommen worden, und da fehlte es natürlich auch ihr nicht an Lobgedichten.

> Verdienste krönen Dich, Sei froh o Gönnerin,
> Die Musen Frankenlands belorbeern Deinen Scheitel.
> Sei ihrem Helikon hinfort die Königin,
> Wie Du Regine bist. Solch Lob ist niemals eitel!

So steht am Schlusse eines panegyrischen Gedichts auf sie im zehnten Bande von Gottscheds Zeitschrift: „Das Neueste aus der anmutigen Gelehrsamkeit" zu lesen. Als Frau Gottsched sie besuchte, war freilich der Thomasius diese Ehre noch nicht zu teil geworden, und Adelgunde frug ja auch nichts nach dergleichen. Aber als sie damals Nürnberg verlassen, sang sie der neu gewonnenen Freundin eine Elegie, die mit den Worten beginnt:

> Ich weine noch um Dich, Du Ausbund edler Seelen!
> Mein Auge tränet noch von Schmerz und Zärtlichkeit,
> Und dieser bittre Schmerz, dies sehnsuchtsvolle Quälen,

Ist einzig was mir noch erwünschten Trost verleiht …

O Freundin. Dich gekannt und Dich umarmt zu haben,
Soll mir bis in mein Grab ein süß Gedächtnis sein.
Gehab Dich ewig wohl, mein auserwähltes Leben!
Vergiß der Freundschaft nie, die mir Dein Mund verhieß.
Mein Geist wird stets um Dich in Deinem Zimmer schweben,
Wo mich ein kurzes Glück Dich sehn und küssen ließ!

In Wien angekommen, machte man die Bekanntschaft des allmächtigen Hofarztes der Kaiserin, des Barons van Swieten. Der Custos der Bibliothek, erstaunt über die gefällige französische Ausdrucksweise der Gottschedin und über ihre Fähigkeit, in einem alten lateinischen Kodex zu lesen, hatte diese Bekanntschaft vermittelt; auch an den Tafeln der vornehmen Wiener Aristokratie, wo man speiste, fand sich Gelegenheit, die außergewöhnlichen Kenntnisse der Professorin blicken zu lassen. Es breitete sich also in ganz Wien das Gerücht aus, daß eine „gelehrte Frau aus Sachsen" angekommen sei. Und als nun Gottsched auch noch eine Ode auf die Kaiserin ins Treffen führte, gestattete man ihm, selbige persönlich zu überreichen. Damit war die Erlaubnis zur Audienz erwirkt.

Ganz begeistert berichtete Frau Adelgunde darüber an die geliebte Thomasius. Daß in diesem Brief die Anreden „mein Engel" und „Euer Hochwohlgeboren" mit einander abwechseln, ist der närrischen Sitte der Zeit zur Last zu schreiben. Da hieß es denn: „Ja ich habe sie gesehen! Die größte Frau von allen Frauen! die sich durch sich selbst weit über alle ihre Throne erhebt! Ich habe sie nicht nur gesehen, sondern auch gesprochen; nicht nur gesprochen, sondern dreiviertel Stunden lang gesprochen; ich habe sie als Gattin und Mutter gesprochen, d. h. in Gegenwart ihres Gemahls, des durchlauchtigsten Erzherzogs und dreier Erzherzoginnen. Verzeihen Sie, mein Herz, wenn meine Erzählung unordentlich und meine Schrift unleserlich wird. Beides geschieht aus Freude, die nicht anders als übermäßig sein kann, da ich an einem Tage zwei Glückseligkeiten genieße; nämlich die Kaiserin gesprochen zu haben und Euer Hochwohlgeboren sogleich erzählen zu können. Des Morgens um 10 Uhr waren wir in Schönbrunn, wohin uns der Graf Esterhazi (der uns diese Audienz veranlaßt) bestellt hatte. Er glaubte indessen noch, daß wir nur in der großen Antichambre der Kaiserin mit hundert anderen Personen zugleich die Hand küssen würden, wenn sie nach der Kirche ginge. Wir hielten uns also mit ihm zugleich daselbst auf und hatten in einer halben Stunde die Gnade, die drei Durchl. Erzherzoginnen vorbeigehen zu sehen, die aber, auf des Grafen Bericht an die Fürstin Trautson (ihre Hofmeisterin), wer wir wären, wieder umkehrten und uns die Hand zum küssen reichten, wobei ich die Ehre genoß, von der ältesten Durchl. Prinzessin (sie ist zehn Jahre alt) ein überaus gnädiges Kompliment, wegen des vielen Guten, was sie von mir gehört hatte, zu vernehmen, und dabei ihren Verstand und ihre Leutseligkeit zu bewundern. Verzeihen Sie mir, mein Engel, daß dieser Absatz ein wenig ruhmredig klingt. Es wird noch viel ärger kommen, allein ich kann Ihnen keinen Begriff von der fast unglaublichen Gnade dieser höchsten Personen zu machen, ohne viel Gutes von mir herzuschreiben, davon sie am besten wissen, daß es nicht halb wahr ist. Gegen 11 Uhr kam ein kaiserlicher Kammerfourier und sagte uns, wir sollten ihm folgen. Er führte uns durch viele prächtige Gemächer in ein kleines Gemach, welches durch eine spanische Wand noch um die Hälfte kleiner gemacht war, die Kaiserin zu erwarten. In wenigen Sekunden kam die Fürstin von Trautson, machte uns abermals ein sehr gnädig Kompliment und versprach uns die baldige Ankunft ihrer Majestät. Diese erfolgte in wenigen Minuten in Begleitung obiger drei Erzherzoginnen. Wir setzten uns auf das linke Knie und küßten die allerhöchste und schönste Hand, die jemals den Zepter geführt hat. Die Kaiserin hieß uns mit einem Gesichte, welches auch in der furchtsamsten Seele alle die Scheu vor einer so hohen Gegenwart und wunderschönen Gestalt hätte in Liebe und Zutrauen verwandeln können, aufstehen; wir taten es und sie hub gegen meinen Mann an: „Ich sollte mich scheuen mit dem Meister der deutschen Sprache deutsch zu reden. Wir Österreicher haben eine sehr schlechte Sprache". Auf meines Mannes Versicherung, daß er schon vor 14 Tagen das reine und vollkommene Deutsch bewundert hätte, als ihre Majestät bei Eröffnung des Landtages ihre Stände gleich der Göttin der Beredsamkeit angeredet hätte, erwiderte sie: „So? haben Sie mich belauscht?" und setzte mit hellem Lachen hinzu: „Es ist gut, daß ich es nicht wußte, sonst wäre ich stecken geblieben!"

Man sieht, daß Maria Theresia Gottscheds Streben kannte, wie manches aus der gelehrten Welt. Las sie doch später die Zeitschrift des Göttinger Historikers Professor Schlözer eifrig.

Unglaublich klingt uns nur Gottscheds faustdicke Schmeichelei nach dem, was wir von dem Deutsch der Kaiserin wissen. Die beiden Gatten hielten es eben, damaligen Anschauungen entsprechend, für eine Pflicht, hohe Herrschaften auch mit einer Lüge zu erfreuen. Auch die weitere Unterredung ist hierfür charakteristisch. Frau Adelgunde erzählt nämlich weiter: „Sie (die Kaiserin) wandte sich darauf zu mir und fragte, wie ich es gemacht hätte, daß ich so gelehrt geworden wäre? Ich erwiderte, ich wünschte es zu sein um des Glückes, welches mir heute begegnete, und wodurch ganz allein mein Leben merkwürdig werden würde, nicht so ganz unwert zu sein. Es hieß: Sie sind zu bescheiden, ich weiß es gar wohl, daß die gelehrteste Frau Deutschlands vor mir steht. Meine Antwort war: Meines Wissens ist die gelehrteste Frau, nicht nur von Deutschland, sondern von ganz Europa, Beherrscherin von mehr als einem Königreiche. Die Kaiserin erwiderte: Wofern ich sie kenne, so irren Sie sich. Sie wandte sich wieder zu meinem Manne und nach einigen Fragen, die Leipziger Akademie betreffend, trat jemand in das Zimmer, den ich für den gnädigsten und wohlgebildetsten Minister des Kaiserlichen Hofes würde gehalten haben, wenn nicht die Kaiserin gesagt hätte: Das ist der Herr! Hier legten wir uns beide wieder in die vorige spanische Reverenz und Se. Majestät der Kaiser (denn der war es) gab meinem Manne die Hand zu küssen; vor mir aber zog er sie zurück und hieß uns beide aufstehen. Er fing an mit meinem Manne zu reden und die Kaiserin fragte mich, ob ich bereits viel in Wien gesehen hätte. Ich nannte ihr die vornehmsten Sachen und auf ihre Frage, was mir unter allem am besten gefallen hatte, konnte ich meinem Herzen und Gewissen nach unmöglich anders antworten als: „Ich wünschte, daß außer Eurer Kaiserl. Majestät mich irgendjemand in der Welt das fragen möchte". Das allergnädigste Lächeln, so jemals von einer gekrönten Schönheit gesehen werden kann, gab mir zu verstehen, daß einer so großen Frau auch ein so schlechter Beifall nicht zuwider war. Sie erzählte mir darauf, wie die Bibliothek vor einigen Jahren ein Heumagazin habe abgeben müssen, worauf das Gespräch allgemein ward und, nachdem die Kaiserin mir gesagt, wie sie es wohl gehört hätte, daß ich in Wien, sowohl auf der Kaiserl. Bibliothek als anderwärts, viel Kenntnis der griechischen Sprache verraten, fragte mich Se. Majestät der Kaiser: wieviel Sprachen ich denn verstünde? Konnte ich wohl mit Wahrheit anders antworten als: Allerdurchlauchtigster Herr, eigentlich keine recht! Beide höchste Personen begehrten also mit Lächeln die Antwort von meinem Manne, der denn ein Register von meinen Sprachwissenschaften machte, das ich ihn verantworten lasse. Nach einigen ferneren Reden und Gegenreden fragte uns die Kaiserin, ob wir den Erzherzog gesehen hätten. Als wir mit „nein" antworteten, befahl sie, ihn zu holen. Er kam mit seinem Oberhofmeister, dem Grafen Bathiani, und nach dem Handkusse redeten beide kaiserliche Majestäten mit meinem Manne allerlei, diesen jungen Herrn betreffend. Besinnen Sie sich mein Engel, was ich oben von dem engen Raum gesagt, und daß wir nunmehr 10 Personen im Zimmer waren, folglich einander so nahe standen, daß notwendig der Kaiser beinahe meinen Mann und ich die Kaiserin berühren mußte, so sehr ich mich auch an die Wand drängte. Das war aber noch nicht genug, sondern es kam auch noch die Prinzessin Charlotte (des Kaisers Schwester) hinein. Mein Mann ging zum Handkusse; und ich nahm Anstand, weil ich mich bei der Kaiserin vorbeidrängen mußte. Diese Frau aber, die in der Gnade alle Hoffnung übertrifft, hieß mich mit der freundlichsten Miene, Sie vorbei und hinzutreten. Ich tat es und bald danach fagte die Kaiserin: Nun, Sie müssen meine anderen Kinder auch sehen — worauf wir abermals zum Handkusse, wie das erstemal, kamen, und die sämtliche Herrschaft uns verließ. Die Fürstin Trautson führte uns hierauf zu den drei übrigen kleinen Engeln, die wir in zweien Zimmern beim Frühstücken und unter der Aufsicht der Gräfin Sarrau fanden. Wir küßten die kleinen Durchl. Händchen allerseits und wurden hernach in alle Kaiserl. Zimmer geführet, welches eine außerordentliche Gnade ist, die dem tausendsten Fremden nicht geschieht. Wir kehrten zurück und speiseten zu Mittage bei dem Fürsten Dietrichstein, allwo wir die Gräfin Harrach, Fürstin von Lichtenstein, den Grafen Khevenmüller und mehrere Exzellenzen fanden, die alle uns gratulierten und bezeigten, daß wir mit ganz außerordentlicher Gnade waren empfangen worden."

Diese Erzählung der Gottschedin, die allerdings viel Servilität auf Seiten des sächsischen Professorenpaares verrät, zeigt uns die Kaiserin recht in ihrer hausmütterlichen Würde. Sie belohnt die Gäste mit dem Anblicke ihrer Kinder! Auch ein Zusatz, den Gottsched zu diesem Berichte seiner Frau gemacht hat, zeigt die eifrige Mutter auf dem Throne. Er erzählt, die Kaiserin habe die Frau Adelgunde gefragt, ob sie auch Familie habe, und auf die Versicherung der Professorsfrau, daß sie dies Glück nicht habe, soll die Kaiserin versetzt haben, man habe auch seinen Verdruß mit Kindern. Dann aber tröstete sie die Gelehrtenfrau mit den schalkhaft beziehungsvollen Worten. „Nun, ich wünsche, daß die gute Luft Ihnen wohl bekommen möge." Lächelnd habe darauf die schlagfertige Frau geantwortet: „Ich würde mir das größte Gewissen daraus machen, Euer Majestät einen Untertan zu entführen." Die Kaiserin, auf den pikanten Scherz eingehend, hätte ihr zurückgegeben. „Ei, ich schenke Ihnen denselben vom ganzen Herzen, nehmen Sie ihn in Gottes Namen mit!"

Natürlich nützte Gottsched die neue Beziehung kräftig aus. Frau Adelgunde widmete der Kaiserin ihre Übersetzung der Akademie-Geschichte und als sie eine „brillantene Prunknadel" zum Danke erhielt, antwortete sie in einem überschwenglichen Gedichte. Auch der Gatte war bedacht worden und zwar mit einer goldenen Tabaksdose.

So wußte Maria Theresia Gelehrsamkeit bei einer Frau zu schätzen und mehr noch die Kunst. Wurde doch ihre älteste Tochter Marianne später bekannt durch ihre Genrebilder und Radierungen.

Überhaupt waren in damaliger Zeit die bildenden Künste bei den Frauen beliebt und viel geübt. Wir lernten bereits im siebzehnten Jahrhundert die gelehrte Schürmannin als eine Malerin und Schnitzerin von hoher Kunstvollendung kennen. Gerade die feinen Modellierarbeiten wurden vielfach von zarten Frauenhänden gefertigt. Da war gleichzeitig die Kunst des Wachsbossierens durch Johanna Sabina Preu und durch die geborene Londonerin Anna Maria Pfründt vertreten gewesen. Da hatte in Augsburg die Neubergerin als eine berühmte Meisterin des Schnitzens gegolten, und in Hamburg hatte Frau Ravemann kunstvolle Medaillen geschnitten. Da hatte den Kupferstich in der Stadt der Pegnitzschäfer Helene Preisler geübt und die Preu war auch ihre Genossin in dieser Kunst gewesen. Bekannte Stecherinnen in dem benachbarten Augsburg waren die Schwestern Johanna Christina und Magdalena Küsel, sowie Maria Wiolatin. Unter den Malerinnen des siebzehnten Jahrhunderts kennen wir bereits die Prinzessin Hollandine, die Tochter des Winterkönigs, die locker in ihren Sitten, aber treu in ihrer Kunst war. Besonders die Blumenmalerei blühte bis in den Anfang des achtzehnten Jahrhunderts. In Nürnberg taten sich darin hervor: Maria Clara Eimart und Magdalena Fürst. In Augsburg Susanna Fischer und Johanna Sibylla Küsel. In Hamburg malten Maria van der Stoop und Diana Glauber, und in Bayern wirkten mit dem Pinsel Maria Rüger und Placida Lamm, während Isabella del Pozzo als Hofmalerin der Kurfürstin angestellt war.

Solcher Hofmalerinnen, die zum Teil aus dem Ausland berufen wurden, gab es mehrere. So lebte bis in die Mitte des achtzehnten Jahrhunderts hinein am Hofe des Kurfürsten Johann von der Pfalz die berühmte Rachel Ruysch. Eine geborene Niederländerin gehörte sie zu der holländischen Schule. Sie bildete sich nach ihrer weit und breit geschätzten Landsmännin Maria von Oosterwyk, deren Bilder schon bei Ludwig XIV. von Frankreich und bei dem deutschen Kaiser Leopold hochgeschätzt gewesen waren. Rachel Ruysch erblickte als Tochter eines gelehrten Anatomen im Jahre 1664 das Licht, wurde die Schülerin des Blumenmalers Wilhelm von Aalst und heiratete 1695 den Portaitmaler Pool. Als Mutter von zehn Kindern fand sie dennoch Zeit und Lust, sich in der Blumenmalerei zu vervollkommnen und wurde darin eine Klassikerin, wie gleichzeitig die uns schon bekannte Sibylla Merian in der Tiermalerei. Ja es ist wahrscheinlich, daß sie von dieser angeregt worden war. Die Merian hatte sich ein Jahr nach der Geburt der Ruysch verheiratet, und zwar mit dem Maler Graf, von dem sie sich aber nach neunjähriger Ehe trennte.

Sie ging dann nach Westfriesland, wo sie sich den Labadisten anschloß, außerdem aber in den Museen eifrige Studien über Insekten trieb. Hier gehörte zu ihren Freunden auch der Vater der Ruysch, der als Mediziner auch Professor der Botanik war. Wahrscheinlich empfing sein damals zwanzigjähriges Töchterlein die Anregung zum eifrigen Naturstudium durch den Vater, der nach Gelehrtenart seine Tochter in seine eigene Wissenschaft einführte, und zur Malerei wurde sie jedenfalls durch das Vorbild der Merian angeregt. Diese hatte einst sehr mit dem Widerstreben ihrer Mutter kämpfen müssen, als sie der Kunst sich zuwenden wollte und nur dem Einflüsse ihres Stiefvaters war es damals gelungen, die Vorurteile zu überwinden. Glücklicher also war die Ruysch gestellt, glücklicher auch waren in dieser Beziehung die Töchter der Merian, denn diese wurden von der Mutter früh in die eigene Kunst eingeführt, die ja zugleich eine Art Wissenschaft war. Die älteste, Dorothea, begleitete um die Jahrhundertswende ihre Mutter auf der bereits erwähnten Kunst- und Forschungsreise nach Surinam, die jüngere, Johanna Maria Helena, verheiratete sich später nach jenem Lande und sandte von dort aus der Mutter neue Sammlungen von Insekten, aber die alternde Malerin konnte die Fülle des Stoffes nicht mehr verarbeiten, da im Jahre 1717 der Tod sie aus ihrem rüstigen Schaffen abrief. Zehn Jahre zuvor hatte Rachel Ruysch einen Ruf als Hofmalerin nach Heidelberg erhalten. Eine große Zahl von Gemälden, herrliche Blumenstücke darstellend, hat sie dort geschaffen, und der Kurfürst verschenkte diese Meisterwerke teils an befreundete Fürsten, teils ließ er sie in der Galerie zu Düsseldorf für die Nachwelt aufbewahren. Nach dem Tode des kunstsinnigen Herrschers kehrte die Ruysch in ihre Heimat zurück, wo sie erst im Jahre 1750 starb, und bis in ihr höchstes Greisenalter hinein tätig gewesen sein soll.

Aber kunstsinnige Fürsten brauchten sich nicht immer aus dem Auslande ihre Hofmalerinnen zu holen. So wirkte in gleicher Eigenschaft am Hofe zu Dresden die Wernerin. Sie stammte aus Danzig, war also eine Landsmännin der Frau Gottsched, und mit dieser auch bis in die spätesten Jahre hinein befreundet. Sie war eine geborene Anna Maria Hayd, und die Tochter eines Goldschmiedes und seiner gutbürgerlichen Anna Marie, einer geborenen Dresdnern. Der Vater, selber ein Künstler in seinem Fache, war um die Jahrhundertswende nach Berlin gezogen, wo der Hof der philosophischen Königin und ihres prachtliebenden Gemahls damals soviel künstlerische Kräfte fesselte. Auch Hayd wurde hier im Dienste des Königs angestellt und lieferte unter anderem eine Metallfigur für den neuen Schloßturm. In Berlin lernte das Töchterchen den damaligen Direktor der Malerakademie, Werner, kennen, mit dem sie sich, sechzehnjährig, vermählte. Sie selbst hatte das künstlerische Talent vom Vater ererbt, und gab schon als junge Frau Zeichenunterricht. Da trat im Jahre 1713 bei dem Tode des ersten Preußenkönigs der ungeheure Umschwung ein. Mit den protzigen und überzähligen Hofbeamten verloren auch die Künstler ihre Stellungen, denn der Sohn der philosophischen Königin liebte ja nur die Soldaten. Vater Hayd ward entlassen. Ebenso wie der Hofdichter und Diplomat Besser, der einstige Gatte der Kühlweinin, wandte auch Hayd sich nach Sachsen, dem Heimatlande seiner Frau. Während Besser am Hofe zu Dresden Geheimer Kriegsrat und Zeremonienmeister wurde, trieb der Goldschmied seine Kunst an der Elbe weiter. Seine Tochter aber, die Wernerin, hatte mittlerweile das Malen von Pastell- und Ölbildern erlernt und folgte dem Vater nach. Dort in Dresden wohnte sie der Hochzeit des Kurprinzen mit der bayrischen Prinzessin Maria Antonie bei, und hielt mit Künstlerauge und Künstlerstift das glänzende Bild fest. Nach Berlin wieder heimgekehrt, erhielt sie von der selbst sehr kunstgeübten jungen Thronfolgerin die Aufforderung, die Hochzeit für sie zu zeichnen, und bald darauf ward sie für lebenslänglich als Hofmalerin verpflichtet für den kunstfreudigen Sachsenhof. Sie entfaltete nun eine außerordentlich lebhafte Tätigkeit namentlich als Zeichnerin. Die Entwürfe der damals auf Büchertiteln so beliebten Vignetten, besonders für die Werke des Gottsched'schen Kreises, rühren zum großen Teile von ihr her. Dabei war sie eine sprachkundige Frau, die selbst eine Bibliothek für sich gesammelt hatte. Gottsched, der sie noch im Jahre 1743 mit seiner berühmten Gattin in Dresden besuchte und ihr Hausgast war, sagt von ihr, daß sie „in Sprachen und schönen Wissenschaften noch viel schätzbarer als in ihrer Kunst war". Während ihrer künstlerischen Arbeiten ließ sie sich gern vorlesen. Auch bildete ihr Haus in Dresden einen gesellschaftlichen Mittelpunkt für die dortigen Schöngeister und wurde auch von durchreisenden Fremden häufig aufgesucht. Unter ihren Schülern haben sich ihr Sohn und der Miniaturmaler Gröbel hervorgetan. Ihren Gatten verlor sie, als er das einundachtzigste Lebensjahr erreicht hatte. Sie selbst starb am 23. November 1753.

Und sie war nicht die einzige Frau in Dresden, die in der Kunst glänzte. In erster Linie ist hier vielmehr ihre Gönnerin, die damalige Kurprinzessin Maria Antonie zu nennen, als ein Beispiel aus der Zahl der reichbegabten Fürstinnen jener Zeit des regen Frauenstrebens.

Als eine geborene Bayerin — sie hatte am 18. Juli 1724 in München das Licht erblickt — hatte sie im elterlichen Hause eine stolze Erziehung genossen. War doch ihr Vater jener unglückliche Kurfürst Karl Albert, der eine Zeit lang als Karl VII. einen kurzen Kaisertraum träumte, bis die machtvolle Persönlichkeit Maria Theresias seine Schattenherrschaft vernichtete. Seine Gattin, Maria Amalia, die jüngste Tochter Kaiser Josephs I., sorgte dafür, daß die kleine Maria Antonia früh mit den alten Sprachen bekannt gemacht wurde. Hat doch das Kind schon im elften Lebensjahre an seine Großmutter, die Gemahlin Kaiser Josephs I., Wilhelmina Amalia mit Namen, lateinische Briefe geschrieben, und auch ihren Bruder Max Joseph erfreute sie mit so klassischen Ausarbeitungen. In der Zeit Maria Theresias mit ihrer lateinischen Ungarnrede, war das gewiß nichts allzu außergewöhnliches für eine Prinzessin. Auch ihre Übungen im Italienischen waren nichts auffälliges. Dazu trat die Ausbildung in den Künsten. Der kurfürstlich-bayrische Kapellmeister Giovanni Ferrandini erteilte ihr Musikunterricht. Sechzehnjährig sang sie bereits in einem Pastorale zur Ankunft des Kurfürsten von Köln die Hauptrolle. So war sie ein junges Mädchen geworden, das den hohen Anforderungen der damaligen Zeit entsprach, als sie mit Friedrich Christian, dem sächsischen Kurprinzen, am 13. Juni 174? in München „per procura" getraut wurde, und sieben Tage später ihren feierlichen Einzug in Dresden zu halten, und daselbst mit ihrem Gatten unter rauschenden Festlichkeiten die kirchliche Einsegnung zu empfangen. Dieser junge Gatte war zwar ein kranker, an den Füßen gelähmter Prinz, aber sein gutes Herz fand sich schnell mit dem ihrigen, und ihre sprühende Laune ließ ihn gewiß den Mangel äußerer Reize bei seiner jungen Lebensgefährtin bald übersehen.

Vor allem trafen sich ihre Neigungen in der gemeinsamen Begeisterung für Kunst und Dichtung. An dem Hofe, der jetzt ihre Heimat wurde, herrschte Sang und Klang. Das Theater und die italienische Oper blühten, und die Meister von Pinsel und Palette fühlten sich dort heimisch. Wie trefflich paßte hierher eine Prinzessin, die selbst malte, die selbst sang und spielte, die selbst Opern komponierte! Metastasio, der große Mann am Wiener Hofe, drückte seinen Geistesstempel freilich auch ihren Bestrebungen auf, und sie war kein schöpferisches Genie, aber auch mehr als eine Dilettantin. Ihr Ruhm verbreitete sich in dieser, der Frauenkunst so freundlich gesonnenen Zeit schon in ihren Kindertagen und ging ihr voraus, als sie in Dresden erschien. In demselben Jahre wurde sie bereits von Rom aus zum Mitgliede der „Arkadier", einer jener spielerigen Gelehrtengesellschaften Italiens ernannt. Sie nannte sich seitdem auf ihren Werken Ermelinda Talea Pastorella Arcada. Aber sie nahm es wirklich ernst mit ihrer Kunst. Sie veranlaßte, daß ein damals berühmter Gesangsmeister, Nicolo Porpora, nach Dresden berufen wurde, und nahm bei ihm Unterricht. Im Jahre 1756 erschien bei Johann Gottlob Emanuel Breitkopf ihre erste Oper: Il Triomfo della fedetà. Sie hatte den Text selbst gedichtet, ihn selbst komponiert und — sie sang auch bei der ersten Aufführung in Dresden die Hauptpartie: die der Nice. Diese Aufführung fand schon im Jahre vor dem buchhändlerischen Erscheinen des Werkes statt und natürlich nur vor einer geladenen Gesellschaft, und zwar im „türkischen Palais".

Frau Gottsched, die damals mit ihrem Manne wieder einmal in Dresden weilte, wohnte dieser Darstellung der Oper an, wobei, wie der Herr Professor berichtet, „sich doch nur Personen vom höchsten Range des Hofes befanden". Die Kurprinzessin benutzte diesen Anlaß, der gelehrten Frau, die fünf Jahr zuvor von der großen Kaiserin geehrt worden war, ihre Hochachtung in auffallender Weise zu bezeugen. Sie „geruhten auch, sich (… der Frau Adelgunde) am Ende gnädigst zu nähern, und dieselbe als eine Musikverständige um ihr Urteil von dem ganzen Stücke zu befragen, ja, sie zu des durchlauchsten Kurprinzen Königl. Hoheit zu führen, die sich mit ihr in ein gnädiges Gespräch einließen. Des Tages darauf aber übersandten sie derselben einen kostbaren Porzellanaufsatz von fünf großen Vögeln zum Geschenke." So erzählt breitspurig der Gelehrte, der auch diesen Tafelaufsatz eingehend beschreibt. Uns interessiert daraus nur die Tatsache, wie sehr Marie Antonie die Bildung bei Frauen zu ehren sich beeiferte. Im Jahre 1765 veröffentlichte sie eine zweite Oper „Talestri. Regina della Amazoni". Wie wohl sie sich in beiden Werken stark abhängig von den Italienern zeigt, fand sie doch bei den Musikgrößen ihrer Tage viel Bewunderung, die man nicht ganz auf die Rechnung der hohen Stellung der Verfasserin setzen darf. Auch dem Theater widmete sie viel Neigung. Sie ließ im Jahre 1751 im königlichen Reithause eine Bühne aufschlagen, wo Herren und Damen der Hofgesellschaft französische Komödie spielten. Ihren Liebling Metastasio hatte sie zu diesem Zwecke selbst in das Französische übersetzt. Aber drei Jahre später besuchte sie, während der Kurfürst in Warschau weilte, mit ihrem Gatten im kleinen Brühl'schen Theater im Zwinger auch die Vorstellungen der „hochdeutschen Komödianten" und bei dem Besuche des Ehepaares Gottsched sandte sie dem gelehrten Paare „Billete auf den adelichen Platz" im Theater. „Allein, wie angenehm gerieten wir nicht in Erstaunen, als wir das eigene Originalstück (… Adelgundens), die ungleiche Heirat, aufführen sahen. Noch mehr verwunderten wir uns über die Gnade dieses erhabenen Paares, als wir vernahmen, daß bereits ein anderes Stück zur Aufführung bestimmt gewesen". Man hatte also Adelgunden zu Gefallen schnell ihr Lustspiel angesetzt, das freilich Repertoirstück der Bühne war. „Ihro Königliche Hoheiten hatten auch die besondere Gnade, die Verfasserin zu sich in die Unterbühne (Parterre) rufen zu lassen, um in wählender Vorstellung ihr Urteil von den Schauspielern zu vernehmen; und, wenn sie etwas fehlerhaftes anmerkte, solches sogleich denselben sagen zu lassen, um es künftig zu vermeiden. Dergleichen Billete bekamen wir hernach, solange wir in Dresden waren, jedesmal zugeschickt, hatten auch öfters die Ehre, uns ihrer Königl. Hoheit zu nähern, und von ihnen über die Vorstellung der Schauspieler gnädigst befraget zu werden …" Kein Wunder, daß auch Frau Gottsched für „Ermelinden" schwärmte, und ihre Briefe an ihre Freundin Runckel stießen denn auch über von Antoniens Lobe. So wirkte also die bayrische Prinzessin in Sachsen für deutsche Bühnenkunst zur selben Zeit, wo in Mecklenburg-Schwerin unter der sorgenden Vorliebe einer württembergischen Prinzessin sich eben die Truppe Schönemanns und die Kunst Eckhofs entfaltet hatte.

Antonie förderte aber auch die Wissenschaften. So stiftete sie die „Secundogenitur-Bibliothek." Erst die Stürme des siebenjährigen Krieges unterbrachen ihre friedliche Tätigkeit. Ihr und ihrem Gatten gemeinsam wurde damals vom Kurfürsten das „Kammerdepartement" übertragen, wobei die schwerste Verantwortung auf den Schultern der Prinzessin lastete, die auch in den politischen Fragen die stets gefragte Ratgeberin war, und noch bei den Friedensverhandlungen manch entscheidendes Wort sprach. Doch werden wir ihr später wieder begegnen. Zunächst wenden wir uns dem Hofe des Mannes zu, der in den Kriegen, wie in der Kultur der Zeit die erste Stelle errang, dem Hofe des großen Preußenkönigs Friedrich.

Der Hof zu Berlin hatte ein ganz anderes Aussehen erhalten seit dem Tode der philosophischen Königin. Unmittelbar nach ihrem Ableben hatte der verwitwete erste Preußenkönig darauf gedacht, zur Erhaltung des Stammes seinen Sohn zu vermählen. Dieser aber hatte bereits gewählt und, seinem starken trotzigen Willen entsprechend, hatte er es erreicht, daß sein Wunsch erfüllt wurde. Seine Muhme[6] von Hannover, die jüngere Sophie Dorothea, die Enkelin der berühmten Sophie, die Tochter der Prinzessin von Ahlden, war die Auserkorene, mit der er sich im Jahre 1706 verband. So war die unglückliche Prinzessin von Ahlden Schwiegermutter des preußischen Kronprinzen geworden, was freilich für sie keine Erlösung herbeiführte. Die neue Kronprinzessin aber hatte kein allzu glückliches Los erwählt. Der Hof hatte nach dem Tode der philosophischen Königin schon viel verloren. Mit ihrer Nachfolgerin in der Liebe und Ehe des König Friedrich, Prinzessin Sophie Luise von Mecklenburg-Schwerin, waren Unfrieden und Streit in die Hallen des Königsschlosses eingezogen, und, als der König starb und Sophie Dorothea mit samt ihrem Gatten zum

---

[6] Anmerkung: veraltete Bezeichnung für Tante oder Cousine mütterlicherseits

Königsrang emporstieg, ward von dem neuen Herrn alles verändert. Die Künste und Wissenschaft flohen aus Berlin, während der Gleichschritt der Potsdamer Riesengarde ertönte. Den Rohrstock in der Hand, erzog der neue König sein Volk und seine Familie. Derb und unschön, aber treu und ehrlich in allem was er tat, ein Mann von der gewissenhaftesten Pflichterfüllung und von rauher aber lauterer Tugend, hielt er wenigstens das französische Maitressenwesen von seinem entgötterten Hofe fern. Sophie Dorothea aber hatte den Stolz des hannoverschen Hauses geerbt und sah mit Freuden ihren Vater Georg den britischen Königsthron besteigen. Sie war selbst ehrgeizig genug, Intriguen nicht zu scheuen. Seitdem ihr Hannoversches Mutterhaus das Erbe der Stuarts in England angetreten hatte, ließ es ihr keine Ruhe mehr, die schon zweimal zwischen den Welfen und den Hohenzollern geknüpften Bande noch zum drittenmal geschlossen zu sehen, und trotz aller englischen Zaudermanöver wollte sie die Doppelheirat ihrer Kinder mit den Sprößlingen der britischen Majestäten nicht aufgeben. Dadurch verbitterte sie sich und diesen Kindern das Dasein. Entfremdungen zwischen ihr und ihrem willensstarken Gemahl führten zur Feindschaft zwischen Vater und Sohn und die junge, wissensdurstige aber klatschsüchtige Prinzessin Wilhelmine (geb. 3. Juli 1709) verlor gleichfalls bald ihre Liebe. Sie, gleich ihrem Bruder von heißem Bildungsstreben durchglüht, mußte heimlich mit diesem ihre französischen Bücher lesen und das Tintenfaß in die Tasche stecken — so behauptet sie — wenn der Vater unverhofft eintrat. Die Gestalten der komischen Romane des französischen Scarron, wurden den Geschwistern zu Symbolen für die verhaßten Leute am Hofe, und je roher ihnen das deutsche Wesen in Form des Tabackskollegiums und der ungehobelten Hanswurstkomödien erschien, desto rückhaltloser sehnten sie sich nach dem französischen Geiste. Übrigens genoß Wilhelmine keine schlechte Vorbildung. Sie wurde außer den zahlreichen Religionsstunden auch im Französischen und Englischen unterrichtet, als Prinzessin mußte sie diese Sprachen einigermaßen beherrschen. Aber, daß sie sich eingehender mit Lesen und Schreiben befaßte, mag der rauhe Soldatencharakter des Vaters nicht geduldet haben. Freilich wurde sie früh im Lande als eine geistreiche Prinzessin bekannt. So ist ihr der erste Jahrgang der Gottsched'schen „Tadlerinnen" von deren Verleger, Johann Adam Spörl, in Halle gewidmet worden. In der natürlich sehr schmeichelnden Zuschrift heißt es unter anderem: „Die vernünftigen Tadlerinnen sind Eurer Königl. Hoheit geborne Untertanen. Es hat also keiner Mühe bedurft, die Vergünstigung dieser Zuschrift von Ihnen zu erhalten. Sie selbst bewundern die kronenwürdigen Eigenschaften ihrer Königl. Hoheit. Sie erkennen dieselben dero ausbündigen Verstandes und unvergleichlichen Schönheit wegen für ein vollkommenes Nachbild der beider Stücke halber unsterblichen Charlotte, erster Königin in Preussen. Wir halten Eure Königl. Hoheit sowohl wegen dero grossen Erkenntnisses in den Wahrheiten unsrer allerheiligsten Religion, als dero ausnehmenden Gottesfurcht halber für eine würdige Tochter unsrer aller-durchlauchtigsten Landesmutter u. s. w." Dieses Hervorheben der Fröm-migkeit war dem Königl. Vater wohl angenehmer als der Vergleich mit der philosophischen Königin, die er, um ihrer philosophischen Neigungen willen, eine böse Christin nannte. — Die Hartnäckigkeit, mit der seine Gattin ihre englischen Heiratsplane verfolgte — die von den schlauen Politikern Londons nur als Lockspeise hingehalten wurden — führte zu einem Familienzwist, in dem auch der Kronprinz Friedrich eine zweifel-hafte Figur zu machen anfing. Es kam dahin, daß die Königin samt ihrem Sohne auf eigene Faust mit ihrem väterlichen Hause in England ver-handelte, und die unangenehme Rolle, die der Ritter Hotham dabei spielte, war dazu geeignet, den eigenwilligen Prinzen hart an die Grenze des Lan-desverrats zu treiben. Daß man lange Zeit in der Flucht des jungen Fried-rich nur eine Folge der väterlichen Tyrannei, in der Handlungsweise des Königs nur Brutalität gesehen hat, ist zumeist die Schuld Wilhelmines, die in ihrer Verbitterung über das Mißlingen ihrer Sehnsucht nach der engli-schen Krone, ihren Vater grimmig haßen lernte, und ihn in ihren späteren Denkwürdigkeiten geradezu zur Karrikatur verzeichnete. Ihr Gatte wurde später der Erbprinz von Bayreuth, ein schwacher, guter Mensch, der von ihr selbst in ihren Denkwürdigkeiten anerkennend geschildert wird. Aber trotzdem hat sie auch ihr ganzes Leben in Bayreuth als eine Kette von Widerwärtigkeiten dargestellt. Leider kann man kein Wort davon ohne weiteres als Wahrheit in Anspruch nehmen. Nervös und verbittert, voll ingrimmigen Hohnes über ihre kleine Residenz, unverträglich und herrschsüchtig scheint sie von vorn herein zu dem Schwiegervater und dem Hofe in eine schiefe Stellung gekommen zu sein. Sie wird also sicher nicht so unschuldig an all den Reibereien gewesen sein, wie sie später vorgab. Immerwährend war sie von den Gedanken beherrscht, daß sie als eines Königs Tochter auch eines Königs Frau hätte werden können. Ja auch in ihrer eigenen Schilderung zeichnet sich, trotz noch so falscher Darstellung, ihr Bildnis unvorteilhaft genug aus durch wenig empfeh-lenswerte Charakter-Eigenschaften, so durch starke Eitelkeit, durch ihren oft bis zur Kleinlichkeit gehenden Ahnenstolz, durch ihre Reizbarkeit, Empfindelei und Krittelsucht. Aber ihr Trost war die Beschäftigung mit Kunst und Wissenschaft. Freilich, viel war davon in dem kleinen Resi-denzstädtchen, mit seinem hausbackenen Spießbürgertum nicht zu haben.

Ihre Hofdamen erschienen als ihre Freundinnen, mit der benachbarten Schwester von Ansbach kommt sie aus den Reibereien nicht heraus, und ein Besuch bei dem aufgeblasenen Bischof von Bamberg, oder ein Abstecher nach Frankfurt zur Kaiserkrönung wird ihr dadurch verleidet, daß sie den Kirchenprälaten nicht „Hoheit" anreden und vor der Kaiserin durchaus in einem Armsessel sitzen will. Auch von dem Verkehr mit dem Bruder behauptet sie, er habe sich in jener Zeit getrübt, doch ist dies unrichtig und gehässig von ihr entstellt. — Dann starb der König.

Sein Sohn, nun König Friedrich II. genannt, zog sich bald nach seinem Regierungsantritt nach Rheinsberg zurück, dem geliebten Aufenthalt seiner schönsten Jünglingsjahre. Hier hatte er nach der Wiederversöhnung mit seinem Vater seinen philosophischen Hofstaat um sich gesammelt, hier Wissenschaften und Künste gepflegt, hier gescherzt und gelacht und die ausgelassenen Gelage nach alter Griechenart mit Weisheitsdurst und Tugendschwärmerei gewürzt. Hier hatte er auch die erste Annäherung an seine ihm aufgezwungene Gattin gefunden. Denn dem starren Eigenwillen des verstorbenen Vaters hatte auch der Sohn sich fügen müssen, dabei waren die von ihm gewählten Partien nicht glänzend. Hatte er die Tochter zu dem kleinen Bayreuth verurteilt, so mußte der Sohn ohne Liebe und ohne sonderlichen Vorteil der Prinzessin Elisabeth Christine von Braunschweig-Bevern seine Hand reichen. Nachdem also nun die Heirat mit der hannoverschen Linie des Welfenhauses mißlungen war, kam sie mit der braunschweigischen zustande. Die schüchterne Prinzessin, die nach der Meinung ihres Schwiegervaters selbst „nichts als ein gottesfürchtiges Mensch" war, entbehrte der Anmut körperlicher Reize nicht und war durchaus nicht ohne Begabung. „Sie ist hübsch, ihre Gesichtsfarbe ist wie Lilien und Rosen, ihre Züge sind fein und ihr ganzes Gesicht ist schön und angenehm zu nennen", so schrieb der Bräutigam Fritz selbst an die Schwester und beklagte bei der Braut nur Mangel an Erziehung. Aber hier half die junge Kronprinzessin selbst nach. Als sie in Rheinsberg bei Tisch fast von nichts anderem sprechen hörte, als von Philosophie, von Dichtung und Musik, da suchte sie sich auch in all diesem zu vervollkommnen. Eifrig trieb sie bei Tage in ihren Gemächern französisch, und aus dem Wörterbuch des Freigeist Bahle prägte sie sich, ungefähr um dieselbe Zeit, da Frau Gottsched es ins Deutsche übersetzen half, die wichtigsten Stellen ein; das heißt nur diejenigen, die ihr nicht zu freigeistig schienen. Und so spottete man bald am Hofe zu Rheinsberg, daß beide kronprinzlichen Ehegatten zusammen das ganze Lexikon auswendig wüßten, denn grade was der Prinzessin mißfiel, behagte ihrem Gatten. Immerhin hatte Elisabeth Christine schnell die Achtung, ja die aufrichtige Verehrung ihres genialen jungen Gemahls sich zu erobern verstanden, und man ahnte damals nicht, wie achtlos in späteren Jahren der König an seiner Königin vorübergehen würde.

Nun, noch einmal lebten die schönen Tage von Rheinsberg auf, eben als der junge Fürst kurz nach seiner Thronbesteigung dort mit Gattin, Schwester und Freunden zusammentraf. Noch einmal fanden hier in den Zimmern der Königin die heiteren Abendkonzerte statt, bei denen Friedrich so meisterlich die Flöte blies; und niemand ahnte, daß dieser scheinbar so sorglose Fürst des Geistes in aller Stille seinen Angriff auf Schlesien vorbereitete.

Ja, sogar der geistreiche Franzose, der hier zu Gaste war, ahnte nichts: Voltaire, der, als Dichter und Denker überall gefeiert, sich nicht darüber beruhigen konnte, daß man keinen Diplomaten in ihm sehen wollte. Schon als Kronprinz hatte Friedrich begeisterte Briefe an die „Hoffnung des Menschengeschlechtes" geschrieben und als junger König empfing er, in einen Hausrock von grobem blauem Tuch gehüllt den Franzosen in einem Schlosse bei Wesel. Begeistert begrüßte er ihn und wurde von dem schmeichelnden Dichter als der „philosophische Prinz", als der Salomon des Nordens gepriesen. Gern hieß der junge König ihn im November desselben Jahres (1741) in seinem geliebten Rheinsberg willkommen. Hier, wo man nur französisch sprach, französisch dichtete und französisch schrieb, fühlte der Franzose sich schnell heimisch, und während die junge Königin wenig Beziehungspunkte zu ihm fand, ging für Wilhelmine eine neue Welt auf.

Doppelt verarmt fühlte sie sich daher samt ihren Hoffräuleins, als sie nach Beendigung des ersten schlesischen Krieges heimkehrte in die armselige Enge von Bayreuth; da mag sie wohl versucht haben, eine briefliche Aussprache mit dem berühmten Franzosen anzubahnen. Wenigstens ließ sie ihm durch ihren französischen Hausarzt Supperville ein Schreiben und wahrscheinlich auch ein Geschenk übersenden. Der poetische Antwortsbrief Voltaires ging verloren. Doch hörte er später davon und fand Gelegenheit, sich in einem erneuten Schreiben für die scheinbare Lässigkeit zu entschuldigen. Im Jahre 1743 war er wieder in Berlin und begleitete den jungen König, der sich wieder gegen die diplomatischen Auslassungen des Dichters taub zeigte, nach dem stillen Bayreuth. Wie stolz war die Markgräfin, den großen Mann selbst in ihre geheiligte Eremitage führen zu können. Denn, dem Brauche der Zeit entsprechend, hatte auch an diesem Hofe Langeweile und Schöngeisterei eine jener niedlichen architektonischen Spielereien entstehen lassen, an denen die Zeit so reich war. Verborgen zwischen künstlichen Felsen, umrauscht von Bäumen und umklungen von Wasserkünsten lag die „Eremitage" da, reich an prunkvollen Zimmern mit blitzenden Marmorböden, gemalten Decken und künstlerischem Bilderschmuck. Schattendunkle Waldgänge führten von dort aus zu verschiedenen Einsiedeleien. Diejenige der Markgräfin enthielt unter anderen ein Philosophenzimmer, in dem neben den Bildern von Descartes und Newton, von Locke und Bayle auch das von Voltaire prangte. Und wie der eitle Philosoph sich geschmeichelt fühlen konnte von diesem Zeichen stiller aber tiefer Verehrung, so willkommen mochte ihm das muntere Zujubeln der Hoffräuleins, das lebhafte Geplauder der Herrin dieses stillen Ortes sein. Genug, er blieb mit zwei preußischen Prinzen zurück, als der König weiter reiste, um in Ansbach politische Ziele zu erreichen. Frau Wilhelmine aber erschöpfte sich in fröhlichen Zauberfesten für den berühmten Gast. Aber dann entschwand dieser wieder auf sieben Jahre aus ihrem Leben, und so war ihr, der geistreichen Plaudererin und gewandten Schreiberin nur kurze Zeit der Genosse zur Seite gewesen. Die Wissenschaften und die Dichter waren nach wie vor ihr Trost. So geschah es wesentlich durch ihren Einfluß, daß ihr Gatte im Jahre 1743 die Universität Erlangen gründete und die Preisfragen, die dort ausgeschrieben wurden, hatten ihr regstes Interesse. Auch das neue, schöne Opernhaus in Bayreuth, über dessen Größe im Verhältnis zu der kleinen Residenz ihr Bruder erstaunte, war und blieb wesentlich ihre Schöpfung. Es wurde 1748 von dem Italiener Biviena erbaut. — Auch die übrigen Schwestern Friedrichs des Großen zeichneten sich meist durch große geistige Regsamkeit aus. Viele saßen auf bedeutungsvollen Thronen, so hatte sich Philipine Charlotte in demselben Jahre, wie Friedrich seine Braut aus Braunschweig heimführte, mit deren Bruder, Karl I. vermählt, Louise Ulricke ward die Gattin des Thronfolgers in Schweden, minderbedeutend waren die Markgräfinnen von Ansbach und Schwedt, aber eine der Geistesvollsten von allen war die Jüngste, die unvermählt gebliebene Anna Amalia.

Auch sie hatte etwas von dem herrischen Geiste, der die Kinder des harten Soldatenkönigs fast alle kennzeichnete, und ihre Lebenserfahrungen waren nicht grade geeignet, diese Strenge zu mildern. Zwar hatte sie ursprünglich, schön und geistreich wie sie war, eine fröhliche Rolle an des Bruders Hofe gespielt, der in den ersten Jahren an Lustbarkeiten und heiterem Glänze die Tage des ersten Preußenkönigs wieder zu erneuern schien, namentlich, da ja unter dem jungen Friedlich auch das französische Wesen und die französische Sprache wieder ihren Einzug in Berlin hielten.

Bei diesen Festen glänzte die jüngste im Reigen der Königsschwestern natürlich ganz besonders, und den geistreichen Franzosen gegenüber kam ihr der kecke Zollernwitz vortrefflich zu statten. Kein Wunder daher, daß begehrliche Augen sich zu ihr erhoben, ja, daß sogar das Schicksal eines kühnen Abenteurers ohne Rang und Krone mit dem der Königstochter sich verwickelte. Die romantische Gestalt des jungen Freiherrn Friedrich von der Trenck hat romantische Darstellung zur Genüge gefunden. Eine allgemeine Ähnlichkeit besteht zwischen den beiden Vettern dieses Namens in der Mitte des achtzehnten und den beiden Brüdern von Königsmark am Ende des siebzehnten Jahrhunderts. Auch die beiden Trenck waren weltdurchschweifende Abenteurer, wie sie und wie jene die Neffen eines berühmten Generalissimus, so waren diese die Söhne hoher preußisch geborener Offiziere. Der Vater des älteren Trenck war in österreichische Dienste getreten, während der des jüngeren Vetters als General im preußischen Heimatlande stand. Aber die beiden jungen Trencks konnten wie die beiden jungen Königsmarks in keinem regelmäßigen Dienste verharren. Im Kriege um Schlesien hatte die Laune des Schicksals weniger als die der beiden Vettern selbst sie in die entgegengesetzten Feldlager geführt. Während nämlich im Ausbruche des österreichischen Erbfolgekrieges Franz zum tollkühn wilden Pandurenführer Maria Theresias wurde, tat Friedrich, der geborene Königsberger, Dienst als Ordonnanzoffizier bei König Fritz. Aber wie einst Philipp von Königsmark hatte büßen müssen, daß man ihn unerlaubter Gefühle für die junge Erbprinzessin von Hannover zieh, so ward es Trencks Verhängnis, daß man ihm eine ähnliche Leidenschaft für die jüngste Prinzessin von Preußen zutraute. Ein ganz belangloser Briefwechsel zwischen ihm und dem preußenfeindlichen Vetter gab die willkommene Veranlassung zu seiner Einschließung in die Festung Glatz. Freilich entkam er im Jahre 1746 seiner Haft. Als er aber acht Jahre darauf Danzig auf einer Reise berührte, mußte er erfahren, daß des Königs Zorn noch immer nicht verraucht war. Er wurde auf die Festung Magdeburg gebracht, und ein neuer Fluchtversuch trug ihm eine furchtbar qualvolle Fesselung ein. Erst ein Jahr nach Beendigung des siebenjährigen Krieges winkte ihm wieder die Freiheit. Inzwischen war es der Prinzessin Amalie bedeutend besser ergangen, als einst ihrer unglücklichen Großmutter mütterlicherseits, der armen Prinzessin von Ahlden. Sie war ja auch nicht, wie jene, die ungeliebte Schwiegertochter, sondern sie war die geliebte Schwester eines mächtigen Fürsten. Die letzte äußerliche Ähnlichkeit ihrer Geschichte mit derjenigen der Königsmarks, besteht darin, daß sie, wie einst die leichtsinnig schöne Aurora, zur Äbtissin von Quedlinburg ernannt ward. Aber auch sie wollte dort keineswegs ein beschauliches Büßerleben vertrauern.

Im Gegenteil! Hatte Gräfin Aurora als Priorin nur zeitweise in der Abtei gelebt, so wohnte die Äbtissin Amalia überhaupt nicht mehr da. Längst war diese einst kirchlich und staatlich von starken und vornehmen deutschen Frauen so hoch geschätzte und so tapfer verteidigte Würde zu einem bloßen Namen verblaßt, und mit ihr zugleich verblich auch der Ruhm der Stadt Quedlinburg. — Prinzessin Amalie fand, wie ihre Zeitgenossin Antonie von Sachsen, ihre Hauptbegabung auf dem Gebiete der Tonkunst. Aber sie war nicht, wie jene, eine Schülerin der lustigen Italiener. Nein, ernst und herb, wie sie geworden war, bevorzugte sie auch in der Musik das Herbe und das Ernste. Ursprünglich hatte sie die Tonkunst nur als einen Zeitvertreib betrachtet, und in Hofgesellschaften als flotte Klavierspielerin geglänzt. Später aber nahm sie ihre Kunst von der strengsten und schwersten Seite. So verehrte sie als hohes Vorbild den ernsten, tiefen, großen deutschen Meister Bach und berief dessen Lieblingsschüler Käseberger zu sich nach Berlin, damit er ihr Lehrer wurde auch in der Kunst der strengen Komposition, die sie eifrig und gründlich pflegte. Hatte also Bach in Leipzig in der Frau von Ziegler eine Dichterin für seine noch ungeborenen Tonphantasien gefunden, so erstand ihm hier eine Schülerin in einer Frau aus königlichem Stamme. — So wirkten die Schwestern des großen Preußenkönigs anregend nach allen Seiten hin.

Die meisten von den Verheirateten unter ihnen waren ihren Männern überlegen an Geist und Tatkraft. Ganz besonders gilt dies von der Königin von Schweden. Luise Ulrike (geb. 24. Juli 1720) besaß von jeher Sinn für Kunst und Wissenschaft, und ihr geistreiches, oft spöttelndes Geplauder begeisterte den Frauenfreund Voltaire zu schwungvollen Versen auf die hübsche Prinzessin. Manch guter Heiratsantrag wurde ihr gemacht. Darunter war einer der vorteilhaftesten der des neu erwählten schwedischen Thronfolgers, Friedrich von Holstein-Gottorp. Freilich fehlte es nicht an Gegnern dieses Heiratsplanes. Der damalige französische Gesandte berichtete seinem Kollegen in Stockholm, die Prinzessin sei zwar geistvoll und reich begabt, aber auch herrschsüchtig und zu Intrigen geneigt. Dennoch zog sie als Thronfolgerin in Schweden ein. Kaum angelangt in ihrer neuen Heimat, trat sie auch schon in einen Gegensatz zu dem regierenden König, über den sie in spöttischen Ausdrücken nach Hause schrieb.

Ihre muntere Laune entzückte zwar die Welt des Hofes, aber ihre spitze Zunge schuf ihr Feinde. Sie sammelte schnell einen großen Kreis von Schöngeistern um sich und laß selbst eifrig die klassischen Schriften der Alten, so mit besonderer Vorliebe den Tacitus. Lebhaft wie nur ein noch so eifriger Altertumsforscher es kann, bedauerte sie den Verlust so mancher Bücher dieses großen Geschichtsschreibers der alten Welt. Ein adeli-

ges Jungfernstift, daß sie zu Vadstena ins Leben rief, zeigte von ihrer Für-
sorglichkeit auf gesellschaftlichem Gebiete. Auch eine Akademie der
schönen Wissenschaften erwuchs unter ihrer Führung. Als ihr Gemahl am
5. April 1751 die Krone erbte, wurde sie in Wahrheit die regierende Herrscherin am Hofe und im Lande. Sie verbreitete Bildung um sich her, aber
es war ausgesprochen französische Bildung. Zwar von Voltaire hielt sie
nicht viel, wie sehr er sie auch poetisch anschwärmen mochte. Aber durch
ihre allgemeine Begeisterung für Paris erweckte sie in ihrem ältesten Sohne, dem Thronfolger Gustav, eine verhängnisvolle Vorliebe für Frankreich. Doch hatte sie nie ein rechtes Verhältnis der Liebe zu diesem Sohne, mit dem sie denn später auch in offene Feindschaft geriet, als er, zur
Regierung gelangt, ihren Einfluß vollständig ablehnte. Auch die Beziehungen zu ihren jüngsten Kindern, Friedrich Adolf und Albertina, obwohl
sie etwas inniger waren, wurden häufig durch die schwankende Launenhaftigkeit der Mutter getrübt.

Die Schwestern Friedrichs des Großen scheinen überhaupt bei all ihrem Geist und bei all ihrer Einsicht keine sehr geschickten Erzieherinnen
gewesen zu sein. Bestand doch auch ein Mißverhältnis zwischen der Herzogin von Braunschweig, Philippine Charlotte, und ihrer großartig veranlagten Tochter Anna Amalia. Auch die Herzogin Philippine hatte die regsten geistigen Interessen. Der leichtsinnig lustige Hof war erst von dem
Gemahl Philippinens von der alten Residenzstadt Wolffenbüttel nach dem
jetzt rasch empor blühenden Braunschweig, verlegt worden. Herzog Karl
I. hat keinen allzu ruhmvollen Namen in der Geschichte. Obwohl er durch
Hebung der Universität Helmstedt und durch die Begründung der schönen
Bildungsanstalt des „Carolinum" und eines theologischen Seminars sich
Verdienste erwarb, und obwohl ein guter Teil der Schuld an dem zerrütte-
ten Geldwesen des Staates seinen Vorfahren zur Last fällt, so hat Karl
doch schon allein durch den schmachvollen Menschenhandel den Tadel
der Nachwelt verdient. Mag dieser Verkauf sich auch merklich weniger
auf Landeskinder als auf zugelaufene Abenteurer erstreckt haben, mögen
die Einkünfte dies Geschäftes dem Staate noch so notwendig gewesen,
mögen sie noch so gut verwertet worden sein, es bleibt ein unerhörter
Hohn auf die Welt der Kultur und des Christentums, daß ein Fürst seine
Untertanen für bares Geld als Ware verschacherte, und nur allzu verhängnisvoll hat das Beispiel Karls auf seine Zeitgenossen und auf seinen Nachfolger gewirkt. Doch geistreich ging es zu an diesem schon an den Rand
des Staatsbankerottes getriebenen Hofe. Und geistreich war auch seine
Herrin, Frau Philippine. Auch in Bezug auf Gelehrsamkeit war sie nicht
aus der Art geschlagen. Wenigstens kann man das schließen aus einem

Berichte Gottscheds, der im Jahre 1753 seine Frau auch an diesen Fürstenhof führte. Wie seine Adelgunde in Braunschweig empfangen wurde, schildert er sehr begeistert: „Es war Sonntags nach der Vesper, als sie sich in den grauen Hof tragen ließ, und daselbst durch viele Zimmer zu dieser erleuchteten und höchst gnädigen Prinzessin geführet ward. Da ihre Königl. Hoheit sich etwas länger mit ihr zu unterhalten willens sein mochten, so setzten sie sich, ließen aber derselben ein Tabouret setzen und befahlen ihr, sich nieder zu lassen. Hier wollte ich wünschen, daß sie selbst auch diese Unterredung beschrieben hätte. Allein, daran fehlt es, und ich selbst bin nicht dabei gewesen. Soviel erinnere ich mich noch aus Erzählungen, daß von den alten lateinischen und neuen französischen Dichtern, namentlich vom Horaz und Herrn von Voltaire die Rede gewesen ist, deren Verdienste die durchlauchtigste Herzogin als eine große Kennerin beurteilet hat." Eine Stunde lang soll die Unterredung gewährt haben. Zieht man die üblichen Gottsched'schen Lobhudeleien ab, so ergibt sich doch immer, daß auch diese Fürstin an literarischer Bildung nicht hinter ihren Schwestern zurückstand. Frau Adelgunde selber hat später an ihre Freundin Runckel geschrieben: „Wenn irgendeine von den fürstlichen Personen, die ich auf dieser Reise gesprochen, mir eine Lust zur Sklaverei des Hoflebens machen könnte, so wäre es die Herzogin von Braunschweig. Allein, ich wünsche mir nie einen Hof genauer als aus der Beschreibung oder höchstens einem kurzen Aufenthalt zu kennen." Dies Urteil, das an Ehrlichkeit nichts zu wünschen übrig läßt, gereicht der Herzogin immerhin zur Ehre.

Das älteste Kind dieses Hofes mußte leider ohne Liebe aufwachsen. Diese zur Zeugin und Förderin eines großen Zeitalters ausersehene Prinzessin war am 24. Oktober 1739 im vierten Jahre der Regierung ihres Vaters, im fünften seiner Ehe geboren, aber das lang ersehnte Kind rief durch sein Erscheinen auf der Welt keinen Jubel, sondern bittere Enttäuschung hervor, weil es — nur eine Tochter war. Vater und Mutter hielten mit ihren Klagen nicht zurück, und beide waren schwach genug gegen sich selbst, das Kind den unschuldig verschuldeten Kummer entgelten zu lassen. Noch neun Geschwister wurden nach ihr geboren, aber alle standen sie dem Herzen des Vaters und der Mutter näher, als das älteste Mädchen. Rührend sind die Briefe zu lesen, in denen das siebenjährige Kind zum Geburtstage des Vaters Segen auf dessen Haupt erfleht und gleichzeitig bittet, die Eltern möchten es doch lieben, wie seine Brüder und Schwestern. Die neunjährige schreibt einmal: „Meine Befriedigung wird vollkommen sein, wenn mein sehr teurer Vater mir seine unschätzbare Gnade erhält. Ich werde mich unablässig befleißigen, den Besitz derselben zu verdienen, und mich der Ehre würdig zu zeigen, mit tiefster Verehrung zu sein, mein sehr teurer Papa, Ihre sehr demütige, gehorsame und sehr untertänige Tochter und Dienerin Amélie." Die französische Form des Namens verrät schon, daß diese Briefe in französischer Sprache geschrieben sind. Noch im Jahre 1748 konnte das geschehen, fast zwanzig Jahre, nachdem Gottsched seiner Braut das Schreiben in einer fremden Sprache untersagt hatte. Ja, unter dem steigenden Einflüsse des Berliner Hofes kam das Französisch wieder immer mehr in Schwung, und immer noch hielt man es in den höchsten Kreisen für ausgemacht, was Adelgunde einst ihren vorurteilsvollen Lehrern geglaubt hatte, daß es nämlich nichts gemeineres gäbe, als deutsche Briefe! Hat doch dem Bruder Amaliens als er zum Herzog Karl II. geworden war, an seiner stockfranzösischen Tafelrunde einmal einer jener bewunderten Ausländer das freche Wort zurufen dürfen: „Das ist einzig, Sire, Sie sind hier der einzige Fremde!" Dahin mußte es kommen! Auch Anna Amalie hat niemals richtig deutsch schreiben gelernt. Dennoch ist sie eine Miterweckerin des deutschen Geistes geworden. Dazu verhalf ihr die Heirat, die sie in jungen Jahren machte. Sie war siebzehn Jahre alt, als sie zum Altar trat, und ihr Bräutigam zählte kaum neunzehn. Dieser junge Prinz von Weimar hatte eine traurige Kindheit hinter sich. Er war eins der bedauernswerten Fürstenkinder, die im zartesten Alter verwaist, früh einsehen lernen müssen, wie die hochmögende Fürstenvetterschaft sie nur als eine kostbare Beute betrachtet. Die Jagd um das Recht der vormundschaftlichen Regierung war um die Wette betrieben worden von all den kleinen sächsisch-thüringischen Staaten.

Ja, grade in dem Augenblicke, als Sachsen-Coburg das Recht der Vormundschaft über Sachsen-Weimar zugesprochen erhalten hatte, wußte Sachsen-Gotha unter dem Schutz und Beistand Friedrichs von Preußen dieses Recht dem siegreichen Nebenbuhler wieder abzujagen. In das Gebiet der Räubergeschichte mag vieles von dem gehören, was die Fürstin Eglofstein über die Tyrannei erzählt, mit der man in Gotha den jungen Konstantin aus Weimar behandelt haben soll. Hat man ihn nun aber auch wirklich nicht wie einen Staatsgefangenen gehalten, ihm nicht einen Hofnarren außer Diensten zum Spielgefährten gegeben, und ihn nicht gänzlich von seinen Getreuen abgeschlossen, so beweist doch immerhin sein Fluchtversuch, daß es ihm nicht behaglich war an dem vetterlichen Hofe, und mit achtzehn Jahren wußte er vom Kaiser auch schon die Mündigkeitserklärung zu erlangen. Sein erster Schritt war seine Bewerbung um die Hand der jungen Anna Amalie von Braunschweig, wodurch er einer drohenden Vermählung mit der Base zu Gotha entging. Die junge Braunschweigerin wurde nicht lange von ihren Eltern gefragt und sträubte sich auch ihrerseits nicht. Zwar entsagte sie ungern dem Glanze und den Lustbarkeiten des Braunschweiger Hofes, wo der berühmte Meister Fleischer ihr musikalischen Unterricht gab, und wo der große Graun, noch nicht abgerufen durch Friedrich von Preußen, die empfindungsfähigen Ohren ergötzte. Aber sie wurde wenigstens selbständig durch diese Heirat. Als daher der junge Prinz mit seinem Gefolge von siebenunddreißig Personen in zahlreichen Wagen daher gerollt kam, — auch er brachte sich den unvermeidlichen Kapellmeister, einen Sohn Meister Bachs mit — da ward sie sein Weib und ließ sich nach einem Hochzeitsfest von drei Wochen in das kleine, engbrüstige und altväterliche Weimar entführen. Man könne seine Tore „mit einer Rüben" zuschließen, meinte Amaliens Kammerfrau Pieper. Herzlich empfangen von der guten Bevölkerung, sah sich die Herzogin verwundert in der armseligen Pracht der alten Schlösser um, aber sie fand sich schnell mit ihrem Gatten und schenkte ihm und seinem Lande bald einen Thronfolger — Karl August nennt ihn die Weltgeschichte! Da brach, das Unglück wieder über sie herein. Noch hatte das Kind nicht den neunten Monat erreicht, da legte sich der einundzwanzigjährige Vater und starb. Er hatte die Mutter, die selbst noch nicht mündig war, zum Hauptvormund des Söhnchens bestimmt. Wieder ging die Hetzjagd los. Die Ansprüche des Dänen- und des Polenkönigs auf die Mitvormundschaft mußten beseitigt weiden, und nun war vom Jahre 1758 an auch in Weimar eine Frau Herr.

Schnell zeigte sie sich ihrer gekrönten Zeit- und Geschlechtsgenossin würdig, und wieder zuerst in dem, was die Pflege von Wissenschaft und Kunst betraf. Auch sie begründete eine Bibliothek. Das „grüne Schloß" ließ sie zu einer solchen herrichten. Sie hob das Gymnasium zu Weimar, das aus einer alten Stadtschule entstanden war, sie nahm sich der arg vernachlässigten Universität Jena an, deren Professoren sie zu häufiger persönlicher Besprechung zu sich nach Weimar einlud, und sie legte den ersten Grund zu dem späteren Weltruf der kleinen thüringischen Hochschule. Darum hat man sie mit Recht die Mutter von Jena genannt. Umsichtig leitete sie die Erziehung ihrer Kinder. Den wilden Trotz des kleinen aber schon sehr selbstbewußten Karl August wußte sie mit Liebe zu bändigen. Die Überfülle des Wissens, mit der man der Zeitsitte gemäß, sein Köpfchen zu füllen begann, ließ seine Freude am Lernen zwar anfangs schnell erlahmen, aber Frau Amalia ward nicht müde, die rechten Erzieher zu suchen, bis sie in dem jungen Grafen Görz ihren Mann gefunden hatte. So machte auch hier Mutterliebe und Muttereinsicht die Übertreibungen männlich wissenschaftlicher Erziehung weit, wie in dem Hause der Dichtermutter zu Frankfurt a. M. Aber beide hatten keine Ahnung davon, daß sie ihre Söhne zu einem Freundschaftsverhältnis erzogen, das später auch die in Land und Stand so weit von einander getrennten Mütter sehr nahe bringen sollte. Auch einem zweiten Knaben, Konstantin, hatte Amalie bald nach dem Tode ihres Gatten das Leben geschenkt. Wir werden sie aber als Mutter und Herzogin später wieder aufsuchen.

Bei ihrem Regierungsantritte stand es mit dem feindnachbarlichen Gotha insofern ähnlich, als auch dort in Wahrheit eine Frau herrschte. Lustig und ausgelassen, glänzend, und gelehrt ging es an diesem Hofe zu. Die junge Fürstin, die hier gebot, launisch und liebenswürdig, geistreich und warmherzig, sah sich umgeben von einer bunt gemischten Gesellschaft. Der lässige steife Herzog Friedrich III., der allwissende, über alles plaudernde Graf Gotter, das kleine muntere Fräulein von Wangenheim, der emsig tatkräftige Mauteuffel und die kluge Frau von Buchwald, sie alle schauen hervor aus dem bunten Maskentreiben eines verschwendungssüchtigen Hofes, und mitten hinein in all den Trubel klingen die lustigen Verse des Horaz und mischen sich mit den ernsten Gedanken des großen Leibniz und seines Schülers Wolfs. Ja, es ging gelehrt und lustig zugleich her auf dem Friedenstein, seitdem die Urenkelin seines Erbauers, Louise Dorothea, hier ihrem entfernten Vetter die Hand zum Bunde gereicht hatte. Denn diese beiden Urenkel Ernsts des Frommen, sie aus der Meiningenschen, er aus der Gothaer Linie des Hauses Weimar stammend, hatten die alten Überlieferungen des Hauses zu neuem Leben gebracht. Hatte doch der Vater der jungen Fürstin, Ernst Ludwig, Herzog zu Meiningen, als ein junger Verehrer des Minnesanges seine tatenreiche Kriegerlaufbahn begonnen, und als er, ein wohlbestallter Oberfeldzeugmeister des Reiches von Kaiser Leopolds Gnaden, auf seinem Schlosse im Alter ausruhte, da erklangen in der Hofkirche Lieder und Weisen, die er selbst ersonnen und gesetzt hatte. Ist es da zu verwundern, daß das Töchterchen, im Kreise der Geschwister heranwachsend, früh zu den schönen Künsten Neigung faßte? Ihr Mütterchen, eine Gothaer Prinzessin, verlor sie schon im dritten Lebensjahre, und die Stiefmutter, eine Tochter des Großen Kurfürsten von Brandenburg, die bereits zum dritten Mal einem Eheherrn ihr Herz und ihr Vermögen zugetragen, gewann das Herz der Tochter nicht, die einsam zu Coburg und, nach des Vaters Tode, zu Römhild aufwuchs, munteren Geistes und voll schalkhafter Einfälle. Zu ernsterem Studium fühlte sie sich angeregt, als sie die erste und treueste Freundin für ihr ganzes Leben gewann. Es kam nämlich ein siebzehnjähriges Hoffräulein nach Coburg, Franziska von Neuenstein. Deren Mutter hatte einst bei Frau Lise-Lotte, der Herzogin von Orleans, Hofdienste getan, und war dann mit ihrem Gatten, einem Nimrod der Höfe, nach Stuttgart gekommen, wo dieser unter Herzog Eberhard Ludwig „Oberjägermeister der Parforce" wurde. In Paris also war die kleine Franziska geboren, in der schwäbischen Hauptstadt aber wuchs sie heran, in dem wilden Treiben eines vergnügungsfrohen Hofes, und hatte mit den Kindern des Herzogs von Württemberg die ersten Jahre verspielt. Aber sie war von vornherein zu höherem bestimmt, als zur bloßen Lebensvertändelung im Braus deutscher Franzosennachahmung. Als sie daher in Coburg ihre liebenswürdige neue Herrin erkannt hatte, waren beide schnell zwei treue Gefährtinnen sowohl bei Tanz und Spiel, als auch namentlich bei den Büchern. Aber die Freundinnen mußten sich trennen, als die junge Coburgerin dem Vetter von der anderen Linie in sein Nachbarland Gotha folgte. Der bis zur Pedanterie ordnungsliebende, träg gutmütige Friedrich III., ein Gewohnheitsmensch und Raritätensammler, war nicht ganz der geeignete Mann für die lebhafte, geistig frische, immer lernbegierige und strebensfreudige junge Frau. Im Jahre 1729 fand die Vermählung statt, drei Jahre darauf starb der Schwiegervater Herzog Friedrich II., dem zwar der Makel eines geplanten Vaterlandsverrats anklebte — er hatte einmal seine Landeskinder als Soldaten in Frankreichs Dienste verkaufen wollen — dem aber der Ruf eines guten Wirtes, eines schlichten Hausmannes und eines braven Vaters nachging. Freilich der Hof hatte schon immer auf einem großen Fuße gestanden, und nun wurde er noch prächtiger. Herzog und Herzogin hielten ihren großen Hofstaat; Küche, Keller und Konditorei wimmelten von Beamten und Beamtinnen; Kapelle und Jägerei waren wohl im Stande, ein „sousdirecteur des plaisirs" leitete die Vergnügungen, an denen es niemals fehlen durfte, und neben dem schönen großen Friedenstein war das glanzvolle Schloß Friedrichswerth ein fröhlicher Sommersitz.

Aber all der Glanz konnte die junge Herzogin nicht befriedigen, da ihr die Freundin fehlte. So setzte sie drei Jahre nach dem Regierungsantritte ihres Mannes deren Berufung an den Gothaer Hof durch. Als dann vier Jahre später Franziska dem Oberhofmeister Schack Hermann von Buchwald ihre Hand zur Ehe reichte, wurde dieser bald in das Ministerium befördert und Frau von Buchwald erhielt den Rang einer Oberhofmeisterin, damit sie mit Fug und Recht mit im Schlosse wohnen durfte. So konnten die beiden denn ihren Leibniz weiter studieren und erhielten bald eine bedeutende Anregung durch einen Mann, der damals eine sonderbare Stellung einnahm, durch den Grafen von Manteuffel. Dieser vielbelesene Gelehrte, ein Kunstmäcen von Bedeutung, der Stifter der „Gesellschaft der Wahrheitsfreunde" (societas Aletophilorum), war ein Diplomat von weitgehenden Verbindungen. Von Berlin her kannte er den österreichischen Feldmarschall Grafen von Seckendorf, stand mit dem sächsischen Hofe sehr nahe und spann nach allen Seiten hin die Fäden seiner Verbindungen. Und zu diesen Verbindungen gehörten auch Männer des Geistes. In allererster Linie war Wolff, der bedeutendste Schüler von Leibniz, sein Freund. Auch mit Gottscheds unterhielt er seit lange freundschaftliche Beziehungen. Frau Gottsched war öfter im Manteuffel'schen Hause zum Besuche, und der Herr Professor stand in hoher Gunst bei dem Wahrheitsfreunde. Im Jahre 1740 sandte Frau Adelgunde ihm ein Schreiben im Namen der Wahrheit. Hier spricht die Wahrheit mit Begeisterung von ihrem „Mäcenat". Sie führt den Flor der Wissenschaften an Friedrichs Hofe zu Berlin mit auf Manteuffels Einfluß zurück:

> Gepriesner Mäceat! Hier sieht mein treuer Blick
> Auf Dich und Deinen Fleiß mit Dankbegier zurück.
> Du hast zu meinem Flor, der sich anitzt erneuet,
> Vorlängst mit weiser Hand den Samen ausgestreuet;
> Und da Dich Dein Geschick den Fürsten zugesellt,
> Zuerst in ihrer Brust den Wohnsitz mir bestellt.
> Denn wenn erst Könige mir Weg und Mittel bahnen,
> So folgt mein größter Flor bei allen Untertanen:
> Weil einmal sich ihr Trieb nach jener Beispiel mißt,
> Und Länder weise sind, wenn es ihr König ist.

Und Manteuffel war die geeignete Persönlichkeit nicht nur, der Wahrheit weiter zu helfen, sondern auch an kunstsinnigen Höfen geistreichen Frauen zu gefallen und ihren Wissensdurst Befriedigung zu schaffen. Als der Graf im Jahre 1742 nach Gotha kam, schloß er Freundschaft mit der schönen „Dorimene" und ihrer „chere amie", und diese waren entzückt über den klugen und geistvollen Weltmann. Er ward ein Jahr später in den „Eremitenorden" aufgenommen. Das war eine Erfindung der Herzogin aus dem Heiratsjahre ihrer Freundin. Im Parke von Friedrichswerth waren damals sonderbare Einsiedleiklausen gezimmert worden: eine Hütte zum Spielen, eine zum Speisen, eine zum Kaffeetrinken. Die Einsiedlerinnen trugen einen weiten olivenfarbenen Domino mit einer herunterhängenden Kapuze, den ein rosafarbener Gürtel zusammenfaßte. Auf dem Kopfe wiegte sich der Schäferhut, auch ihn mußten Rosabänder zieren, den Pilgerstab schmückte der Myrtenkranz. Um den Hals schlang sich ein weißes grünumsäumtes Band, an dem das Abzeichen des Ordens hing, das ein vom Freundschaftsknoten umschlungenes Füllhorn aufwies mit dem Sinnspruch „vive la joie!" Es lebe die Freude! Dieser geheime Wahlspruch aller damaligen Höfe ward hier öffentlich zur Schau gestellt, über ihn hielt man Reden, ihm folgte man im Kreise der lustigen Eremiten. Bei der umständlichen Feierlichkeit, mit der Manteuffel in diesen Orden aufgenommen wurde, kam es schließlich auch zu einer allgemeinen Umarmung des neuen Bruders durch Brüder und Schwestern. Manteuffel zeigte sich dabei so eifrig, daß ein Ordnungsruf diesen Teil des Programmes abkürzen mußte. Ein großes Essen war natürlich auch hier der Schluß. Auch die Ordensnamen fehlten nicht. So hieß Frau von Buchwald „Brillante". Den noch verlockenderen Namen „singulière" aber erhielt das Fräulein von Wangenheim. Sie war die Nichte eines höchst einflußreichen Mannes. Gotter war sein schlichter Bürgername gewesen, aber der Fleiß seines Inhabers brachte es dahin, daß ein Graf Gotter aus dem einfachen Altenburger Stadtsohn wurde. Er, der in Jena und Halle studiert hatte, war allmächtig gewesen am Hofe und im Ministerium Friedrichs II. von Gotha; der Gatte Luise Dorotheas aber hatte ihn durch ein Ruhegehalt von tausend Talern los zu werden gesucht, denn dem neuen Herrn war der Diener des alten unbequem. Dafür rief ihn Friedrich Wilhelm I., der preußische Soldatenkönig, in seine Dienste und ernannte ihn zum wohl besoldeten Staatsrat und später zum bevollmächtigten Minister in Wien. Gotter aber sehnte sich nach Ruhe, erwarb das Rittergut Molsdorf bei Gotha, und lebte dort in Muße und Frieden, durch die Geschäfte eines Gesandtschaftspostens beim obersächsischen Kreise wenig gestört. Allerdings berief ihn der zweite Friedrich bei seinem Regierungsantritte wieder nach Berlin und benützte ihn zu sehr ehrenvollen Gesandtschaften, aber immer wieder sehnte sich Gotter nach seinem hübschen Landsitze zurück. Dadurch kam auch er in Beziehungen zu dem lustigen Hofe Luise Dorotheens, und im Eremitenorden hieß er Tourbillon. Wie er, so war auch seine Schwester über die einfach bürgerliche Geburtssphäre hinausgestiegen. Sie hatte mit einem Herrn von Wangenheim den Bund der Ehe geschlossen, und das vor der Trauung geborene Töchterchen, das nach einigen Bedenken zur Hofdame befördert wurde, war eben die „singulière „. Sie hat später (1751) den Hofrat Montmartin geheiratet, und ist mit ihm nach Regensburg gezogen. Damals aber, als Manteuffel dem Eremitenorden beitrat, war sie noch der neckisch liebenswürdige Kobold der Gesellschaft, die sich um die graue Laune und die ernsten Vermahnungen des Konsistorialvizepräsidenten Ernst Salomon Cyprian, des Gegners der Pietisten, nicht sonderlich erregte und ihm bei seinem Tode im Jahre 1745 einen Vers des Horaz auf das Grab setzte, ihm, dem Heidenfeind, der noch sterbend seinen orthodoxen Glauben beteuert hatte und der weltlichen Wissenschaft gram war, wie den lustigen Weltkindern und den gemütsfrommen Schwärmern.

Die Wissenschaft aber wurde bei Hofe täglich beliebter. Damals fanden die physikalischen Entdeckungen immer regeres öffentliches Interesse, und Manteuffel mußte für die Frau Herzogin einen Gelehrten verschreiben, der ihr die wichtigsten Versuche vorführen und erklären könne. Dazu ward der Hofrat Hamberger in Jena ausersehen, der auch wirklich sogleich berufen wurde und in Erstaunen geriet über die klugen Einwürfe seiner Schülerinnen. Ja, heimgekehrt faßte er sogar den Entschluß, für die Herzogin und ihre Gesinnungsgenossinnen eine volkstümliche Physik zu verfassen, aber andere Arbeiten bewirkten, daß nur ein Kapitel davon fertig wurde. In die Studierstube der Herzogin aber, die jenes erste Kapitel mit Begeisterung gelesen hatte, schlugen immer wieder nicht nur die Wellen aus dem kleinen Meere der Hofbelustigungen zerstreuend und störend herein, sondern auch die größeren aus dem erregten Ozean der weltgeschichtlichen Politik.

Der schlesische Krieg bringt sie in einen Briefwechsel mit Friedrich, der das Gothaische Soldatenländchen auf seine Seite zu ziehen wünscht, während Manteuffel alles daran setzt, die sächsischen Interessen zu wahren. Dann bricht der traurig-komische Wasunger Krieg aus. Vetter Anton Ulrich von Sachsen-Meiningen hatte die Kasselsche Kaufmannstochter Cäsarea Schurmann, eine Namensvetterin der berühmten Vorkämpferin weiblicher Bildung, frei nach dem Beispiele des Braunschweig-Lüneburger Herzogs, zu seiner Gattin erhoben. Er verlor zwar diese seine Frau früh durch den Tod, hegte aber sichtbares Mitgefühl mit solchen, die sich unter ihrem Stande vermählen wollten, und nahm auch den gräflich Solmschen Hofmeister Justus Hermann Pfaffenrath in seine Dienste, der einer Komtesse von Solms Liech das Herz entwendet und selbige in Wien geheiratet hatte. Als diese entlaufene Prinzessin als Frau Regierungsrätin von Pfaffenrath nun um ihrer hochgräflichen Herkunft willen den Vorrang vor der Frau Landjägermeister von Gleichen beanspruchte, widersetzte sich diese, und der Entscheid des Herzogs, daß der Frau von Pfaffenrath der Vortritt vor allen Damen des Hofes gebühre, wurde von der tugendlichen Gleichen nicht befolgt. Sie verbreitete ein aus Wetzlar stammendes Pasquill über die abenteuerliche Prinzessin a. D., und da sie sich nicht herbeilassen wollte, kniend vor der Gekränkten Abbitte zu tun, so mußte sie samt ihrem Gatten in das Gefängnis wandern.

Nun ward zunächst das Reichsgericht zu Wetzlar angerufen, und als Herr Anton Ulrich die Pforten des Rathauskerkers nicht öffnen ließ und auch einem weiteren Befehle trotzte, wurde der Vetter von Gotha mit der Vollstreckung des reichsgerichtlichen Urteils betraut. Und so entstand allen Ernstes aus einem Weibergezänke ein Krieg, der nach der Besetzung von Wasungen seinen Namen erhielt. Dagegen erscheinen freilich die kleinlichen Reibereien zwischen den kleinen sächsischen Staaten bezüglich der Vormundschaft in Weimar noch als bedeutungsvoll. Die Herzogin nahm an alledem Anteil und vernachlässigte doch ihre Studien nicht. Namentlich hatte Manteuffel seine Leipziger Freunde, das Ehepaar Gottsched, dem Hofe genähert. Der eifrige Professor sandte Schriften und Briefe. So überschickte er beim Tode des Grafen Manteuffel (1749) das literarische „Ehrendenkmal", das er ihm gestiftet und erhielt dafür freundliche Zeilen von der Herzogin, die freilich in der letzten Zeit dem Verstorbenen nicht mehr ganz so nahe gestanden hatte. Auch der Liebhaberaufführungen, die früher von der Frau von Buchwald zu Ehren ihrer Gebieterin veranstaltet worden waren, war man überdrüssig geworden. Ein stehendes Theater wurde im Jahre 1750 durch das Engagement des Direktors Franz Schlich geschaffen. Die italienische Musik wurde eifrigst gepflegt. Georg Benda versah den Posten eines Kapellmeisters. Auch Frankreich steuerte natürlich sein wesentlich Teil zu der Geistesnahrung der Herzogin bei. Hier wurde ihr Söhnchen zum Vermittler. Den armen Kleinen hatte man schon im zwölften Jahre der Mutter genommen, um ihm, der Unsitte der Zeit gemäß, zunächst in Genf und dann in Paris den „weltmännischen Schliff" zu geben. Ein großer Hofstaat war dazu bestimmt, das kleine Kerlchen, das schon als Kind repräsentieren mußte, unjugendlich zu drillen und aus dem sonnigen Knaben ein mürrisches Prinzenpüppchen zu machen, das sich in Paris in allen Hofgesellschaften langweilen und zu Hause sich beständig hofmeistern lassen mußte. Sowohl der in Paris für ihn gewonnene Religionslehrer Abbé Raynal, als auch der nach Frankreich gekommene, geistreich weltmännische Regensburger Pfarrersohn Melchior Grimm, der Vorleser bei dem Prinzlein wurde, traten bald mit der Herzogin in Briefwechsel. Grimm, der so schnell in Paris Zutritt zu den geistreichsten Kreisen fand, der Freund Rousseaus, des jungen Philosophen wurde, und durch sein Eintreten für die italienische Musik sich einen Namen machte, begann im Jahre 1753 seine später so berühmt gewordene „Correspondance littéraire", zu deren eifrigsten Leserinnen Luise von Gotha gehörte. Nebenbei fand sie Zeit, ihrem entfernten Sohne in beständigen Briefen Wahrheit und Tugend vorzuhalten in einer für sein kindliches geringes Verständnis geeigneten Weise, und seine Antworten hat sie stets verbessert an ihn zurückgesendet. Die eifrige Schülerin des Philosophen Wolff, die frühe in dem Geiste ihres durch falsche Erziehung gemißhandelten Sohnes ein richtiges Erkennen anbahnen wollte, sollte nun bald die Freude haben, einen der eifrigsten Schüler Wolffs, bei sich zu sehen, eben den Professor Gottsched. Im Jahre 1753 kam das gelehrte Ehepaar aus Leipzig an und wurde freundschaftlichst empfangen. Gottsched schreibt darüber: „In Gotha hatte sie (Adelgunde) nicht nur die Ehre der Frau Geh. Rätin von Buchwald aufzuwarten, welche sie schon in Altenburg kennen gelernt, sondern auch bei der Durchl. Herzogin eine gnädige Audienz zu erhalten. Ja wir genossen auch beide die Ehre, an die Tafel der Durchl. jungen Herrschaft gezogen zu werden."

In demselben Jahre erschien auch ein anderer gelehrter Dichter an dem Hofe zu Gotha, nämlich jener Mann, der ja damals in den geistreichen Kreisen der kleinen deutschen Fürstenhöfe als der Genius der Zeit betrachtet wurde — Voltaire.

Mit dem Jahre 1752 begann nämlich die Zeit, wo dieser dauernd seinen Wohnsitz in Berlin nahm. Auch Wilhelmine besuchte um diese Zeit den Bruder, und während die arme Elisabeth Christine in ihrem Schlosse zu Schönhausen saß und sich damit begnügen mußte, bei offiziellen Gelegenheiten einmal eine Parade mit anzusehen, oder sich von einem ausländischen Gesandten die üblichen Redensarten bei einem Pflichtbesuch sagen zu lassen, durfte Wilhelmine an der geistreichen Geselligkeit in dem neuen Schloß Sanssouci teilnehmen, das die Königin nie gesehen hat. Hier schloß Wilhelmine den Freundschaftsbund mit Voltaire, der jetzt ganz an den preußischen Hof gefesselt war. Hier begehrte sie von ihm Anregung für ihren lebhaften Geist. Für das Riesentheater, das in Bayreuth mit leeren Räumen gähnte, wünscht sie französische Schauspieler, für ihre eigene Unterhaltung will sie die französische Schriftstellerin Frau von Graffigny in ihr Haus aufnehmen. Hat ihr Bruder einen französischen Dichter gleichsam zu eigenem Besitz gewonnen, warum soll sie nicht eine französische Dichterin bekommen können? Wieder heimgekehrt in ihr langweiliges Schloß, setzt sie in Briefen an Voltaire, die jetzt ziemlich regelmäßig ausgetauscht werden, die angeregten Gedanken fort. Es sind wenig philosophische Gedanken, meist jene praktischen Fragen, die behandelt werden. Frau von Graffigny kann nicht verschrieben werden, aber ein Marquis von Adhemar wird mit unermüdlicher Unverdrossenheit immer wieder von Voltaire vorgeschlagen, bis die Markgräfin sich für ihn zu begeistern anfängt und ihn schließlich mit Ungestüm verlangt. Die deutsche Fürstin soll dem französischen Marquis nur dafür, daß er die Gnade hat, ihren Hof nicht zu verschmähen, 1500 Taler zahlen, und dabei meint der französische Philosoph, daß er bei diesem Vorschlage die „Börse der Prinzessin geschont und ihrer Großmut Gewalt angetan habe". Aber die Markgräfin bewilligt weit mehr für den Ehrenposten eines privilegierten Nichtstuers. Außer der Abhandlung dieses Themas, das endlich mit dem Eintreffen des Heiß-Ersehnten endigt, werden allerhand Fragen aus der Zeitgeschichte und der Vergangenheit, literarische und religiöse Interessen gestreift. Der Sinn der Markgräfin erscheint hier nüchtern in der Beurteilung alles mystischen, klar und verständig im Erfassen.

Ja oft ist sie noch rationalistischer als Voltaire, dessen widerspruchsvolle Äußerungen ja allerdings auch gar keine Planmäßigkeit seiner Weltanschauung erkennen lassen. So wirft sie seinem Gedichte über das Naturgesetz vor, daß er zu Unrecht darin das Gewissen und die Gerechtigkeitsliebe als Eigenschaften des Menschen bezeichnet, die ihm von Gott eingepflanzt seien. Denn dann müßten auch alle Menschen naturgemäß danach handeln, und „so wäre alle Hinterlist verbannt, die Advokaten stürben Hungers und die Parlamentsräte würden Frankreich um ein gegebenes oder verweigertes Stück Brot nicht mehr beunruhigen, wie sie es jetzt tun, und die Jesuiten und Jansenisten würden ihre Ignoranz betreffs ihrer Doktrin offen bekennen". Wilhelmine leitet dagegen die Gerechtigkeit aus dem Egoismus her. „Von der Vernunft erleuchtet, von der Eigenliebe getrieben, kam der Mensch endlich zu der Erkenntnis, daß die Gesellschaft ohne Ordnung nicht bestehen könne." Die Abneigung gegen jede Art von Unbehagen und der Drang nach Vergnügen seien es also gewesen, die zur Einführung der Gerechtigkeit geführt hätten, und das dadurch entstandene Rechtsgefühl äußere sich nun in dem sogenannten „Gewissen".

Während so die Markgräfin mit dem Philosophen ihre kühlen Gedanken austauschte, hatte ihr Bruder sich mehr und mehr von ihm abgewandt. Nach vielen Reibereien bot schließlich Voltaires rücksichtsloses Auftreten gegen seinen Landsmann Maupertuis, den Präsidenten der Berliner Akademie, die Veranlassung zum völligen Bruche. Voltaire verließ Berlin, ohne zu ahnen, daß er es nie wieder sehen sollte. Seine Reise führte ihn aber nicht zu der Markgräfin. Für diese war die Stellung zwischen dem Bruder und dem Freund schwierig. Vielmehr grade jetzt wandte der bewunderungsbedürftige Franzose sich der anderen geistreichen Fürstin der Zeit zu und reiste nach Gotha. Unterwegs hoffte er in Leipzig die Frau Gottsched kennen zu lernen. Aber er sah sie nicht. Hatte er erwartet, bei dem Leipziger Professor als „alter kranker Mann" die beste Verpflegung zu finden, so hatte er sich geirrt. Der Gelehrte führte den auswärtigen Kollegen in den „blauen Engel". Als er dort krank lag, besuchte ihn nur der Mann, nicht die Frau. Dafür lehnte Voltaire nach seiner Genesung eine Einladung der stolzen Frau zu einem Festmahle ab, und zur Strafe dafür war wiederum Frau Gottsched nicht zu sprechen, als er ihr einen Abschiedsbesuch machen wollte. Der Dichter bedauerte lebhaft, die berühmte Frau nicht gesehen zu haben, diese aber schrieb sehr vergnügt an ihre Freundin Runckel: „So bin ich denn, wie alle Adamskinder, Schuld an meinem Verluste, einen Voltaire nicht gesehen zu haben."

Die sittlich so streng denkende, rationalistisch fromme Frau mochte wohl den Tragöden, aber nicht den Freigeist Voltaire leiden. Und wen sie nicht leiden mochte, dem wollte sie auch keine Freude vorheucheln über sein Erscheinen.

Für diese Zurückweisung von Seiten einer Frau — für einen Voltaire doppelt unerträglich — entschädigte ihn bald die herzliche Aufnahme am Hofe zu Gotha. Am 22. April 1753 traf er auf dem Friedenstein ein, mit Jubel begrüßt. Drei Tage später wohnte er der großen Fürstentafel an zu Ehren des Herzoglichen Geburtstages. Der Abend war durch die Trauung der ersten Hofdame Luisens mit einem Legationsrat ausgezeichnet. Glänzende Festlichkeiten also trafen mit der Empfangsfreude passend zusammen und der „alte kranke Mann" hatte hier gefunden, was er suchte, einen Fürstenhof, wo ihn alles hätschelte und pflegte. Die geistreiche lustige Herzogin, ihre treue Buchwald, so und so viel liebe Mädchengesichter und eine große Bibliothek zu seiner freien Verfügung, die von seinen eigenen Schriften soviel aufwies! Hier konnte er in behaglicher Rast weitere Giftpfeile gegen Maupertuis und andere seiner Feinde schießen. Hier freilich mußte er auch die Gunst der Herzogin mit einer Arbeit bezahlen, die ihm nicht eben sehr erwünscht war. Luise wollte eine Geschichte des deutschen Reiches haben, die lesbar geschrieben sei, und die dickleibigen Bücher deutscher Gelehrter damaliger Zeit waren alles andere eher als für eine schöne Frau angenehm zu lesen. Da sollte nun Voltaire helfen. Es gibt keinen größeren Beweis für den damaligen Glauben an die allein seligmachende französische Bildung, als diesen, daß eine deutsche Fürstin eine deutsche Reichsgeschichte schreiben ließ durch einen Franzosen! So saß denn der eingefangene Franzmann in der Bibliothek von Gotha, beschäftigt „mit der unschmackhaften Arbeit des Aufsuchens barbarischer Altertümer", einem Geschäft, das er einer Hinrichtung vergleicht. Dafür las er Abends seine Pucelle, die unanständige Verspottung der Jungfrau von Orleans, dem Kreise der geistreichen Hofdamen vor. Aber länger als bis zum 25. Mai hielt er es nicht aus an dem kleinen Hofe, wie glänzend es immer da zugehen mochte. Dafür sandte er von Wabern aus der Herzogin ein Gedicht, in dem er sie versicherte, daß er, wie alle ihre Untergebenen, sie verehre und anbete. Seine weitere Reise führte ihn dann nach Frankfurt am Main, wo ihn ein mißverstandener Befehl Friedrich des Großen in vorübergehende Gefangenschaft brachte. Zwei deutsche Fürstinnen standen in diesen schweren Tagen dem Franzosen zur Verfügung, um ihnen sein Herz auszuschütten. Die Markgräfin zu Bayreuth war zunächst am fähigsten für den Augenblick zu helfen. An sie sandte er ein

Bittgesuch, um der Haft entlasten zu werden. Es war freilich überflüssig, denn die Verhaftung war eine Übereilung des Residenten Freytag gewesen, der trotz ausdrücklicher Befehle des Königs sie noch verlängerte. Aber die weiteren Versuche der Schwester, für den Gestürzten zu vermitteln, wies der Bruder ab und riet ihr sogar, nicht mehr direkt an jenen zu schreiben, sodaß der Marquis von Adhemar eine Zeit lang der Vermittler ihrer Gedanken blieb. In ergreifender Weise hatte Voltaire das Herz der markischen Bewunderin bestürmt und ihr ausgemalt, wie er, alt und gebrechlich, dem Könige seine letzten Jahre geopfert habe.

Und wie das Herz der Markgräfin, so erweichte sich auch das der Herzogin von Gotha. Graf Gotter mußte sofort vermitteln, aber, so geneigt auch der Preußenkönig damals dem Gothaer Hofe gegenüberstand, er ließ die Politik nicht Herrin über seine persönliche Ehre werden. Inzwischen setzte Voltaire seinen Wanderstab weiter von Ort zu Ort, und arbeitete eifrig an seiner „Deutschen Reichsgeschichte". Schon am 5. Januar 1754, noch kein Jahr nach Beginn der Arbeit, flatterten die ersten Probebogen des sonderbaren Werkes zum Friedenstein hinüber und vierzehn Tage später traf der erste Band bei der entzückten Fürstin ein. Am 20. April hielt sie das ganze Werk in Händen. Ihr „Untergebener" hatte sie pünktlich bedient. Dafür hat sie auch den Gedanken immer wieder festgehalten, ihn mit dem Könige auszusöhnen.

Vier Jahre später besuchte Voltaire, der damals ruhelos an der Grenze umherirrte, einen anderen deutschen Fürstenhof, wo schon wieder eine bedeutende Frau unsere Aufmerksamkeit fesselt. Karl Friedrich von Baden, einer der einsichtsvollsten Fürsten damaliger Zeit, hatte sich gegen seine Neigung am 28. Januar 1751 mit Karoline Luise von Hessen-Darmstadt vermählt. Diese geistreiche junge Gräfin war als Tochter des Landgrafen Ludwig VIII. und seiner Gattin, Charlotte Christiane, Gräfin von Hanau, am 11. Juli 1723 zur Welt gekommen. Obgleich sie hübsch, liebenswürdig, gutherzig und äußerst kenntnisreich war, so zeigte ihr junger Gemahl ihr doch eine an Mißachtung grenzende Abneigung.

Er reiste nach England und Holland und ließ sie allein in der neuen Heimat. Sie aber wußte sich die Zeit durch Wissenschaft und Künste zu vertreiben. Ein inniges Freundschaftsband verknüpfte sie mit ihrer Schwägerin, der jungen Erblandgräfin von Darmstadt, die mit ihr selbst den Vornamen teilte. Diese, Karoline Henriette Christiane von Pfalz-Zweibrücken, war um zwei Jahre älter als ihre Namensbase (geb. 9. März 1720), hatte sich aber schon zehn Jahre früher verheiratet als jene. Sie ist eine der berühmtesten Fürstinnen der mehr und mehr hereinbrechenden Zeit des Gefühlsaufschwunges geworden. Der junge Landgraf von Hessen-Darmstadt hatte aus Neigung um ihre Hand geworben, und da ihm durch Erbschaft die Grafschaft Hanau zugefallen war, so konnte er noch während des Lebens und der Regierung seines Vaters seiner Gattin eine eigene Residenz bieten. Nahe ihrem geliebten Heimatsorte Bergzabern, wo ihre ihr sehr teure Mutter weilte, führte sie an der Seite des jungen Ludwig zu Buchsweiler ein stillglückliches Leben. Die reizende Landschaft, in der das Städtchen liegt, die noch später Goethes Entzücken wachrief, die schönen Gärten des Schlößchens, das mit so vielen kleinen Fürstensitzen damaliger Zeit in der Nachahmung Versailles wetteiferte, gaben der jungen Gräfin Gelegenheit zu dem einzigen, was ihr unentbehrlich war: zum Naturgenuß. Dieser mußte ihr auch die Gesellschaft des Gatten ersetzen, denn Graf Ludwig kehrte bald seine sonderbaren Schrullen heraus. Das liebliche Buchsweiler fesselte ihn nicht, in dem öden Pirmasens aber, wo bis dahin nur vierunddreißig Häuser gestanden hatten, schien ihm die kahle Hoch-platte geeignet, kriegerische Übungen anzustellen. Hier baute er sich ein Schloß, hierher ließ er mit Gewalt und List nach dem Vorbilde Friedrich Wilhelms I. die längsten und stärksten Männer aus aller Herren Länder schaffen und glaubte in diesen, allerdings ausgezeichnet gedrillten Leuten ein tüchtiges Kriegsheer heranzubilden, obgleich er doch den obersten Grundsatz alles echten Militarismus mit Füßen trat, den des Nationalbewußtseins! Seine langen Kerle, unwillig und verzweifelt über ihr Schicksal, mußten nachts in die Stadt eingeschlossen und durch beständig umherstreifende Husarenpatrouillen bewacht werden. Vorübergehend trat der junge Graf in die Dienste seines Ideals, dem er doch sehr unähnlich war, Friedrichs des Großen. Gern gab ihm dieser ein Regiment, und in Prenzlau vertrauerte nun die junge Karoline an seiner Seite ihre Tage, bis die beständigen Kriege zwischen dem König und Maria Theresia den regierenden Landgrafen veranlaßten, den jungen Erbprinzen abzurufen; denn der Vater war ebenso eifriger Anhänger der Kaiserin, wie der Sohn glühender Verehrer des Königs war. So ging es also wieder heimwärts. Der Erbprinz freilich eilte sofort in seine Grafschaft und sein geliebtes Pirmasens zurück, keine Bitte des Vaters konnte ihn an Darmstadt fesseln. Frau Karoline aber mußte das schöne Buchsweiler, das ihrer von ihr vergötterten Mutter so nahe war, mit Darmstadt vertauschen, um dem Schwiegervater nahe zu sein, den sie freilich auch liebte und der ihr zur Entschädigung ein Stück des „Herrengartens" überließ, zu selbständigen Anlagen. Gern und schnell schuf sie hier den englischen Park, der ihr Andenken für alle Zeiten bewahrt. Und in der Mitte eines kleinen „Rondels", von Gebüschen umgrünt, legte sie sich ihre vor allen Blicken versteckte und bis zu ihrem Tode von niemandem gekannte Gruft an. Da saß sie unten in dem eigenen Grabe auf einem Ruhebette und laß fromme Schriften oder Klopstocks religiöse Oden. Oder sie streifte in Wald und Flur umher, oft genug zu Fuß, oder sie widmete sich der Erziehung ihrer Kinder, die sie auf das sorgfältigste betrieb, oder sie schrieb Briefe, denn darin war sie ein echtes Kind ihrer Zeit, daß sie ihre Korrespondenzen nicht weit genug ausbreiten zu können glaubte.

Dieser Garten sollte in einer allerdings viel späteren Zeit der Tummelplatz der empfindsamen Dichterjugend werden. Wir werden noch davon hören.

Aber damals schon verband die junge Frau innige Freundschaft, wie gefagt, besonders mit der Schwester ihres Mannes, und als diese andere Karoline Markgräfin von Baden geworden war, flogen zwischen Darmstadt und Karlsruhe eifrig die Briefe — natürlich nur französische— hin und her. Freilich war die Herrin in Karlsruhe vielfach anderer Natur. Sie war mehr die Gelehrte, während jene andere die Empfindsame war. Die junge Markgräfin von Baden verstand es auch, schnell den Widerstand ihres Gatten zu überwinden, und bald war die innigste, ja unzertrennlichste Gattenliebe an Stelle der anfänglichen Kälte getreten. Das junge Paar fand sich vor allem in der gemeinsamen Freude an Wissenschaft und Kunst. Karoline Luise verstand sich auf die Pastellmalerei, die ja, wie wir sahen, den Frauen und auch den gekrönten unter ihnen, damals vielfach geläufig war. Sie liebte es, wie Sibylla Merian und Rachel Ruysch, ihre Kunst in den Dienst der Naturbetrachtung zu stellen, und sie malte die Pflanzen zu dem System ihres großen Zeitgenossen Linné mit Kunstverständnis und mit wissenschaftlicher Einsicht. Sie schuf eine herrliche Naturaliensammlung, zu der ihr von fern und nah Beiträge gesandt wurden. Dabei beherrschte sie außer den lebenden Sprachen, wie so viele ihrer Zeitgenossinnen, auch das Lateinische vollständig. Wie gesagt, sie war so recht eine Fürstin nach dem Geiste der Zeit.

So konnte ihr denn auch Voltaires Bewunderung nicht fehlen. Mit Begeisterung hörte ihr Pariser Briefschreiber Fleischmann, der ihr das Neueste von den Werken der Aufklärungsphilosophen senden mußte, von der persönlichen Anwesenheit des Allgefeierten in Karlsruhe. „Mit Entzücken höre ich, daß Sie an ihrem Hofe den erlauchten Voltaire gesehen haben. Ich unterschreibe mit Vergnügen das Lob, das Sie, Madame, ihm erteilen." Und Fleischmann spricht die Hoffnung aus, daß Voltaire noch dazu kommen werde, seine Erinnerungen zu schreiben, um dann auch seine Erlebnisse in Karlsruhe „mit seinen unsterblichen Werken der spätesten Nachwelt zu überliefern." Mittlerweile besuchte Voltaire seinen Freund d'Hermenches und dieser berichtet der Markgräfin, wie Voltaire über sie geurteilt habe:

„Es gibt niemand liebenswürdigeren als die Frau Markgräfin. Sie steht erhaben über allem, was Sie mir von ihr gesagt haben. Es gibt keine Französin, die so viel Geist, Kenntnisse und Feinheit (Pipolitesse) hat. Ihre Unterhaltung hat mich entzückt. Ich wollte, ich hätte sie früher schon gekannt ….. Als Voltaire mir den Brief Eurer hochfürstlichen Durchlaucht übergab, brach er in eine Extase aus; in der Tat, Madame, es wäre wohl diesem Meister des Stiles unmöglich besser zu schreiben. Ich sage es ohne Schmeichelei: hier spiegeln sich Geist und höchste Güte, Edelsinn und eine Einfachheit des wohlgesetzten Ausdrucks so wieder, daß alles, was ihrer Feder entfließt, als Modell dienen muß. Alles darin ist der Bewunderung wert, und jeder Mensch hätte wohl Lust, ebenso schildern zu können." Diese so hoch gerühmten Briefe waren natürlich auch französisch geschrieben.

Ja, in jener schreibseligen Zeit sollten die französischen Korrespondenzen die Fürstinnen untereinander nähern. Da war ja die Herzogin von Gotha eine eifrige Leserin von Grimms „Correspondance" und auch die Darmstädter Karoline wurde bald die Abonnentin dieser regelmäßigen Briefe. Auch die Frau, die in dem letzten Jahre des siebenjährigen Krieges an das Steuer des großen Russenreiches trat, die sich Katharina II. nannte, gesellte sich bald zu diesen Leserinnen. Doch von ihr später! Vorläufig kehren wir zu den Freundinnen Voltaires zurück.

Sehr verschiedenartig sind die Korrespondenzen der Frauen zu Gotha und Bayreuth mit dem französischen Dichter, aber in beiden Fällen schwindet Philosophie und Literatur mehr und mehr, wie der furchtbare Krieg ausbricht, der sieben Jahre lang Deutschland verwüstet und ganz Europa erregt. Die beiden geistreichen und hochgeborenen Schreiberinnen stehen auf der Seite des großen Königs, aber die eine nur mit der Freundschaft einer Fernstehenden, die andere trotz ihrer Launenhaftigkeit doch mit schwesterlicher Liebe. Mit beiden wechselt auch der König Briefe. Das furchtbare Unglück, das bald nach Beginn der Feindseligkeiten über ihn hereinbricht, preßt der Schwester Tränen aus, während es für die Gothaer Herzogin nur sonderbare Unbequemlichkeiten mit sich bringt, da ihr Gatte, um seine Neutralität zu wahren, eine gefährliche Zwitterstellung einnimmt. In der schwersten Zeit seiner Mißerfolge führt den König sein Weg nach Gotha, das kurz vorher von der kombinierten Reichsarmee unter Führung des Prinzen von Soubise besetzt worden war. Die Preußen verdrängen den Feind, und auf den Stühlen, die für die österreichischen Herren aufgestellt waren, sitzen Friedrich und seine Getreuen. Der König verlangt ausdrücklich, daß außer der Herzogin auch Frau von Buchwald, seine „alte gute Freundin" zur Tafel gezogen wird. Am nächsten Tage sendet er der liebenswürdigen Wirtin ein Briefchen mit zierlichen Artigkeiten. „Niemals werde ich den gestrigen Tag vergessen, der mir eine Begierde befriedigt hat, die ich seit lange hegte: eine Prinzessin, die ganz Europa bewundert, zu sehen und ihr zu lauschen. Ich bin gar nicht erstaunt, Madame, daß Sie sich die Herzen unterwerfen, Sie sind sicherlich dazu geschaffen, die Achtung und die Huldigung aller derer zu erlangen, die das Glück haben, Sie zu kennen. Aber es ist mir unverständlich, wie Sie Feinde haben können, und wie Völker, die nicht gradezu für Barbaren gelten wollen, es an der Aufmerksamkeit fehlen lassen konnten, die Sie Ihnen schulden und an der Rücksicht, die man allen Herrschern schuldig ist." Das waren nicht bloß galante Redensarten. Friedrich hat eine tiefe Verehrung für die kluge Frau empfunden, die in Wahrheit der Regent von Gotha war. Ohne ihren Mann jemals öffentlich in den Schatten zu stellen, war sie die treibende Kraft.

Sie, die den Wissenschaften den Weg in ihr Land gebahnt hatte, war auch die Führerin der Politik. Gotha befand sich in einer Zwangslage, insofern es dem Kaiser die Lieferung von Truppen schuldete und schon genug wagte, wenn es seine Neutralität durchsetzte. So konnte Luise nicht offen auf die Seite des Preußenkönigs treten, aber deutlich genug bezeigte sie ihm ihre Sympathie. In ihren Briefen an Voltaire spricht sie davon, wie sehr sie die Franzosen sonst liebe, wie dringend sie aber jetzt wünsche, daß diese geliebten Herren wieder nach Frankreich abzögen.

Ja, in den schwersten Zeiten Friedrichs wollte sie Voltaires Einfluß nutzbar machen, um einen Frieden zwischen Preußen und Frankreich herbeizuführen. Voltaire, weit davon entfernt dem Preußenkönige ein großmütiger Freund zu sein, war dennoch entzückt, einmal eine politische Rolle spielen zu dürfen, und anfangs schien es auch, als ob sich auf diesem Wege der neue Minister Choiseul gewinnen ließe. Aber es war eine kurze Täuschung, Voltaire hatte kein Glück als Politiker. Friedrich sah jedoch bald in der Herzogin eine Vertraute auch hinsichtlich seiner diplomatischen Pläne. So bat er sie, ihm eine vertrauenswürdige Persönlichkeit zu nennen, die er nach Paris, senden könne, um unterstützt von seinen englisch-hannoverschen Bundesgenossen einen Friedensschluß herbeizuführen. Herzogin Luise betraute einen Herrn von Edelsheim mit den Briefen des Königs für Paris, und durch ihre Hände gingen auch die Berichte dieses Abgesandten, die sie dann an den König weiter beförderte. Als schließlich die Hinterlist Frankreichs an den Tag kam, als nach dem Tode Georgs II. dessen absolutistisch erzogener Sohn mit Friedrich brach und für England allein den Frieden mit Frankreich zu Fontainebleau einleitete, da erbot sich Herzogin Luise dazu, der Mutter des jungen Königs, ihrer Verwandten, Vorhaltungen über solchen Bundesbruch zu machen. Freilich erreichte sie auch hier nichts weiter, als daß sie dem Könige ihren guten Willen zeigte. — Aber bei all dem bleibt sie eine Philosophin. Mitten in all dem Unglück will sie die Skepsis der Voltaire'schen Weltanschauung nicht wahr haben und sucht als treue Leibniz-Schülerin zu beweisen, daß trotz alledem diese Welt mit all ihrem Jammer die beste der möglichen Welten sei, weil das für sie aus ihrer Auffassung des Gottesbegriffs mit Notwendigkeit folgt. Zwischen die politische Korrespondenz drängt sich literarisches. Sie empfiehlt dem König den englischen Philosophen Hume, und der König erklärt, ihn lesen zu wollen, schon darum, weil er sich der Fürsprache einer solchen Freundin rühmen könne. Der königliche Philosoph schreibt ihr bei dieser Gelegenheit: 26. März 1760.

„Das Unglück ist es, Madame, das die Menschen zu Philosophen macht. Meine Jugend war eine Schule der Widerwärtigkeit und seitdem habe ich in einem so beneideten Range, der die Menge durch eine Schwulst von Großartigkeit tauscht, der Schicksalsfrage und des Mißgeschicks nicht ermangelt. Fast nur mir ist es geschehen, daß ich alle meine Herzensfreunde und meine alten Bekannten verloren habe. Das sind Schläge, unter denen das Herz lange blutet, welche die Philosophie mildert, aber die ihre Hand mir heilen wird. Das Unglück macht weise, es befreit das Auge von Vorurteilen, die es verdunkeln, und es lehrt uns die Nichtigkeiten durchschauen. Das ist ein Glück für die Andern, aber ein Unglück für den betreffenden selbst; denn es gibt in der Welt nur Einbildungen, und wer sich mit ihnen noch vergnügt, ist glücklicher als einer, der das Nichts erkennt und es verachtet. Man könnte zu der Philosophie sagen, was jener Narr, der sich im Paradiese geglaubt, zu dem Arzte sagte, der ihn geheilt hatte und seinen Lohn forderte: Unglücklicher, willst Du, daß ich Dich bezahle für das Leid, das Du mir zugefügt hast? Ich wäre jetzt im Paradies, und Du hast mich herausgezerrt!" In solchen Stimmungen war dem Könige die neu gewonnene Freundin, die lebensmutige Leibniz-Schülerin mit ihrem unverwüstlichen Optimismus gewiß die willkommenste Beraterin, wenn sie auch nur ihren guten Willen und ihre treue Freundschaft bewies. Inzwischen war durch die Schrecken des Krieges durch Einquartierungen und Ausbeutungen aller Art die Finanzlage des Gothaer Landes eine bedenkliche geworden. Der verschwenderische Hof hatte in Friedenszeiten nicht an das Sparen gedacht, nun war guter Rat teuer. Da half Freund Voltaire, der sich mit seinem eigenen Namen für eine bedeutende Gothaer Anleihe verbürgte und dadurch den heißen Dank der Herzogin mit Recht erwarb. Als dann durch den plötzlichen Tod der

Kaiserin Elisabeth von Rußland Friedrich in dem Augenblicke, da Alles verloren schien, urplötzlich von aller Not befreit wurde und in dem Nachfolger der grimmigen Feindin seinen begeistertsten Freund begrüßte, da freute sich die Herzogin des baldigen Friedens, und mit Stolz erfüllte es sie, daß der nun dennoch siegreiche Held im Jahre 1762 nochmals ihr Schloß mit seiner Gegenwart erfreute. Allen förmlichen Feierlichkeiten aus dem Wege gehend, saß er wieder plaudernd bei der Tafel, geistreich und ungezwungen wie einst, aber furchtbar gealtert. Auch diesen Augenblick benutzte die Herzogin noch, um ihm in seiner besten Gasteslaune ein Zugeständnis abzugewinnen, das der Soldatenwerbung auf Gothaer Gebiet Einhalt gebot. Vierundzwanzig Stunden weilte der König bei der Freundin, dann zog er davon, um lange mit ihr im Gedankenaustausch zu bleiben. Bei dem endlichen Abschluß des Friedens schrieb er an sie voll übermütiger Laune.

Die andere Frauenseele aber, die für den König gezittert hatte, durfte diesen Jubel nicht mehr erleben. Die Markgräfin von Bayreuth hatte mit wachsendem Schmerze die anfänglichen furchtbaren Niederlagen des Bruders mit erlebt. Sie sah den Untergang ihres ganzen Hauses vor Augen. Sie hatte nicht den fröhlichen Optimismus der Leibniz-Schülerin zu Gotha.

„Ich bin in einem erbarmenswürdigen Zustande, ich werde den Untergang meines Hauses und meiner Familie nicht überleben, das ist der einzige Trost, der mir bleibt. Sie werden an uns Stoffe zu Tragödien haben", so schreibt sie am 19. August 1759 dem französischen Philosophen, und wie dieser ihr Trost zuspricht und auf die Unbesieglichkeit ihres Bruders, ja auf den Ruhm hinweist, der hier selbst noch mit einem Unterliegen verbunden ist, antwortet sie: „Nie habe ich mir etwas darauf zu Gute getan, Philosophin zu sein, aber ich habe mich aus allen Kräften bemüht, es zu werden. Die geringen Fortschritte, die ich darin gemacht, haben mich gelehrt, Glanz und Reichtum zu verachten, aber ein anderes Heilmittel gegen die inneren Stürme, als den Verzicht auf das Leben, habe ich in der Philosophie nicht gefunden," Die Skeptikerin steht hier recht im Gegensatz zu der Gothaer Idealistin. Und so hat sie keine Hoffnung, daß der „größte Mensch seines Jahrhunderts" gerettet werde, und meint, fast abergläubisch, daß das Unglück nun ebenso beharrlich sein werde, wie früher das Glück. Inzwischen hat Friedrich seine Todesgedanken und seine Verzweiflung überwunden, und bald läßt der glänzende Sieg von Roßbach auf bessere Zeiten schließen. „Das einzige, was mir noch auf der Welt bleibt, bist Du allein, Du allein fesselst mich noch an sie, meine Freunde, meine liebsten Verwandten — alle, alle sind begraben — ach ich habe alles verloren." So hatte er ihr noch kurz vorher geschrieben und sie hatte geantwortet, daß sie ihn nicht überleben würde. Und dann hatte der König sich aufgerafft und in einem Gedichte an Voltaire seinen alten Heldentrotz wieder bekundet. Nun kam der erste Sieg seit langer Zeit. Und mit dem Siege erwachte in der geängstigten Schwester die Hoffnung, durch Voltaire auf Frankreich zu wirken. Also die beiden Fürstinnen bedienten sich ihrer Beziehungen zu dem französischen Denker zu gleichem Zwecke. Wilhelmine regte den Dichter dazu an, sich an den stolzen Kardinal Troncin zu wenden, der ihn einmal von seinem Mittagsmahl als den „Satan des Jahrhunderts" ausgeschlossen hatte. Durch Vermittlung eines Pariser Bankiers fand sich ein Weg zu dem „Rothut", wie ihn der Spötter nennt, doch blieb die erhoffte Wirkung aus. Voltaire sollte nun einmal keinen Lorbeer als Diplomat ernten. Die kranke Königsschwester aber erwartete mit Ungeduld jede Nachricht aus Frankreich, jede Botschaft vom Kriegsschauplätze, und ihr geängstetes Herz, das in der Philosophie keinen Trost finden konnte, wandte sich mehr und mehr der Religion zu. „Ich beklage Ihre Verblendung, daß Sie nur an Gott glauben und I ... . leugnen. Wie werden Sie das verantworten können? Wenn ich noch für irgendetwas Interesse hätte, so wäre es, diese Ihre Verteidigung zu vernehmen." Die erbetenen guten Nachrichten konnte Voltaire leider nicht schicken, aber treue Freundschaft sprechen seine Briefe aus, die er in das Zimmer der Sterbenden sendet. Sie konnte ihm vierzehn Tage vor ihrem Ende nur noch ihr Bild schicken. In der für Friedrich so verhängnisvollen Nacht des furchtbaren Überfalles bei Hochkirch verschied sie. Wer konnte damals ahnen, daß sie in den Händen des Arztes Supperville romanhaft entstellte Denkwürdigkeiten zurückließ, in denen sie ihren Vater und ihre Mutter mit boshaften Verleumdungen entehrte und selbst auf ihren großen Bruder manchen Makel warf? Im Laufe vieler Jahre hatte sie, in immer neuen Umarbeitungen immer schwärzere Farben auftragend, dies beklagenswerte Buch in ihrer Eremitage vollendet, das freilich ihre glänzende Begabung zu fesselnder Darstellung beweist. Die Todesnachricht war für Friedrich ein furchtbarer Schmerz. Er, der eben seine Mutter verloren hatte, beklagte nun auch noch die Schwester. Auch auf sie beziehen sich seine Worte an die Herzogin von Gotha, daß alle seine guten Freunde dahin seien.

Achtes Kapitel.

Im siebenjährigen Kriege.

Da, es schien, als ob dieser unersättliche Krieg aufräumen sollte mit allen großen Frauen der vergangenen Zeit. Auch die beiden stärksten Helferinnen Gottscheds starben nicht nur während des Krieges, sondern gradezu unter seinem Einflusse. Die Neuberin, einst so gefeiert, jetzt eine brotlose fahrende Frau, hatte sich schließlich von Haus zu Haus ziehend durch Deklamationen ihren schmalen Unterhalt erwerben müssen. In Dresden hatte sie ein Wohltäter zu sich genommen, da donnerten die Geschütze vor den Toren und sie mußte fort. In einer ärmlichen Hütte im Dörfchen Laubegast flehte sie schließlich einen Bauer um ein Unterkommen an, aber der weigerte sich erst, eine „Komödiantin" bei sich aufzunehmen. Endlich gewährte er ihr Obdach und hier verglimmte das Leben der großen Wiedererweckerin einer geregelten Schauspielkunst. Ein Denkmal aber, das ihr im Jahre 1776 von ihren Verehrern gesetzt wurde, und das in den Jahren 1852 und 1877 erneuert worden ist, erinnert heute noch an das friedlose Leben dieser kraftvollen und verdienstreichen Frau.

Auch Frau Gottsched hatte, vergrämt und mit dem Leben zerfallen, das furchtbare Schauspiel des blutigen Krieges nicht zu überleben vermocht. Sie hatte, dem Wunsche ihres Mannes folgend, immer weitere Beziehungen zu deutschen Fürstenhöfen gesucht und hatte die freundlichste, ja herzlichste Aufnahme in Anhalt-Zerbst gefunden. Noch ahnte damals keiner, daß aus dem an kunstsinnigen Frauen so reichen Anhaltiner Hause die berühmteste Herrscherin des Jahrhunderts hervorgehen sollte. Freilich war Sophie Auguste, die Zerbster Prinzessin schon seit dem Jahre 1745 mit dem russischen Großfürsten vermählt und halte ihr tolles sinnliches Liebesleben an der Seite ihres ungeliebten Gemahls mit Günstlingen und Buhlknaben schon begonnen, aber von der einstigen politischen Bedeutung der späteren Kaiserin ahnte noch niemand etwas, als die Frau Gottsched den Auftrag erhielt, zum Geburtstage der Fürstin zu Zerbst, der Mutter der russischen Großfürstin ein Festspiel auszuarbeiten. Frau Adelgunde ließ sich gern erbitten. Sie dichtete das Vorspiel „Der beste Fürst". Es liegt ihm ein ganz hübscher Gedanke zu Grunde. Die Staatskunst und die Menschenliebe streiten mit einander, wer von ihnen das Herz eines wahren Fürsten beherrschen soll. Die Staatskunst meint:

> Ein wirtlich großer Fürst kennt mehr als eine Pflicht,
> Der Länder Flor und Heil blüht durch die Andacht nicht.
> Im Frieden furchtbar sein und nie besiegt in Kriegen,
> Das pflegt ein weiser Sinn durch starken Arm zu fügen.
> Daß er gefürchtet sei, wirkt bloß sein Heldenmut,
> Und seiner Länder Ruh erwirbt er nur durch Blut.
> Drum muß zur Sicherheit auf seinen weiten Grenzen
> Bellonens Schrecklichkeit in blankem Erze glänzen.

Die Menschenliebe aber:

> Ja, ja! Das ist der Kern von Deinen weisen Lehren;
> Durch Blut und Tränen nur schwingt sich Dein Held zu Ehren;
> Der, einem Wütrich gleich auf seinem Thron erscheint,
> Und selten eher lacht, bis alles um ihn weint.
> Ihm zollt der Untertan der Knechtschaft scheue Triebe;
> Er fürchtet seinen Herrn aus Schrecken nicht aus Liebe …
> Gott, der die Fürsten schuf, erschuf sie nicht zum Waffen;
> Nein, bloß den Völkern Glück und Freiheit zu verschaffen:
> Die Freiheit, die dem Geist so unentbehrlich ist,
> Daß er mit ihr allein sein höchstes Gut vermißt.
> Ein freudiges Vertrauen wohnt nicht bei stillem Kranken,
> Wer frei und ruhig lebt, nur der kann edel denken!
> Was hilft des Fürsten Macht, die ihn so furchtbar zeigt?
> Dies, daß er auf den Hals gebückter Sklaven steigt.
> Stahl, Folter und Geschütz verbürgen keine Kronen:
> Wer in den Herzen herrscht, der sitzt auf festen Thronen!

Nachdem beide eine Zeit lang in der Weise gestritten haben, tut die Wahrheit als Richterin natürlich den Ausspruch, daß beide einseitig sind und die Wahrheit in der Mitte liegt. Soweit geht die Dichtung. Nun beginnt die übliche Schmeichelei. Der Genius des Hauses Zerbst erscheint und verkündet, daß nur Elisabeth von Zerbst diesem Ideal eines wahren Fürsten entspreche, die Geschichte erscheint und muß versprechen, das Lob dieser Fürstin zu schreiben und mit immer erneutem faustdickem Lobe endet das Stück. Im Hinblick auf die zukünftige Herrin von Rußland wird voraus verkündet:

Die Völker, die dereinst am Wolgastrome wohnen,
Sehn ihrer Weisheit Frucht dereinst auf Kaiserthronen;
Und zeichnen, was sie hier zu ihrem Heil getan,
In ihrer Kinder Brust mit regem Danke an.

Natürlich gefiel das Festspiel sehr. Ein Dankschreiben traf sogleich ein, und dann ereignete sich etwas, das Gottscheds Brust mit unnennbarer Wonne erfüllte. Er erinnert an den Besuch der Königin Christine von Schweden bei der gelehrten Schürmannin, wie er erzählt, daß die Fürstin von Zerbst zu seiner Adelgunde zum Besuche kam. „Das ganze Hochfürstl. Zerbstische Haus hatte sich vorgenommen zu einiger Gemütsveränderung und Ergötzung einmal unerkannt Dresden zu sehen; und wählte dazu den Heumond[7] des 1756. Jahres . .“ Ein „gnädiges Handschreiben“ der Fürstin kündigte Frau Adelgunden deren Besuch an. „Es half nichts, daß selbige der durchlauchtigsten Fürstin aufzuwarten sich erbot: Dero Willen und Befehl war es, daß sie den hohen Besuch bei sich erwarten sollte; doch mit dem Bedinge, daß es hier im Hause niemand wissen müßte, damit kein Zusammenlauf von Leuten entstünde.“ Gottsched machte seine Aufwartung bei dem „ganzen hohen Kleeblatt“; „indessen daß die verwittwete hochfürstliche Frau Mutter sich um 5 Uhr in einem Tragsessel zu Adelgunde begab und sich ganzer zwei Stunden bei derselben auf die gnädigste Art zu verweilen geruht hatte.“ Die Fürstin starb bald darauf in Paris, die Gräfin von Bentinck aber, die mit Frau Gottsched seit Jahren befreundet war und die Beziehungen zu Zerbst vermittelt hatte, blieb mit Adelgunden in treuem Verkehr.

Das Jahr vorher war Frau Gottsched in Dresden ausgezeichnet worden durch die uns schon bekannte Aufmerksamkeit des Kurprinzen und der Kurprinzessin von Sachsen. Aber all' diese Ehrenbezeugungen konnten nicht hindern, daß ihr Körper die beständigen Anstrengungen rastloser Arbeit nicht mehr aushielt. Ihrer vertrauten Freundin, der Frau Oberstlieutenant von Runckel, hat sie öfter darüber geklagt:

„Ich dichte nichts mehr, und der beste Fürst ist der Abschied meiner Muse gewesen. Ich bin zu alt, zu verdrüßlich und vielleicht auch zu unfähig, meine Muse die neuen Pfade gehen zu lehren. Geschmack, Stil, Versart, alles hat sich verändert, und wer diesen nicht folget, wird nicht glimpflich, nein, grausam getadelt. Doch die Marquise von Sable sagte zu meinem Trost schon zu ihrer Zeit: „Ce n'est ni une grande louange ni un

---

[7] Anmerkung: veraltete Bezeichnung für den Monat Juli

grand blâme quand on dit: qu'un esprit est, ou n'est plus à la mode. S'il es tune fois tel qu'il doit être, il sera toujours juste.". Findet man nur meine Denkungsart und die Gesinnungen meines Herzens billig und redlich, so bin ich über den Tadel, den man meiner Schreibart beileget, schon ziemlich beruhiget und wie Sie wissen, bin ich jetzt gegen Lob und Tadel ziemlich gleichgültig; der letztere hat mich öfters abgehärtet. Matt und schwach fühle ich, wie sehr meine Kräfte abnehmen, und so erwarte ich den Boten des Friedens, der wird meine Ruhe beschleunigen; möchte ich ihn doch bald erblicken!" Diesem Briefe vom 15. Februar 1762 folgte einer am 4. März an dieselbe Freundin, der mit den Worten beginnt: „Ich muß Ihnen eine traurige Nachricht melden; ich verliere mein Gesicht fast gänzlich. Meine Krankheit fängt sich also ebenso an, als des Professors May seine; Gott gebe, daß sie sich auch so endige, das heißt, durch einen baldigen unschmerzhaften Tod. Und wie sehnlich wünsche ich diese Stunde meiner Auflösung schlagen zu hören! Fragen Sie nach der Ursache meiner Krankheit? Hier ist sie: Achtundzwanzig Jahre ununterbrochener Arbeit, Gram im Verborgenen und sechs Jahre lang unzählige Tränen sonder Zeugen, die Gott allein hat fließen sehen, und die mir durch meine eigene und hauptsächlich durch die allgemeine Not und die erlittenen Kriegsdrangsalen so vieler Unschuldigen abgepreßt worden."

Ja, die Leiden des siebenjährigen Krieges gingen ihr tief zu Herzen. Sie hat den großen Sieger aus Berlin „nur mit Tränen" begrüßen können. Bei den Worten, mit denen sie den „großen Eroberer" bezeichnet, muß man sich unwillkürlich der oben angeführten Verse aus dem „Besten Fürsten" erinnern. Friedrich war ihr der durch die Staatskunst allein beherrschte Eroberer, der die Menschlichkeit außer Acht ließ. Die alternde, kränkliche, hypochondrische Frau sah in dem größten Herrscher der damaligen Zeit nur einen Blutvergießer, während sie gelegentlich des Mordanfalles, den ein Fanatiker auf Ludwig XV. von Frankreich verübte, ganz aufgeregt schreiben konnte, es müsse also auch ein „guter König" auf seinem Throne zittern. Anders beurteilen die Mitlebenden, anders die Nachgeborenen eine Zeit und ihre Menschen. Den Fürsten, der die Menschlichkeit zum Leitgedanken seines Staates gemacht, hielt sie für den herzlosen Wüterich und den widerlichen Lüstling und Prasser wieder für den „Guten". Und doch hatte sie einmal anders gedacht über den großen König. Im Jahre 1740, in jenem bereits erwähnten Schreiben der Wahrheit an den Grafen von Manteuffel, heißt es:

Die Stadt, wo alles jauchzt, wo Mars und Pallas blühn,
Die königliche Stadt, das prächtige Berlin,

Ahmt seinen Fürsten nach und ehrt mit edlen Trieben,
Was die Vernunft uns lehrt und recht es auszuüben,
O, wem vergleicht man dich, du Preis der deutschen Welt!
Wenn sich der Wahrheit Sitz in deinen Mauern hält?
Wofern kein Wankelmut den weisen Eifer wendet,
Und ein gleich starker Trieb das schöne Werk vollendet.

Nun hatte sich nach ihrer Meinung der weise Eifer gewendet, und sie, die so gern das Lob der Großen sang und einerntete, blieb ungerührt, als der große Friedlich in seinem Breslauer Lager ihren Gatten vor sich kommen ließ und seine wie ihre Gedichte belobte. Damals — 1758 — schrieb sie: „Es war eine Zeit, da mich die Huld der Großen rührte. Wieviel empfand mein Herz beim Anblick der Kaiserin? Wieviel bei ihren Gnadenbezeugungen? Wie stolz war ich damals auf das Glück, die Kaiserin zu sehen? Wie gerührt war ich bei der Unterredung, welcher mich diese über ihre Kronen erhabene Frau würdigte! Mit eben dem lebhaften Gefühle der Dankbarkeit würde ich einen ledernen Handschuh von der schönsten Hand, die jemals ein Zepter geführt, angenommen und als ein Heiligtum verwahrt haben, als ich nachher die prächtige Haarnadel empfing, darüber ich meine Empfindungen auszudrücken nicht vermögend war. Jetzt rührt mich nichts mehr. Selbst Geschenke der Großen würden mir jetzt wenig, oder gar keine Freude verursachen. So schüchtern hat mich der Krieg, der unselige Krieg, gegen alle dergleichen Gnadenzeichen gemacht. Was für Vergnügen könnte mir z. B. eine goldene Dose aus der Hand eines Monarchen erwecken, der meinen Mitbürgern ebenso furchtbar als groß ist? Aber was hilft mir mein Patriotismus? Er trägt meinem Arzt und dem Apotheker mehr von mir ein, als er mir selbst Nutzen bringt!"

Ist bei alldem dies Gefühl nicht doch echt weiblich? Zeigt es uns nicht das tiefe Empfinden dieser Frau, die durch alle Ehrenbezeugungen nicht um ihr weiches Herz betrogen werden konnte? Denjenigen, die eine Verwilderung des Frauencharakters im Studium erblicken, zeige man diesen Brief der Adelgunde und sage dazu: diese Frau war berühmt durch ihr Lateinisch und ihr Griechisch!

Zu dem Grame um das leidende Sachsen, ihr zweites Vaterland, kam der Kummer aus ihrem eigenen Liebesleben. „Hat sie mir aber ja in den letzten Jahren etwas von ihrer Liebe und alten Vertraulichkeit entzogen, wo ich es gewiß nicht verdient hatte, so sehe ich solches mehr für eine betrübte Folge von ihrer kränklichen Leibesbeschaffenheit an, die ich ihr nicht zurechnen kann, als für eine wirkliche Beleidigung; habe es ihr auch in Ansehung ihrer vormaligen ungekünstelten Freundschaft und Zärtlichkeit nicht im geringsten zur Last geleget, oder ihre Asche genießen lassen." So bekennt, merkwürdig genug, Gottsched am Schlusse des literarischen Denkmals, das er seiner Frau gesetzt hat. Es scheint nun, als ob nicht bloß die hypochondrische, durch ihr Leiden hervorgerufene Stimmung, sondern auch ein begründeter Verdacht gegen die eheliche Treue ihres Mannes ihr Benehmen gegen diesen zuletzt beeinflußt hat. Keineswegs aber ist ihr seine Aufmunterung zur Tätigkeit jemals unangenehm gewesen. Noch als ihre Hände schon zu zittern begannen und sie diktieren mußte, statt zu schreiben, hat sie den einzigen Trost in der Arbeit gesehen, und daß sie nicht mehr viel auf dem Gebiete zu leisten vermochte, hat sie als ihr schwerstes Unglück beklagt, und das alles in denselben vertrauten Briefen an die Freundin. Nur daß sie in den wilden Kriegszeiten keinen ruhigen Landaufenthalt finden könne, bedauert sie einmal.

Ihr Bild würde nicht vollständig sein, wenn wir nicht Gottscheds Lob ihrer häuslichen Tugenden hinzufügen wollten: „Ihre Wirtschaftsangelegenheiten an Küche, Wäsche und Kleidung, besorgte sie ohne alles Geräusch aufs ordentlichste. Ihre Ausgaben und Einnahmen hat sie die ganze Zeit ihres Ehestandes hindurch von Heller zu Pfennig aufgeschrieben und jedes Jahr richtig geschlossen. Ja, von allen Arbeiten mit der Nadel, die in einem Hauswesen vorkommen können, hat sie sehr wenig durch fremde Hände besorgen lassen; wenn sie nämlich nicht einträglichere Arbeiten unter der Feder hatte, die keinen Aufschub litten." Dabei führte sie mitunter den Briefwechsel für ihren Mann und leistete die ungeheure Arbeit als Übersetzerin, Mitarbeiterin und Dichterin, die wir kennen gelernt haben. Wäre sie auch in unserem heutigen Sinne nicht als eine Dichterin anzuerkennen, eine der außergewöhnlichsten Frauen war sie, und sie bleibt ein leuchtendes Beispiel dafür, daß Frauen durch gelehrte Studien nichts an ihrer Weiblichkeit einzubüßen brauchen.

Sie starb am 26. Juni 1762. Gottsched sorgte dafür, daß ihrem Tode das Gepränge nicht fehlte, mit dem er ihr Leben zu umgeben gewußt hatte. Er hat in dem schon oft erwähnten „Ehrenmal" ihr Schaffen und Wirken beschrieben und die Gedichte gesammelt, mit denen sie „bei ihrem Leben beehret" und „bei ihrem Tode betrauert worden". Es ist ein großer Irrtum, wenn manche Gottschedbiographen es der Eitelkeit des Leipziger Professors zur Last legen, daß er seiner Frau ein solches Ehrenmal gestiftet hat. Wir haben gesehen, wie sehr das öffentliche Beklagen der heimgegangenen Gattin, seit dem siebzehnten Jahrhundert schon als Pflicht des Gelehrten angesehen wurde. Hatten doch vor wenigen Jahren erst so völlig verschiedene Naturen wie Triller und Klopstock ihren Frauen literarische Denkmäler gesetzt. Ja, es scheint fast, als ob Gottsched von seinem großen Freunde, dem Messiassänger, gelernt habe. Hat doch der gelehrte Professor ebenso wie jener geniale Dichter noch ungedruckte Werke seiner Gattin selbst als Bausteine für ihre Ehrensäule verwandt. Hat doch er, wie jener es getan, auch die prosaischen Leidensbriefe abdrucken lassen. Ja, es klingt fast wie eine Anlehnung an Klopstocks Vorrede zu Metas Schriften, wenn Gottsched am Schlusse der Lebensbeschreibung seiner Adelgunde sagt: „So hoffe ich nun, ihrer Asche ein besseres Denkmal gestiftet zu haben, als wenn ich ihr ein langes ausgekünsteltes Klagegedicht angestimmt hätte; ein Ehrenzeichen, das sehr zweideutig ist, und dabei auch der beste Dichter für die juckenden Ohren uns'rer heutigen Welt sehr wenig Neues mehr leisten kann; nachdem sich soviel andere große Poeten unseres Vaterlandes in diesem Felde geschickt und groß erwiesen haben." Aber trotzdem, welch ein Unterschied zwischen ihm und Klopstock, wie eitel setzt er gleich hinzu: „zu dem habe ich von meiner Sel. viel was anderes und größeres zu sagen und zu rühmen, als alle meine Vorgänger von der ihrigen gehabt, und als alle Verse fassen können." Klopstock selber hatte es nicht über sich vermocht, seiner Gattin Leben zu beschreiben, und ließ deshalb die Briefe der Freunde für sich sprechen — Gottsched arbeitet eine lange, ruhmredige Biographie aus, und läßt außerdem noch die ruhmredigen Trauerbriefe für sich sprechen. Da sind Beileidsschreiben von der Fürstin von Trautson, vom Feldmarschall von Seckendorf, von der Gräfin Bentinck und anderen. Es fehlt dabei nicht an Geschmacklosigkeiten. So kommt in dem Gedicht der Frau Runckel die Stelle vor:

Hier ehrte dich in Wien der Preis der Kaiserinnen,
Dich lobte zu Paris die Zunft der Wissenschaften,
Dich liebten überall die größten Prinzessinen.

und dabei schreibt Gottsched in einer Anmerkung noch einmal die Namen aller Fürstlichkeiten, mit denen die Verstorbene oder wie er sagt, die Wohlselige, in Berührung gekommen war. Die Dichterinnen fehlen natürlich auch nicht, so die von Kessel in Breslau, die Thomasius, die Grohin in Meißen, der große Poetinnenverehrer Triller selbst, der Dichter Lichtwer und der von Gottsched, allem Geschmack zum Trotz, gegen Klopstock ausgespielte Schönaich. Daß einige dieser Gedichte von Gottsched geradezu herausgefordert waren, ergibt sich aus dem Briefe der Kesselin, der beginnt: „Sie haben mich mit einem Teile des merkwürdigen Lebenslaufes von Dero seligen Gattin wie auch mit verschiedenen Lob- und

Leichengedichten auf dieselbe beehrt .... Hier wünschte ich imstande zu sein, nach Dero Verlangen einer Person, die es so sehr verdiente, eine Ehrensäule zu setzen. Und dann folgen wenige Verse und zum Schlusse heißt es: „Vergeben Sie mir, wertester Freund, daß ich Ihnen nichts besseres liefern kann". — Gottsched schließt seine Biographie mit einer Strophe aus einem seiner Jugendgedichte, wo Orpheus von der Eurydice sagt:

Du hast mein ganzes Herz besessen,
Hinfort besitzt es keine mehr!
Ich habe mich zu hoch vermessen;
Den Meineid straft der Himmel sehr.
Du lebest noch in meiner Brust,
Du bist und bleibest meine Lust,
Ich kann und will dich nicht vergessen;
Du hast mein ganzes Herz besessen,
Hinfort besitzt es keine mehr.

Wenige Jahre darauf heiratete er ein ganz junges Mädchen, das wir später kennen lernen werden. Wie recht hatte Frau Adelgunde gehabt, als sie in ihrer Brautzeit schrieb: „Herr Mag. S. gibt der Welt einen Beweis von der gewöhnlichen Denkungsart der meisten Mannspersonen. Ist es möglich, über eine Verstorbene so viel Klagen auszuschütten und, sozusagen, Himmel und Erde zu bewegen, und in kurzer Zeit die Verstorbene, seinen Schmerz und seine Klagen zu vergessen, und eine andere zu wählen. Sollte man wohl glauben, daß ein Mann, der über den Verlust seiner Theodore untröstlich zu sein scheint, sich jemals wieder verheiraten konnte? Wie wenig Männer finden sich in dieser Welt, die dem Herrn von Besser gleichen!" — Auch Gottsched glich ihm nicht.

Frau Gottsched war, wie wir gesehen haben, mit ihrer gelehrten Bildung durchaus keine Ausnahme-Erscheinung gewesen. Im Gegenteil warnte sie vor Übertreibung und war weit davon entfernt, Blaustrümpfe erziehen zu wollen. In ihrem Kreise wollte man nur den Pegelstand weiblicher Bildung heben. Das beweist auch eine Abhandlung der Frau von Runckel. Diese Frau war im Jahre 1752 der Gottschedin näher getreten und beide hatten einen innigen Seelenbund geschlossen. Sie war, abgesehen von der am 8. Dezember 1741 verstorbenen „Richterin" und von der Thomasius die liebste Freundin der gelehrten und bescheidenen Frau. Auch die Runckel war eine kenntnisreiche Dame. Sie war die Helferin ihrer Freundin bei der Übersetzung der bekanntlich längst als gefälscht erwiesenen Geschichte der Frau von Maintenon von Beaumelle. Auf Veranlassung der Frau Gottsched, die es beständig ablehnte über Erziehung zu schreiben, verfaßte Frau von Runckel einen Aufsatz über diesen Gegenstand, worin sie eine weitgehende Bildung des weiblichen Geschlechts hervorhebt. Sie verlangt als notwendige Kenntnisse für ein junges Fräulein Religion (deren inneres Verständnis sie fordert) die Kunst, deutlich und mit Empfindung zu lesen, eine gute vollendete Handschrift, tiefes Erfassen der eigenen Muttersprache, die Fähigkeit, deutsche Briefe zu schreiben — wo aber „die Natur und die Empfindung die besten Lehrmeisterinnen" sein müssen — und ferner Kenntnis der Erdbeschreibung und der Rechenkunst. Dabei empfiehlt sie aber auch das Tanzen als Schule der körperlichen Anmut und die Vernunftlehre oder Logik, die „uns die Kräfte des Verstandes in Untersuchung der Wahrheit recht gebrauchen" lehrt und die Kenntnis des Französischen. Als wünschenswert, wenn auch nicht unbedingt notwendig, fordert sie noch das Erlernen anderer moderner Sprachen, aber Übung in der Musik, im Zeichnen nur bei vorhandener Neigung und von Poesie nur soviel als nötig ist, die Dichtungen zu verstehen, wozu sie noch für die damalige Zeit mit Recht einige Kenntnis der Mythologie verlangt; dagegen will sie von den so beliebten „Übungen im Dichten" nichts wissen. „Es werden wenig Dichterinnen geboren, und diese verraten schon selbst ihren Trieb und machen sich mit den tieferen Grundsätzen der Dichtkunst bekannt." Aber von der Naturlehre und der Geschichte des eigenen Vaterlandes wünscht sie die Fräuleins etwas unterrichtet zu sehen. Bei alledem bezeichnet sie als den Zweck der Erziehung nicht Gelehrsamkeit, sondern „die Fähigkeiten der Seele und die Neigung des Herzens kennen zu lernen" und darin stimmt sie vollkommen mit ihrer Freundin, der Gottschedin überein, denn diese stellt einmal als Regel für die weibliche Bildung den Satz auf: „Ein Frauenzimmer liest, um besser und weiser zu werden, nicht um gelehrt zu scheinen."

Und diese Grundsätze befolgten viele von denen, die damals ihre Töchter mit Wissenschaften bekannt machten. Man war durchaus nicht der Meinung, daß eine Frau eine Gelehrte werden müsse. Sehr deutlich spricht sich hierüber Professor Joh. Christ. Gottl. Ernesti, ein jüngerer Zeitgenosse Gottscheds aus, in dem literarischen Ehrenmal, das er, jener bekannten Zeitsitte gemäß, seiner Gattin, der Tochter eines großen Gelehrten, errichtete. Er hebt hervor, daß ihr Vater sie schon in früher Jugend mit der Wissenschaft bekannt gemacht, und daß die junge Sophie Friderike namentlich in der Theologie große Kenntnisse besessen. Auch im Französischen und Lateinischen wurde sie unterrichtet. „Der Unterricht in der letzteren Sprache würde vielleicht zweckwidrig scheinen können, wenn er nicht von einem Vater veranstaltet worden, der die Bestimmung des anderen Geschlechts zu gut kannte, als daß es ihm hätte einfallen können, seine Tochter zu einer Gelehrten zu bilden. Die engen Grenzen, die diesem Unterrichte gesetzt wurden, und der Gebrauch, welchen sie in der Folge davon gemacht hat, rechtfertigen die Absichten des großen Mannes gewiß. Außer der Rücksicht auf den nützlichen Einfluß, welchen die Erlernung einer Sprache auf die Stärkung der Gedächtniskraft und Aufmerksamkeit der Seele zu haben pflegt, wollte er, wie er selbst gestand, zugleich seiner Tochter eine Verlegenheit ersparen, welche zuweilen das schätzbarste und einsichtsvollste Frauenzimmer schamrot machen kann, wenn es bemerket, daß die falsche Stellung oder Aussprache eines lateinischen Wortes zu spottenden Mienen in der Gesellschaft Anlaß gegeben hat. Es waren daher die Schritte ganz ungleich, die sie in beiden Sprachen tat. In der französischen hat sie es dahin gebracht, daß sie, zumal in ihren jungen Jahren, sprechen und in derselben geschriebene Bücher verstehen konnte. In der lateinischen war es das Gegenteil, wenn sie gleich imstande war, den Sinn einzelner Sätze zu finden; und man hat also immer das Maß ihrer Kenntnisse in dieser Sprache größer gemacht als es war und in der Absicht des Vaters sein sollte."

Nicht zu einer gelehrten Frau also, sondern zu einer Frau, die in gelehrten Kreisen ohne Verlegenheit reden und zuhören kann, wurde sie gebildet. Daher entwickelten sich denn auch damals in so reicher Zahl die idealen Professorenfrauen, deren rührendstes Beispiel wohl Frau Professor Reiste genannt werden kann. Ihr Gatte, ein bedeutender Sprachkenner, namentlich Orientalist, verstand es in keiner Weise, sich und seine Arbeiten zur Geltung zu bringen. Unüberlegt und schwerfällig auf der einen, allzuleicht entmutigt und melancholisch auf der anderen Seite, war er ein ehrlicher, aller Reklame abgeneigter, tugendstrenger Mann, dem seine Wissenschaft über alles ging. Als das größte Glück seines an äußeren Erfolgen nicht allzureichen Lebens betrachtete er es, daß er sein Weib gefunden hatte, und zwar in einem braven Pfarrhause zu Kemberg beim Probst und Superintendenten August Müller. Auch er hatte wie Gottsched lange mit seiner Erwählten im Briefwechsel gestanden. Sie war wesentlich von der Mutter, einer Tochter des Lübeck'schen Geheimrats und Kanzlers Nietzsch, einer frommen und kreuzbraven Frau, erzogen und daher vor allem in die Theologie eingeführt worden. Am 23. des „Heumonds" 1764 fand die Trauung mit dem Professor statt. Schon im folgenden Jahre ward diesem eine Handschrift des Demosthenes aus München gesandt, die er zur Veranstaltung einer kritischen Ausgabe benützen wollte. Die Frau, die ihres Mannes Selbstbiographie später herausgegeben hat, schreibt hierzu in ihrer einfachen Weise: „Der Kodex war in Groß-Folio; und als mein

Freund anfing, ihn mit der Pariser Ausgabe des Demosthenes zu vergleichen, ward ich gewahr, daß ihm das wegen der Größe beider Bücher sehr beschwerlich fiel. Ich bat ihn deswegen, mir zu erlauben, in der Geschwindigkeit Griechisch lesen zu lernen, um ihm die Pariser Ausgabe vorzulesen. Er war es zufrieden, und nach einigen Tagen war ich so glücklich, ihm seine Arbeit erleichtern zu können. Wir kollationierten also diesen Kodex, und alle, die wir nachher zur Ausgabe des griechischen Redners erhielten, auf diese Weise, daß ich ihm das gedruckte Werk vorlas. Die aus allen gesammelten Varianten brachte ich hernach, nebst meines Freundes Anmerkungen, in gehörige Ordnung. Auch las ich ihm, wenn er nachher den Korrekturbogen vor sich hatte, allezeit das dazu gehörige Stück aus der Edition vor, von welcher es abgedruckt ward, damit kein Wort im Drucke wegbleiben konnte" … . Aber mit dieser traulichen Zusammenarbeit war die Hilfe der Frau Reiske noch nicht erschöpft. Für die vollendete Arbeit war so leicht kein Verleger zu finden. Es wurde daher der Versuch gemacht, „Subskribenten" zu sammeln, die sich verpflichteten, das Werk nach der Vollendung zu kaufen, aber als der Druck begonnen werden sollte, war nicht mehr an Pränumerationsgeldern als zwanzig Taler eingegangen. „Der redliche Mann ward dadurch sehr niedergeschlagen und schien alle Hoffnung aufzugeben. Sein Kummer ging mir durch die Seele; ich tröstete ihn so gut ich konnte, und überredete ihn, mein Geschmeide zu versetzen. Er entschloß sich dazu, als ich ihn überzeugt hatte, daß zu meiner Glückseligkeit keine glänzenden Steine nötig wären."

Aber auch damit war noch nicht alles getan. Dem gedruckten Werke fehlten die Käufer. „Sein natürlicher Hang zur Traurigkeit veranlaßte auch hier seinen zu großen Kummer, der endlich sein Leben verkürzen half. Denn der Verkauf des Werkes ging bei seinem Leben und sonderlich im letzten Jahre äußerst schlecht. Da ich die Ursachen des geringen Abganges einsah, bat ich ihn, mir die Sorge für den Verkauf und das Herbeischaffen des Geldes zum Drucke ganz zu überlassen. Er konnte sich aber nicht dazu entschließen. Und so quälte er sich bis an seinen Tod mit einem Geschäfte, wozu er nicht gemacht war." Wie deutlich kennzeichnet sich diese Gelehrtenfamilie in der Selbstbiographie des Professors. „Kinder habe ich nicht. Aber meine Kinder, meine vaterlosen Waisen, sind meine Manuskripte, die ich mit viel Kümmernis bis zu ihrer Ausstattung und ihrer Fortschickung in die Welt erzogen habe. Wie wird es ihnen nach meinem Tode ergehen? Wer wird sich ihrer annehmen? Wird es auch ein getreues, redliches, edel gesinntes Herz sein? Doch der Herr sorge für sie! Ich an meinem Teile habe für sie getan, soviel ich tun konnte und werde, so lange ich lebe, nicht unterlassen, ihnen nach Möglichkeit in der Welt zu helfen. Für meine Frau wird Gott auch sorgen. Sie wird für sich selbst sorgen, dafür sind mir ihre guten Eigenschaften Bürge. Und ich habe bereits für ihren Unterhalt nach meinem Tode gesorgt, so gut ich konnte."

Und die Gattin, die er in die Callenberg'sche „Witwenverpflegungs-Gesellschaft" eingekauft hatte, war auch nach seinem Tode die beste Hüterin seiner geistigen Hinterlassenschaft.

Aber die gelehrten Frauen, die in solchen Professorenhäusern heranwuchsen, waren doch nicht mehr das eigentliche weibliche Ideal der Zeit. Vielmehr erbte wenige Jahre nach dem Tode der Frau Gottsched den Ruhm dieser großen Gelehrtin ein schlichtes, kenntnisloses Naturkind, das, wieder einmal als deutsche Sappho gepriesen, einen ganz neuen Frauentypus in die Literatur einführte.

Während der siebenjährige Krieg den bedeutendsten Bundesgenossinnen Gottscheds verhängnisvoll wurde, hatte er dies andere weibliche Talent zu voller Künstlerschaft erwachen lassen.

> Ich ward geboren ohne feierliche Bitte
> Des Kirchspiels, ohne Priesterflehn
> Hab ich in strohbedeckter Hütte
> Das erste Tageslicht gesehn,
> Wuchs unter Lämmerchen und Tauben
> Und Ziegen bis ins fünfte Jahr,
> Und lernt an einen Schöpfer glauben,
> Weils Morgenrot so lieblich war,
> So grün der Wald, so bunt die Wiesen,
> So klar und silberschön der Nach.
> Die Lerche sang für Beloisen
> Und Beloise sang ihr nach.
> Die Nachtigall in Erlensträuchen
> Erhob ihr süßes Lied und ich
> Wünscht ihr im Tone schon zu gleichen ...

Mit diesen leicht fließenden, treu empfundenen Versen erzählte die Karschin der vornehmen Welt ihren Lebenslauf, und voll Erstaunen lauschte man ihr. Das waren Töne der neuen Zeit. Von Morgenrot, Lerche und Nachtigall, vom Bächlein der Wiese und vom Erlenstrauch ließ man sich nun unterrichten, nicht mehr vom bestaubten Folianten. Und demselben Schweizer in Berlin, der einst den jungen Klopstock nach Zürich begleitet hatte, erzählte diese sonderbare Frau jetzt in drei großen Briefen ihr Leben — dem Professor Sulzer. Und dieses Leben war merkwürdig genug.

Den „Hammer" nannte man den ganz kleinen Häuserfleck, auf dem auch ihre Wiege gestanden hatte. Ihr Vater war Bierbrauer gewesen, Pächter der kleinen Meierei, die zu dem Gute der Fräuleins von Mose gehörte. Und von diesen Fräuleins hatte er sich auch seine Frau geholt: die hübsche, in Gesang und Tanz bezaubernde junge Kuchelin. Diese war die Tochter des Försters, die Enkelin des Amtmanns Kuchel. Ja, auch ihr Bruder war ein „studierter" Amtmann, und sie selbst hatte in ihrem Wesen manche Eigenschaft, die sie für den Verkehr mit den höheren Ständen geeignet erscheinen ließ. War sie doch auch im Hause der Patroninnen aufgezogen worden, seit sie den Vater verloren hatte. Und nun folgte sie dem wackeren Brauer und Bruderssohn, dem tüchtigen aber nicht eben poetischen Dürbach. Die Ehe war mit Kindern reich gesegnet und schon hatte die Dürbachin ein paar hübschen Knaben das Leben geschenkt, als sie am 1. Dezember 1722 ein häßliches kleines Mädchen gebar, von dem sie sich beim ersten flüchtigen Anblick mit einem Aufschrei abwandte. Sie ahnte nicht, daß dieses unschöne Kind seine ganze Familie berühmt machen sollte. Am Tauftage dieser Frühverkannten standen nicht, wie einst bei Adelgundens erstem Fest, hochgeborene Paten und Patinnen Gevatter, und niemand wollte bei der kleinen Anna Luise einen Poetenkasten bemerken. Auch kümmerte man sich nicht viel um die jugendliche Entwicklung der Kleinen. Sie war ja zur Welt gekommen in einem jener engherzigen Bürgerkreise, in denen man von einer Tochter nichts verlangte, als daß sie recht bald einen Mann fand. Großmutter Kuchel; eine hervorragende Vertreterin solcher Auffassung, wartete das Kindchen, und die einzige Anekdote, die aus dessen frühesten Jahren berichtet wird, ist häßlich, wie das Antlitz des Kindes. Sie soll auf dem Arme der Großmutter einer öffentlichen Hinrichtung beigewohnt und bei dem Fallen des Kopfes des armen Sünders händeklatschend ausgerufen haben: „Schwab war er ab!" Diesen ersten Reim ihres Lebens, in dem die Tochter der Dichterin die frühe Ankündigung der künftigen Poetin erblicken will, könnte man wohl höchstens für ein Zeichen der völlig verwahrlosten Erziehung Luisens ansehen, die zwischen den Kneiptischen der Gaststube umherkroch, wo auch die Mutter nur mit Widerwillen den rohen Gesprächen der zechenden Fuhrleute zuhören konnte. Aber als die Kleine sechs Jahr alt war, kam ihr die Erlösung. Der „studierte" Onkel Amtmann kam daher, um seine Mutter zu sich zu nehmen, denn als Witwer verlangte er nach einer Leiterin seiner Wirtschaft. Annelisen, deren Faulheit im Lernen man ihm klagte, nahm er mit nach seinem kleinen Anwesen bei Tirschtigel in Polen und hier wurde zum erstenmal ihr Geist geweckt.

Ewig grünen muß die breite Linde,
Wo ich, gleich des besten Vaters Kinde,
Zärtlich Dir an Deinem Halse hing,
Wenn Dich, müde von des Tages Länge,
Wie den Schnitter von der Arbeit Menge,
Wenn Dich matt die Rasenbank empfing.

Unter jenem Dache grüner Blätter
Wiederholt ich von dem Gott der Götter
Zwanzig unverstandne Stellen Dir!
Aus der Christen hochgehaltnem Buche
Sagt ich Dir von manchem dunkeln Spruche
Frommer Mann! Und Du erklärtest mir!

Gleich den Männern, die in schwarzen Röcken
Auf der hohen Kanzel uns entdecken,
Welcher Weg zum Leben richtig ist,
Wenn Du von dem Fall und Gnadenbunde
Sagtest, o dann wurden Deinem Munde
Alle Worte zärtlich aufgeküßt!

Du Bewohner einer Himmelssphäre!
Siehe! Meiner Freude stille Zähre
Fließet über meine Wangen oft.
Kannst Du reden, teurer Schatten, sage,
Ob Dein Herz für meine Lebenstage
Glück und Ehre dazumal gehofft?

Wenn mein Auge liegend auf dem Blatte,
Täglich weisre Schriften vor sich hatte,
Wenn ich auf der Wiese Blümchen las,
Sie in meinen kleinen Händen brachte,
Sie zur Zierde Deiner Haare machte
Und auf Rosen lächelnd bei Dir saß?

Sei mir dreimal mehr mit Licht bekleidet,
Mit der Gottheit Blicken mehr geweidet
Als die andern Seelen um Dich her!
Für die Tropfen alle, die mir werden
Aus dem Freudenbecher hier auf Erden,

Tränke Dich der Seligkeiten Meer!

So hat sie später, lange nach dem Tode des Onkels, in ihrem Glücke des verklärten Leiters ihrer Jugend gedacht. In der Art, wie ihre Erziehung damals geleitet wurde, stehen wieder deutlich die oft von uns bemerkten Gegensätze der Zeit einander gegenüber. Schnell weckt der Amtmann, der sich ja zu den Gelehrten rechnen darf, die geistigen Interessen seines Zöglings. In kürzester Zeit kann Anna Luise lesen — die Großmutter läßt es geschehen. Den ganzen Tag vertieft sich die Kleine in die Bibel, namentlich in die Heldenbücher des alten Testamentes. Dann soll es an das Schreiben gehen. Sogleich macht die Großmutter die heftigsten Einwendungen. Wozu sollen Mädchen Schreiben können? Soll sie vielleicht später an Liebesbriefen ihre Kunst versuchen? Dennoch setzte der Oheim seinen Willen durch, und niemand war glücklicher als das lernbegierige Kind. Als aber Anna Luise auch noch soviel Lateinisch lernen wollte, wie der Herr Vetter selber wisse, und als der lehrfreudige Mann auch hier ans Werk ging, da war es der Großmutter zuviel. Die Mutter daheim im Hammer, die sich inzwischen nach dem Tode ihres ersten Mannes zum zweiten Male verheiratet hatte, kam zum Besuch, erfuhr von dem Streite und entschied ihn zu Gunsten der großmütterlichen Meinung.

Ohnehin brauchte sie daheim ein Kindermädchen, denn sie stand wieder kurz vor einer Geburt. So verließ denn Anna Luise die Stätte ihres Wohlbefindens. Daheim galt es, das Kindlein zu wiegen und die Launen des brummigen und derben Stiefvaters zu ertragen, der sich bald weit und breit so verhaßt machte, daß die Fräuleins vom Hofe einen anderen Pächter wählten. Da zog denn die Familie nach Tirschtiegel.

Hier sollte das Kind irgendwie beschäftigt werden, nur nicht mit lesen. Daher ließ man sie die Aufsicht über die drei Rinder führen, aus denen die Herde des Stiefvaters bestand. Das wurde für die Kleine die Zeit des höchsten Genusses. Hatte sie doch von dem Onkel auch die Freude an der Natur gelernt. Und obendrein fand sie hier auf einer benachbarten Wiese einen kleinen jungen Hirten, noch häßlicher als sie selbst, aber ebenso lernbegierig wie sie. Er besaß daheim einen köstlichen Schatz — ein Bücherbrett mit phantastischen Schriften. Die Märchen aus tausend und einer Nacht! Die morgenländische Banise! Den Robinson! Begierig ließ sich Anna Luise von seinen Büchern mitteilen, und nun wurde Wahrheit, was ein halbes Jahrhundert früher die vornehmen Schäfer an der Pegnitz im Spiele vorgeführt hatten, hier saßen wirklich Hirt und Hirtin beisammen, vertieft in dichterische Begeisterung! Das waren drei glückliche Jahre für „Beloisen"! Was kümmerte sie nun ihre körperliche Ungeschicklichkeit, die ihr Tanz und Jugendlust verleidete?!

> Nur Bücher hatt' ich lieb gewonnen,
> Darin gelesen, nachgesonnen,
> Selbst eins gemacht, so schlecht es war.
> Nichts fragt ich da nach Spiel und Tänzen,
> Ich las, wodurch sich Männer kränzen
> Und träumte Schlachten und Gefahr!

Ja, auch sie hatte die Vorliebe der Zäunemännin für Krieg und Heldentum, sie erbaute sich Festungen und kommendierte grüne Bohnen als Soldaten.

> Ich ging auf selbst gebauten Wällen,
> Ließ sich mein Volk in Ordnung stellen,
> Und tat als wie ein General,
> Warf Schanzen auf, schoß Ziegelstücke,
> Zog schlechterdings mich nicht zurücke.
> Sprach laut wenn ich den Sturm befahl.

Und wenn ihr Durst nach Kampf und Schlacht zu stark wurde, so hieb sie „viel tausend Feinde nieder, in allen Nesseln, die sie fand".

Die Eltern nahmen mit Schrecken war, daß an dem Mädchen ein Knabe verloren gegangen, und als Anna Luise zur Jungfrau heranwuchs und sich die Liebessehnsucht zum ersten Male in ihr regte, die niemals in ihr gestillt werden sollte, da wies die Mutter ihres ersten Erwählten sie ab, weil sie lesen konnte und weil sie schielte! Es mögen wohl nicht bloß diese beiden Eigenschaften, es mag der ganze verträumte Zustand des Mädchens der Grund gewesen sein, das an keiner häuslichen Beschäftigung Freude zu finden vermochte. Man denke sich ein solches Kind unter Bauern! Freilich hatte sie bei einer jungen Bäuerin an einem entfernten Orte das Nähen erlernt, aber es war ihr gründlich verleidet worden, weil man sie dort bei schwerer Arbeit hungern und darben ließ. So erschien es der in das Elternhaus heimgekehrten wie eine Erlösung, als ein junger, hübsch gewachsener Mann aus der weiteren Nachbarschaft um sie anhielt. Hirsekorn war ein fleißiger Tuchweber, der wohl auf eine höhere Mitgift bei der unschönen Braut gehofft hatte, aber es war gewiß nicht bloß die Enttäuschung über das spärliche Hochzeitsgut von hundert Talern, die ihn bald gegen sein junges Weibchen aufbrachte. Er konnte unter seinen Verhältnissen nur eine tüchtige Hausfrau brauchen, und das immer verträumte

Wesen der jungen Dichterin, die er vor der Ehe gar nicht näher gekannt hatte, mußte ihn verstimmen. Sie selbst gab sich die größte Mühe, sich in die Pflichten der Wirtschaft zu schicken, aber es wollte ihr nicht glücken. Dazu kam freilich, daß der Gatte sich auch nicht die geringste Mühe gab, seine Lebensgenossin zu verstehen: „Unsere Gemüter harmonierten schlecht; mein reiches, schmelzendes Herz, meine Zärtlichkeit und seine Begierde nach Reichtümern waren viel zu sehr verschieden, als daß eine Glückselichkeit in unserer Verbindung möglich war. Meine einzige Erquickung fand ich in Büchern, mit welchen der Hirtenknabe mich noch immer versorgte; denn ich lebte wieder in derjenigen Stadt, auf deren Wiesen Rinder vor mir hergingen. Nun hingegen waren meine Tage arbeitsam; ich zerzauste entweder mit einem Holzblatt voll krumm gebogener Stacheln Wolle und bereitete sie der Spinnerin zu, oder ich drehte mit meiner Hand unaufhörlich ein kleines Rad, Garn aufzuwinden für den schnell laufenden Weberspuhl …" Aber ihr Geist war nicht bei diesen Dingen. Sie sang sich oft die „Hunderte von geistlichen Liedern", die ihr Gedächtnis aufbewahrt hatte, oder sie legte sich die Frage vor: „Sollte es wohl möglich sein, ein Lied zu machen?" Sie hatte freilich nur dürftige Vorbilder. Von einem Dichter Namens Johann Frank hatte sie einmal ein paar Blätter auf dem Söller im Hause ihres Oheims gefunden. Auch von einem amtsentlassnen Prediger, der ab und zu von einer Art von Dichterfieber befallen wurde, und dann nur noch in Reimen sprach und predigte, hörte sie und las seine „leichten fließenden" Verse. Keinen Augenblick konnte sie sich von ihren Gedanken befreien. Pflegte sie ihr Kind, so lag ein Buch unter dessen Kopfkissen, und Sonntags, wenn der Mann ins Wirtshaus ging, berauschte sie sich mit Lesen und Schreiben:

Mein Herz verschloß das Lied bis nach den Werkeltagen,
Der stille Sabath kam, dann erst entwarf mein Kiel
Die heimliche Geburt, die mir allein gefiel!

Die Gespräche ihres Mannes mit seines Gleichen erregten sie nur dann, wenn von dem, kühnen Eroberer ihrer Heimat, dem Preußenkönige gesprochen wurde. Es war ja die Zeit, da „der Ruhm von Friedrichs Taten über den Erdkreis scholl".

Gern hätte auch sie ihn besungen, aber sie glaubte sich nicht an so hohen Stoff wagen zu dürfen. Sie mußte sich genügen lassen, ihrem treuen Hirten, mit dem sie noch in Verkehr stand — oder auch ihrem Manne zum Geburtstagsfeste Reime machen zu dürfen. Jenem versicherte sie gerührt: „Du bist von erster Kindheit an mein tugendhafter Freund gewesen" und pries ihm die Beständigkeit ihrer Treue, diesem wünschte sie in geziemenden Versen Gottes Huld:

Er lasse diesen Tag Dich oftmals überleben
Und überschütte Dich mit tausend Gütigteit;
Und endlich wolle Dir der Höchste, alles geben,
Was Dir mein Herze wünscht und Dich nur selbst erfreut.

Aber, wie sehr das dem Gatten schmeicheln mochte — wer hatte denn sonst dort ein selbst verfaßtes Geburtstagsgedicht seiner Frau aufzuweisen? — so konnte es ihn doch nicht mit der Veranlagung der ärmsten aussöhnen, und je mehr Kinder sie ihm gebar, desto zorniger wurde er auf sie. Er beschimpfte sie öffentlich in der Meinung der Bauern, da er seine Kammer von der ihren trennte, und eines Tages kam er angeheitert heim und kündigte ihr einen Vorsatz an der sie erstarren machte. Oft mag die Dichterin später ihrer Tochter den Vorgang geschildert haben, den diese folgendermaßen erzählte: „Bei dem Hereintreten warf er mit einer lustigen Art den Hut auf den Tische schwung sich auf einem Beine herum und rief: „Vivat! es lebe der König von Preußen! Darauf sagte er zu seiner Frau: Höre Luise, weißt Du etwas ganz neues? Der König von Preußen hat in seinen Landen die Erlaubnis zur Ehescheidung gegeben; was meinst Du, wenn wir die ersten wären, die sich scheiden ließen? — Seine äußerst erschrockene Frau konnte ihm hierauf nichts antworten, und er fuhr fort: Na, Du hast doch nichts dawider, wenn wir den Anfang machen? — Ach Gott, Du wirst doch das nicht tun, war ihre Antwort. — Ja, ja, das werde ich wohl tun, erwiderte er; und was ist denn für ein Unglück dabei? Wenn man einander nicht leiden kann, ist nichts besser als davon. — Die Frau weinte jämmerlich, aber er fuhr fort: Höre Luise, weine nur nicht, das Weinen kann zu nichts helfen, es wird nicht anders, ich habe meinen Sinn darauf gesetzt, daß ich mich scheiden lasse. Du bist freilich ein recht gutes, fleißiges und folgsames Weib, aber es muß mir angetan sein; genug, ich kann Dich nicht zum Weibe leiden und kann Dich immer weniger leiden, was soll uns ein solch Marterleben? Gib nur gutwillig Dich darein, denn es wird nicht anders, ich gehe auf die Scheidung. — Hiermit, ohne die Antwort abzuwarten, ging er in seine Kammer.“ Daß die Frau so völlig in Verzweiflung geriet, daß ihre Mutter daheim sich durch die Schmach der Tochter für alle Zeiten beschimpft glaubte, erklärt sich nur aus der Neuheit des Falles für die damalige Zeit. Die Mutter lebte in einer kreuzunglücklichen dritten Ehe, und doch würde sie den Gedanken an Scheidung wie die Hölle gefürchtet haben, und so sah auch die Tochter darin keine Befreiung, sondern nur eine unsühnbare Entehrung und Schande. Wenn nun freilich im Grunde Hirsekorn recht hatte, als er einem „Marterleben" die Trennung vorzog, so zeigte sich doch seine furchtbare Roheit bald. Er benützte die Fassungslosigkeit und Unkenntnis seiner Frau, um sich das ganze Vermögen samt den Kindern zuzuschreiben, enterbte aber das Ungeborene und stieß die Frau „völlig bettelarm" auf die Straße. Nur die gutherzige Schwiegermutter gab der Verstoßenen das Geleit, und erbat für sie vergeltenden Segen vom Himmel. Aber selbst durfte sie die Ärmste auch nicht in ihr Haus aufnehmen — eine geschiedene Frau!

Völlig hilflos kam Anna Luise in ein benachbartes Dorf und begann dort neben Näharbeiten auch den Versuch, mit Gelegenheitsgedichten Geld zu verdienen. Da ereilte sie ein neues unglückliches Glück. Ein durchwandernder Schneidergesell, Karsch mit Namen, sah sie in ihrer Verlassenheit mit dem eben geborenen Kinde, und beschloß sie zu heiraten. Sie liebte ihn nicht und erkannte auch, daß er dem Laster des Trunkes Verfallen war. Dennoch ließ sie sich durch die Mutter bereden, die zweite Ehe einzugehen, nur damit sie wieder „ehrlich" werde. Und nun begannen Jahre endloser Qual. Alles, was sie mühsam verdiente, jagte er durch die Gurgel. Ja selbst, als sie ihm ein Töchterchen gebar, daß er abgöttisch liebte, vertrank er doch das Geld, das die sorgende Mutter zur Ernährung des Kleinen ersparte, und die furchtbarste Not zog in das Haus der beiden ein. Um so schlimmer gestaltete sich die neue Ehe, als diesmal die Frau, im Gefühle, daß sie die Ernährerin sei, nicht mehr Ja und Amen zu dem Toben des Mannes sagte, und so war Zank und Hader bis zur Tätlichkeit der beständige Hausgast. Aber grade die höchste Not brachte das Talent der armen Frau zur vollen Entfaltung. Der Zwang zum Geldverdienen ließ sie zur fleißigen Gelegenheitsdichterin werden, und bald gab es keine Taufen oder Trauungen, Beerdigungen oder Familienfeste mehr ohne ein Gedicht der Karschin. Schnell breitete sich ihr Ruhm aus.

Wie sehr auch vor langer Zeit schon Paullini das Schlesierland als die Heimat der Dichterinnen bezeichnet, in jenen Gegenden war es trotzdem mitten in der Zeit der Frau Adelgunde und der Zieglerin noch ein Ereignis, daß ein weibliches Wesen dichtete. Und noch dazu eine so völlig ungelehrte Frau! Pastoren und Rektoren fingen an, sich für sie zu interessieren, sie liehen ihr Gedichte von Canitz und Bessers Übersetzungen der Alten, Klopstocks Messias und die religiösen Dichtungen der Engländer. Endlich riet man ihr, nach dem benachbarten Glogau zu ziehen, und hier winkte ihr das Paradies in Gestalt eines wirklichen — Buchladens, des ersten, den sie in ihrem Leben gesehen. Hier holte sie sich neue Geistesnahrung und lernte ihren Friedrich doppelt verehren, als sie auch die Übersetzungen seiner französischen Verse las. Wie sehr ihr auch alle diese Genüsse durch die häusliche Not verbittert wurden, sie fühlte doch bald, daß nun ihre Begabung zur Anerkennung gelangen mußte. Die adeligen Familien bis zu der des Stadtkommandanten gewannen Interesse für sie. Das Kriegsgetümmel brachte immer neue Menschen in die Festung, und ihre für den Preußenkönig glühenden Gedichte fanden begeisterte Zuhörer. Man fing an, sie als eine Art von Merkwürdigkeit zu betrachten, die man aufsuchen müsse. Davon erzählt uns der Brief eines Feldpredigers Kletke: „Da wir ohnweit Glogau, grade an einem Sonntage Rasttag hatten, forderte mich der damalige Regimentsquartiermeister des löbl. von Mosel'schen Regiments auf, ihn bei einem Besuche zu dieser Dichterin zu begleiten, und ich ließ mich nicht lange bitten. Wir fanden sie in einer armseligen Wohnung. Zwei ihrer Kinder, die ältesten, gingen in zerrissenen Kleidern in der Stube umher, das dritte saß vor ihr und das vierte, ganz klein, auf ihrem Schoße. Sie selbst aber saß unter dem Getümmel dieser Kinder, und brachte eine Predigt, die sie eben in der reformierten Kirche gehört hatte, in Verse. Indes wir uns mit ihr unterhielten, hatte sie einen halben Bogen ergriffen, mit dem sie uns beim Weggehen beschenkte." Sie hatte ihn natürlich mit Versen bedeckt, an denen freilich für unsere heutigen Begriffe nichts wunderbares ist, als die Schnelligkeit mit der sie entstanden. Den beiden hochedlen Herren aber mag dabei zu Mute gewesen sein, wie einst der königlich britannischen Majestät, da sie geruhten, die Curtia im Reimen zu examinieren.

Der Gegensatz zwischen der Armut und dem Talent und vor allem der Reiz des Improvisierens war das, was das Glück der Karschin begründen, freilich aber auch ihren Ruhm vergänglich machen sollte. Es ist klar, daß auf diese Weise ihre Kriegs- und Jubellieder bis in das Hauptquartier dringen mußten. Wie einst die Zäunemännin für ihre Husarenpoesie vom Prinzen Eugen, so erhielt die Karschin vom Generalleutnant von Seydlitz ein anerkennendes Schreiben, und es entspann sich ein Briefwechsel, der aber bald ein Ende nahm, als der Kriegsmann — bekanntlich ein eifriger Verehrer schöner Frauen — hörte, daß nicht ein junges hübsches Weib diese feurigen Lieder mache, sondern eine häßliche Bettlerin. Dennoch drang ihr Ruhm auch bis Berlin. Eine dort lebende Generalin Weech wechselte gleichfalls einige Briefe mit ihr. Da einstmals die Antwort der Dichterin zu lange ausblieb, ward die vornehme Frau besorgt um das Schicksal der Poetin und beauftragte einen Baron von Kottwitz, der gerade des Weges durch Glogau kam, sich nach ihr zu erkundigen. Dieser schickte, in der Festung angekommen, seinen Diener mit Briefen zu der

Karschin, und der Bote erstaunte nicht wenig, als er sah, wie die so ungebildet erscheinende zerlumpte Frau sich augenblicks niedersetzte, um mit fliegender Hast einen gereimten Brief an die Generalin Weech zu verfassen. Der Baron ließ sie am nächsten Tage vor sich kommen. Er hatte aber nicht nötig, eine Dichterprüfung mit ihr anzustellen, denn sie begrüßte ihn gleich in Reimen, erbat dann Feder und Papier und dichtete ihm etwas vor. Am nächsten Tage wurde sie wieder zur Audienz befohlen, nachdem ihr der Baron eine bessere Kleidung gesandt hatte, und nun mußte sie vor einem vornehmen Kreise ihr Talent von neuem zeigen und erhielt zum Lohne eine Dose, in deren Schnupftabak heimlich Gold versteckt war. Ihr begeistertes Dankgedicht knüpfte die Freundschaft noch enger, und endlich erfüllte der Baron ihren Lieblingswunsch, indem er sie mit sich nach Berlin nahm.

Nun hatte plötzlich die Not ein Ende. Von Karsch trennte sie sich trotz seiner Reuetränen für immer. Auf der Reise lebte sie nach ihrer Meinung mit ihren Kindern wie eine Fürstin, und in Berlin fand sie gleich dem Baron Wohnung beim Grafen Gotter. Schnell ward sie eine Sehenswürdigkeit der Königsstadt. Man hüllte sie in seidene Kleider, man schleppte sie in die feinsten Kreise, und überall mußte sie improvisieren. Es war der Höhepunkt ihres Ruhmes, aber freilich auch die Klippe für ihr Talent. Denn nun hatte sie wohl Zeit zum Dichten, aber täglich glaubte sie mehr, daß die „Fixigkeit" ein Verdienst sei. Bis in die Kreise des Hofes drang sie ein, der Bruder und die Schwester des großen Friedrich wurden ihre wohlwollenden Förderer, und eine Zeit lang gab es keine glänzende Gesellschaft ohne Improvisationen der Karschin, Die Gelehrten empfingen sie mit offenen Armen. Der große Versedrechsler Ramler führte sie in die Mythologie ein. Sie mußte lernen ihre natürlichen Gefühle in unverstandene Symbole zu verhüllen. Der Schweizer Sulzer berichtete über sie an Bodmer nach Zürich und an Gleim in Halberstadt.

Eines Tages empfing er sie mit den Worten: „Hören Sie meine Freundin, Gleim befiehlt mir, seine Schwester in Apoll zu grüßen!" Und bald erschien der „Menschenfreund" selbst, um vierzehn Tage in Berlin zuzubringen, und ebenso viel Lieder von der Karschin mit heim zu nehmen. Seitdem sehnte sie sich, ihn wieder zu sehen. Ihr Aufenthalt bei Kottwitz war ohnehin gestört, denn der Baron gab seine Hochzeit, zu der er eigentlich nach Berlin gefahren war auf, wurde schwermütig und kehrte auf seine Güter zurück. Eifrigst aber war Gleim bemüht, der Genossin ein Heim zu schaffen. Frau von Reichmann in Magdeburg lud die Dichterin zu sich, und bot ihr ein Zimmer in ihrer eigenen Wohnung auf ein Jahr an. Von dort eilte die glückliche Karschin nach Halberstadt und wurde mit

Jubel von den „Anakreons" empfangen. Wie sehr paßte ihre Erscheinung zu diesen schwarmtrunkenen Männern mit ihren Rosenkränzen und Weingelagen. Wie war sie geeignet alles, was da geschah, in Versen fest zu halten. Und sie besang jede Kleinigkeit. Wie sie am 26. „Heumond" 1761 den Spiegelberg bei Magdeburg mit Gleim erstieg, verherrlichte sie die kleine Wanderung. Aber schon nicht mehr klingt die schlichte Natur in diesen Versen. Sie fühlte sich verpflichtet, die kleinsten Erlebnisse mit geistreichen Gedanken zu verbrämen. Wie sie über Disteln hinwegschreitet, bemerkt sie dabei, daß ein Weiser auf diese Weise entgegenstehende „Schwierigkeiten großmütig untern Fuß bringe". Das ungewohnte Steigen erregt ihr Herzklopfen, wie aber Gleim sie auffordert, sich auszuruhen, antwortet sie geziert: „Steht denn auf ihrem Wege die Tugend jemals still?"

Dabei keimt eine Neigung für den Dichter in ihr empor. Aber Gleim war, wie wir wissen, nicht von Weibesliebe zu rühren. Die Karschin tröstet sich daher mit der göttlichen Bestimmung.

Auch Dich erschuf sein Wille nicht zum Feinde
Der Mädchen, aber keines bindet Dich;
Du liebest zärtlich Deine Freunde,
Als Deine Freundin liebe mich!

Sie hat aus ihren Gefühlen für den Freund kein Hehl gemacht. In einem Gedicht mit „vorgeschriebenen Reimen" macht sie ihm einmal Vorwürfe über seine Kälte. Einen besonderen Reiz suchte man nämlich ihrer Schnelldichtergabe abzugewinnen, indem man ihr, wie es ja heute noch häufig bei Improvisatoren geschieht, Reimworte gab, nach denen sie ihre Verse augenblicklich schmieden mußte. Wir wissen, daß diese Kunst nicht neu war. Dies poetische Gesellschaftsspiel hatten ja schon die Pegnitzschäferinnen samt ihren Schäfern gespielt, wenn etwa Silvia die Dorilis andichtete, und diese unter Beibehaltung aller Endreime das Carmen in ein Lobgedicht der Silvia umwandelte. Aber dergleichen Künste, so alt sie sein mögen, erscheinen immer wieder neu und überraschend, und die Karschin wurde geradezu damit gepeinigt. Freilich war sie zu wenig Volldichterin, um die Qual zu empfinden. So gab man ihr die Worte „Lieb. Dieb. Halten. Kalten. Mann. Trennen. Brennen. Dann. Hoben, Loben. Sehr. Mehr." Und sie sang zu diesen vorgeschriebenen Reimen ihren Zorn über Gleim, den sie Thyrsis nannte:

Bei dem Apollo schwör ich, mich hat nicht Thyrsis lieb,
Er lauschet auf mein Lied, begierig wie ein Dieb,
Verspricht zu kommen her, und weiß nicht Wort zu halten,
Bald nenn' ich aufgebracht ihn zornig einen kalten
Empfindungslosen Freund und einen harten Mann;
Bald nehm ichs heimlich vor, mein Herz ganz abzutrennen
Von dem Undankbaren, nicht mehr für ihn zu brennen,
Und ärgern soll er sich alsdann,
Wenn ihn, den oft mein Lied zu Göttern hat erhoben,
Wenn ihn nicht mein Gesang wird loben.
Doch jetzt empöret sich in mir mein Herz zu sehr:
Graf, sag ihm nichts von Zorn, ich zürne schon nicht mehr.

Die Aufgabe war sicherlich brav gelöst, bedauerlich war es nur, daß man die reimgeschwinde Frau in der Meinung bestärkte, daß dies Dichtung sei, wert, gedruckt und aufgehoben zu werden. Immerhin kann man sich die Verblüfftheit der Halberstädter Poeten vorstellen, wenn die Karschin am 20. Februar 1762 — die Daten hat sie uns wohl aufbewahrt — zu achtunddreißig, vorgeschriebenen Reimen in ebenso viel Zeilen eine logisch klar aufgebaute Abhandlung über den Unterschied zwischen dem tierischen Instinkt und der menschlichen Seele im Fluge niederschrieb, in der nicht ein Endwort ausgelassen oder übersprungen war. Am 19. Februar desselben Jahres hatte man ihr recht verfängliche Reimworte in Halberstadt vorgelegt, zu denen sie über die Eigenschaften der Sappho „in einer halben Viertelstunde" ein Gedicht machte. Man merkt aber dem Machwerk die Quälerei genügend an, wenn es da heißt:

Nicht immer will ich s, wie andre Leute wollen,
Die da Gesetze geben sollen
Der Sappho, der Empfindungsvollen,
Die um den schönen Geist nicht trägt ein schönes Kleid,
Der in den Adern ist ein Dichterquell gequollen,
Zu aller Lieder Möglichkeit,
Der hoch von Zärtlichkeit der Busen aufgeschwollen,
Die aus den Augen oft läßt Tränen niederrollen,
Dem Himmel ihren Dank zu zollen
Für diesen goldnen Teil in ihrer Lebenszeit.

Wüßte man nicht, wie das Gedicht entstanden ist, so wäre nichts mehr daran zu bewundern, als die Unklarheit seiner Ausdrucksweise, Und dabei ist noch besonders bemerkt, daß sie während des Dichtens einmal aufgesehen und sich in die Arbeit der Reimgeber gemischt. Als man sie darauf hinwies, daß sie ja genug mit Schreiben zu tun habe, gab sie schnell noch einen Vers obenein, indem sie rief:

„Aufblicken ist ja kein Verbrechen;
Hier dichten kann ich schon und dort mit Thyrsis sprechen!"

Und in einer Anmerkung verzeichnet ihre Tochter, die Herausgeberin ihrer letzten Gedichtsammlung. „Man wird aus allen der Dichterin vorgeschriebenen Endreimen sehen, daß man darauf ausging, sie zu einem Quodlibet zu verleiten, allem ihr stets gegenwärtiger Geist wußte sich auch hier glücklich zu ordnen." Daß sie das mitunter wirklich vermochte beweist ein auf dieselbe Weise entstandener Vers:

Mein Geist und mein Gefühl sind die beflammte Ode,
Die außer mir sich schwingt,
Von Freundschaft Zärtlichkeit, von Krieg und Heldentode,
Und von dem Himmel singt.
Wenn ich als Sängerin ein Monument mir stifte,
So scheu ich nicht die letzte Bahn.
Die Welt bleibt unter mir, ich stieg in hohe Lüfte
Und singe, Thyrsts, Dir als Schwan.

Diese gelungenste Probe ihrer Schnelldichterei mag den Beschluß machen. Schade bleibt es, daß man die begabte Frau beständig ermunterte in solchen Spielereien ihr Talent zu verpuffen, und daß sie es dem besonnenen Lessing übel nahm, als dieser klar und richtig nach seiner Weise mahnte: „Fährt sie so fort, wie sie angefangen, so wird sie mit der Zeit mehr, aber, nicht besser dichten, ja vielleicht zu solchen Reimen herabsinken, die sie ihren natürlichen Talenten nach weit hinter sich zurücklassen könnte".

Er wies darauf hin, wie gleichgültig es späteren Geschlechtern sein müsse, ob die Karschin eine Stunde oder zwei Monate zu Hervorbringung ihrer Verse gebraucht habe. Aber die Bewunderer dieser Dampfreimkunst waren von der weit verbreiteten und doch so irrigen Meinung beherrscht, als offenbare das Genie sich in der Hast und Mühelosigkeit des Schaffens.

Immerhin war ihr Gleim ein wertvoller Berater. Die vier Wochen, die sie in Halberstadt verlebten, nennt er in einem Schreiben an sie „liederreich" und er beklagt nur, daß „nicht alle Tage wolkenlos gewesen sind."

Doch waren der Wolken wohl nur wenige.

Gastereien bei den Domherrn von Halberstadt waren einander gefolgt, Rosen und Myrthen hatten nicht auf den Tafeln gefehlt, die Lieder der Karschin strömten ununterbrochen und erschollen beim Becherklang. Nur die Glut ihrer Begeisterung für seine eigene Person suchte Gleim zu einem sanfteren Grade abzudämpfen: „In den Liedern an Thyrsis führt unsere Freundschaft oft den Namen Liebe, und sie ist auch nichts anderes als Liebe der Gemüter; diese Liebe ihres Thyrsis zu seiner Sappho ist in so hohem Grade, daß selbst Kleist eifersüchtig sein würde, wenn bei dieser Liebe auch Eifersucht wäre. Und wieviel sanftere Empfindungen gibt sie als die andere Liebe. In Liedern und größeren Gedichten, z. B. in Tragödien, kann diese nicht heftig genug vorgestellt werden, aber im Herzen, werteste Freundin, wollen wir jener sanften den Vorzug geben, und ganz voll davon bin ich unveränderlich Ihr getreuster Freund." Das ist er auch wirklich geblieben. Die arme Karschin aber sah sich wieder einmal unbefriedigt in der Leidenschaft ihres Herzens. Denn ihr ganzes Leben hatte an der ungestillten Sehnsucht nach Liebe gekrankt. Eines ihrer echtesten und wirklich schönsten Lieder schrieb sie über diesen Punkt dem Herrn von Rochow, als der sie gefragt, ob sie nicht durch die Liebe zur Dichterin geworden sei.

Kenner von dem sapphischem Gesange!
Unter deinem weißen Überhange
Klopft ein Herze voller Glut in dir:
Von der Liebe ward es unterrichtet
Dieses Herze. Aber ganz erdichtet
Nennst du sie die Lehrerin von mir!

Meine Jugend ward gedrückt von Sorgen,
Seufzend sang an manchem Sommermorgen
Meine Einfalt ihr gestammelt Lied;
Nicht dem Jüngling töneten Gesänge,
Nein, dem Gott, der auf der Menschen Menge
Wie auf Ameishaufen niedersteht!
Ohne Regung, die ich oft beschreibe,
Ohne Zärtlichkeit ward ich zum Weibe,

Ward zur Mutter! wie im wilden Krieg,
Unverliebt ein Mädchen werden müßte.

Die ein Krieger halb gezwungen küßte,
Der die Mauer einer Stadt erstieg.

Sing' ich Lieder für der Liebe Kenner:
Dann denk ich den zärtlichsten der Männer,
Den ich immer wünschte, nie erhielt;
Keine Gattin küßte je getreuer,
Als ich in der Sapho sanftem Feuer
Lippen küßte, die ich nie gefühlt!

Was wir heftig lange wünschen müssen,
Und was wir nicht zu erhalten wissen,
Drückt sich tiefer unserm Herzen ein;
Rebensaft verschwendet der Gesunde,
Und erquickend schmeckt des Kranken Munde,
Auch im Traum der ungetrunkne Wein.

Aber Gleim machte es sich zur Aufgabe, der Dichterin ein ruhiges Leben in gesicherter Lage zu verschaffen. Er, der große Menschenfreund trug sich immer mit kühn angelegten Plänen, die dem heute so bekannten Grundsatz huldigten, daß viele Wenig ein Viel machen. So wollte er einmal für eine deutsche Ausgabe des Homer die Kosten dadurch aufbringen, daß „hundert von zwanzig Millionen Deutschen" sich verpflichten sollten „jeder fünfzig Exemplare von Vater Homer an den rechten Mann zu bringen". Einem verarmten Mathematiker sandte er mit seiner eigen Unterstützung den Rat, er möge sich von dreißig wohlhabenden Deutschen je hundert Taler erbitten, dann seien die dreitausend voll. Von all solchen Plänen des edlen Träumers kam nur der für die Karschin ersonnene zur Ausführung. Gleim schrieb darüber an Sulzer: „Nach meinem Plan müssen ihre Freunde tausend Subskribenten zu schaffen auf sich nehmen; jeder Subskribent muß einen neuen Friedrichsdor[8] voraus bezahlen. Diese tausend Friedrichsdor müssen für die Dichterin sein. Die Druckkosten müssen von den Exemplaren genommen werden, die man über diese Summe druckt; ich dachte wohl, daß wir zehn Freunde zusammen brächten, von denen jeder zehn Subskribenten auf sich nähme." Wirklich brachte dieses Unternehmen wenigstens einen Überschuß von zweitausend Talern. Daß es nicht fünftausend trug, schrieb der gute Gleim nur den Veränderungen zu, denen man seinen Plan unterworfen. Die stattliche

---

[8] Anmerkung: preußische Goldmünze

Zahl der Abonnenten, unter denen es an Grafen und Baronen nicht mangelte, beweist immerhin, mit welcher Spannung die Gedichte der Karschin erwartet wurden. Und sie gedachte von der kleinen Rente in Halberstadt behaglich zu leben.

Zu ihrem Unglücke ließ sie sich durch eine gutherzige Torheit davon abbringen. Ein Bruder von ihr, ein Tischler, der von dem plötzlichen Ruhm der Schwester gehört hatte, kam nach Berlin, und sie versprach ihm, mit ihm zusammen zu ziehen und ihre Einnahmen mit ihm zu teilen. Das brachte sie natürlich in Not. Auch nahm ja die allgemeine Begeisterung für sie um so eher ab, je stürmischer sie gewesen war. Man hatte des Improvisierens genug, und sie mußte sich dazu erniedrigen, ihre Gedichte ungewünscht in die Häuser der Reichen und Vornehmen zu senden, und Honorar dafür zu erbitten — mit einem Worte, sie sank zur Bettlerin hinab. Sie selbst hatte davon freilich nicht die richtige Vorstellung, denn sie kam, wie es bei solchen Lebensschicksalen oft zu gehen pflegt, auf den Gedanken, daß die Menschheit verpflichtet sei, für sie zu sorgen. Besonders setzte sie ihre Hoffnung auf den König, dessen Ruhm sie ja begeistert gesungen hatte, schon zu einer Zeit, als sie gar nicht daran denken konnte, einmal als Dichterin anerkannt zu werden. Auch war ihr ja der Hof freundlich entgegen gekommen. Die Schwester des Königs, Prinzessin Amalie, bestellte bei ihr eine Kantate, die sie dann selbst komponieren wollte, der Prinz Ferdinand lud sie oft zu sich, auf den Prinzen Heinrich, auf die Königin Christine und auf die Englandfahrt der Zollernbraut hatte sie schwungvolle Lieder gesungen. Und noch beim Friedensschlusse, bei der Rückkehr des Königs in seine Hauptstadt erklangen ihre Jubelhymnen. Dennoch vergingen nach dem Friedensschlusse noch zwei Jahre, ehe ihr alter Gönner, der berühmte Seydlitz, in einem Gespräch über deutsche Dichter auch ihren Namen erwähnen konnte. Und nun geschah das so lange sehnsüchtig erwartete — der König lud seine Sängerin vor sich.

Umgeben von einigen der Männer aus seiner geistreichen Tafelrunde, empfing er die alternde häßliche Dichterin, die ihn gleich anfangs arg enttäuschte. Erstaunt fragte er: „Ist sie die Poetin, von der ich gehört habe?" Bescheiden gab sie zur Antwort: „Euer Majestät, ja, man gibt mir den Namen!" — Und nun folgten einige kurze Fragen über ihre Eltern, Heimat und Jugenderlebnisse, die eben so kurz und prompt beantwortet wurden. „Sie war also auf dem Lande, hatte keine Erziehung, keine Schule? Wodurch ward sie denn zur Poetin?" — Stolz und schön klang die Antwort. „Durch die Natur und die Siege Eurer Majestät!" — Aber diese Lehrmeister schienen dem Könige nicht zu genügen: „Sie hat doch Bücher gelesen?" — „Ja, Euer Majestät, ich las verschiedene Dichter: Gellert,

Haller, Hagedorn, Ramler, Gleim und andere mehr." — Da dies alles deutsche Namen waren, befriedigten sie den König nicht, der ja nicht viel von Dichtern seines Volkes hielt. „Nicht auch die alten Schriftsteller?" — „Ich habe keine Sprache als Deutsch gelernt." — „I nun, man hat doch Übersetzungen, lese Sie da welche! — „Ja, ich las Plutarchs Lebensbeschreibungen, fünf Gesänge der Iliade und den Horaz …" — „Doch den Horaz! Das ist gut. Aber wie sichts mit Ihrer Muttersprache aus? Gibt es da nicht Fehler?" — Bescheiden antwortete die Karschin: „Ew. Majestät, man sagt, ich sei meiner Sprache ziemlich mächtig und mache nur dann und wann kleine Fehler." — „O man muß gar keine machen" war die strenge Antwort des Herrschers. Und ihr blieb nichts übrig, als zu versichern: „Ich werde mich bemühen, sie zu vermeiden!" Dann brachte der König das Gespräch auf ihren Mann und ihre Kinder und fragte schließlich, ob die Tochter schön sei: „Nein, Majestät, sie hat keine schöne Mutter." — Auf dieses ehrliche Bekenntnis tröstete sie der König. „Heh, die Mutter war doch wohl einmal schön. Wo wohnt sie denn zu Berlin?" — „Euer Majestät, ich wohne sehr schlecht. Die Logis sind im Frieden sehr teuer!"— „Na, wo wohnt Sie denn da?" — „An der Stechbahn, im alten Consistorium, 3 Treppen hoch unterm Dache, in einer Kammer wie zu Paris in einer Bastille." — Lachend fragte der König weiter: „Von was lebt Sie denn aber?" — „Von der Diskretion meiner Freunde!" — „Läßt Sie denn niemals was drucken?" — „Ja, Euer Majestät, ich gab einige Blätter zum Druck bei Gelegenheit Ihrer glorreichen Wiederkunft aus dem Kiegsfelde." — „Was ward Ihr dafür?" — „Zwanzig Taler gab mir der Buchdrucker Winter!" —"Zwanzig Taler? In Wahrheit, davon lebt man nicht lange in Berlin. Na ich will schon sehen, will für Sie sorgen."

Dies leicht hingeworfene Wort am Schlusse der Unterredung war für die arme Frau natürlich das bedeutungsvollste. Jubelnd lief sie nach Hause und glaubte im Besitze eines königlichen Versprechens zu sein, das sie für ihre ganze Zukunft sicher stellte. Eine Darstellung der Audienz in formlosen Versen teilte ihre Hoffnung der ganzen Hauptstadt mit. Sie hat bis an ihr Lebensende behauptet, der König habe ihr versprochen, ihr ein eignes Haus zu bauen. Erst der Nachfolger Friedrichs führte das aus. Der große König selber aber ließ es bei recht spärlichen gelegentlichen Geldgeschenken sein Bewenden haben. Einmal schickte sie ihm in späteren Jahren zwei Taler mit den Worten zurück:

Zwei Taler gibt kein großer König;
Ein solch Geschenk vergrößert nicht mein Glück,

Nein, es erniedrigt mich ein wenig,
Drum geb' ich es zurück.

Der König nahm diesen Vers nicht übel, blieb ihr auch freundlich gesinnt, tat aber nichts wesentliches für sie, und sie dichtete fort zu seinem Ruhme, obwohl er ihre poetischen Bettelbriefe ruhig in den Papiekorb warf. Er blieb das Ideal der treuherzigen Frau, die keine Rache kannte.

Die Unterredung zwischen ihr und Preußens Friedrich fand fünfzehn Jahre nach der berühmten Unterredung zwischen Adelgunde Gottsched und der Kaiserin Maria Theresia statt. Wie spiegelt sich die veränderte Zeit in beiden Gesprächen! Damals war eine hochedelgeborene Frau Professorin in Sammet und Seide hereingerauscht in das kleine Kabinett der berühmten Kaiserin, um da im engsten Familienkreise mit einer Auszeichnung empfangen zu werden, vor der die Hofleute sprachlos standen. Hier aber war nach bittender Fürsprache eines hohen Generals einem armen ungebildeten Bauernweib die Ehre zuteil geworden, sich dem Könige ihres Landes und ihres Herzens gleich einer Bittstellerin zu nahen, und mit ironischem Wohlwollen erhielt sie leere Versprechungen. Und dennoch konnte sich die Karschin so gut als eine Vertreterin ihrer Zeit betrachten, wie die Gottschedin es gedurft. Die „gelehrteste Frau Deutschlands" — wie Adelgunde von der österreichischen Kaiserin genannt worden — hatte trefflich in die Zeit gepaßt, da man mit Gottsched die Dichtkunst als einen Teil der Gelehrsamkeit ansah, da man sie vom Katheder herab lehrte und sich darin „übte", wie in einer fremden Sprache, die man erlernen will; da man die Schönheiten der alten Klassiker nachahmen zu müssen glaubte, und da die Löberin nach Trillers Ausspruch allen ihren Genossinnen voraus war, „sintemal sie nicht allein in der Weltweisheit und in den gelehrten Hauptwissenschaften sehr wohl erfahren, sondern auch vornehmlich der französischen, griechischen und lateinischen Sprache sehr mächtig". Das alles vermißt der große Friedrich bei der ungelehrten Bauersfrau. Und doch, was für ein Programm liegt in der Antwort der tapferen Karschin auf die Frage nach ihrem Lehrmeister: „Die Natur und die Siege Eurer Majestät!" Man braucht keine gelehrte Bücherweisheit mehr. Die Natur gibt dem Lyriker den Schwung der Begeisterung, der Held der Zeit lenkt das Auge des Epikers auf die Weltgeschichte. Wohl hatte sie einige unverkennbare Ähnlichkeit mit den lorbeergekrönten Poetinnen. Auch sie ging mehr und mehr im Gelegenheitsgedicht auf, sie übte mehr und mehr die Ansingerei und den poetischen, richtiger den gereimten Briefwechsel aus, wie nur eine von Trillers Korrespondentinnen. Sie schrieb an alle Welt. Klopstock wurden ihre Briefe zu viel, Lessing ließ sie unbeantwortet.

Aber solche Auswüchse traten erst später mehr bei ihr hervor. Als sie in den Kreisen der Berliner Gelehrten erschien, da blendete ihre Erscheinung als die einer Naturdichterin. So berichtete Sulzer über ihr Auftauchen an Bodmer nach Zürich: (24. März 1761). „Es hat sich hier im Reiche des Geschmacks eine neue und wunderbare Erscheinung gezeigt. Eine Dichterin, die bloß die Natur gebildet hat, und die nur von den Musen gelehrt, große Dinge verspricht. Sie besitzt einen ausnehmenden Geist, eine sehr schnelle und glückliche Vorstellungskraft. Sie drückt sich über alles mit der größten Fertigkeit so gut aus, wie irgendein Mensch tun kann, der sein ganzes Leben mit Nachdenken zugebracht hat, und es kostet ihr gar nichts, die besten Gedanken bei jedem Gegenstande zu erzeugen und in sehr guten Versen vorzutragen. Ich zweifle daran, ob jemals ein Mensch die Sprache und den Reim so sehr in seiner Gewalt gehabt hat, als diese Frau." Und am 1. Juni darauf: „Man kann ihr keine Gedanken angeben; was ihr gelingen soll, muß ihr aus dem Kopfe erzeugt sein. Große Werke, wozu ein Plan gehört, kann sie nicht machen. Eine einzige rührende Idee setzt sie plötzlich ins Feuer; dann schreibt sie schnell hin, was ihr Geist ihr eingibt, folgt ihren Gedanken und den Ausschweifungen der Einbildungskraft ohne alle Überlegung, und so entstehen oft sehr schöne Oden und Lieder in so viel Zeit, als nötig ist, sie niederzuschreiben." Und Bodmer schreibt ihr drei Jahre später, am 24. Oktober 1764, also in dem Jahre, wo ihre Gedichte erschienen und sie vor den Preußenkönig trat: „Die Natur hat sie an die Brust der Muse gelegt; diese hat sie Worte und Bilder gelehrt, die für den Gegenstand die feinsten und reichsten sind. Ich bin von dem Phänomen, das in ihrer Person erschienen ist, recht eingenommen." Und dies „Phänomen" des Naturkindes ist es auch, das Moses Mendelssohn, den Lessingfreund, beschäftigt, wenn er immer wieder in der „Bibliothek die neueste Literatur betreffend", ihrer gedenkt: „In der Tat, diese Erscheinung ist außerordentlich. Ein Frauenzimmer ohne Erziehung, ohne Bücher und Umgang, das ihre Jugend auf dem Dorfe bei der Kinderwiege, oder hinter einer kleinen Herde zugebracht, in dem Ehestande beständig mit der Beschwerlichkeit des Mangels und tausend anderen Hausplagen zu kämpfen hatte, ohne jemals die geringste Aufmunterung zu finden, — dieses Frauenzimmer sage ich, bildet sich selbst zur Dichterin, erlangt eine feine Sprache, glückliche Wendungen, eine blühende Einbildungskraft, macht Betrachtungen über das Leben und die Sitten der Menschen, welche eines müßigen Betrachters würdig sind, besitzt überdem eine so ungemeine Fertigkeit zu reimen, daß sie in kurzer Zeit diesen ganzen Band von Gedichten hingeschrieben hat, dem Wortverstande nach hingeschrieben, denn wie man sagt, soll sie dergleichen Gedichte mitten im Geräusche der Gesellschaft in solcher Eile hinschreiben, daß man darüber erstaunen muß …" Am aller klarsten aber hatte die Vorrede zu der von Gleim besorgten ersten Ausgabe ihrer Gedichte das ausgedrückt, was die schwärmende Jugend an dieser Dichterin schätzte, und zwar im graden Gegensätze zu Gottsched und seiner Zeit: „Es ist eine alte und bekannte Anmerkung, daß die Dichter nicht durch Unterricht und Regeln gebildet werden, sondern ihren Beruf und ihre Fähigkeiten bloß von der Natur erhalten. Wer diesen Beruf empfangen hat, der redet ohne Vorsatz und ohne Kunst die Sprache der Musen, aber der Mangel derselben wird durch keinen Unterricht und keine Regeln ersetzt." Das ist in wenig Worten, sozusagen im Lapidarstil das neue Programm gegenüber dem alten. Das war es, was die Jugend dem Regelzwange Gottscheds gegenüber erkämpfte. Und nach einer kurzen Hinweisung auf die entsprechenden Ansichten Platos heißt es dann weiter: „Das Beispiel der Dichterin, von welcher wir hier einige auserlesene Lieder der Welt vorlegen, bestätigt die Wahrheit dieser Anmerkung auf die unzweifelhafteste Weise. Ohne Vorsatz, ohne Kunst und Unterricht sehen wir sie unter den besten Dichtern ihren Platz behaupten. Mit Bewunderung erfahren wir an ihr, wie die Natur durch die Begeistung wirket, und wie ohne dieses kein Vorsatz und keine Bestrebung vermögend ist, dasjenige zu ersetzen, was ohne sie fehlt. Die Lieder, welche ihr am besten gelungen, sind alle in der Hitze der Einbildung geschrieben, dahingegen die, welche sie mit Vorsatz und mit ruhiger Überlegung verfertigt, allemal das Kennzeichen des Zwanges und den Mangel der Muse nicht undeutlich bemerken lassen."

Konnte der Gegensatz gegen Gottscheds Schule deutlicher ausgesprochen werden? Die Karschin war der jungen Generation gleichsam der lebendig gewordene Beweis ihrer Meinungen und Wünsche. Und sonderbar — im Jahre 1761 umringt das jubelnde Berlin die Naturdichterin — ein Jahr später sandte der große Schweizer Philosoph Rousseau seinen Roman „Julie oder die neue Heloise" in die Welt, der die Naturschwärmerei durch die ganze Menschheit trug. Im folgenden Jahre brach er mit seinem großen Erziehungsbuche „Emile" alle Schranken der Überkultur, und stellte die Rückkehr zur ungelehrten Natürlichkeit als ein Ideal auf, für das ein ganzes Zeitalter in den Kampf trat. Die Karschin, die „bei Lämmerchen und Tauben" aufgewachsen war, und an einen Schöpfer glauben lernte, weil das „Morgenrot so lieblich war" — war sie nicht in ihrem Werdegang ein Geschöpf nach dem Herzen dieses Welterneuerers? Wie sie im schlechten Kleide und mit ungelehrtem Geist das Entzücken der Reichen und der Klugen in der preußischen Hauptstadt war, so wurde fast zur selben Zeit der Prophet der Natur zum Liebling der Jugend. Mit der Zeit seines Einflusses auf Deutschland beginnt ein neuer Abschnitt in der Geschichte auch des deutschen Frauengeistes.

Editorische Notiz:

Der Text der vorliegenden Edition folgt der Ausgabe:
Adalbert von Hanstein: Die Frauen in der Geschichte des Deutschen Geisteslebens des 18. und 19. Jahrhunderts. Leipzig 1899.

Der Text wurde aus Fraktur übertragen. Die Orthographie wurde behutsam modernisiert, grammatikalische Eigenheiten bleiben gewahrt. Die Interpunktion folgt der Druckvorlage.

Bisher im SEVERUS Verlag erschienen:

Achelis. Th. Die Entwicklung der Ehe * Die Religionen der Naturvölker im Umriß, Reihe ReligioSus Band V * **Andreas-Salomé, Lou** Rainer Maria Rilke * **Arenz, Karl** Die Entdeckungsreisen in Nord- und Mittelafrika von Richardson, Overweg, Barth und Vogel * **Aretz, Gertrude (Hrsg)** Napoleon I - Briefe an Frauen * **Ashburn, P.M** The ranks of death. A Medical History of the Conquest of America * **Avenarius, Richard** Kritik der reinen Erfahrung * Kritik der reinen Erfahrung, Zweiter Teil * **Beneke, Otto** Von unehrlichen Leuten: Kulturhistorische Studien und Geschichten aus vergangenen Tagen deutscher Gewerbe und Dienste * **Berneker, Erich** Graf Leo Tolstoi * **Bernstorff, Graf Johann Heinrich** Erinnerungen und Briefe * **Bie, Oscar** Franz Schubert - Sein Leben und sein Werk * **Binder, Julius** Grundlegung zur Rechtsphilosophie. Mit einem Extratext zur Rechtsphilosophie Hegels * **Bliedner, Arno** Schiller. Eine pädagogische Studie * **Blümner, Hugo** Fahrendes Volk im Altertum * **Brahm, Otto** Das deutsche Ritterdrama des achtzehnten Jahrhunderts: Studien über Joseph August von Törring, seine Vorgänger und Nachfolger * **Braun, Lily** Lebenssucher * **Braun, Ferdinand** Drahtlose Telegraphie durch Wasser und Luft * **Brunnemann, Karl** Maximilian Robespierre - Ein Lebensbild nach zum Teil noch unbenutzten Quellen * **Büdinger, Max** Don Carlos Haft und Tod insbesondere nach den Auffassungen seiner Familie * **Burkamp, Wilhelm** Wirklichkeit und Sinn. Die objektive Gewordenheit des Sinns in der sinnfreien Wirklichkeit * **Caemmerer, Rudolf Karl Fritz** Die Entwicklung der strategischen Wissenschaft im 19. Jahrhundert * **Casper, Johann Ludwig** Handbuch der gerichtlich-medizinischen Leichen-Diagnostik: Thanatologischer Teil, Bd. 1 * **Cronau, Rudolf** Drei Jahrhunderte deutschen Lebens in Amerika. Eine Geschichte der Deutschen in den Vereinigten Staaten * **Cushing, Harvey** The life of Sir William Osler, Volume 1 * The life of Sir William Osler, Volume 2 * **Dahlke, Paul** Buddhismus als Religion und Moral, Reihe ReligioSus Band IV * **Eckstein, Friedrich** Alte, unnennbare Tage. Erinnerungen aus siebzig Lehr- und Wanderjahren * Erinnerungen an Anton Bruckner * **Eiselsberg, Anton Freiherr von** Lebensweg eines Chirurgen * **Eloesser, Arthur** Thomas Mann - sein Leben und Werk * **Elsenhans, Theodor** Fries und Kant. Ein Beitrag zur Geschichte und zur systematischen Grundlegung der Erkenntnistheorie. * **Engel, Eduard** Shakespeare * Lord Byron. Eine Autobiographie nach Tagebüchern und Briefen. * **Ewald, Oscar** Nietzsches Lehre in ihren Grundbegriffen * Die französische Aufklärungsphilosophie * **Ferenczi, Sandor** Hysterie und Pathoneurosen * **Fichte, Immanuel Hermann** Die Idee der Persönlichkeit und der individuellen Fortdauer * **Fourier, Jean Baptiste Joseph Baron** Die Auflösung der bestimmten Gleichungen * **Frimmel, Theodor von** Beethoven Studien I. Beethovens äußere Erscheinung * Beethoven Studien II. Bausteine zu einer Lebensgeschichte des Meisters * **Fülleborn, Friedrich** Über eine medizinische Studienreise nach Panama, Westindien und den Vereinigten Staaten * **Goette, Alexander** Holbeins Totentanz und seine Vorbilder * **Goldstein, Eugen** Canalstrahlen * **Graebner, Fritz** Das Weltbild der Primitiven: Eine Untersuchung der Urformen weltanschaulichen Denkens bei Naturvölkern * **Griesinger, Wilhelm** Handbuch der speciellen Pathologie und Therapie: Infectionskrankheiten * **Griesser, Luitpold** Nietzsche und Wagner - neue Beiträge zur Geschichte und Psychologie ihrer Freundschaft * **Hartmann, Franz** Die Medizin des Theophrastus Paracelsus von Hohenheim * **Heller, August** Geschichte der Physik von Aristoteles bis auf die neueste Zeit. Bd. 1: Von Aristoteles bis Galilei * **Helmholtz, Hermann von** Reden und Vorträge, Bd. 1 * Reden und Vorträge, Bd. 2 * **Henker, Otto** Einführung in die Brillenlehre * **Kalkoff, Paul** Ulrich von Hutten und die Reformation. Eine kritische Geschichte seiner wichtigsten Lebenszeit und der Entscheidungsjahre der Reformation (1517 - 1523), Reihe ReligioSus Band I * **Kautsky, Karl** Terrorismus und Kommunismus: Ein Beitrag zur Naturgeschichte der Revolution * **Kerschensteiner, Georg** Theorie der Bildung * **Klein, Wilhelm** Geschichte der Griechischen Kunst - Erster Band: Die Griechische Kunst bis Myron * **Krömeke, Franz** Friedrich Wilhelm Sertürner - Entdecker des Morphiums * **Külz, Ludwig** Tropenarzt im afrikanischen Busch * **Leimbach, Karl Alexander** Untersuchungen über die verschiedenen Moralsysteme * **Liliencron, Rochus von / Müllenhoff, Karl** Zur

Runenlehre. Zwei Abhandlungen * **Mach, Ernst** Die Principien der Wärmelehre * **Mausbach, Joseph** Die Ethik des heiligen Augustinus. Erster Band: Die sittliche Ordnung und ihre Grundlagen * **Mauthner, Fritz** Die drei Bilder der Welt - ein sprachkritischer Versuch * **Meissner, Franz Hermann** Arnold Böcklin * **Müller, Conrad** Alexander von Humboldt und das Preußische Königshaus. Briefe aus den Jahren 1835-1857 * **Oettingen, Arthur von** Die Schule der Physik * **Ostwald, Wilhelm** Erfinder und Entdecker * **Peters, Carl** Die deutsche Emin-Pascha-Expedition * **Poetter, Friedrich Christoph** Logik * **Popken, Minna** Im Kampf um die Welt des Lichts. Lebenserinnerungen und Bekenntnisse einer Ärztin * **Prutz, Hans** Neue Studien zur Geschichte der Jungfrau von Orléans * **Rank, Otto** Psychoanalytische Beiträge zur Mythenforschung. Gesammelte Studien aus den Jahren 1912 bis 1914. * **Ree, Paul Johannes** Peter Candid * **Rohr, Moritz von** Joseph Fraunhofers Leben, Leistungen und Wirksamkeit * **Rubinstein, Susanna** Ein individualistischer Pessimist: Beitrag zur Würdigung Philipp Mainländers * Eine Trias von Willensmetaphysikern: Populär-philosophische Essays * **Sachs, Eva** Die fünf platonischen Körper: Zur Geschichte der Mathematik und der Elementenlehre Platons und der Pythagoreer * **Scheidemann, Philipp** Memoiren eines Sozialdemokraten, Erster Band * Memoiren eines Sozialdemokraten, Zweiter Band * **Schlösser, Rudolf** Rameaus Neffe - Studien und Untersuchungen zur Einführung in Goethes Übersetzung des Diderotschen Dialogs * **Schweitzer, Christoph** Reise nach Java und Ceylon (1675-1682). Reisebeschreibungen von deutschen Beamten und Kriegsleuten im Dienst der niederländischen West- und Ostindischen Kompagnien 1602 - 1797. * **Sommerlad, Theo** Die soziale Wirksamkeit der Hohenzollern * **Stein, Heinrich von** Giordano Bruno. Gedanken über seine Lehre und sein Leben * **Strache, Hans** Der Eklektizismus des Antiochus von Askalon * **Thiersch, Hermann** Ludwig I von Bayern und die Georgia Augusta * Pro Samothrake * **Tyndall, John** Die Wärme betrachtet als eine Art der Bewegung, Bd. 1 * Die Wärme betrachtet als eine Art der Bewegung, Bd. 2 * **Virchow, Rudolf** Vier Reden über Leben und Kranksein * **Vollmann, Franz** Über das Verhältnis der späteren Stoa zur Sklaverei im römischen Reiche * **Wachsmuth, Curt** Das alte Griechenland im neuen * **Weber, Paul** Beiträge zu Dürers Weltanschauung * **Wecklein, Nikolaus** Textkritische Studien zu den griechischen Tragikern * **Weinhold, Karl** Die heidnische Totenbestattung in Deutschland * **Wellmann, Max** Die pneumatische Schule bis auf Archigenes - in ihrer Entwickelung dargestellt * **Wernher, Adolf** Die Bestattung der Toten in Bezug auf Hygiene, geschichtliche Entwicklung und gesetzliche Bestimmungen * **Weygandt, Wilhelm** Abnorme Charaktere in der dramatischen Literatur. Shakespeare - Goethe - Ibsen - Gerhart Hauptmann * **Wlassak, Moriz** Zum römischen Provinzialprozeß * **Wulffen, Erich** Kriminalpädagogik: Ein Erziehungsbuch * **Wundt, Wilhelm** Reden und Aufsätze * **Zallinger, Otto** Die Ringgaben bei der Heirat und das Zusammengeben im mittelalterlich-deutschem Recht * **Zoozmann, Richard** Hans Sachs und die Reformation - In Gedichten und Prosastücken, Reihe ReligioSus Band III